L'après-pétrole dans le monde arabo-musulman

Développement et Mondialisation

Dirigée par Jean-Paul Chagnollaud

Déjà parus :

Fouad NOHRA, *Politiques éducatives, émancipation humaine et inégalités dans les pays en développement*, 2011.
Jean-Pierre MACHELON, Pascal CHAIGNEAU, Fouad NOHRA, *La déclaration universelle des droits de l'homme. Fondement d'une nouvelle justice mondiale*, 2010.

Nassima OUHAB-ALATHAMNEH

L'après-pétrole dans le monde arabo-musulman

De la dépendance aux stratégies alternatives

Préface d'Annie GRUBER

L'Harmattan

5-7, rue de l'École-Polytechnique, 75005 Paris

http://www.editions-harmattan.fr

ISBN : 978-2-343-12771-2
EAN : 9782343127712

Préface : L'après-pétrole dans le monde arabe et musulman

Ce livre est une nouvelle contribution très riche au problème de plus en plus pressant de « l'après-pétrole » pour l'avenir du monde. Il suffit d'observer combien l'économie mondiale est tributaire de ce produit primaire à la base de ses activités dans tous les secteurs, pour comprendre que tous les pays sont concernés ; qu'il s'agisse de pays producteurs et vendeurs de ce qu'on a appelé « la manne pétrolière » avant que certains ne la désignent comme une « malédiction », ou qu'il s'agisse de pays dépourvus d'hydrocarbures, consommateurs et acheteurs, dont l'économie repose principalement sur une énergie qu'ils n'ont pas. Tous ont en commun la conscience de la fin inéluctable à terme de ce pétrole fossile en voie d'épuisement parce que non renouvelable. Même si personne ne peut prétendre connaître l'échéance de ce terme annoncé, tous les pays ont l'obligation de s'y préparer pour s'affranchir de ce qui est devenu une dépendance lourde de conséquences et continuer à développer, ou au moins à maintenir, leur niveau actuel.

Nassima Ouhab-Alathamneh, s'intéresse pour sa part aux pays producteurs de la région Moyen-Orient et Afrique du Nord devenus par la grâce de la découverte de l'or noir pays rentiers d'un capital fabuleux qui les a fait basculer pour la plupart, d'un état de pauvreté parfois extrême, à celui de richesse non moins extrême pour certains d'entre eux (Cf l'histoire d'Abou Dhabi de Mohammed Al-Fahim), même si cette richesse n'est pas également partagée, mais trop souvent confisquée par les élites au pouvoir. Une région qui concentre une part importante des ressources mondiales d'hydrocarbures, 60% pour le pétrole et 45% pour le gaz, et dont la plupart des États producteurs n'ont pas réussi à développer leur économie qui reste vulnérable « malgré » ou « à cause » de la rente pétrolière et gazière. « Malgré », car par nature, une économie rentière bien gérée peut être un atout pour ouvrir d'autres activités dans d'autres secteurs ; et néanmoins « à cause » par la dépendance à la rente, crée faute de bonne gouvernance et pouvant atteindre jusqu'à 98% de l'économie.

Pour comprendre le fonctionnement des économies rentières, l'auteure pose les questions essentielles du « pourquoi » les pays concernés sont devenus rentiers, et du « comment » sortir ces pays des illusions de la rente en construisant le changement économico-politique imposé à la fois par la disparition prochaine des hydrocarbures et par la baisse significative de leur prix depuis 2014, donc des revenus de la rente.

Dans un premier temps, Nassima Ouhab-Alathamneh explore le concept de rente et plus largement de l'État rentier notamment à travers les théories d'Adam Smith, Ricardo ou plus proches de nous de J.M Chevalier et J.P Angelier dont les analyses permettent de comprendre les mécanismes des économies rentières. Pour les pays pétroliers, le système repose à la fois sur l'abondance des ressources naturelles de faible coût d'exploitation, véritable « manne providentielle tombée du ciel » et sur l'appropriation par la classe dirigeante de revenus considérables et réguliers générés sans effort, la demande en étant toujours croissante et sans réelle redistribution au peuple, qui au regard des constitutions des pays concernés, est pourtant le véritable propriétaire légitime de ces biens qui lui échappent.

L'auteure parle ici de la sanctuarisation de la rente qui a permis cette situation de confiscation, tout en ralentissant le développement économique dépendant lui-même presque exclusivement des hydrocarbures. Elle en recherche les causes profondes et fait la part des traces du passé colonial, des stratégies de nationalisations post indépendance, de l'échec patent de la transposition d'une démocratie à l'occidentale dans les pays arabes, des effets de la guerre froide, du projet du Grand Moyen-Orient, voire de l'Union pour la Méditerranée. Tous éléments qui ont contribué à empêcher la construction régionale de la zone MENA et à consacrer l'omniprésence de l'État, avec une gouvernance autoritaire pérennisée par la neutralisation de l'opposition. L'exonération fiscale, la quasi gratuité des services publics et les avantages sociaux octroyés au détriment des libertés ont acheté la paix sociale en empêchant le peuple de demander aux gouvernements de rendre des comptes, figeant les mutations, au moins jusqu'aux « printemps-arabes ».

À ces défauts du système rentier s'ajoute le paramètre difficile à contrôler du prix des hydrocarbures qui échappe aux règles classiques d'un marché de l'offre et de la demande. L'auteure rappelle en effet la mainmise des compagnies multinationales occidentales qui ont imposé un prix du brut suffisamment bas pour affaiblir leurs concurrents tout en consentant des royalties dérisoires aux pays producteurs. Ceux-ci ont su s'organiser par la suite en créant l'OPEP dès le 15 septembre 1960 qui s'est imposé comme acteur décisif de la politique pétrolière. Les rapports de forces des contrats léonins passés jusque-là au détriment des pays producteurs ont pu être renversés.

La conscience des enjeux géostratégiques du pétrole et la volonté politique de certains chefs d'États déterminés à faire profiter l'économie de leur pays de l'exploitation de leurs ressources en hydrocarbures, tel Mouammar Kadhafi en Libye ou le Shah d'Iran Mohammed Reza Pahlavi ont abouti à des augmentations importantes du prix du brut dont celle de 1973.

En même temps, le pétrole est devenu une arme politique au fil des conflits dont l'auteure examine l'influence tout en soulignant la fulgurante volatilité d'un prix très haut en 2008, 140$ le baril pour s'effondrer l'année suivante à 70$, puis après une relative stabilité de 2010 à 2014 de nouveau en chute à 60$ et à peine 28$ en début d'année 2016.

L'auteure examine le rôle des facteurs politiques et économiques mondiaux et des bouleversements géopolitiques observés dans la région pour expliquer cette volatilité du prix affecté par la tendance baissière encore accentuée par la nécessité de concurrencer les prix du schiste exploité aux États-Unis pour un prix lui-même modéré.

On comprend que l'avenir limité du pétrole et la baisse des revenus qu'il rapporte oblige les États producteurs à repenser leur économie pour la diversifier et à sortir de ce que l'auteure démontre comme les illusions du système rentier qui ont abouti paradoxalement à favoriser un développement sans croissance réelle. Une situation aggravée par la corruption, le chômage, la bureaucratie et l'économie informelle qui sont autant de maux collatéraux d'une gouvernance souvent défaillante et affaiblie dans de nombreux cas par défaut de légitimité. L'examen rigoureux et systématique des situations des différents pays concernés ouvre une perspective comparative indispensable pour saisir toute la complexité des problèmes qui se posent avec acuité pour l'avenir.

La deuxième partie du livre s'intéresse aux enjeux de l'après-pétrole pour tous les pays producteurs de la zone et plus précisément aux moyens de sortir d'une économie à bien des égards artificielle et construite sur la facilité, et d'investir enfin sur une économie réelle, de production diversifiée et durable.

Nassima Ouhab Alathamneh explore les solutions alternatives qu'une bonne gestion de la rente pétrolière tournée vers l'avenir devrait permettre de préparer, comme l'ont fait des pays hors de la zone comme la Norvège ou le Canada (Alberta). Pour les pays de la région concernée, la principale difficulté est que l'essentiel des recettes de l'État est absorbée par l'industrie pétrolière elle-même aux dépens des autres branches de l'économie. C'est le principe du « tout par et pour le pétrole » qui est l'essence même de la dépendance à la rente qui ne peut être abandonné que par une volonté politique éclairée et déterminée, et par de sérieux efforts en faveur de la diversification.

L'auteure relève les étapes marquantes qui n'ont pu aboutir aux résultats espérés d'indépendance économique, comme c'est le cas quasi général de la politique agraire menée diversement après l'indépendance dans tous les États de la région et mise en échec par des facteurs environnementaux ou démographiques. C'est aussi le cas de l'originale stratégie planifiée de l'Algérie des « industries industrialisantes » misant sur un investissement public massif en faveur des industries lourdes considérées comme un levier de développement des autres secteurs industriels au détriment cette fois de l'agriculture. Cette politique ambitieuse des années 60-70 a provoqué une surproduction non consommée par la population locale à laquelle elle était destinée, et à l'importation de produits alimentaires faute d'une agriculture suffisante pour répondre à la demande interne. Après cette expérience et des années tourmentées évoquées avec justesse, l'Algérie adoptera à partir de 2008 une stratégie semi-libérale d'investissements sur l'ensemble de l'industrie propice notamment à l'industrie automobile.

Le livre étudie aussi tout particulièrement les exemples très positifs des pays du golfe dont les politiques ont su anticiper l'après-pétrole avec des résultats divers. Le Bahreïn a cessé ainsi progressivement d'être seulement un pays rentier dans la mesure ou la rente pétrolière a été reconvertie en investissements productifs avec une accentuation pour le secteur immobilier et la construction, les télécommunications et la finance islamique. Les hydrocarbures n'y représentent plus que 20% du PIB contre 52% pour le Qatar et 95% pour le Koweït. Cependant, malgré une vision économique globale à l'horizon 2030 qui conduit le pays à éliminer les obstacles au commerce et aux investissements et à mener les réformes nécessaires à la diversification des revenus, l'auteure souligne les points faibles qui demeurent, comme l'importance de la dette publique liée à la baisse du prix des hydrocarbures ou encore la dépendance à la main d'œuvre étrangère quasi-générale dans les pays du golfe.

Les modèles d'Abu Dhabi et de Dubaï sont également étudiés avec intérêt en tant que modèles de transition réussie même si Abu Dhabi a l'avantage de n'avoir pas souffert de l'endettement sur les marchés internationaux que connaît Dubaï. La chance des Emirats arabes unis a été que leur père fondateur Cheikh Zayed qui a gouverné le pays pendant 33 ans, jusqu'en 2004, a supervisé lui-même les grandes évolutions et notamment le processus de diversification de l'économie par l'industrialisation et le développement de l'agriculture. La création du Fonds souverain d'Abu Dhabi pour le développement économique a servi les politiques d'urbanisation et de construction, les investissements en matière d'infrastructures, hôpitaux, écoles, routes et ports, ou encore dans les technologies de pointe, dans les domaines de la communication et de l'aéronautique. En même temps, le tourisme est devenu un des enjeux prioritaires du développement durable.
De plus, les Emirats arabes unis se sont engagés en faveur de l'environnement en favorisant le développement des énergies vertes renouvelables. L'éco-cité de Masdar City en est la vitrine très médiatisée en tant que ville durable, autonome en énergie. Le pays a accueilli l'Agence internationale pour les énergies renouvelables.
Enfin, Abu Dhabi a pour ambition de devenir le pôle culturel de référence dans la région et dans le monde avec la construction de la prestigieuse Université de Paris-Sorbonne Abu Dhabi à laquelle l'ai eu moi-même l'honneur de participer en tant que chef du département droit et sciences politiques, économiques et de gestion, ou encore des musées du Louvre et de Guggenheim sir l'ile de Saadiyat.

D'une façon générale, la vision économique d'Abu Dhabi pour 2030 en faveur d'une économie productive et diversifiée est assez proche de celle du Bahreïn et partage avec celui-ci la réduction sensible de la contribution des hydrocarbures au niveau de 51,4% du PIB en 2013 contre 70% les années 70.

La situation de Dubaï est également étudiée pour en souligner à la fois la réussite en fait de diversification et les points faibles liés à une économie encore non productive qui exporte les produits importés, et qui se trouve de ce fait moins dépendante des hydrocarbures qui ne représentent plus que 4% de son PIB, que la conjoncture des marchés dans le monde. Par ailleurs, un surinvestissement dans l'immobilier a entrainé une baisse des prix dans un secteur qui a dû être assaini après d'importantes faillites financières de promoteurs spécialement dans le quartier du palmier. C'est Abu Dhabi qui a apporté son soutien financier à Dubaï avec dix milliards de dollars versés en sa faveur.

L'auteure expose encore la diversification économique opérée par le Qatar pour développer son industrialisation en priorité et en développant une politique attractive en faveur des IDE avec un taux d'imposition unique de 10% sur les revenus des sociétés impliquées depuis 2010 au lieu de 35% avant cette date.
Organisateur de la coupe du monde de football en 2022, la Qatar cherche à développer un tourisme d'affaires servi par une hôtellerie de luxe, et mise sur une économie du savoir et de l'innovation pour attirer étudiants et investisseurs étrangers. Il dispose d'un Fonds d'investissements de 265 milliards de dollars qui lui a permis de s'offrir entre autres des investissements extérieurs prestigieux comme le Club du Paris Saint Germain, ou des parts dans des groupes importants comme Lagardère, Veolia, ou l'Allemand Hochtief. Mais malgré ses efforts et ses succès, le pays demeure rentier et n'a pu réduire que faiblement la part des hydrocarbures dans son PIB, de 58% en 2010 à 54% en 2014.

Comparés à ces États avancés dans la voie d'une économie dynamique utilisant les surplus de la rente pétrolière pour développer différents secteurs d'activités productifs, les autres pays du golfe continuent à voir leur économie dépendre des hydrocarbures.

Nassima Ouhab Alathamneh s'attache particulièrement au cas de l'Arabie Saoudite, topique à cet égard, et par sa situation rentière et ses fragilités, et par la stratégie alternative récente mise en place par le Prince héritier Mohammed Ben Salman pour réformer l'économie de son pays.

Avec un budget financé à plus de 85% par la rente d'hydrocarbures, la baisse du prix du brut s'est traduit par une perte de plus de 75 milliards de dollars et une envolée du déficit budgétaire. Dans un environnement géopolitique dégradé, le gouvernement saoudien s'est opposé à l'abaissement des quotas de production voulu par l'OPEP, ce qui aurait permis de relever les cours, pour au contraire inonder le marché mondial avec des prix suffisamment bas pour concurrencer le schiste américain autorisé à être exporté par le Congrès depuis 2016. Dans cette guerre des prix, la dépendance à la rente pétrolière s'est avérée redoutable et le pays a dû rapatrier de l'étranger plus de 70 milliards de dollars pour combler son déficit et financer sa croissance revue à la baisse pour 2017, soit 0,1% contre 2,2% en 2016.
L'auteure explique comment les fonds souverains ont été utilisés comme réserves pour compenser les pertes de revenus et non pour des investissements productifs.

Le projet intitulé « horizon 2030 » présenté par le Prince héritier, chef du Conseil économique du Royaume, comme une feuille de route pour les réformes nécessaires dessine une stratégie audacieuse intégrant la privatisation des principaux services, santé ou éducation, des entreprises publiques, aéroports et services de l'aviation civile, accompagnée par la réduction des subventions publiques ou encore de la libéralisation du marché du travail.
La vente en bourse de près de 5% du capital de la société saoudienne ARAMCO y est prévue pour alimenter un nouveau Fonds d'investissement conséquent de 2000 milliards de dollars, spécialement dédié à la diversification économique hors secteur énergétique.
Ces changements entraînent des augmentations sensibles des prix, 50% pour le carburant, et presque autant pour l'eau et l'électricité jusque-là quasi-gratuits. Mais aussi une fiscalisation inconnue avec la création de la TVA et l'annonce d'autres taxes indirectes qui apportent un bouleversement dans les habitudes de facilité des citoyens qui ne connaissaient pas d'autre impôt que la Zakat, l'aumône islamique ! Et pour lesquels la gratuité ou quasi-gratuité des services et biens subventionnés par un État providence généreux, constituaient autant de privilèges auxquels il est toujours difficile de renoncer.
La lutte contre la corruption lancée en novembre 2017 vise à atténuer le mécontentement, tout comme les premiers signes d'une modernisation de la société elle-même, avec l'autorisation de la conduite automobile des femmes, qui va développer l'industrie automobile à n'en pas douter.

Dans son livre parfaitement documenté, Nassima Ouhab Alathamneh explique cas par cas avec une grande justesse d'analyse la situation des États producteurs de la zone étudiée et confrontés à l'obligation vitale de se projeter dans un avenir sans pétrole et aux défis et enjeux d'une transition réfléchie vers une économie productive et durable. Avec finesse, elle termine sa réflexion sur ce qu'elle considère comme un obstacle bien réel qu'il s'agit d'abandonner et que d'autres auteurs évoquent eux aussi tel l'économiste Abderrahmane Mebtoul qu'elle cite. Il s'agit de la « mentalité rentière » particulièrement confortable. Si les habitudes ont la vie dure, que dire en effet de celle qui invite à profiter au maximum des facilités de ressources offertes si abondamment par la nature sans se soucier de leur fin annoncée ?

Il faut du temps pour changer les habitudes de pensée et de vie qui imprègnent toute la culture rentière. Cette mutation des esprits est pourtant bien évidemment aussi nécessaire que celle de l'économie pour réussir la transition. Et ce qui est sûr est que pour les États, producteurs ou non, le temps est compté, le compte à rebours suffisamment engagé pour que des politiques courageuses et innovantes permettent d'assurer « autrement que par l'or noir » les progrès de demain. C'est aussi le message de ce livre de grande actualité

Fait à Paris, le 15 janvier 2018,

Annie GRUBER
Professeur agrégé de droit public
Licenciée es Lettres
Diplômée de l'Université
d'Urbino

RÉSUMÉ

Plus de cinquante ans après leur indépendance, la majorité des pays de la région Afrique du Nord et Moyen-Orient (MENA) demeurent tributaires des revenus générés par l'exportation des hydrocarbures. Ces pays peinent à développer leurs économies malgré les grands potentiels (humains et naturels) dont ils disposent. L'Indice de Développement Humain dans beaucoup de pays pétroliers de la région est inférieur à celui de certains pays de l'Afrique subsaharienne ou de l'Amérique latine.

Les gouvernements de ces pays sont confrontés aujourd'hui, plus que jamais, aux problèmes de chômage, de la corruption, de l'économie informelle, etc. L'épuisement certain, dans les quelques années à venir, du pétrole, ainsi que la chute des prix depuis mi 2014, sont les raisons essentielles qui devraient pousser les gouvernements de ces pays à préparer l'après pétrole, à travers la promotion des investissements nationaux et étrangers, le développement des autres secteurs d'activité, hors hydrocarbures, comme l'agriculture, l'industrie et le tourisme.

Les mutations que connait la région MENA, depuis les soulèvements populaires de 2011, ainsi que l'avancée de l'État Islamique, freinent considérablement les réformes économiques entamées dans nombreux pays tels que la Libye, l'Irak (depuis son invasion en 2003) et le Yémen. Les rivalités entre les autres puissances comme l'Iran et l'Arabie Saoudite, ainsi que l'Arabie Saoudite et l'Algérie n'arrangent pas non plus la coopération intra régionale, d'où la nécessité pour les pays arabes de s'allier et de coopérer, en matière économique comme politique, afin de développer l'économie de l'ensemble des pays de la région.

Mots clés : pétrole, rent, développement, redistribution, diversification, gouvernance, réformes, stratégies, coopération, investissements.

Title : States of Middle East and North Africa and the oil rent : from dependence to alternative strategies

ABSTRACT

More than fifty years after their independence, most of the countries of Middle East and North Africa (MENA) region are still subject to the revenue generated by the export of hydrocarbons. They have difficulty to develop their economy in spite of their important capacities (natural and human). The Human Development Index in those petroleum countries in this region is lower than some countries in Sub- Saharan African and Latin America.

Nowadays, Governments are facing to unemployment, corruption, informal economy, etc. And, the clear depletion of oil in the future, as the falling oil prices since 2014, are critical reasons to encourage Governments in a reflexion on the post-oil, through the promoting of national and international investments, the diversification of lines of business, non-hydrocarbons, as agriculture, industry or tourism.

Mutations in MENA region, not only popular uprising in 2011 but also the advance of Islamic State, are a brake on economical reforms started in Libya, Iraq (since 2003) and Yemen. The rivalries between Iran and Saudi Arabia, and Algeria and Saudi Arabia damage the intra-regional cooperation. That is why those regional countries have to connect and collaborate, on economical and political subjects, in order to develop the economy of the entire region.

Key words: oil, rent, development, redistribution, diversification, governance, reform, strategies, cooperation, investments.

DÉDICACE

Je dédie ce travail :
À mon conjoint Mahmoud
À mes enfants Siham, Abderrahman, Sarah et Myriam
Á mon cher Professeur Fouad NOHRA
À tous ceux qui me sont chers

SOMMAIRE

INTRODUCTION 15

PARTIE I
LA RENTE PÉTROLIÈRE : SOURCE D'ILLUSIONS 39

CHAPITRE I
UNE ÉCONOMIE VULNÉRABLE ET UNE GOUVERNANCE EN FAILLITE . 41

CHAPITRE II
UNE MANNE PÉTROLIÈRE ABONDANTE ET UN DÉVELOPPEMENT SANS CROISSANCE 95

PARTIE II
LES ENJEUX ÉCONOMIQUES ET POLITIQUES DE L'APRÈS-PÉTROLE 151

CHAPITRE I
LA RENTE PÉTROLIÈRE ET LE DÉVELOPPEMENT ÉCONOMIQUE DURABLE 153

CHAPITRE II
LES STRATÉGIES DE SORTIE DE LA DÉPENDANCE À LA RENTE PÉTROLIÈRE 209

CONCLUSION GÉNÉRALE 257

BIBLIOGRAPHIE 261

INDEX 287

TABLE DES MATIÈRES 289

INTRODUCTION

La majorité des pays producteurs et exportateurs de gaz et de pétrole de la région Moyen-Orient et Afrique du Nord (MENA en Anglais ou MOAN en français) [1] ont des similitudes profondes, notamment en matière de dépendance à la rente pétrolière, qui domine largement leurs économies. En fait, la domination étatique sur les richesses naturelles a abouti à une politique de nationalisation très large, qui consistait à substituer à l'État, non seulement les différentes entreprises, voire, l'entreprise exploitant les matières premières, mais aussi les moyens de production.

Quelques-uns d'entre eux, comme les Émirats Arabes Unis, Bahreïn et le Qatar essaient d'atténuer leur dépendance accrue à cette rente et de préparer l'ère de l'après-pétrole en allégeant la réglementation intérieure relative aux investissements étrangers, en investissant dans les marchés financiers ou dans d'autres pays via leurs fonds pétroliers.

Parler de l'après-pétrole, qui est l'objet de notre étude, ne veut pas dire l'ère où le pétrole n'existera plus à cause de l'épuisement des ressources. Évidemment, nous aborderons cette question, mais notre sujet concerne la préparation de l'après-pétrole dans les pays arabes pétroliers qui nécessite, d'une part, le développement de l'économie nationale par l'ouverture du marché intérieur, l'amélioration des investissements nationaux et internationaux, ainsi que la simplification des lois et réglementations nationales afin de faciliter les démarches liées au commerce. D'autre part, l'amplification des recherches et des investissements dans d'autres énergies alternatives (énergie solaire, biocarburants, etc.) et l'encouragement de la production locale pour améliorer la compétitivité et varier les produits à exporter afin de ne pas perdurer dans le mono-export.

Mais pour structurer notre étude, il importe d'expliquer, dans cette introduction la démarche de notre recherche **(1)**, la délimitation du sujet **(2)** et enfin la méthode et les outils de la recherche **(3)**.

---

[1] Nous préférons utiliser tout au long de notre travail le sigle MENA, car c'est le plus utilisé par les chercheurs, par les organisations internationales et par les organisations non gouvernementales.

1. La démarche de la recherche

Notre brève présentation du sujet part du constat selon lequel quelques pays de la région MENA (Bahreïn et les EAU) ont réussi leur transition économique vers une économie de marché bien diversifiée, tandis que les autres peinent à franchir le pas. Ce constat nous incite à envisager la problématique suivante : par quels moyens les pays de la région MENA parviendraient-ils à préparer l'après-pétrole et à diversifier leurs économies ?

Nous allons tenter de répondre à partir de cette problématique aux questions qui en découlent, notamment, les raisons pour lesquelles les tentatives de diversification économique ont échoué dans ces pays ? Quels sont les obstacles ? Et quels sont les défis à relever ?

À partir de ce constat nous avons élaboré un plan divisé en deux parties ; la première, intitulée « *La rente pétrolière : source d'illusions* » est descriptive, nous y ferons le point sur les choix politiques et économiques des pays pétroliers rentiers de la région MENA, ainsi que sur les conséquences de l'économie de rente. La seconde partie intitulée « *Les enjeux économiques et politiques de l'après-pétrole* » est analytique, nous essayerons d'y expliquer le rôle des différents acteurs (locaux et régionaux) dans la réussite de la transition économique à la lumière des évolutions constantes de la région. Nous proposerons, également, dans cette partie des solutions, que nous pensons utiles, pour la préparation de l'ère de l'après-pétrole.

Désormais, les thèmes « rente pétrolière », « diversification économique » et « après-pétrole » reviendront souvent tout au long de notre étude. Des définitions et explications de ces thèmes seront apportées dans ce travail afin d'éclairer le lecteur sur l'étendue de chaque concept.

2. Délimitation du sujet

Nous axons notre étude, principalement, sur les pays pétroliers de la région MENA membres de l'Organisation des Pays Exportateurs de Pétrole (OPEP), mais aussi sur ceux qui n'en sont pas membres comme le Yémen et le Soudan. Nous étudierons les orientations politiques et économiques des différents pays de la région, ainsi que les résultats et les limites des réformes entretenues en vue d'établir une économie productive.

Notre analyse sera étendue aux autres pays rentiers, mais non pétroliers, de la région comme l'Égypte qui possède d'importantes réserves en gaz naturel. Bien qu'elle ne soit pas un pays rentier, la Turquie aussi fera objet d'étude, à titre d'exemple, afin de démontrer la nécessaire transition vers une économie de production, d'autant que l'économie turque est conçue comme un modèle aux yeux de quelques dirigeants ou même économistes moyen orientaux. Nous nous inspirerons aussi tout au long de notre travail des pays pétroliers de régions différentes comme la Norvège pour sa bonne gestion de la rente, et le Canada (l'Alberta) en ce qui concerne la maîtrise et la distribution de sa rente pétrolière. Nous excluons de notre analyse la Syrie qui connaît actuellement une guerre civile aiguë, mais que nous citerons tout de même, brièvement, de temps à autre.

3. Méthode et outils de la recherche

Le sujet de l'après-pétrole est très complexe, car il englobe plusieurs domaines (l'économique, le politique et le juridique), mais s'appuiera essentiellement sur l'articulation du politique et de l'économique. L'approche juridique s'effectuera sur une autre dimension et donnant lieu à d'autres problématiques.

Pour mieux cerner et analyser ce sujet, nous nous sommes posé trois questions de recherche : la première est liée à la notion de rente ; sa signification, son concept et son rôle dans la transformation de la nature des États arabes producteurs de pétrole. La deuxième question s'axe autour du fonctionnement des économies rentières et des conséquences politico-économiques de la rente. La troisième porte sur les perspectives d'avenir et les moyens qui permettront aux États arabes pétroliers d'accéder à l'indépendance économique, en prenant en considération, bien entendu, les actuelles évolutions dues au « printemps arabe ».

Nous nous appuierons, en premier lieu, dans notre analyse sur les données des institutions et des groupes de travail internationaux et non gouvernementaux (Banque Mondiale, FMI, CNUCED, OMD, Heritage Foundation, etc), liées aux différents indices de développements humains et économiques, leurs rapports ayant trait aux réformes politico-économiques adoptées et en cours d'élaboration, ainsi que les données, rapports et documents de travail des institutions nationales que nous avons pu nous procurer, et en deuxième lieu sur les entretiens que nous avions eus avec des spécialistes en la matière. Les enquêtes de terrain ont été difficiles à réaliser, étant donné, que les personnes ainsi que les institutions publiques que nous avons contactées n'ont pas, toutes, souhaité donner suite à notre requête, et en troisième lieu sur les écrits et études des différents auteurs, les articles de presse et des revues spécialisées de la région MENA.

Cependant, avant d'analyser les différentes données collectées, nous allons diviser notre travail préliminaire en deux sections, la première sera consacrée aux théories et au concept de la rente, la seconde au rôle de la rente dans la transformation de la nature des États arabes pétroliers.

SECTION I. LES THEORIES ET LE CONCEPT DE LA RENTE

Préalablement à l'étude du concept de la rente, il est important d'aborder, dans un premier temps, les origines du pétrole, sa signification et sa découverte au Moyen-Orient, bien avant qu'il soit l'or précieux du XXIème siècle, et dans un deuxième temps, quelques théories de la rente, que nous avons jugées essentielles à notre étude, car elles expliquent avec clarté le phénomène de monopolisation des richesses naturelles dans beaucoup de pays. Dès lors, nous allons partir de trois répertoires conceptuels pour analyser la dépendance des pouvoirs publics des pays arabes pétroliers aux ressources pétro-gazières : la théorie de « la rente et de la terre » d'Adam Smith, la « la rente différentielle » de Ricardo, et enfin « la théorie de la valeur marginale » des marginalistes[2].

Le pétrole est une énergie composée de Kérogène provenant de la décomposition des matières organiques, et de Pyrolyse (hydrocarbures) formé au sein des roches sédimentaires. Son nom provient du latin *« Petra Oleum »*, qui veut dire « l'huile de Roche ». Ce sont ses constituantes qui déterminent sa qualité et sa nature (léger, brut, huile lourde, etc…). Cependant le pétrole est une énergie fossile, qui s'épuise dans le temps en fonction des gisements et des quantités extraites.

L'utilisation du pétrole remonte à l'Antiquité, notamment en Mésopotamie, comme produit de base dans les travaux de construction et de colmatage des citernes d'eau. Il a été utilisé, par la suite, par les Égyptiens pour la momification des corps. Le pétrole prendra sa forme industrielle en 1859, après qu'Edwin Drake forgea, le 27 août 1859, le premier gisement pétrolier en Pennsylvanie, au Nord-Est des États-Unis dans un lieu appelé « Oïl Creek »[3]. Ce n'est qu'en 1908 que le pétrole jaillit pour la première fois en Perse, actuel Iran. Les plus grandes réserves se trouvent en Arabie Saoudite, suivie de près par l'Iran, l'Irak et le Koweït, ce qui place la région du Moyen-Orient au 1er rang mondial en matière de production de pétrole.

Le phénomène de la rente a suscité l'attention des économistes dès les XVII et XVIIIème siècles. Considérée comme une « manne tombée du ciel », elle a fait l'objet de plusieurs études approfondies de la part des économistes et philosophes de cette époque, consacrées, substantiellement, au développement des théories foncières et agricoles, puisque à cette période, l'agriculture dominait la plus grande partie des activités économiques. Par la suite, tous les revenus issus de l'exploitation des ressources naturelles ont été assimilés à la « rente ». Les autorités publiques

---

[2] Nous citons parmi les autres théories de la rente celle de James Anderson (1777) appelée « la théorie du paradoxe » selon laquelle l'innovation améliore de manière substantielle la productivité des meilleures terres (qui paient la rente) que celles des plus mauvaises (qui déterminent les prix). Voire l'article de VIDONNE Paul, « Le paradoxe d'Anderson », *Cahiers d'économie politique*, N°1, Volume 7, 1982, pages 172-178.
Nous citons également la théorie de Malthus (1815), qui considère la rente comme la « *portion de la valeur du produit total qui reste au propriétaire foncier après le remboursement de tous les frais d'exploitation* » ...

[3] AUZANNEAU Matthieu, *Or noir : la grande histoire du pétrole,* La Découverte, Paris, 2015, pages 23-28.

redistribuaient ensuite cette rente aux ouvriers comme contrepartie de leur travail.

Cette logique redistributive s'explique par le fait que les matières premières sont un don de la nature, qu'elles n'incombent pas aux États de lourdes dépenses pour les extraire du sol, ou même pour les exporter. La facilité d'exploitation génère naturellement une facilité de redistribution. D'ailleurs, Ibn Khaldûn dans son célèbre Prolégomènes[4] avait bien distingué entre le don (rizq) et l'appropriation (al kasb). Il montre que le don vient à la personne sans que celle-ci cherche à l'avoir, contrairement à l'appropriation qui implique la volonté humaine pour acquérir quelque chose. Cependant, Ibn Khaldûn considère que l'appropriation est la valeur du travail humain, car on ne peut s'approprier un bien sans avoir durement travaillé. Il ajoute que c'est le travail qui donne de la valeur à la chose que l'on acquiert, et qu'en aucun cas, les trésors souterrains ne seront considérés comme une source naturelle de revenus. En effet, dans les pays rentiers, la valeur du travail est quasiment inexistante, car l'abondance du pétrole, et l'accroissement des prix du brut dissimulent la productivité humaine et réduisent le champ de l'initiative privée. Or, le travail humain a souvent été valorisé dans les théories de rente des penseurs des XVIIIème et XIXème siècles. Parmi ces théories figurent celles des physiocrates, qui ont longtemps considéré que les propriétaires du sol étaient la seule classe productive. C'est cette même productivité qui leur a conféré le statut de propriétaires privés et exclusifs des terres, leur permettant de tirer profit, légitimement, de l'exploitation des terres, et de se fixer librement des revenus (le revenu le plus haut possible). Ce sont ces revenus qui sont appelés « la rente ».

Cette dernière est, soit, tirée de l'exploitation directe du sol (vente des produits extraits), soit versée par les fermiers qui exploitent la terre.

Cette optique capitaliste physiocrate est rapidement remise en cause par les classiques et les néoclassiques, notamment Adam Smith et Karl Marx, qui considèrent, eux, que seul le travail crée la richesse, car la terre peut être productive ou non. C'est dans cette lignée que David Ricardo (1821) avait affirmé, dans ses travaux sur la rente différentielle[5], que la terre non fertile, ou non productive ne peut pas être rentable. Cependant, certaines terres plus productives bénéficient d'un avantage plus important que les terres moins fertiles. Dès lors, nous pouvons mesurer la relation entre le coût et la

---

[4] Ibn Khaldûn, Partie V du livre I / Chapitre 1er sur la réalité du don et de l'appropriation et de leur explication, et que l'appropriation est la valeur du travail humain « *Haqiqat al rizq wa al kasb wa charḫihima wa anna al kasb howa qimat al aâmal al bachariya* », Al Muqaddima, page 137 (www.muslimphilosophy.com)

[5] La rente différentielle correspond à l'écart entre les coûts de production et le prix, elle dépend des différences de fertilité entre les terres (le plus et les moins fertiles).

production sur un marché concurrentiel[6], une thèse soutenue, d'ailleurs, par Jean-Marie Chevalier dans sa théorie sur le « surplus pétrolier ».

Dans son livre *Recherches sur la nature et les causes de la richesse des nations*, Adam Smith donne une définition moins pragmatique et associe la rente au monopole. Il écrit *« La rente de la terre, considérée comme le prix payé pour l'usage de la terre, est donc naturellement un prix de monopole »*[7]. Smith affirme que cette rente est, substantiellement, liée à la concurrence, qui sert parfois de facteur clé dans la détermination du prix et dans la valorisation du travail, ce qui ôte, par conséquent, l'économie tout caractère productif.

La théorie de la rente qu'Adam Smith avait développée au début du XVIIIème siècle, avait suscité de fortes controverses chez les économistes de l'époque, notamment les marginalistes. Ces derniers, divergeaient principalement, sur la notion de la valeur sur laquelle est fondée la théorie de Smith. Afin de l'appuyer, Smith évoquait dans ses travaux le paradoxe de l'eau et du diamant, qui consistait à déterminer la notion de la valeur par rapport à l'usage et à l'échange.

Ce paradoxe, développé auparavant par Aristote sur l'usage naturel et non naturel des choses[8], signifie que l'usage dépend de l'utilité et du besoin de la chose que l'on veut acheter, alors que l'échange est lié substantiellement au prix que l'on paie pour l'obtenir. Pour Smith, la non-corrélation entre l'usage et l'échange est justifiée par le travail, car c'est la quantité du travail, seule, qui détermine le prix. Cependant, l'utilité de l'eau est très considérable, et ne peut être échangée contre une grande somme d'argent, tandis que le diamant en termes d'échange, est très valorisé par rapport à son utilité, qui est moins importante que celle de l'eau (les diamants rapportent plus en termes d'argent, mais sont d'utilité moindre). Pour Smith, la cherté du diamant dépend du temps de travail nécessaire à son extraction et non pas à son utilité.

Le raisonnement de Smith et de ses successeurs sur la valeur du travail est vite remis en cause par les marginalistes Léon Walras, William Stanley Jevons, et Carl Menger. Ces penseurs économiques, appelés aussi les néo-classiques, ont développé, dès 1870, le principe de l'utilité marginale décroissante, en évoquant aussi le paradoxe de l'eau et du diamant. Il s'agit

---

[6] AYOUB Antoine, « Le pétrole : économie et politique », *l'actualité économique*, vol 70, n°4, 1994, page 503.

[7] ADAM Smith, *Recherches sur la nature et les causes de richesse des nations*, 1776, page 61, document produit en version numérique par Jean-Marie Tremblay, professeur de sociologie au Cégep de Chicoutimi (http://classiques.uqac.ca/classiques/Smith_adam/richesse_des_nations_extraits/richesse_nations_extraits.pdf)

[8] DOSTALER Gilles, « Aristote et le pouvoir corrosif de l'argent », *Alternatives économiques*, n° 276, 2009, p.74

d'un principe selon lequel la valeur d'échange est relative à son abondance ou sa rareté.

En fait, l'abondance de la matière mène à la diminution de sa valeur, et sa rareté mène naturellement à son accroissement. Donc, pour ces économistes, la valeur de l'échange dépend de la valeur marginale, qu'ils définissent comme « *l'utilité d'un bien ou d'un service qu'un agent tirera de la consommation d'une unité supplémentaire* », autrement dit, la décroissance de la consommation par la satisfaction. Lorsque l'on est satisfait, ou rassasié de quelque chose, la valeur marginale de celle-ci diminue. En revanche, lorsque l'on est dans le besoin, nous sommes prêts à échanger des biens d'une très grande valeur contre un produit d'une valeur inférieure, tel est le cas de l'eau et du diamant. Dans le désert, la valeur de l'eau prévaut sur celle du diamant, car la soif pourrait nous pousser à échanger le diamant contre un verre d'eau, chose que nous ne ferions pas si nous nous étions pas dans le besoin. En effet, le diamant a une utilité marginale très élevée par rapport à celle de l'eau (utilité marginale faible), celui-ci perd cette valeur lorsque nous sommes dans le besoin (échange contre un produit moins prestigieux, mais rare et très utile). La matière rare dispose d'une très grande valeur marginale (cherté), mais cette valeur décroit lorsque cette matière devient abondante. Pour les marginalistes, le principe de l'utilité marginale s'applique aussi à l'offre et la demande, deux éléments indispensables à l'équilibre des différents marchés, car plus il y a de la demande sur un produit, plus il gagne en valeur, et il perd quand la demande diminue, sans négliger, toutefois, l'influence de la concurrence sur cette équation.

Dans le cadre des ressources naturelles, plus il y a de demande sur celles-ci, plus leurs valeurs marginales augmentent. Pour le pétrole, l'augmentation de la demande n'a pas forcément conduit à la hausse de son prix, mais sa volatilité influence largement la dynamique de l'offre et de la demande.

Contrairement à Adam Smith et aux marginalistes, pour Ricardo, la théorie de la rente se fonde sur deux facteurs principaux : la terre et la production. Dans ses écrits, Ricardo, avait défini la rente comme « *la somme que le fermier devrait payer au propriétaire pour le droit d'explorer les facultés primitives et indestructibles du sol* », ce qui confère au propriétaire, d'une part, une autorité absolue légitimant ainsi son action de souverain, d'autre part, de redistributeur la rente à l'ensemble des travailleurs et ouvriers[9].

La perception de la rente, en elle-même, n'a pas changé depuis, car des analyses plus poussées ont été menées depuis les années soixante-dix par d'autres spécialistes comme Jean Marie Chevalier et Jean-Pierre Angelier, qui ont eu le mérite d'enrichir la théorie de la rente en matière d'économie

---

9 DAVID Ricardo, *Des principes de l'économie politique et de l'impôt,* Collection Garnier-Flammarion, Éditions Flammarion, 1999, 508 pages. Analyse de ABBELARD Monique, *Alternatives Economiques Poche*, n° 021, novembre 2005.

pétrolière en France. L'apport de ces deux auteurs consiste à considérer la rente pétrolière comme un surplus pétrolier et non pas comme une valeur, telle qu'elle est perçue par Ricardo et Smith. Le surplus pétrolier est défini par Chevalier comme *« la différence entre le prix de valorisation d'une tonne de brut, vendue aux consommateurs sous forme de produits raffinés, et le coût moyen total supporté pour extraire, transporter, raffiner et distribuer cette même tonne de brut »*[10]. Pour Angelier, *« la valeur d'un brut, est la quantité de travail nécessaire à sa production »*. D'après lui, la rente différentielle contribue à la constitution du capital pétrolier, qui englobe tous les revenus générés par le produit quelle que soit sa qualité. Pour lui, « *les revenus perçus par les États producteurs, constituent d'une façon ou d'une autre un prélèvement sur la rente créée par le capital pétrolier »*[11].

Cependant, cette rente demeure un revenu inaliénable de l'État, dont il tire un maximum de profit des matières premières qu'il exporte. L'abondance de ces dernières, ainsi que l'importance des revenus générés renforcent davantage le lien de dépendance de l'État à ses matières premières. D'ailleurs, l'insignifiance des coûts engagés par rapport aux revenus générés incite souvent l'État à recourir à l'exportation de ses produits, ce qui est plus rentable, que de développer les autres branches économiques alternatives (l'industrie, l'agriculture, etc.). Cette situation, aussi commode, à l'État, qu'alarmante, crée un certain confort artificiel au sein de la classe dirigeante, insensible aux conséquences d'une telle dépendance. Ce sont souvent, d'ailleurs, les ouvriers ou les classes « laborieuses », en général, qui subissent les conséquences d'une future crise financière ou d'une régression de la demande extérieure sur les matières premières.

En effet, l'appropriation des terres par les aristocrates nous révèle clairement l'essor de l'économie fondée principalement sur la rente, qu'elle soit foncière ou autre. Dans le cadre de la rente pétrolière, nous avons constaté l'amplification des problèmes macro-économiques à cause du manque de diversification dans les pays producteurs (pays du Tiers-monde). La politique rentière a produit des effets pervers sur les niveaux socio-économiques, d'une part, en accentuant l'improductivité et en négligeant les secteurs parallèles (l'industrie, l'agriculture et le tourisme...), et d'autre part, l'économie de rente, souvent instable, enclave l'État dans l'inflation et le recours systématique à l'importation. Pour Abdelkader Sid Ahmed, c'est à M. Mahdavy que revient la définition du concept de l'État rentier, qui est défini « *comme le pays recevant sur une base régulière des montants substantiels de rente externe. Les rentes externes sont les redevances payées par des étrangers, des entreprises ou des gouvernements à des individus,*

---

[10] WERREBROUK Jean-Claude, « Contribution à la théorie de la rente pétrolière », *In Revue de l'économie industrielle*, vol 9, 3ème trimestre, 1979, page 118 et 119.

[11] WERREBROUK Jean-Claude : Op.cit

entreprises ou gouvernements d'un pays donné. Ainsi les droits de passage du canal de Suez ou de transit des pipe-lines sont à cet égard des rentes ». Les recettes pétrolières des Etats peuvent ainsi être assimilées à des rentes externes »[12]. Ces éléments ont permis aux économistes de diviser la rente en deux catégories : la rente secondaire et la rente primaire.

En réalité, la rente secondaire a aussi un impact sur l'économie, mais ne constitue pas l'essentiel des revenus de l'État, tel est le cas de la Jordanie et du Liban, par exemple, qui bénéficient des rentes sous forme d'aides provenant des États-Unis et des pays européens, du tourisme, de la diaspora établie à l'étranger, etc. En revanche, la rente primaire c'est celle qui sera l'objet de notre étude. En somme, pour qu'un Etat soit qualifié de « rentier » il faut que trois conditions soient réunies : il faut que la rente soit la source principale et substantielle de revenus directs pour l'État, il faut que les autorités redistribuent cette rente à la population, sans l'assujettir en contrepartie au paiement des impôts, et enfin, il faut que cette rente soit extérieure à l'économie nationale. Ce dernier point est important car il détermine l'orientation productive ou non de l'économie rentière. La productivité ici est mesurée par le travail et non pas par la consommation. Une économie peut bien être rentière mais productive en même temps, c'est le cas par exemple des Emirats Arabes Unis (EAU), qui se trouvent dans une logique différente des autres pays comme l'Algérie, la Libye ou l'Arabie Saoudite, où l'État se contente de redistribuer la manne pétrolière aux citoyens, en créant ainsi un confort artificiel provisoire, lequel nuit dangereusement aux développements humains et économiques de ces Pays. C'est à partir de ces éléments, d'ailleurs, que nous pouvons déterminer le rôle de la rente dans la transformation de la nature de l'État.

SECTION II. LE ROLE DE LA RENTE DANS LA TRANSFORMATION DE LA NATURE DES ÉTATS ARABES PETROLIERS

La progression de l'industrie mondiale a fait du pétrole un or noir, dont on ne peut se passer, autant pour les pays producteurs qu'importateurs. Mais si les pays importateurs cherchent d'autres alternatives au pétrole, telles que les énergies renouvelables, les pays producteurs, quant à eux, n'ont pas réussi à diversifier et à industrialiser leurs économies afin qu'elles deviennent productives. Passer d'une économie artificielle (économie riche mais non productive) à une économie réelle demeure l'objectif de tous les pays rentiers, principalement ceux du Moyen-Orient. Ces derniers n'ont pas

---

12 ABDELKADER Sid Ahmed : « Vers une théorie de l'industrialisation à partir de l'exportation et de la transformation des ressources naturelles : de la « staple theory » à la rente pétrolière », *Revue Tiers Monde*, n°115, volume 29, 1988, page 758, article disponible sur le site http://www.persee.fr

hésité à adopter des politiques et programmes leur permettant d'y parvenir depuis des années, notamment celles des industries industrialisantes dans les années soixante-dix, qui ont servi de passerelle à la plupart des pays pour sortir du sous-développement.

Dans son livre sur les problèmes théoriques de la rente pétrolière, Abdelkader Sid Ahmed avait évoqué le rôle déterminant de l'État pour la transition vers l'après-pétrole.

D'ailleurs, dans son analyse, l'auteur s'appuie sur plusieurs démarches libératrices afin de sortir l'économie rentière de son enclave, d'autant que l'idéologie rentière renforce considérablement le monopole de l'État. Toutefois, il ne nous semble pas que ce soit la rente, elle-même, qui ait conféré ce monopole global à l'État, mais que ce soient les systèmes socialistes et autoritaires régissant certains pays, notamment après leur accession à l'indépendance, qui aient fortement ancré leur idéologie politico-économique dans une gestion centralisée et stérile. Les pays pétroliers de l'Afrique du Nord reflètent, d'ailleurs, parfaitement l'image d'un État omniprésent, qui, par son socialisme primitif et inadapté à son statut post-indépendant, n'a fait que brouiller l'économie nationale dans une introversion dérisoire.

Dans le cas de l'Algérie par exemple, après son indépendance, en 1962, les décideurs publics ont voulu annihiler toute trace du colonialiste français, en commençant par adopter une politique économique « antilibérale », suivant le modèle socialiste soviétique. La voie du socialisme était déjà tranchée par les décisionnaires algériens avant l'accès à l'indépendance, le Front de Libération national (FLN) l'a implicitement affirmé dans ces documents, notamment celui de la Soummam (1956) et dans la Charte de Tripoli (1962)[13]. Ce n'est qu'à partir de 1962 (après l'indépendance) que le socialisme connaîtra une montée grandissante, et sera proclamé officiellement par le président Ahmad Ben Bella, le 25 septembre 1962 par le biais de l'Assemblée nationale constituante. L'Algérie est désormais une République démocratique et populaire. Cette proclamation de la République s'est poursuivie aussitôt par la nationalisation des terres agricoles en 1963. L'arrivée au pouvoir de Houari Boumediène en 1965, à la suite du coup d'État contre Ben Bella, a permis aux dirigeants de nationaliser le secteur des hydrocarbures (pétrole et gaz) en 1971, après que les accords d'Evian aient reconnu la souveraineté de l'Algérie sur le Sahara et ses richesses naturelles, mais aussi de redistribuer la manne tirée de ses ressources au peuple afin de minimiser l'impact de l'illégitimité du régime autoritaire de Boumediène.

---

[13] HADHERES Sadek, « Réflexions autour de « trois décennies de socialisme spécifique en Algérie », article publié le 1er juillet 2010 sur le site www.sociagerie.net
ARZALIER François et coll, *Expériences socialistes en Afrique 1960-1990*, Éditions le temps des cerises, Paris, 2010, pages 129-148.

Sur le plan économique, Boumediène tentait de pallier les carences de l'industrie en promouvant l'exploitation du secteur pétrolifère au détriment du secteur agricole. Dès lors, une stratégie de l'après-pétrole fondée sur les industries industrialisantes est mise en place. Cependant, l'optimisme de Boumediène de passer du sous-développement économique au développement n'était que provisoire, car sa politique économique de l'époque n'a pas obtenu les résultats escomptés, d'autant plus que la rente pétrolière était accaparée par les alliés du chef d'État, sans que ce dernier ne prenne les mesures de censure adéquates. Les problèmes sociopolitiques ne cessaient de s'amplifier, notamment le chômage et la bureaucratie.

Les successeurs de Boumediène, à partir de 1979-1980, notamment Chadli Ben Jdid, n'ont pas renoncé à l'attache socialiste du pays. Néanmoins, ils ont adopté des politiques libéralisatrices « réservées » tendant à promouvoir les autres secteurs économiques, principalement l'agriculture, et à réhabiliter le secteur privé. Malgré cette timide ouverture, la société algérienne n'est pas restée insensible à la résonance de l'échec, qui s'est traduit par les évènements du « printemps berbère » d'octobre 1980, exprimant un « ras-le-bol » général du mal-être algérien.

La situation depuis 1980 n'a pas beaucoup changé, car le problème en Algérie d'aujourd'hui réside dans la mauvaise gouvernance des dirigeants politiques, qui n'ont pas su tirer profit de la rente pétrolière pour développer l'économie nationale et améliorer les conditions de vie du peuple, d'autant que la rente et le pouvoir demeurent, fortement, manipulés par l'armée. Selon le politologue et spécialiste du monde arabe Gilles Kepel « *la rente pétrolière en Algérie a détruit le système économique ; les activités liées au pétrole étaient plus lucratives que les autres, notamment l'agriculture, la petite industrie, etc. Le système économique algérien, comme celui des pays à forte rente pétrolière, fonctionne sur "l'import-import". Les hommes d'affaires liés à la hiérarchie militaire, qui disposent de permis d'importation, préfèrent conserver leurs marges spéculatives en important, au lieu de développer sur place une industrie de biens de consommation créatrice d'emplois. Grâce à la rente pétrolière, ils importent des produits étrangers et touchent de fortes commissions sur l'opération. La baisse des prix du pétrole pose à ces régimes un problème de survie en les contraignant à ouvrir le champ politique et le champ économique. Obligés de traiter avec les catégories qui produisent sur place de la richesse, les dirigeants devront partager le pouvoir. Le prix élevé du baril a structurellement l'effet pervers de permettre aux régimes politiques non démocratiques en place de se perpétuer* »[14].

[14] Rapport d'information de l'Assemblée Générale n°1859, d'octobre 1999 sur *le rôle des compagnies pétrolières dans la politique internationale et son impact social et environnemental,* présenté par Mme MARIE-HÉLÈNE AUBERT, PIERRE BRANA et ROLAND BLUM. Rapport disponible sur le site http://www.assembleenationale.fr

Comme l'Algérie, la Libye aussi a adopté le système socialiste après l'accession au pouvoir de Mouammar Al Kadhafi en 1969, à la suite du coup d'État perpétré par *l'organisation des Officiers libres pour l'unité et le socialisme* contre le roi Idris 1er. Kadhafi en était membre depuis 1963, tout comme son homologue égyptien Gamal Abd Enasser[15].

Inspiré par la rhétorique socialiste Nassérienne, Kadhafi n'a pas hésité à mettre en œuvre en 1971 son ambition panarabe[16] et anti-impérialiste, par la création de « l'Union des Républiques Arabes ». Une union prometteuse dont le but était de fusionner trois pays (la Libye, l'Égypte et la Syrie) sous une fédération. Ce projet ne verra malheureusement pas le jour, mais Kadhafi réussira tout de même à s'attirer la sympathie des dirigeants arabes, notamment, grâce à sa politique anti-israélienne en soutenant par tous les moyens l'organisation de libération de la Palestine.

Kadhafi a adopté des réformes économiques telles que la nationalisation des terres, de banques et de ressources naturelles détenues, avant l'indépendance, par la puissance coloniale italienne, ayant pour objectif l'amélioration de la qualité de vie de la population. Il également normalisé ses relations extérieures avec l'Union soviétique et l'Occident en même temps, sans, toutefois, créer des clivages entre les intérêts de son pays et ceux des pays arabes. Dans sa politique économique nationale, Kadhafi s'est servi, à partir des années soixante-dix, de la rente pétrolière pour développer les différents secteurs (industrie, social...), car il s'est rendu compte de la valeur élevée du pétrole et de ses enjeux politiques, dont la production avoisine celle de l'Arabie Saoudite, d'autant que le coût d'extraction était très attractif par rapport aux autres pays producteurs de la région.

Les premières réformes du colonel Kadhafi ne tardent pas à éclore dès sa prise du pouvoir. La compagnie pétrolière nationale libyenne Lipetco, créée en 1966 est remplacée, sous l'égide de la loi n° 24 du 5 mars 1970, par la National Oil Corporation (NOC) opérant sous le contrôle et la surveillance du ministre du pétrole[17]. En 1973, les autorités libyennes nationalisent le secteur des hydrocarbures et mettent fin à la domination des compagnies étrangères exploitant ce dernier, ce qui a permis d'accroître la production

---

[15] Gamal Abd Enasser est un président égyptien, qui a accédé au pouvoir grâce au coup d'Etat commis contre le monarque Roi Farouk en 1952. Nasser était connu par son socialisme pro soviétique. Sa politique anti-impérialiste lui a permis de faire de grandes avancées au sein de la société égyptienne, notamment la nationalisation des entreprises publiques, ainsi que le développement des secteurs stratégiques tels que l'économie et l'éducation, ainsi que la lutte contre la corruption qui a connu son grand essor pendant le règne du Roi Farouk. Sur le plan politique, Nasser attira la sympathie des pays arabes grâce à sa politique anti israélite.

[16] Après sa prise du pouvoir, Kadhafi a proclamé son panarabisme, mais l'échec de la tentative de créer une République Arabe Unie (Libye, Égypte et Syrie), ainsi que son désaccord avec les dirigeants arabes l'a poussé à changer de cap et se diriger vers le panafricanisme (se rapprocher des dirigeants et peuples africains).

[17] MARTINEZ Luis, *Violence de la rente pétrolière*, Les presses des sciences Po, Paris, 2010, page 40.

nationale qui est passée de 663 millions de dinars libyens en 1973 à 3,8 milliards de dinars en 1979[18].

L'importante rente générée par l'exportation des hydrocarbures avait permis au gouvernement libyen de moderniser et de promouvoir une industrie nationale lourde (Complexe pétrochimique de Ras Lanouf et l'aciérie de Misourata). L'autoritarisme du gouvernement Kadhafi ne l'a pas empêché de redistribuer la rente au profit de la population et d'améliorer ses conditions de vie, misérables, sous le règne d'Idris 1er. Les dirigeants libyens ont utilisé les ressources pétrolières pour construire des logements, des universités, des hôpitaux et des écoles (le plan de développement de 1973-1975 avait initié la construction de plus de 115000 unités de logement et une centaine de centres médicaux comprenant hôpitaux, maternités et centres dentaires)[19].

Sur le plan social, et conformément au livre vert élaboré par le Guide libyen, le statut des salariés a été transformé en statut d'associés en 1978. A partir de 1980, le gouvernement commença une large campagne de privatisation ayant pour objet la libération de l'économie nationale et l'attraction des investisseurs étrangers. Cette ouverture était une opportunité pour les ressortissants des pays voisins (Tunisie, Maroc, Mauritanie, …) qui se rendaient en Libye pour travailler. Cependant, la Libye, sous Kadhafi est devenue un véritable refuge économique dans la région de l'Afrique du Nord. L'optimisme inconditionnel de Kadhafi aurait pu sortir la région MENA de sa dépendance aux hydrocarbures. En fait, malgré les importantes lacunes qui compromettaient les ambitions de Kadhafi de transformer la Libye en un pays développé, et d'asseoir une coopération économique régionale dans le bassin méditerranéen (principalement avec les pays africains voisins), il a tout de même éveillé les consciences collectives aux dangers de l'économie de rente. Grâce au fonds pétrolier « Libyan Investment Authority » (LIA), la Libye a investi l'essentiel de son portefeuille dans vingt-quatre pays africains, notamment dans les télécommunications, le tourisme et les secteurs minier et manufacturier. Kadhafi tentait de diversifier les ressources du pays tout en privilégiant et en affirmant sa logique panafricaine[20].

D'ailleurs, contrairement aux autres pays de la région, la Libye est le seul pays à avoir réussi à promouvoir rationnellement son secteur agricole, et à arriver à s'auto-satisfaire (en 2009, l'agriculture occupait 30% du PIB de la Libye).

Lors de sa visite officielle en Libye en 2008, l'ancien directeur du FMI, Dominique Strauss-Kahn avait déclaré : « *Les entretiens que nous avons eus,*

[18] MARTINEZ Luis, op.cit
[19] MARTINEZ Luis, op. cit, page 41.
[20] VITRAULLE Mboungou : « La révolution libyenne : l'économie avant la guerre», article publié sur le site http://www.afriqueexpansion.com, le 24 octobre 2011.

ont témoigné de notre unité de vues sur les réalisations de la Libye et sur les principaux défis auxquels elle est confrontée. Les réformes ambitieuses des dernières années ont produit une croissance forte ». D'ailleurs, parmi les grands projets du guide libyen figuraient l'initiation, en 1985, du projet « *La grande rivière artificielle »*[21], implantée au cœur du désert, qui permettra de réaliser un réseau de canalisation de 3500 KM. Ce projet de grande envergure, dont la première phase fut entamée en 1991 pour une durée de vingt-cinq ans, constituera le premier grand pas vers la préparation de l'après-pétrole, à travers la promotion de l'agriculture et du tourisme au Sahara libyen. C'est ce qu'a affirmé, M. Gououd, l'ancien Ministre d'État chargé du développement agricole : *« Il faut construire ce pays avec l'argent du pétrole en prévision du jour où l'or noir sera épuisé. Il faut que nous disposions d'une économie solide et permanente dans laquelle l'agriculture jouera un rôle essentiel. Il faut aussi que nous produisions suffisamment pour répondre à la demande locale »*[22].

Ce projet prometteur serait l'une des alternatives cruciales qui aideront la Libye à atténuer sa dépendance au pétrole (développement de l'agriculture et diversification du marché de l'emploi)[23]. L'idée de la « grande rivière artificielle » a d'ailleurs inspiré le Qatar, qui n'a pas tout à fait repris le projet initié par Kadhafi, mais qui a opté, depuis quelques années, pour l'implantation de « tentes toutes-équipées » au cœur du désert qatari, ainsi que pour la construction d'hôtels de luxe, de tours et de centres commerciaux. Une initiative qui aura d'importants impacts sur l'économie du Qatar, notamment le tourisme.

Cependant, si l'Algérie et la Libye ont choisi le socialisme, sous deux formes différentes, les résultats de leur politique économique restent mitigés, car ni l'une ni l'autre n'a réussi à se détacher de sa dépendance accrue à la manne pétrolière. Mais ce n'est pas pour cela que nous jugeons le socialisme comme « politique inappropriée » à ces deux pays, car d'autres pays non socialistes, comme l'Iran et l'Arabie Saoudite, qui disposent de réserves beaucoup plus importantes que l'Algérie et la Libye, sont enclavés, eux aussi, dans la tourmente des ressources énergétiques.

Pour la dynastie saoudienne, le problème de la dépendance à la manne pétrolière demeure moins influent que pour les autres pays de la région grâce à sa deuxième source de revenus qu'est le pèlerinage à la Mecque, lequel lui

---

[21] NDIAYE Khadim : « Un héritage de Kadhafi : La Grande Rivière artificielle», article publié sur le site http://www.afriqueexpansion.com, le 28 octobre 2001.
Voir aussi Sébastien Palluault : « L'achèvement de la Grande Rivière artificielle en Libye : et maintenant, quelle gestion de l'eau ?», In *Revue géographique des pays méditerranéens*, 2012, pages 9-16 http://mediterranee.revues.org

[22] M. Gououd, Ministre d'Etat chargé du développement agricole, Le Monde du 19 avril 1973, publié sur le site http://r-sistons.over-blog.com

[23] KHEDER Omar : « La grande rivière artificielle de la Libye et le développement durable », février 2007, http://www.agroparistech.fr

assure chaque année près de 40 millions de dollars[24]. Ces revenus, qu'ils soient issus du pèlerinage ou du pétrole, demeurent la propriété de la famille royale régnante[25], qui exerce un pouvoir absolu sur le Royaume (politique, économique et judiciaire), tout en garantissant l'alliance entre le religieux et le profane (Al Ulama et L Umara). Cette association découle de l'accord de 1932, conclu entre les familles du Cheikh Ibn Abdelwahhab et d'Al Saoud. Toutes les affaires du Royaume sont, désormais, soumises au *Majlis Al Choura,* créé en 1993, qui est un conseil consultatif doté de pouvoirs législatifs. Ce dernier pèse lourdement dans la prise des décisions d'ordre économique[26], notamment sur l'augmentation de la capacité de production du pétrole. Malgré sa grande capacité de production de pétrole, l'Arabie Saoudite rejoint les autres pays producteurs en ce qui concerne la redistribution de la rente pétrolière et la dépendance à celle-ci.

L'Iran, quant à lui, se distingue des autres pays de la région, hormis la Syrie, le Kurdistan d'Irak et le Liban par sa culture perse et son chiisme (contrairement aux autres pays sunnites). Ce dernier entretient des relations, plutôt, spécifiques avec les autres pays de la région, surtout, avec l'Arabie Saoudite qui le considère comme un ennemi. Les rapports entre le Royaume saoudien et la République Islamique deviennent de plus en plus tendus, notamment, après la coalition contre les milices houthistes qui a donné lieu à une intervention militaire au Yémen fin mars 2015.

En fait, la République islamique d'Iran fût proclamée en 1979 par l'Ayatollah Khomeiny, un redoutable opposant au Shah Mohammad Reza Pahlavi. Ce dernier était à l'origine de la nationalisation du secteur pétrolier et de l'industrie pétrolière en 1953, après avoir été sous l'hégémonie des compagnies britanniques. Pahlavi avait affirmé dans ses écrits qu'il voulait construire l'Iran avant que les réserves en pétrole ne soient épuisées[27].

L'Iran a réussi à gagner sa place, après la guerre du Golfe de 1980-1988, de la première puissance régionale dans le golfe persique et à rivaliser avec

---

[24] RENAUD Gérard, « Record de pèlerins attendu à la Mecque », article publié le 24/10/2012 sur le site www.lefigaro.fr/international

[25] Article 14 du titre IV relatif aux principes économiques de la constitution saoudienne de 1992, qui stipule que « *Toutes les ressources naturelles accordées par Dieu à notre pays, sous terre ou en surface, ou dans ses eaux territoriales, dans ses limites terrestres et maritimes, ainsi que les revenus de ces ressources, appartiennent à l'État, comme indiqué par la loi. La loi prescrit également les moyens d'exploitation, de protection et de développement de ces ressources, de manière favorable à la promotion des intérêts de l'État, à la sécurité et à l'économie* ».
BAHOUT Joseph, « Si l'Arabie doit rester saoudite », *Les Cahiers de l'Orient*, 1992 n°25-26, pages 73-74. [34] KORANY Bahgat, ouvrage collectif, *« Les régimes politiques arabes »,* Presse Universitaire de France, Paris, 1990, Page 489.

[26] AMMOUN Camille : *«* Arabie Saoudite : la réforme du système politique, entre effets d'annonce et changements réels *», la revue Afrique du Nord-Moyen Orient*, édition 2006-2007, la Documentation française, page 141 et suivantes.

[27] YAHIA Daoud Abbas, « L'histoire du pétrole en Iran », *Mokhtarat iraniya*, N°81, avril 2007, article publié sur www.albainah.net, 2007

la Turquie. Ses réserves de pétrole lui ont permis de se positionner en deuxième place derrière l'Arabie Saoudite, et comme quatrième producteur au rang mondial après l'Arabie Saoudite, la Russie et les États Unis. L'accroissement du prix du baril, ces dernières années, a été non seulement un vecteur de richesse, mais aussi de corruption et de clientélisme au sein de la société iranienne.

Dans le cas du Yémen, qui est le pays le moins avancé de la région (PMA), après la réunification des deux Yémen (la République arabe du Yémen (Nord) et la République démocratique populaire du Yémen (Sud) en 1990, la République du Nord a mis la main sur les richesses du pays, principalement le « qat », le pétrole et le gaz naturel liquéfié (GNL). En réalité, le Yémen ne dispose pas d'importantes réserves en hydrocarbures, et ne fait pas partie non plus des membres de l'OPEP, mais ces réserves constituent 90% des exportations du pays, et assurent 75% de ses recettes budgétaires, ce qui fait de lui un État rentier. Cependant, la mauvaise gestion de la rente ainsi que les tensions politiques entre le gouvernement et les milices du Sud ont été les causes du départ du Président Ali Abdallah Saleh, à la suite du soulèvement populaire de 2011. La prise du pouvoir par Abd Rabbou Mansour Hadi n'a pas arrangé la situation, et n'a pas non plus mis un terme aux tensions internes, ce qui a poussé les houthis à le chasser du pouvoir et à déclencher une guerre civile. Évidemment, les premières cibles des milices houthistes étaient les gisements pétrolifères et les gazoducs de Maarib et de Hodeïdah. Une dégradation à la suite de laquelle la production pétrolière a chuté de près d'un milliard de dollars en 2014[28]. À moins qu'un compromis ne soit trouvé entre le gouvernement d'Abd Rabbou Mansour Hadi et les houthis, l'économie yéménite sombrera de plus en plus dans le chaos.

En fait, la situation au Yémen est en quelque sorte semblable à celle du Soudan.

Indépendant depuis 1956, le Soudan a toujours été au cœur des tensions très aiguës entre le Nord, largement musulman et arabisé, et le Sud multiconfessionnel [29]. Les clivages interethniques et économiques (suprématie du Nord sur le Sud) entre les deux Soudans ont malheureusement amenuisé l'économie du pays, surtout, après la découverte dans le Sud d'importantes réserves en pétrole, en uranium et en diamant[30]. Prévue par l'accord de paix global du 9 janvier 2005 à Nairobi, la sécession du Sud Soudan a enfin été reconnue le 9 juillet 2011, mais le conflit lié au Darfour, ville de l'ouest du pays et riche, aussi, en uranium et en cuivre

---

[28] STUDER Elisabeth : « Yémen : nouvelle victime de la chute du prix du baril d'un pays majeur sur l'échiquier énergétique mondial », article publié le 21 février 2015 sur le site www.leblogfinance.com

[29] Il y a deux capitales au Soudan, Khartoum la capitale du Soudan du Nord, et Juba la capitale du Sud Soudan.

[30] NABLI Béligh, « *Comprendre le monde arabe* », Armand Colin, 2013, pages 136-137.

persiste et menace la stabilité politico-économique du pays[31]. En réalité, au-delà du conflit ethnique qui divise le Soudan, la problématique de répartition des ressources accentue fortement le risque de fragmentation de toutes les provinces soudanaises. On assiste donc, depuis les soulèvements du « printemps arabe », à une réelle demande de justice sociale et de partage équitable de la rente pétrolière dans certains pays pétroliers arabes. En effet, bien qu'il s'agisse de pays pétroliers, ils ne dépendent pas entièrement de la manne pétro-gazière. Ces trois pays ont investi les revenus pétroliers dans le développement de l'économie nationale y compris les infrastructures, le tourisme et les marchés financiers. Grâce à leur stratégie de diversification, ils sont devenus l'eldorado de nombreux ressortissants et hommes d'affaires étrangers.

La comparaison entre tous les pays producteurs et exportateurs de pétrole nous a permis de mettre en lumière, non seulement, leurs divergences politiques, mais aussi leurs similitudes en matière économique, souvent tributaire des revenus issus de l'exportation des hydrocarbures ainsi que de leur autoritarisme. En effet, les importants revenus pétroliers ont permis à l'élite au pouvoir de s'autoproclamer comme propriétaire légitime des ressources énergétiques et de monopoliser le pouvoir politique quel que soit le prix à payer. D'ailleurs, la prise du pouvoir par certains dirigeants est issue de coups d'État (Libye, Iran et l'Algérie) lesquels y sont restés au pouvoir jusqu'à leur mort ou leur renversement (Boumediène et Kadhafi). Malgré la tenue des élections (cas de l'Algérie et de l'Iran), celles-ci se déroulent dans un climat douteux et opaque, qui remet en cause, dans la plupart des cas, leur légitimité et leur transparence. L'opposition dans ces pays est souvent neutralisée, soit en chassant les opposants, soit en les mettant en prison.

Dans son livre sur « *Dawla tasalûtiya fi lmachreq lâarabi lmûasir* », l'écrivain koweitien Khaldûn Hassan Enaqeeb explique les conséquences de l'autocratie étatique sur les fondements des institutions civiles. La neutralisation de l'opposition implique nécessairement le déficit des institutions socio-politiques telles que les syndicats, les partis politiques, les

---

[31] La crise du Darfour remonte à 1987, lors de la première guerre civile qui opposait les agriculteurs Fours et Zagawa aux Arabes sur l'accès à la terre et l'eau. Étant donné que le Darfour se retrouve sur la partie déserte du soudan (le sahel), cela rend la vie de la population, à diverses ethnies, difficile, notamment entre ceux qui fuient la sécheresse pour survivre, et ceux qui protègent leurs terres. Ce premier conflit a levé le voile sur la politique de discrimination ethnico-raciale menée par les gouvernements en place (Gaafar Numeiry et son successeur Hassan Etourabi) contre la population africaine non-arabe. Le conflit entre le Darfour et le gouvernement central s'intensifia et donna lieu à une deuxième guerre civile en 2003. Le chef de gouvernement Omar Al Bachir, mena à l'aide des milices « Janjawid » une guerre atroce contre la population du Darfour, ce qui a donné lieu au massacre des milliers d'entre-elles et au déplacement de la majorité vers d'autres régions du pays et vers les pays voisins. Inculpé pour crime contre l'humanité, l'ONU a lancé, en 2009, un mandat d'arrêt international contre Omar Al Bachir.

médias et même l'éducation, cela a favorisé le retour aux systèmes révolus comme le tribalisme, le régionalisme, l'ethnisme et le sectarisme, etc. Il s'y ajoute l'omniprésence de l'État et son contrôle absolu de tous les secteurs économiques. Cette attitude de l'État fait non seulement régresser les institutions, mais elle crée au sein de la société une bureaucratie centralisée ; d'où la nécessité d'une étude approfondie des cadres législatif et procédural des lois qui ont permis une intervention aussi large de l'État[32]. Bien que l'intervention de l'État au niveau interne soit perçue négativement dans le monde arabo-musulman, au niveau externe, elle est beaucoup plus déterminante, notamment en matière d'influence sur la fixation du prix des matières premières.

Depuis la découverte des premiers gisements pétroliers en Iran, et par la suite en Arabie, le prix du pétrole demeurait insignifiant pour les dirigeants de ces pays, qui ne percevaient que des *royalties* de la part des compagnies occidentales. Ce n'est qu'en décembre 1973 que le prix du baril connaîtra une vraie augmentation à la suite de la demande du Shah iranien Mohammad Réda Pahlavi à l'OPEP d'augmenter le prix du baril (159 litres) de 5,03 dollars à 11,65 dollars. Lors d'une conférence de presse, le Shah Pahlavi n'hésita pas à afficher son optimisme sur les futurs enjeux du pétrole et les prix, qui pour lui, étaient justes et raisonnables par rapport à l'importante valeur des hydrocarbures. Pahlavi estimait qu'à court terme la politique pétrolière de bas prix serait un moyen de destruction des sources pétrolifères et de provocation d'une profonde crise économique[33].

L'enjeu géostratégique que représente le pétrole arabe pour les compagnies occidentales a été le déclencheur d'un revirement dans les relations contractuelles entre celles-ci et les pays producteurs. Ces derniers, percevaient des *royalties* souvent dérisoires et inégalitaires de la part des grandes compagnies occidentales dans le cadre de l'exploitation et d'exportation de pétrole. Cependant, les compagnies pétrolières imposaient aux pays producteurs un prix de brut relativement bas afin d'affaiblir les sociétés concurrentes, ce qui nuisait conséquemment à la situation économique des Pays en cause.

Dès lors, les grands Pays exportateurs de pétrole (l'Arabie Saoudite, le Koweït, l'Iran, l'Irak et le Venezuela) ont décidé de créer le 15 septembre 1960 l'OPEP. D'autres Pays arabes ont adhéré quelques années plus tard, notamment après leur accession à l'indépendance, le Qatar en 1961, la Libye en 1962, Abu Dhabi en 1967 (car la confédération des Émirats Arabes Unis n'existait pas avant 1971) et l'Algérie en 1969. En effet, l'union crée la

[32] HASSAN NAQEEB Khaldûn, « *Dawla tasalûtiya fi lmachreq lâarabi lmûasir* » (*l'État autoritaire au levant arabe contemporain*), Centre d'Études de l'Unité Arabe, 3éme édition, Beyrouth, 2004, 421 pages. الدولة التسلطية في المشرق العربي المعاصر :خلدون حسن النقيب، الطبعة الثالثة ، مركز دراسات الوحدة العربية، بيروت ، 2004 ،421صفحة

[33] YAHIA Daoud Abbas, *Ibid*

force, car à partir de la guerre des Six Jours de 1967, les pays arabes ont utilisé le pétrole comme arme de défense contre les pays occidentaux qui soutenaient Israël lors de son offensive contre la Palestine. L'embargo a été, certes, de courte durée, mais il a eu un impact économique considérable sur la relation Nord-Sud.

La mutation pétrolière arabe a suivi son cours en 1969, lors de la révolution libyenne, à la suite de laquelle le colonel Kadhafi a décidé de modifier les termes des contrats liant son pays aux compagnies occidentales et leur a imposé, après l'accord de l'OPEP, une hausse des prix. Cette initiative avait permis aux États producteurs de renverser les rapports de force, et de nationaliser à partir de 1971 leur industrie pétrolière, excepté l'Iran qui a nationalisé son industrie pétrolière en 1956 (l'Algérie en 1971, l'Irak en 1972, et la Libye en 1973).

La guerre de Kippour de 1973 ainsi que la révolution iranienne de 1979 ont joué un rôle primordial dans la progression des cours du pétrole. L'importante manne générée par l'exportation des hydrocarbures n'a pas tardé à initier des projets prometteurs pour l'après-pétrole. L'Algérie était, d'ailleurs, parmi les premiers pays à préparer l'ère de l'après-pétrole en adoptant la stratégie des industries industrialisantes dans les années soixante-dix, en suivant ainsi le modèle soviétique qui donne la priorité à l'industrie lourde. Le gouvernement algérien espérait développer l'industrie nationale en comptant sur les revenus du gaz et du pétrole. Ces revenus permettraient, selon le gouvernement, d'améliorer les infrastructures et de construire des complexes industriels (de pétrochimie, sidérurgie, etc.). Cette démarche aurait un effet d'entraînement sur les autres domaines économiques[34]. Malheureusement, cette stratégie a été un échec absolu qui a nourri, d'une part, les dérives politiques (corruption, clientélisme, bureaucratie, etc.) et d'autre part, les contestations sociales et la montée en puissance de mouvements islamiques extrémistes.

D'ailleurs, l'éclosion du mouvement islamique Front Islamique du Salut (FIS) en Algérie était en partie la suite des mouvements de contestation populaires, notamment en Kabylie (Printemps berbère), auxquels les dirigeants algériens ont dû faire face en 1988.

Effectivement, la situation chaotique de l'économie algérienne ainsi que l'inflation progressiste à l'époque ont servi d'alibi aux nouveaux partis politiques (après l'abolition du système du parti unique « FLN ») pour imposer aux autorités en place de revoir leurs stratégies de développement, d'autant que le pétrole coulait à flots dans le Sahara, et que la rente ne cessait d'alourdir les caisses de l'État.

[34] DESTANNE de Bernis Gérard, « Les industries industrialisantes et les options algériennes », In *Tiers-Monde*, 1971, tome 12 n°47, Le tiers monde en l'an 2000. Pages 545-563.

Les années noires de guerre civile (1992-2002), l'échec des Plans d'Ajustement Structurel (PAS), ainsi que l'endettement de l'État ont amplement freiné le processus du passage à l'ère de l'après-pétrole. La stabilité des prix du pétrole à partir des années 2000 a permis à l'Algérie de consolider ses recettes, et d'entamer le remboursement de sa dette extérieure.

Quant au prix du pétrole, il a toujours connu une fulgurante volatilité. En 2008, le prix du baril du « brut » a enregistré la plus importante hausse de son histoire (140 $), alors que l'année qui suit, il a rechuté à 70 $. Depuis 2010 et jusqu'au premier semestre de 2014, les cours étaient relativement stables (110 dollars le baril en moyenne). A partir de novembre 2014, les cours ont à nouveau connu un effondrement à moins de 60 dollars le baril, puis à peine 28 dollars le baril en début de l'année 2016. Cette variabilité a certainement des explications, d'autant plus que la demande impacte sensiblement le prix du baril. S'ajoute à cela les facteurs politiques et économiques auxquels le monde fait face depuis plusieurs années.

Comme nous l'avons souligné, le Shah Pahlavi a joué un rôle fondamental dans l'augmentation du prix du pétrole en 1973 à la suite de la guerre du Kippour. Cette dernière avait d'ailleurs causé le premier choc pétrolier, le prix est passé de 5,03 dollars US à près de 12 dollars US. La révolution islamique en Iran en 1979 puis le début de la guerre avec l'Irak en 1980 ont provoqué une hausse des cours, ce qui a entraîné le second choc pétrolier, pour arriver à 35 dollars US le baril. Mais le recours de l'Iran et de l'Irak au ravitaillement de leurs armées au détriment des exportations a eu pour effet l'effondrement des prix du pétrole à nouveau en 1982 (fléchissement des cours à 15 dollars). Une situation qui s'inversera pour une courte durée en 1991, à la suite de l'invasion du Koweït par l'Irak. En 2008 le monde fera face à un troisième choc pétrolier, le prix du baril du brut frôle les 140 dollars. Le prix du baril, après une stabilité à 100 dollars en moyenne, jusqu'à novembre 2014, connaît une chute vertigineuse (30 dollars le baril en janvier 2016, soit une baisse de 40% par rapport au premier trimestre 2014) pour remonter à nouveau à 58 dollars en janvier 2017.

Au-delà de l'héritage historique de la région, le pétrole arabe ne cesse d'attiser la convoitise des pays occidentaux. Quelques années après la découverte du pétrole en Arabie Saoudite, le 13 février 1945, le Président américain Franklin Roosevelt signa l'accord ***Quincy*** avec le roi saoudien Ibn Saoud pour une durée de soixante ans. Cet accord avait pour objet de garantir à Washington le monopole sur les concessions pétrolières saoudiennes. En contrepartie, le président américain garantissait à l'Arabie Saoudite son soutien politique ainsi que la sécurité sur son territoire. L'exploitation des champs pétrolifères saoudiens a été concédée à la société *ARAMCO* (Arabian American Oil Compagny)[35], puis d'autres compagnies

[35] ROMEO Lisa, « Etats-Unis et Arabie Saoudite : les liens du pétrole de 1945 à nos jours », article publié le 17/09/2010 sur le site www.lesclesdumoyenorient.com

américaines se sont implantées telle que *EXXON MOBIL*. L'implantation des compagnies pétrolières américaines avait permis au roi saoudien d'asseoir son autorité sur tout le territoire, ainsi que d'accroître les revenus du pays et devenir par la suite le premier pays producteur dans la région.

Bien que l'Arabie Saoudite occupe la première place en matière de production et d'exportation du pétrole au Moyen-Orient, l'Iran demeure le berceau de la révolution pétrolière. En effet, la découverte du premier gisement pétrolier en Iran remonte à 1908[36]. Dès 1909, les Anglais créeront la société pétrolière *Anglo Persian Petroleum* à Londres, qui est devenue par la suite la plus puissante compagnie pétrolière dans le monde. Cette dernière continua à bénéficier des privilèges accordés aux ingénieurs britanniques depuis 1901, et exerça une autorité absolue en matière de recrutement des employés et de vente des produits pétroliers. Une filière de celle-ci sera créée plus tard en Iran. Cette situation durera jusqu'à fin avril 1932.

Les dirigeants iraniens décident alors d'annuler les privilèges accordés à la société britannique car ils estiment que leurs droits ont été bafoués par les exploiteurs anglais.

Un nouvel accord est conclu fin avril 1932, qui a permis aux responsables iraniens de renégocier les conditions d'extraction et de vente du pétrole iranien, afin de garantir les droits et intérêts nationaux de l'Iran. Cet accord durera jusqu'en 1951, date de nationalisation de l'industrie pétrolière iranienne.

L'Arabie Saoudite et l'Iran ne sont pas les seuls pays pétroliers partenaires de l'occident, d'autres pays comme le Qatar, l'Irak et l'Algérie ont aussi ouvert leurs portes aux compagnies pétrolières multinationales, mais avec de nouvelles conditions de partenariat, beaucoup plus avantageuses aux pays hôtes. Aujourd'hui, les pays producteurs cherchent de plus en plus à garantir leurs intérêts nationaux et à bénéficier du savoir-faire étranger. Les pays arabes ont rapidement compris les vrais enjeux des hydrocarbures, et les profits qu'ils peuvent tirer des exportations. Cette prise de conscience s'est ressentie dès lors que les dirigeants arabes ont décidé de nationaliser leur industrie pétrolière. Les conditions de partage des bénéfices ont donné une nouvelle position, plus avantageuse, aux pays producteurs, et les firmes étrangères ont perdu leur situation privilégiée.

Au-delà de l'optique purement économique du pétrole arabe, ce même pétrole peut devenir, parfois, vecteur de guerre et de violence. En 2003 les États-Unis et la Grande-Bretagne envahissent l'Irak sous prétexte de lutter contre le terrorisme et de mettre fin au programme de prolifération de l'arme

[36] La recherche du pétrole en Iran remonte à 1872, lorsque le gouverneur Nasser Eddine chah Al qajari (18481896) offrira au baron anglais Julius Ruiter le privilège de mener des recherches approfondies sur les gisements pétroliers. A partir de 1908, l'ingénieur anglais Luim Rucks Dars obtint un privilège plus global de recherche, d'exploitation et d'exportation du pétrole iranien dans toute la République, excepté quelques régions du nord qui étaient à l'époque sous l'emprise russe.

nucléaire, d'après la majorité des spécialistes et de l'opinion publique. Or, pour d'autres chercheurs politiques dont Fouad Nohra, la guerre américaine contre l'Irak est le résultat d'un faisceau de facteurs liés, tant au bouleversement de la doctrine de politique étrangère à la suite du 11 septembre 2001, qu'à l'impact du messianisme religieux et à l'effet des rapports de forces internes au sein de l'Administration présidentielle américaine[37]. Après plusieurs années de violences et d'anarchies, l'on ne parvient pas à prouver l'existence de programmes d'armements prohibés. Bien que le pétrole irakien ne soit pas tombé entre les mains des Américains, mais entre celles des Italiens et des Chinois, les Américains ont pu, tout de même pénétrer dans la région et neutraliser Saddam Hussein.

Même si la prolifération de l'arme nucléaire n'était qu'un prétexte, les Américains ont compris qu'à long terme le pétrole irakien permettrait à Saddam Hussein d'asseoir son pouvoir et son autorité dans la région, surtout après les guerres qu'il a menées contre l'Iran (1980-1988) et le Koweït (1990). L'enthousiasme politique grandissant de Saddam Hussein ne cessait d'irriter la politique ultra monopoliste américaine. En effet, après le retrait britannique du Golfe, les États-Unis cherchaient à trouver le moyen le plus approprié pour s'implanter davantage dans la région, surtout après la destitution du Shah d'Iran, l'allié principal de l'Amérique, par l'Ayatollah Khomeiny. La stratégie américaine en Irak s'inscrivait dans la continuité de la « doctrine Carter » du 23 janvier 1980, qui déclare que « *l'accès sans restriction au Golfe Persique est un intérêt vital des États-Unis, et que pour protéger cet intérêt, les États-Unis peuvent avoir recours « à tout moyen nécessaire, y compris la force militaire »*[38].

Jusqu'à ce jour, l'après-pétrole n'est qu'un mythe, car aucun projet concret n'a été mené à terme, que ce soit pour l'Algérie, pour l'Irak, pour la Libye, pour l'Iran, pour le Soudan ou pour le Yémen. Les programmes de diversification économiques demeurent en suspens, surtout avec les récentes mutations politiques, de plus en plus conflictuelles. Dans ces pays, l'économie demeure dépendante à 98% de la rente gazière et pétrolière. Beaucoup de travail reste à faire, notamment, en matière de gouvernance et de lutte contre la corruption, qui sont les deux principaux facteurs d'échec du développement économique dans la région MENA. Seuls les Emirats-Arabes-Unis, Bahreïn et le Qatar, ont réussi à passer d'une apologie à une réelle ère de l'après-pétrole, grâce à la promotion du tourisme et des investissements directs étrangers (IDE), ce qui signifie que l'économie des

[37] Cahier documentaire sur le Golfe, « L'Irak, un pouvoir à abattre », sur le site http://www.monde-diplomatique.fr
Voir également NOHRA Fouad : « L'élaboration de la décision américaine d'envahir l'Irak : facteurs, arguments, groupes d'influence », *Eurorient* n° 32, 2011, pages 181-199

[38] PILOTE Alain : « Réflexions sur la guerre en Irak : les véritables enjeux : le pétrole et l'argent », article paru dans le n° du mai-juin-juillet 2003 de « *Vers demain* », www.michaeljournal.org

Pays arabes ne peut être considérée comme *rentière* à part entière. La rente peut bien être un outil de développement si elle est bien utilisée.

Comme l'explique Abdelkader Sid Ahmed dans son article « *l'expérience des Pays arabes producteurs de brut* »[39], l'économie rentière est créatrice de richesse, et c'est cette dernière qui provoque le démarrage des autres activités. Tous les pays pétroliers de la région disposent d'importants atouts en plus des ressources naturelles : population extrêmement jeune et instruite et une situation géographique extraordinaire, ce qui devrait aider les décideurs publics dans leurs démarches vers un développement économique durable et productif.

Par ailleurs, les bouleversements géopolitiques auxquels font face bon nombre de pays de la région, en particulier, la poussée de l'État islamique en Irak et en Syrie, accentuent davantage la fragmentation de la région. La mainmise des djihadistes sur d'importants gisements pétroliers au Yémen, en Syrie, en Irak et en Libye se répercutera, de toute évidence, sur les économies de ces pays, dans la mesure où l'exploitation de ces gisements ainsi que les recettes générées échapperont à tout contrôle du gouvernement, et constitueront un énorme manque à gagner pour l'État. À l'heure actuelle, les situations politiques et économiques sont désastreuses, dès lors, il est difficile d'imaginer à court ou à moyen terme une stratégie économique bien définie pour sortir ces pays de leur dépendance à la rente pétrolière.

Néanmoins, pour les autres pays, comme l'Algérie et les pays du CCG, ces évolutions extraordinaires de la région MENA vont, profondément, modifier les orientations politico-économiques de l'élite au pouvoir. D'une part, le déplacement des milliers de populations des zones en guerre vers les autres pays de la région, plus ou moins stables, va peser sur les budgets de ces pays, car le nombre d'habitants va augmenter beaucoup plus rapidement que les recettes générées par les hydrocarbures, surtout après la chute des prix du pétrole depuis mi 2014. D'autre part, le manque de revenus pour les États aura un impact sur les subventions publiques qui vont diminuer. Les dirigeants devront, dès lors, rechercher d'autres moyens de satisfaction de la population, soit en les associant directement à la rente (le partage de la rente), soit en injectant cette rente d'une manière rationnelle dans le circuit économique, soit en trouvant impérativement d'autres sources de revenus hors-hydrocarbures pour améliorer la vie des citoyens.

Autant de mutations qui rendront la problématique de l'après-pétrole dans le monde arabe et musulman complexe, mais nous allons tout de même tenter, dans ce travail, d'analyser les raisons pour lesquelles les pays pétroliers de cette région sont devenus des pays rentiers, et proposer par la suite des solutions et une stratégie globale d'indépendance économique.

---

[39] ABDELKADER Sid Ahmed : « Le paradigme rentier en question : l'expérience des pays arabes producteurs de brut, analyse et éléments de stratégie », *In Tiers-Monde*, 2000, Tome 41 n° 163, pages 501-521.

Pour cela, nous essayerons d'expliquer, dans un premier temps, en quoi la rente pétrolière est source d'illusions **(I)**, et dans un deuxième temps, les enjeux politiques et économiques de l'après-pétrole **(II).**

PARTIE I

LA RENTE PÉTROLIÈRE : SOURCE D'ILLUSIONS

Surmenés par des programmes de développement hasardeux, les pays arabes n'ont pas su tirer profit de l'importante manne pétrolière, soutirée ces dix dernières années de l'exportation de leur pétrole pour développer et diversifier leurs économies.

Cependant, l'État rentier est le concepteur principal d'une économie rentière, car c'est à lui que revient la décision de libéraliser, ou pas, l'économie nationale. Ce qui implique que la qualification de « *rentière* » est *de facto* assimilée à l'économie à partir du moment où l'État dépend, principalement, de la rente pour générer des recettes. D'ailleurs, le premier choc pétrolier de 1973 était un vecteur de plusieurs réformes économiques ayant pour objet le développement de l'industrie nationale, mais l'échec de ces réformes n'a fait qu'accentuer la vulnérabilité de l'économie des pays arabes producteurs de pétrole, et mener à la faillite leur gouvernance **(I)**, force est de constater l'effrayant paradoxe entre une manne pétrolière abondante et un développement sans croissance **(II)**.

CHAPITRE I

UNE ÉCONOMIE VULNÉRABLE ET UNE GOUVERNANCE EN FAILLITE

Le dernier contre-choc pétrolier de 2008 a créé un véritable tsunami financier dans les pays arabes producteurs de pétrole grâce à la hausse inattendue du prix du baril qui a frôlé les 147 dollars. C'est la première fois, d'ailleurs, que les recettes pétrolières dépassent les espérances des dirigeants de ces pays. L'abondance de la manne pétrolière provoquait souvent des réformes socio-économiques encourageantes, et traçait l'itinéraire de grands projets prometteurs (investissements, infrastructures) comme c'est le cas pour l'Arabie Saoudite et l'Algérie. Mais en réalité, les sommes allouées à ces projets demeurent, dans la quasi-totalité des cas, démesurées par rapport à l'importance ou à la grandeur du projet à réaliser, ce qui favorise le détournement de l'argent public par les autorités elles-mêmes. Ce dérapage témoigne, d'une part, de l'altérabilité de l'assise économique des pays arabes, et d'autre part, de la défaillance de la gouvernance dans les domaines économiques et politiques. Ceci peut être expliqué par deux facteurs : d'abord la rente confère à l'État, en tant que souverain, une autorité absolue quant à la détention, l'exploration et la redistribution de la matière première, ce qui renforce son rôle en matière économique **(I)**, ensuite, les acteurs publics ont l'intime conviction que le pétrole est épuisable, et que la rente n'est pas toujours exponentielle. Mais le confort artificiel assuré par la rente ne fait que renforcer leur immobilisme **(II)**.

SECTION I. LE RENFORCEMENT DU ROLE DE L'ÉTAT

Excédés par l'emprise des firmes étrangères sur leurs ressources naturelles, les pays arabes producteurs ont décidé de nationaliser le secteur des hydrocarbures afin d'échapper, d'une part, au monopole des compagnies occidentales quant aux conditions de l'exploration et l'exploitation de gaz et de pétrole, et d'autre part, de mettre un terme à la politique tarifaire très basse et contraignante imposée par celles-ci. Bien que cette nationalisation constitue un véritable bouleversement dans les relations contractuelles entre les pays producteurs et les compagnies étrangères, elle était controversée par une politique socialiste malmenée (**§1**), renforçant ainsi l'hégémonie de l'État (**§2**).

§1. Une nationalisation controversée par une politique socialiste malmenée

Au-delà de leur situation géostratégique, les pays arabes s'appuient sur leur autoritarisme afin de renforcer leur rôle à tous les niveaux. Après l'indépendance, l'État s'est imposé, avec force, dans la vie économique pour assurer sa mission de régulateur des activités socio-économiques (transports, télécommunications, etc.). Dans le domaine des hydrocarbures, les autorités ont opté pour une nationalisation massive des ressources naturelles **(A)** afin de les sanctuariser vis-à-vis des firmes étrangères opérant sur leurs sols et de renforcer l'égalitarisme par la redistribution de la rente **(B).**

A. La nationalisation massive des ressources naturelles

La nationalisation s'oppose à la privatisation, elle se définit par « *le transfert à la collectivité nationale de la propriété de moyens de production privés, de biens ou d'un secteur de l'appareil productif* »[40]. Elle s'inscrit dans la continuité de l'idéologie anticolonialiste, antiimpérialiste et prosoviétique (révolution bolchévique de 1917) des gouvernements arabes postindépendance, ainsi que celle des pays de l'Amérique latine (l'Argentine et la Bolivie en 1937 et le Mexique en 1938).

L'Iran était le premier pays, au Proche-Orient, à nationaliser le secteur des hydrocarbures en 1951. Souhaitant abolir l'impérialisme britannique sur le pétrole iranien, et mettre un terme aux infimes *royalties* versées par l'Anglo-Persian Oil Company (APOC) au gouvernement iranien, Reza Pahlavi exigea, en 1931, la révocation du contrat qui le lie aux Britanniques, et demanda la signature d'un nouvel accord plus avantageux pour l'Iran. La nationalisation sera à l'ordre du jour pour quelque temps, mais ce n'est que le 02 mai 1951, que le nouveau chef de gouvernement Moussadegh adopte définitivement la loi sur la nationalisation, à la suite de laquelle la compagnie Anglo-Persian Oil Company deviendra National Iranian Oil Company[41]. Cette loi suscita aussitôt l'hostilité des Britanniques qui décrètent un blocus vis-à-vis du pétrole iranien, et s'allieront, plus tard, aux

---

[40] Centre Nationale des Ressources Textuelles et Lexicales, http://www.cnrtl.fr
[41] HEDJAZI Arefeh : « La nationalisation du pétrole : un échec victorieux ? », *La Revue de Téhéran*, n°16, Mars 2007 (www.teheran.ir)

Américains pour organiser, en 1953, l'opération « ***Ajax*** » tendant à mettre fin au règne de Moussadegh, et à l'abrogation de la loi sur la nationalisation.

L'intervention des Américains auprès des Anglais dans cette opération, avait d'autres buts que la destitution de Moussadegh. Hormis l'opposition du peuple, soutenue par les Américains, à la politique égocentrique de Moussadegh, les États-Unis n'acceptaient pas que la Russie (l'Union soviétique à l'époque) mette la main sur le golfe persique et ses richesses pétrolières.

Américains et britanniques s'empareront respectivement, après la chute de Moussadegh, et la conclusion d'un accord de consortium pour 25 ans de 40% des parts de la compagnie pétrolière iranienne, et les Français et Hollandais des 20% restants. Ce fut alors l'échec total de la tentative de nationalisation du secteur énergétique en Iran. Le retour du Shah en Iran en 1953, avait permis de transformer, tout au long de la durée du consortium (1954-1979), la National Iranian Oil Company en une incontestable compagnie nationale indépendante, compétente, et gérée entièrement par des ingénieurs iraniens.

Durant les années quatre-vingt-dix, l'Iran avait réussi à attirer plus de 20 milliards de dollars en termes de projets d'investissements dans le domaine pétro-gazier, principalement, avec la compagnie Britano-Hollandaise Royal Deutsch & Shell, la française Total, ainsi que les Norvégiennes Statwell et Aker Kvaerner. Cette dernière (Aker Kvaerner), qui a dirigé un grand consortium d'exploitation du gaz iranien au South Pars dans le golfe persique, n'a pas pu achever son contrat avec les autorités iraniennes à la suite des vives contestations que ce partenariat a suscitées au sein de la société norvégienne, qui voyait d'un mauvais œil l'alliance d'Aker Kvaerner avec et le groupe militaro-politique *les gardiens de la révolution* (Pasdaran), qualifié par les Norvégiens de « *l'armée de la torture* »[42].

Bien que la Constitution iranienne de 1979 (article 44)[43] interdise aux compagnies étrangères d'obtenir des concessions en matière d'exploitation des hydrocarbures, le gouvernement s'est efforcé de développer des partenariats, très limités, avec les firmes étrangères, qui portent uniquement sur le forage. Cela remonte à la création, par les dirigeants iraniens des

---

[42] HIGGINS Andrew : « Une force redoutable perturbe le monde des affaires en Iran », *The Wall Street Journal*, octobre 2006.
Les gardiens de la révolution représentent un groupe paramilitaire institué en 1979, lors de révolution islamique en Iran. Ce groupe s'est incrusté dans tous les domaines de l'État, et pèse considérablement sur les décisions de celui-ci. Jusqu'au aujourd'hui, les *Pasdaran* contrôlent plus de 50% de l'économie du pays et du secteur des hydrocarbures. Dès son élection, Mahmoud Ahmadinejad, décida de contrôler les coopérations entretenues par les gardiens de la révolution, et promet de mettre terme à ce qu'il avait qualifié, en 2005, de « la mafia du pétrole ».

[43] L'article 44 de la constitution de 1979, révisée en 1989, liste un quatrième secteur qui définit les règles du partenariat public-privé.

contrats « *Buy-back* », qui stipulent que dès que le but est atteint (le pétrole commence à couler), les compagnies étrangères doivent remettre les gisements creusés à la compagnie nationale iranienne, seule habilitée, et ayant le droit exclusif d'exploiter ces derniers. En 1987, les autorités iraniennes ont adopté une loi pétrolière de dérogation, qui autorise le ministre du pétrole à conclure des contrats qui portent sur le développement des gisements avec les firmes étrangères.

Par ailleurs, l'Iran dispose de l'un des plus grands champs gaziers au monde, le *North Dome*, qu'il partage avec le Qatar. Malheureusement, à cause de l'embargo occidental sur l'Iran, ce champ n'est pas exploité comme il le devrait, ce qui empêche l'Iran d'augmenter les investissements et les partenariats pour exporter son gaz, tandis que le Qatar a réussi à conclure plusieurs accords d'exploitation avec les compagnies occidentales, notamment l'américaine Exxon Mobil, ainsi que Shell. Cependant, le président Hassan Rohani, élu en 2013, a décidé dès sa prise de pouvoir de réorienter et de restructurer l'économie iranienne, en commençant par la recherche d'un compromis avec les États-Unis pour lever les sanctions sur l'Iran, puis par lutter contre l'inflation qui avait atteint 28,3%. Parmi les objectifs du nouveau président figurent la dépasdaranisation de l'économie[44], la lutte contre la corruption et le clientélisme, ainsi que la privatisation des entreprises de l'État afin de redonner une nouvelle dynamique aux différents secteurs économiques.

Après l'Iran, c'est l'Égypte, sous la présidence de Gamal Abd Enasser qui nationalise le canal du Suez en 1956. Ce canal est un passage maritime stratégique, notamment pour l'acheminement de pétrole, qui liait la Méditerranée à la Mer Rouge et sur lequel la France et l'Angleterre percevaient des droits de péage. En fait, Gamal Abd Enasser était connu pour son autoritarisme, nationalisme et socialisme. Sa décision de nationaliser le canal découlait du refus des Français et des Anglais de financer la construction du barrage d'Assouan, qui avait pour but d'entretenir des terres agricoles de proximité et l'électrification de l'ensemble du pays.

Cette initiative mettra fin au monopole occidental sur le canal et déclencha, dès lors, une intervention armée en octobre 1956 contre l'Égypte, menée par Israël, la France et le Royaume-Uni à la suite de *« l'accord de Sèvres »*[45] . Les Forces d'urgence des Nations Unies sont intervenues en novembre 1956 pour mettre fin à la crise.

---

[44] YOUNES Ilham : « L'économie réelle de l'Iran, au-delà des chiffres », sous la direction de Michel Makinsky, article publié le 09/05/2014 sur le site www.lesclesdumoyenorient.com

[45] Accords signés à Sèvres entre Israël, la France et l'Angleterre afin de renverser Gamal Abd Enasser et récupérer le canal de Suez qui constituait une voie maritime vitale pour l'économie des trois pays. http://www.histoiredumonde.net/Crise-du-canal-de-Suez

À partir des années soixante, Abd Enasser nationalise les entreprises du pays, et adopte une réforme agraire tendant à redistribuer les terres, détenues par les féodaux, et à développer le marché intérieur. Bien que le socialisme nassérien soit accueilli avec joie par les Égyptiens et par les dirigeants arabes, il n'a cependant pas été le levier de développement escompté par Abd Enasser. Au contraire, le pays sombra de plus en plus dans la pauvreté, et les investisseurs étrangers, dépossédés de leurs biens, quittèrent en masse l'Égypte car les nouvelles réformes adoptées ne leur étaient pas favorables[46]. Par ailleurs, la politique socialiste nassérienne, bien qu'elle soit un échec sur le plan économique, a trouvé un écho positif dans le monde arabe sur le plan politique, et a profondément inspiré les nouveaux dirigeants de la région, tel que Houari Boumediène qui s'est engagée en 1971 dans un processus d'étatisation de tous les secteurs économiques.

Ce processus d'étatisation découlait de la volonté gouvernementale de rompre tous les liens avec l'impérialisme occidental, et d'asseoir une économie socialiste à l'instar de celle de l'URSS. En fait, pendant la guerre de l'indépendance, les leaders algériens ont été fortement influencés par la position nationaliste nassérienne[47].

En 1964, Mohamed Boudiaf, donnait sa vision du vrai socialisme dans son livre *Où va l'Algérie ?* en écrivant *« Sans réforme agraire radicale appuyée sur une planification rigoureuse de toute notre économie, sans le passage de tous les moyens de production dans les mains des travailleurs, sans la mobilisation des masses, sans un contrôle sévère du commerce extérieur et du mouvement des capitaux, sans la création d'un marché interne contrôlé dans tous ses circuits, sans la sélection des investissements extérieurs, il n'y a pas de socialisme »*[48]. Par cela, Boudiaf affirmait que le socialisme ne peut être tangible sans une immixtion substantielle de l'État dans tous les secteurs économiques et sans la participation des travailleurs dans la production. En fait, cette immixtion s'opérera à travers l'étatisation de toutes les branches de l'économie.

Les prémices de l'étatisation des secteurs économiques se propulseront dès 1963 sous le régime de Ben Bella à la suite de la *réforme agraire*. Cette

---

46 ROMEO Lisa : « Gamal Abdel Nasser », article publié le 02/07/2010, sur le site www.lesclesdumoyenorient.com

47 Djamel Abd Enasser était un exemple pour les révolutionnaires arabes, parmi lesquels figuraient Houari Boumediène et Mouammar Kadhafi.

La position socialiste, anti-impérialiste et nationaliste nassérienne influençait à l'époque, remarquablement, l'idéologie politique des dirigeants arabes, qui venaient d'accéder à l'indépendance. Tout comme l'Égypte, d'ailleurs, l'Algérie bénéficiât de l'assistance matérielle et financière de l'URSS.

Voir l'article rédigé par le parti communiste international, intitulé « Algérie, hier et aujourd'hui » sur :

http://www.international-communist-party.org/Francais/relation/Algerie/algerie5.htm

48 BOUDIAF Mohamed, *où va l'Algérie ?*, Librairie de l'Étoile, 1964, 208 pages (books.google.fr)

réforme avait pour objet la restauration des terres abandonnées (l'autogestion des terres vacantes), ainsi que *l'expropriation* des terres détenues par les propriétaires français, restés en Algérie après l'indépendance.

Après l'agriculture, les secteurs des mines et les mines de fer seront nationalisés, initialement, par Ben Bella, puis par Houari Boumediène en 1966. Le secteur des hydrocarbures fera aussi partie des objectifs visés par le gouvernement. En effet, dès 1963, les dirigeants préparaient une stratégie déterminante pour contrôler les richesses du sous-sol algérien, et redéfinir l'opportunité de la déclaration jointe aux accords d'Evian de 1962[49]. Les intentions se concrétisent à l'initiative de Belaid Abdeslam, ministre de l'énergie de l'époque, par la création, en 1964, d'une société nationale pour le transport et la commercialisation du pétrole « la SONATRACH ». Belaid Abdeslam apporta une stratégie économique nationaliste pertinente, qui tendait à développer l'industrie nationale. Il déclara, dès sa prise de fonctions, qu'« *il faut semer du pétrole pour récolter de l'industrie et parvenir ainsi à l'indépendance économique* ». D'ailleurs, il privilégia la construction de plusieurs complexes sidérurgiques, pétrochimiques et de raffinage afin d'accroître la production industrielle lourde du pays.

Bien que cette initiative fût optimiste, à court terme, elle se réalisa malheureusement aux dépens des autres secteurs, notamment de l'agriculture[50]. Les statistiques de la période 1960-1970[51] démontrent que le développement du secteur pétrolier, ainsi que de la politique d'industrialisation menée par le gouvernement algérien ont joué un rôle déterminant dans l'amélioration de la situation économique du pays. La SONATRACH a développé sa production pétrolière, le PIB/H a enregistré une remarquable croissance entre 1963 et 1985, il est passé de 800 dollars

[49] Les accords d'Evian sont conclus le 18 mars 1962, entre les délégués du gouvernement français et les représentants du Front de Libération National (FLN) présenté par Krim Belkacem. Ces accords de 93 pages prévoyaient le cessez-le-feu entre les deux pays, l'indépendance et l'intégrité du territoire et du peuple algériens, une déclaration est jointe à ces accords, elle avait pour objet la définition de la coopération franco-algérienne, notamment dans le domaine des hydrocarbures. Par cette déclaration de principe, la France prévoyait d'assurer ses intérêts pétroliers acquis avant l'indépendance.

[50] Le *Monde Diplomatique* d'août 1992 qualifiait la politique économique algérienne d'une « économie de guerre». Une politique surdimensionnée par rapport aux capacités financières du pays. Les exportations du pays sont tournées vite vers les produits pétroliers, qui représentaient 90% en 1964. Cette politique avait non seulement favorisé la « nomenklatura », ou ce qu'on appelle « la clientèle de régime » qui détournait l'argent public, mais aussi elle avait remis en cause la réforme agraire mise en place par Ben Bella.

[51] ABDELKADER Sid Ahmed, *L'économie arabe à l'heure des surplus pétroliers*, Institut de Sciences mathématiques et économiques appliquées, Tome IX, n°3, Mars 1975, pages 294-309

US à 1128 dollars US. Le taux des IDE est passé de 37,6% du PIB à 52,2% en 1978[52].

L'objectif des décideurs politiques, à cette époque, était de redéfinir la stratégie économique antérieure autocentrée, qui consistait à développer les industries légères par substitution aux importations (ISI)[53], pour passer à une stratégie d'industries industrialisantes entièrement dirigée par l'État à l'image du modèle soviétique, et surtout financée par l'argent du pétrole. C'est dans cette optique, d'ailleurs, que la nationalisation de la SONATRACH a été annoncée en 1971.

Le gouvernement avait adopté le 24 février 1971 la loi n° 71-21 relative aux hydrocarbures, ayant pour objet la nationalisation des avoirs des entreprises étrangères opérant sur le sol algérien dans le domaine pétrolier. L'État décidait alors de remplacer les concessions passées avant 1971 par des contrats de service et de partage de la production. La SONATRACH est, dès lors, décrétée seule entreprise habilitée à conclure les contrats liés aux domaines gazier et pétrolier avec une majorité de 51%.

Le contre-choc pétrolier de 1986 et le désinvestissement graduel dans le domaine pétro-gazier ont incité les dirigeants algériens à revoir les textes juridiques qui encadraient le secteur des hydrocarbures, et à adopter l'amendement de la loi n°86-14 ayant pour objet l'instauration d'un partenariat entre la SONATRACH et les différentes entreprises étrangères en matière de prospection, d'exploitation et de transport par canalisation des hydrocarbures. Les activités réservées, exclusivement, aux entreprises nationales, la loi de 1986 les a étendues aux entreprises étrangères. Néanmoins, les titres miniers ne peuvent être détenus par celles-ci et demeurent la propriété des seules entreprises nationales.

Cette ouverture a permis à SONATRACH de conclure, entre 1987 et 1990, onze contrats de recherche, et deux autres de prospection avec des entreprises étrangères, mais les investissements demeuraient peu attractifs par rapport aux ambitions des dirigeants en place. C'est la raison pour laquelle ces derniers ont modifié en 1991 la loi n°91-21 afin de permettre aux entreprises étrangères de s'associer, dans le cadre d'un contrat d'association, avec SONATRACH. Toutefois, cette loi n'a pas apporté de grands changements en la matière, car le rôle principal est joué par l'entreprise nationale SONATRACH, qui demeure seule habilitée à mener

---

[52] AINAS Yanis, OUAREM Nacer et SOUAM Saïd : « Les hydrocarbures : atout ou frein pour le développement de l'Algérie ? », *Revue Tiers Monde*, n°210, Avril-Juin 2012, pages 69-88.

[53] Système élaboré par l'économiste allemand **Friedrich List** (1789 -1846), il avait pour objet la limitation des importations en développant une production nationale. Ce modèle était très répandu en Allemagne, en Amérique latine et au Japon, mais il a vite été confronté aux problèmes de consommation et de régression de la demande locale. D'autant plus que ce système constitue un frein important à la libéralisation du marché intérieur et aux investissements directs étrangers.

des recherches et des prospections, tandis que les entreprises étrangères ne peuvent être que des associées soumises à des règles juridiques très strictes.

Entre 1991 et 2004, l'investissement dans le domaine des hydrocarbures a fortement diminué à cause de la décennie noire vécue par l'Algérie. À vrai dire, c'est l'ensemble de l'économie algérienne qui a sombré dans le chaos. L'expansion de la dette extérieure, l'inflation et la dégradation de la situation sécuritaire ont poussé les décideurs politiques à suivre un Plan d'ajustement Structurel (PAS) avec l'aide du FMI afin de relancer la productivité nationale[54]. Quant au domaine énergétique, les autorités ont adopté, en 2005[55], une nouvelle loi sur les hydrocarbures tendant à libéraliser, partiellement, le secteur. Cette loi avait pour principale visée l'attractivité des investisseurs étrangers et l'accroissement de la production nationale. Ce but qui ne peut être atteint sans la remise en cause de la stratégie nationaliste adoptée depuis 1971, soit l'abolition du monopole de l'État sur le secteur énergétique. Un revirement que le Président de la République Abdelaziz Bouteflika avait jugé comme un « *mal nécessaire* » lors de son intervention en 2005 au deuxième congrès africain du pétrole. Il a souligné que *« la souveraineté réelle sur les ressources énergétiques s'exprime de plus en plus à travers la performance des acteurs nationaux qui doivent se hisser à un standard mondial de plus en plus exigeant [...]. Le poids pétrolier des États producteurs sera à l'avenir davantage déterminé par les performances de leurs compagnies nationales que par le niveau de leur production nationale ou de leurs réserves »*[56].

Cette nouvelle orientation a permis, d'une part, l'instauration de la procédure d'appels d'offres pour attribuer aux entreprises étrangères les contrats liés au domaine énergétique. Désormais, ces dernières ne sont plus considérées comme « associées » mais comme partenaires, et peuvent participer à toutes les activités y compris la recherche et la prospection. D'autre part, la création de deux nouvelles agences de régulation et de valorisation des ressources énergétiques. La première est l'Autorité de régulation des hydrocarbures (ARH) chargée de la veille et du respect des différentes réglementations liées à l'accès, au transport par canalisation des hydrocarbures et au stockage, ainsi que de l'étude des demandes d'attribution des concessions.

La seconde est l'Agence nationale pour la valorisation des hydrocarbures (ALNAFT) chargée de la promotion de l'investissement en matière de recherche et d'exploitation des hydrocarbures et la gestion de la banque de

---

[54] BOUYACOUB Ahmed : « L'économie algérienne et le programme d'ajustement structurel », *Confluences*, Printemps 1977, pages 77-83, http://www.revues-plurielles.org

[55] Loi n° 05-07 du 28 avril 2005 relative aux hydrocarbures, JORA n°50 du 19 juillet 2005.

[56] Discours du Président Abdelaziz Bouteflika, deuxième congrès africain du pétrole, *El Moudjahid*, 24 janvier 2005.

données relative à ceux-ci[57]. Ces deux agences exercent sous l'autorité du ministère de l'énergie.

En matière de fiscalité, la loi de 2005 imposait aux compagnies étrangères une taxe sur le revenu pétrolier (TRP) fondée sur le chiffre d'affaires de celles-ci, ainsi qu'une taxe sur les profits exceptionnels dans le cas où le prix du baril dépasserait les 30 dollars US. Des mesures qui ne sont, certes, pas du goût des investisseurs étrangers, mais, qui par l'ouverture de secteur et la modification des règles d'association, ont offert une certaine sérénité à ces derniers.

Bien que le terrain soit propice à la libéralisation du secteur des hydrocarbures, une certaine hostilité s'est très rapidement fait ressentir au milieu de l'élite au pouvoir à la suite de l'adoption de l'ordonnance n°06-10 du 29 juillet 2006, relative aussi aux hydrocarbures[58], qui modifie et complète certaines dispositions de la loi de 2005, et stipule *« les contrats de recherche et d'exploitation et les contrats d'exploitation contiennent obligatoirement une clause de participation de l'entreprise nationale SONATRACH. Dans les deux cas, le taux de participation de l'entreprise nationale SONATRACH est fixé à un minimum de 51%, préalablement à chaque appel à la concurrence dans lesdits contrats »*. Cependant, cette ordonnance ne remet pas, directement, en cause la loi de 2005, mais a été introduite afin de renforcer et de mettre en évidence les mesures protectionnistes entourant depuis des décennies le secteur énergétique.

La société également de son côté était hostile à cette ouverture, notamment le groupe syndical « Union générale des travailleurs algériens » (UGTA), qui craignait des pertes d'emploi, et la privatisation de l'entreprise nationale SONATRACH.

Cependant, malgré les ambiguïtés qui entachent l'arsenal juridique algérien relatif au secteur des hydrocarbures, le taux de production du gaz et du pétrole n'a cessé d'accroître depuis 2005. La production du gaz naturel est passée de 146,2 à 171,1 milliards de m3, et celle du pétrole de 146,1 à 162,5 millions de tonnes[59]. L'Algérie a ainsi réussi à s'assurer une assise et une performance financières de près de 176 milliards de dollars en réserves de change en 2012, soit trois ans d'importation.

La stabilité sécuritaire qui règne sur le pays ces dernières années, malgré les quelques attentats marginaux (tel que celui perpétré à Ain Amenas en 2013), était un facteur déterminant de la propension des IDE en matière énergétique. D'ailleurs, pour rassurer les investisseurs étrangers, les

---

[57] AINAS Yanis, OUAREM Nacer et SOUAM Saïd : « Les hydrocarbures : atout ou frein pour le développement de l'Algérie ? », *Revue Tiers Monde*, n°210, Avril-Juin 2012, pages 69-88

[58] Ordonnance n°06-10 du 29 juillet 2006 relative aux hydrocarbures, Journal Officiel de la République Algérienne n° 48 du 30 juillet 2006.

[59] BOUHOU Kassim : « l'Algérie des réformes économiques : un goût d'inachevé », *Politique Internationale*, février 2009, page 332

décideurs politiques ont adopté, en mars 2013, une nouvelle loi sur les hydrocarbures[60] tendant à apporter des assouplissements en la matière au profit des investisseurs étrangers. Parmi les apports de cette nouvelle loi figure :

- Des allégements en matière fiscale, notamment la TRP, ne seront plus établis sur le chiffre d'affaires mais sur la rentabilité du projet de l'entreprise. Celle-ci devra s'acquitter d'une quotepart en fonction de ses revenus. D'autres adoucissements fiscaux seront pratiqués, mais uniquement sur les entreprises qui investissent dans les zones les plus reculées et qui manquent d'infrastructures (y compris l'offshore et les gisements à géologie complexe). Cette mesure est pertinente, car par-delà son attrait politico-stratégique, elle a pour ambition la création d'un équilibre entre les différentes régions riches en ressources naturelles.
- La soumission des entreprises étrangères implantées en Algérie à un contrôle fiscal, tout comme SONATRACH, seule assujettie, depuis 1971 à l'impôt. Cependant, toute entreprise implantée sur le sol algérien sera soumise au code des impôts.
- La taxe sur les profits exceptionnels a été remplacée par un système d'écrémage appelé « Impôt complémentaire sur le résultat », celle-ci sera appliquée dans la mesure où l'activité de l'entreprise étrangère est excessivement rentable.

La nouveauté de cette loi est l'introduction de la notion de « gaz de schiste », ou « réserves non conventionnelles ». Les activités liées à l'exploration et à l'exploitation dans ce domaine doivent être soumises à l'autorisation et à l'approbation du conseil des ministres. Cependant, les délais d'opération ainsi que les coûts de production sont abaissés afin d'accélérer les recherches en la matière et d'accroître très rapidement la production des gaz et pétrole de schiste, et ce malgré les conséquences environnementales néfastes que les explorations peuvent engendrer.

L'analyse de cette loi démontre que, sur le fond, l'essentiel de l'amendement porte sur la fiscalité et les conditions d'exploitation des énergies non conventionnelles[61]. Le principe de 51/49 n'a pas été modifié,

---

[60] Loi n° 13-01 du 20 février 2013 modifiant et complétant la loi du 28 avril 2005 relative aux hydrocarbures, JO n°11 du 24 février 2013. Cette loi modifie 58 articles de la loi de 2005, et a introduit 10 nouveaux articles.

[61] L'analyse du cabinet international d'expertise économique Wood Mackenzie évoque trois conditions apportées par la loi de 2013 en ce qui concerne l'exploitation du gaz de schiste. En plus de celles de l'abaissement des coûts de production et des délais d'opération, le cabinet évoque l'obligation « d'atteindre des débits initiaux de production de l'ordre de 5,5 millions de pieds cubes/jour, ce qui nécessite des années pour comprendre la géologie des gisements et surmonter les défis techniques et logistiques, surtout que les gisements se trouvent dans un environnement désertique » ce qui complique et rallonge l'opération de forage et de prospection. www.maghrebemergent.com

donc l'entreprise nationale SONATRACH demeure majoritaire dans tous les contrats énergétiques. Force est de constater, qu'au final cette loi est un trompe-l'œil, car la seule vraie mesure favorable est celle qui consiste à associer SONATRACH aux coûts d'exploitation, et qui étaient jusque-là assumés par les entreprises étrangères.

Les avantages fiscaux que ce nouveau texte apporte concernent les entreprises qui souhaiteraient investir, ou explorer dans les zones reculées, alors que les risques liés à cet investissement ne peuvent être mesurés préalablement (risques liés à la géologie, aux moyens techniques et logistiques et à d'éventuelles attaques terroristes, etc…)

Pour l'instant nous ne pouvons pas établir de bilan en ce qui concerne la fiabilité de cette loi, mais à moyen terme nous pourrons, néanmoins, constater l'impact de ce nouveau texte sur les IDE en Algérie.

Le processus de nationalisation dans la région MENA ne s'arrête pas en Algérie. Désormais, l'Irak, la Libye, l'Arabie Saoudite et le Koweït s'y attèlent et adoptent respectivement la loi sur la nationalisation en 1972 pour l'Irak, en 1974 pour la Libye, en 1976 pour l'Arabie Saoudite et en 1977 pour le Koweït.

Dans le cas de l'Irak, après le renversement de la monarchie de Nouri Saïd en 1958 par le général Kassem et l'instauration de la République irakienne, les décideurs politiques (baasistes) ont opté, dès 1961, pour la réappropriation des exploitations et des concessions pétrolières à hauteur de 99,5%[62] à la suite de la promulgation de la loi n°80 du 11 octobre 1961 relative aux hydrocarbures. Trois ans plus tard, en 1964, la société pétrolière nationale « l'Iraqi National Oil Company (INOC) » fut créée et se lancera dans de vastes opérations de prospection et d'exploration du sol et du sous-sol irakien, ce qui a permis d'enclencher la décision de nationaliser le secteur énergétique irakien le 1er juin 1972. Une nationalisation que Saddam Hussain avait jugée comme « *un moyen de réaliser une indépendance économique totale, permettre d'être maîtres absolus de notre richesse et de traiter avec les pays du monde en toute liberté et sur la base de la réciprocité et des intérêts mutuels. Enfin, la nationalisation nous permet d'assurer la prospérité à notre peuple et à tous les peuples du monde* »[63]. Donc, pour Saddam Hussein, tout comme pour les dirigeants arabes de l'époque, la nationalisation était la seule arme fiable pour récupérer les ressources nationales et développer durablement l'économie du pays.

En fait, la concession d'exploitation et de commercialisation du pétrole irakien obtenue par la *Turkish Petroleum Company* en 1925 pour une durée de soixante-quinze ans a permis de développer les gisements de Kirkuk et de Baba Gurgur. L'association des autres compagnies occidentales (Royal

[62] BARAH Mikail : « Irak : état des lieux, évolution et perspectives en matière énergétique », *Institut de Relations Internationales et Stratégiques*, 2007, pages 11-12, www.iris-France.org
[63] MARTINEZ Luis, *Violence da la rente pétrolière,* op.cit, page 29

Dutch Shell, Calouste Gulbenkian, la Compagnie française des pétroles et l'Anglo-Persian Oil Company) a donné naissance à un « CARTEL », qui n'a fait qu'amoindrir le rôle des compagnies pétrolières irakiennes[64].

Ce n'est qu'à la fin des années cinquante et au début des années soixante que la compagnie irakienne de pétrole (CNIP), qui devient en 1964 l'Iraqi National Oil Company, commence à jouer un rôle substantiel, notamment, dans la gestion des gisements du nord (Kirkouk et Roumeilah). La production de ces deux gisements a atteint les cinquante-cinq millions de tonnes par an au début des années soixante-dix.

Effectivement, à moyen terme, le but escompté par Saddam Hussein était bien atteint, car entre 1972 et 1979 la production nationale passe de 1,5mb/j à 3,5mb/j, soit un accroissement annuel de la production de 12% . Les réserves prouvées de l'Irak en 1980 atteignent les cent milliards de barils. Une quantité considérable qui a permis à l'Irak d'occuper la place du deuxième producteur derrière l'Arabie Saoudite. Un progrès contesté par les pays occidentaux qui se sont montrés défavorables à la position nationaliste irakienne vis-à-vis de ses ressources naturelles, notamment les États-Unis. Mais un progrès aussi, qui se décline très rapidement à la suite de la guerre de l'Irak contre l'Iran. Bien qu'entre 1989 et 1990 la production irakienne reparte à la hausse, elle rechute aussi vite à cause de la guerre du Golfe (Irak-Koweït) de 1990 et de l'embargo occidental contre l'Irak, à la suite duquel le Conseil de Sécurité des Nations Unies a adopté la résolution 986 appelée « *pétrole contre nourriture* » le 15 avril 1995[65]. Cette résolution était considérée comme une exception, pour des raisons humanitaires, qui autorisait le gouvernement irakien à exporter une quantité limitée de son pétrole pour obtenir en contrepartie des denrées alimentaires et des médicaments pour que la population survive.

Les revenus pétroliers issus de l'exportation n'appartenaient pas au gouvernement irakien. 66% de ces revenus sont consacrés par l'ONU à l'achat des produits nécessaires au peuple irakien, 30% sont versés sur un compte séquestre de la Banque Nationale de Paris (BNP) à New York, ouvert par l'ONU, en termes de réparation de guerre, et les 4% restant sont également retenus par l'ONU pour couvrir les frais de fonctionnement engendrés par la mise en place de la résolution 986, les frais bancaires relatifs à la gestion du compte séquestre et au désarmement de l'Irak.

Par conséquent, en plus de la dégradation de la situation économique, le gouvernement irakien s'est retrouvé dépourvu de tout pouvoir sur ses ressources énergétiques. Cette situation ne cessera de s'aggraver après

[64] En 1925 la Turkish Petroleum Company devient l'Irak Petroleum Company et coopère avec les autres entreprises occidentales pour exploiter le pétrole irakien. Elle réussit à obtenir des concessions sur tout le territoire et développe deux filiales à Bassourah et à Mossoul.

[65] LOULOUWA Al Rachid : « L'humanitaire dans la logique des sanctions contre l'Irak : la formule pétrole contre nourriture ». In : *Politique étrangère* N°1 - 2000 - 65e année, pages 109-121.

l'offensive menée par les États-Unis contre l'Irak en 2003, au nom de la guerre contre le terrorisme. D'ailleurs, l'une des premières mesures prises par l'administration militaire en Irak, après 2003, a été la privatisation de l'industrie pétrolière[66]. Un véritable arsenal juridique a été instauré par les États-Unis et mis en œuvre par l'autorité provisoire de la coalition « *Coalition Provisional Authority Orders* », ayant pour objectifs la privatisation rapide de l'économie irakienne et son ouverture au marché mondial, bien évidemment, au profit des compagnies américaines et britanniques. Parmi cet arsenal figure l'ordonnance 39 du 19 septembre 2003 qui régit les investissements étrangers en Irak. Cette ordonnance octroi aux investisseurs étrangers les mêmes droits que les nationaux, notamment, la possibilité de détenir 100% du capital d'une entreprise publique (en dehors du secteur pétrolier)[67]. Les autres ordonnances prévoient, également, la possibilité aux compagnies étrangères de sortir leurs profits du territoire irakien sans aucune restriction ou soumission à des taxes.

Toutefois, l'opposition des syndicats et des parlementaires irakiens à ces nouvelles mesures (en l'occurrence la loi sur les hydrocarbures appuyée par le groupe BearingPoint) a contraint le gouvernement, sous la présidence de Nouri El Maliki, de revoir les règles régissant le secteur des hydrocarbures, et de soumettre les ressources pétrolières à des contrôles rigoureux pour permettre par la suite un partage optimal de la rente. Mais le gouvernement de Nouri El Maliki n'a pas cessé d'afficher sa volonté de rouvrir le secteur énergétique aux entreprises étrangères, d'autant que sa collaboration dans le projet anglo-saxon de privatisation de l'économie irakienne était déterminante. Le 30 juin et le 1er juillet 2009, il a mis aux enchères des contrats de services portant sur l'exploitation de six gisements pétroliers et deux champs gaziers[68]. Les compagnies qui seront retenues devront s'associer aux entreprises nationales irakiennes, et financer seules le projet d'exploitation car le déficit financier dont souffre l'économie du pays ne permet pas aux entreprises nationales d'assumer leur part de financement. D'ailleurs, le pétrole irakien demeure le moins cher au monde à extraire malgré sa bonne qualité. Le prix d'extraction varie entre 1,5 et 2 dollars US le baril. Ce prix tient, évidemment, compte de la situation sécuritaire catastrophique du pays, une situation qui n'est pas meilleure que celle de la

---

[66] CONRAD Philippe : « Histoire et géopolitique du pétrole dans le golfe arabo-persique », article publié sur http://www.clio.fr/BIBLIOTHEQUE/histoire_et_geopolitique_du_petrole_dans_le_golfe_arabo-persique.asp

[67] Coalition Provisional Authority, order number 39, Foreign Investment, http://www.iraqcoalition.org,

[68] CLAUDE Patrice : *« L'Irak rouvre ses gisements de pétrole et de gaz aux compagnies étrangères »*, article publié sur le site du Monde Proche Orient le 30 juin 2009, www.lemonde.fr

Libye, qui, comme l'Irak avait opté pour la nationalisation de ses ressources énergétiques.

Dès sa prise du pouvoir en 1969, Mouammar Kadhafi décida d'amorcer une politique de capitalisme « endogène » [69] ayant pour objectif le développement d'une véritable économie productive indépendante de la manne pétrolière, ainsi que la création d'un équilibre économique entre les différentes régions du pays fondé sur une industrie lourde concurrente, et sur un secteur agricole productif. Et ceci nécessitait « *l'accélération de l'accumulation du capital au moyen d'une politique industrielle et agricole rendue possible par les ressources du pétrole* »[70] .

L'après-pétrole imaginé par Kadhafi ne pouvait se concrétiser qu'après l'étatisation de l'ensemble des entreprises et des secteurs nationaux, notamment, celui des hydrocarbures. Dès lors, les autorités libyennes ont créé en 1970 la Compagnie Nationale Libyenne du Pétrole, pour assurer l'exploitation des champs pétrolifères aux côtés des compagnies occidentales, et ont décidé, par la suite, d'augmenter le prix du brut, et parallèlement, de diminuer la production du pétrole qui est passée de 1,120 milliards de tonnes/an à 812 millions de tonnes entre 1969 et 1972, soit un taux de production de moins de 28%.

Ce n'est qu'en 1973 que les dirigeants libyens décident de mener une « offensive généralisée contre les monopoles pétroliers » pour nationaliser progressivement le secteur énergétique en participant majoritairement au capital des compagnies étrangères. C'est ainsi que l'État obtient 51% des avoirs des compagnies Amoscas, Bunker Hunt, Esso, Standard Libyen American Oil, Texaco, Shell, Overseas, etc.

Les dirigeants libyens décident également, à la même période, de nationaliser les banques et le commerce extérieur, et l'abolition de la propriété privée industrielle pour marquer le début de la période charnière de l'histoire économique de la Libye.

La nationalisation complète du secteur des hydrocarbures est, officiellement, décrétée en 1974. Les autorités imposent aux firmes pétrolières internationales la politique de « l'association à risque partagé » (*Production Sharing Venture*). Cette politique incombe aux compagnies étrangères de porter à leur charge les frais de forage et de prospection des champs pétrolifères, et de partager la production par la suite avec la compagnie nationale. Cette dernière acquiert, en 1975, l'ensemble des champs pétrolifères et 60% des exportations des compagnies étrangères opérant sur le sol libyen. Dès 1981, le gouvernement décide l'augmentation de la production, qui passe de 710 millions de tonnes en 1989 à 900 millions de tonnes en 1996. La Libye se positionne, dès lors, au premier rang en

---

[69] DJAZIRI Moncef, *État et société en Libye*, Paris, l'Harmattan, 1996, page 104, www.books.google.fr

[70] DJAZIRI Moncef : *Ibid*

termes de réserves pétrolières au niveau du continent africain, et cinquième à l'échelle mondiale[71] .

Comme pour les autres pays de la région, les lois sur la nationalisation n'ont pas été accueillies favorablement par les puissances occidentales, qui font recours soit aux juridictions internationales pour faire valoir leurs droits acquis antérieurement, soit aux blocus contre les produits provenant des pays en cause.

C'était, en effet, le cas pour la Libye qui a dû, au début des années soixante-dix, faire face aux condamnations des cours d'arbitrage à la suite de la nationalisation des concessions accordées par le roi Idriss aux compagnies occidentales. Contrairement à la décision du 10 octobre 1973, rendue par le magistrat suédois du tribunal arbitral de Copenhague, dans l'affaire de la nationalisation de British Petroleum en 1971, et qui condamne la Libye pour *« rupture abusive de contrat de concession »*[72], l'arbitre libanais du tribunal arbitral de Genève M. Mahmassani a décidé de rompre avec la jurisprudence internationale relative aux droits acquis face au droit de nationalisation, en 1977, à la suite de l'affaire de la Libyan American Oïl Company (LIAMCO). Ce dernier avait rendu une sentence, le 12 avril de la même année, dans laquelle il « *reconnaît au gouvernement libyen le droit de mettre fin aux concessions avant l'expiration de leur durée légale, mais à la condition d'indemniser le concessionnaire du préjudice subi* »[73] . Cette sentence constitue un revirement juridique en matière de nationalisation, et confirme, ainsi, la règle sur la souveraineté économique des États qui figure dans le premier article du chapitre II de la charte des Nations Unies sur les droits et devoirs économiques des États, du 14 décembre 1974, selon laquelle « *l'État a le droit souverain de choisir son système économique, politique, social et culturel sans ingérence extérieure d'aucune sorte* »[74].

Cependant, la nationalisation est conçue par le tribunal en tant que droit souverain et incontestable. De ce fait, la résiliation anticipée des concessions à la suite de la nationalisation des ressources naturelles avait été reconnue à la Libye, et *de facto*, aux autres pays qui se retrouvent dans la même situation que la Libye. Désormais, la condition d'indemniser équitablement le préjudice subi par la compagnie étrangère a été retenue par le tribunal afin de ne pas porter atteinte aux principes de stabilité et d'intangibilité des contrats. Désormais, il revient aux tribunaux nationaux d'examiner les

---

[71] VALENTIN Martin-Comité Valmy : « Du public au privé : le sort du pétrole libyen », article paru le 16 janvier 2013 sur http://www.comite-valmy.org

[72] Affaire à consulter In International Law Report, Vol 53, 1979, pages 297-357

[73] RAMBAUD Patrick : « Un arbitrage pétrolier : la sentence Liamco », In *Annuaire français de droit international*, volume 26, 1980, pages 274-292 (http//www. Persee.fr)

[74] CASTANEDA Jorge : « La Charte des droits et des devoirs économiques des États », note sur son processus d'élaboration, In *Annuaire français de droit international*, volume 20, 1974, pages 31-56.

demandes d'indemnisation formulées par les compagnies étrangères, et ce selon la législation nationale.

Si la Libye a pu échapper aux condamnations des tribunaux arbitraux en ce qui concerne la nationalisation des concessions octroyées par les compagnies étrangères, elle n'a, cependant, pas réussi à éviter l'embargo occidental sur son pétrole, décrété par les États-Unis au milieu des années quatre-vingt. En effet, la Libye a vécu un désastreux dysfonctionnement économique à la suite des sanctions imposées par les États-Unis entre 1986 et 2003. En 1986, les États-Unis accusent la Libye de terrorisme et imposent un embargo sur son pétrole. Deux ans plus tard, en 1988, le régime libyen est accusé d'avoir perpétré des attentats contre le vol 103 de la Pan Am au-dessus de Lockerbie, puis contre le vol de l'Union de transports aériens (UTA) au-dessus du Niger et enfin contre la discothèque « La belle » à Berlin[75], motifs pour lesquels les Nations-Unies ont ordonné des sanctions à l'encontre de la Libye. La non-reconnaissance par cette dernière de sa responsabilité internationale dans ces attentats, commis par des ressortissants libyens, avait poussé le Conseil de Sécurité de l'ONU à décréter des sanctions politiques et économiques contre la Libye en 1992.

Les pertes engendrées par les sanctions américaines ont été considérables. Dès lors, le gouvernement libyen accepta de dédommager les victimes de l'attentat de Lockerbie, et d'ouvrir à nouveau le secteur énergétique aux compagnies étrangères. Certes, la levée de l'embargo sur le pétrole libyen à partir de 2004, à la suite de l'adoption par les Nations Unies de la résolution 1506 le 12 décembre 2003, tendant à mettre fin aux sanctions contre la Libye, a permis à la Libye d'accroître sa capacité de production pétrolière, d'autant que les entreprises occidentales implantées sur son territoire ont décidé de reprendre leurs activités en la matière[76]. Mais le manque d'infrastructures, et d'un cadre réglementaire adéquat en matière d'investissement direct étranger (IDE) avait handicapé, fortement, le développement économique de la Libye. Les investisseurs nationaux et étrangers ont été contraints au respect des principes du socialisme populaire inscrits dans le livre vert.[77]

---

[75] GRUBER Annie, note bibliographique sur le livre d'Edmond JOUVE « Mouammar Kadhafi, dans le concert des nations », *Les Petites affiches*, n° 252, 17 décembre 2004, page 15.

[76] GRUBER Annie : « Les relations politiques et de coopération bilatérales entre la France et la Libye », libre propos, *Les Petites affiches*, n°200, 20 juillet 2005, pages 6 et suivantes.

[77] Le *Livre vert* établi par le Colonel Kadhafi contient une deuxième partie intitulée : « la solution du problème économique, « le socialisme », ou ce qu'il a appelé la troisième théorie universelle. Kadhafi présente à travers cette théorie sa vision de la démocratie, de l'égalité et du socialisme islamique. Il instaure un système unique en son genre, comme le rappelle le professeur Annie Gruber dans son article cité plus haut à la page 17, qui consiste à abolir toute forme de pouvoir étatique. La Libye ne dispose ni de chef d'État ni de gouvernement ni de parlement. C'est à travers les congrès populaires et les comités révolutionnaires que les

Cependant, les autorités libyennes ont déclaré prendre plusieurs mesures incitatives entre 2004 et 2006 allant dans le sens du libéralisme, notamment la privatisation de certains secteurs économiques, y compris celui des hydrocarbures[78]. Or, ces déclarations n'ont pas été suivies de mesures concrètes permettant une libéralisation effective du marché intérieur, ce qui a compliqué encore plus la situation macroéconomique libyenne confrontée, jusqu'à l'heure actuelle à un taux de chômage très élevé (30%) et à des problèmes socio-économiques plus importants (bureaucratie, corruption, économie souterraine, et terrorisme).

Grâce à l'augmentation du prix du baril, la Libye a pu atteindre près de 30 milliards de dollars de réserves de change, ce qui devrait, normalement, lui permettre de relancer son programme de développement et de diversification économique amorcé par le gouvernement Kadhafi[79]. Mais les revirements du « printemps arabe » et la chute de Kadhafi ont remis en question la stratégie de développement prévue. La situation économique et sécuritaire du pays ne cesse de s'enfoncer dans le désordre et l'incertitude[80], contrairement à celle de l'Arabie Saoudite qui affiche une certaine stabilité sur les plans sécuritaire comme économique. Il est, d'ailleurs, opportun d'expliquer le cas saoudien, dont le régime et le système politiques sont totalement différents de ceux des quatre pays que nous avions étudiés.

Le socialisme dérivé de l'URSS a influencé, certes, les dirigeants arabes des pays postindépendance, mais le contexte politique des nationalisations en Arabie Saoudite ne reflète que la volonté de la famille royale de garder son contrôle sur les ressources du pays, d'ailleurs le royaume est qualifié par

---

décisions sont prises, conformément à la notion de la *Jamahiriya* « pouvoir des masses » que le Guide libyen a mis en place.

[78] SARKIS Nicolas « Les perspectives pétrolières en Libye », *Maghreb-Machrek*, n° 181, Automne 2004, pages 59-65.

[79] Dans sa nouvelle perspective économique, le Guide libyen, Mouammar Kadhafi avait déclaré qu'il souhaitait privatiser toutes les entreprises publiques, y compris celles de production du gaz et du pétrole. Sa démarche s'est couronnée par la nomination de Mr Choukri Ghanem, partisan de privatisation, en tant que Premier ministre. Ce dernier est passé à l'action dès 2003, en mettant en œuvre une réforme micro-économique tendant à unifier le taux de change afin d'améliorer la compétitivité des entreprises libyennes, et d'attirer un plus grand nombre possible d'investisseurs étrangers. Malgré le manque de rigueur et la rigidité des lois relatives aux IDE, le stock de ceux-ci a enregistré une légère augmentation entre 2008 et 2009 pour atteindre 25,4% du PIB.
Force est de constater que la Libye dont le PIB/H est de 5200 dollars par habitant est le plus élevé au Maghreb, en sachant que le peuple libyen ne représente que 6,5 millions d'habitants, un nombre très faible en comparaison avec les autres pays de la région. Toutefois, le bouleversement de la situation politique à la suite des soulèvements populaires du printemps arabe, sera un facteur déterminant dans le changement de l'orientation économique libyenne vers l'économie de marché, à condition que le nouveau gouvernement ait tiré leçons du passé.

[80] ANCEL Frédéric et LAGANE Guillaume : « Tribus, pétrole et compagnie : les facteurs qui expliquent vraiment la « Somalisation" de la Libye », Entretien publié le 30 juillet 2014 sur : http://www.atlantico.fr

certains comme « *la plus grande entreprise familiale au monde* »[81]. Le pétrole et toutes les autres ressources naturelles appartiennent à la famille royale. Avant 1992, il n'existait pas de distinction entre les revenus de l'État et les revenus propres aux dirigeants, alors que dans les autres pays les ressources appartiennent à la nation et au peuple.

Une fiscalité propre à l'État commence à prendre vie après l'adoption de la loi fondamentale de 2 mars 1992 *(Basic Law of Governance* ou *Nidham Al asasi)*[82]. Les dirigeants se font, désormais, rémunérer par l'État en fonction de leurs postes, grades et les activités qu'ils exercent.

Par ailleurs, on ne peut pas parler de socialisme en ce qui concerne l'Arabie, mais la nationalisation dans ce pays y a eu des conséquences sur l'économie. D'ailleurs, bien que le Royaume de l'Arabie ait eu, un peu tardivement, recours aux nationalisations par rapport aux autres pays pétroliers de la région, cela ne l'a pas empêché de devancer ces derniers en termes de production et de revenus. Deux facteurs ont joué un rôle substantiel dans la réussite des nationalisations saoudiennes. Le premier est lié aux réserves prouvées dont dispose l'Arabie Saoudite. Dans la région MENA, elle est le premier producteur et exportateur de pétrole avec onze millions de barils par jour, soit 15,9% des réserves mondiales, ce qui la place au deuxième rang derrière le Venezuela. Le second facteur est lié à la relation stratégique que l'Arabie entretient avec les États-Unis. Depuis la signature de l'accord « Quincy » en 1945, les Américains ont échangé leur coopération avec le régime saoudien contre l'exploitation des ressources énergétiques du pays. Conscients du rôle que jouent les États-Unis sur la scène mondiale, et principalement au Proche-Orient, le royaume n'a pas hésité à jouer la carte du « pétrole » pour gagner la « sécurité ». En aucun cas la nationalisation de l'ARAMCO, en 1974, n'a remis en cause les intérêts américains dans le pays.

En 1973, le gouvernement saoudien n'a récupéré que 25% de ses actions dans la société ARAMCO. Un an plus tard, il les porte à 60%. Ce n'est qu'en 1980 qu'ARAMCO sera entièrement la propriété de l'Arabie et deviendra Saudi Aramco. D'autres compagnies gérant des raffineries ou des complexes pétrochimiques détiennent entre 25% et 50% des parts telles que MOBIL Yanbu Refining Company, Royal Dutch / Shell et EXXON[83].

La nationalisation de l'ARAMCO a permis à l'Arabie Saoudite d'accroître sa production pétrolière (11 millions de barils /jour) et de faire de son entreprise un leader mondial. Une mutation qui a poussé le voisin koweïtien, un an plus tard (1977), à nationaliser son industrie pétrolière,

---

[81] NABA René : « L'Arabie Saoudite Face Au Double Défi », article publié sur le sitehttp://www.renenaba.com, le 19 septembre 2010.
[82] Articles de 72 à 80 des Titres VII et VIII de la constitution de 1992 relatifs au contrôle des finances publiques.
[83] À consulter l'article rédigé par Dean Henderson intitulé « ARAMCO & The House Of Saud », publié le 8 avril 2014 sur le site internet http://hendersonlefthook.wordpress.com

après avoir nationalisé en 1974 une de ses compagnies pétrolières Koweït Oil Company.

Subséquemment à son accession à l'indépendance en 1961, et à la suite de la création de l'OPEP, le Koweït a dû renégocier l'accord de concession qu'il avait conclu, le 26 juin 1948, pour une durée de soixante ans avec la société américaine Aminoil. Les négociations ont porté, essentiellement, sur la modification des clauses financières[84]. Des pourparlers ont eu lieu entre les parties au début des années soixante-dix, mais finalement le gouvernement koweïtien a adopté le 19 septembre 1977 le décret-loi n° 124 par lequel il a mis fin à son accord avec Aminoil (moyennant une indemnisation), et a transféré tous les biens et avoirs de celle-ci à l'État. Une partie de ces avoirs ont été confiés à Koweït Oil Company et à une société créée nouvellement « Koweït National Oil Company ». Cette décision ne sera pas au goût des dirigeants d'Aminoil, qui décideront de recourir à l'Arbitrage[85]. La sentence du Tribunal arbitral se prononce pour une indemnisation équitable de la société Aminoil.

Après le Koweït, c'est le Qatar qui se propulse dans le mouvement de nationalisation en 1975. Les avoirs des compagnies étrangères sont désormais la propriété de Qatar General Petroleum Corporation.

En effet, tous les pays arabes membres de l'OPEP ont nationalisé leur industrie pétrolière. Hormis l'Iran et l'Algérie, qui se sont impliqués plus tôt dans la voie de nationalisation, les autres pays se sont conformés aux accords de New York de 1972, dits « accords de participation », qui stipulent que les pays producteurs participent aux concessions octroyées aux entreprises occidentales à hauteur de 25%, un taux porté à 51% en 1983[86]. Cependant, toutes les entreprises nationales sont devenues majoritaires dans les contrats d'exploitation et d'exportation des hydrocarbures. Les compagnies étrangères se voient confier le plus souvent les activités de forage, de raffinage et de distribution.

Toutes les compagnies pétrolières arabes ont été nationalisées par les gouvernements des pays concernés. Cependant, les compagnies étrangères partenaires jouent un rôle primordial à la fois dans le développement des gisements et en matière de transfert de technologies.

L'instabilité politique et le manque de sécurité s'avèrent parfois désastreux pour les pays hôtes qui se voient parfois abandonnés par les firmes étrangères, tel est le cas pour la China National Petroleum Corporation qui a dû mettre terme à sa coopération avec le Soudan de sud et

---

[84] Accords de Téhéran 1971, puis de Genève 1972 et 1973

[85] BASTID-BURDEAU Geneviève : « Droit international et contrats d'États — La sentence Aminoil contre Koweït du 24 mars 198 », *Annuaire français de droit international*, volume 28, 1982. pp. 454-470.

[86] Institut français du pétrole, *Recherche et production du pétrole et du gaz : réserves, coûts, contrats*, Editions TECHNIP, Paris, janvier 2002, pages 29-31.

interrompre la production à cause des conflits sanglants qu'ont vécus le Soudan et son Sud[87].

Bien que le processus de nationalisation dans les pays que nous venons de voir soit entaché, d'une part, d'ambiguïté et d'opacité, notamment en ce qui concerne les textes juridiques régissant le secteur énergétique, et d'autre part d'incertitude quant au rôle que doivent jouer les entreprises nationales sans que celles-ci soient soutenues par les compagnies étrangères ; nous avons remarqué que les gouvernements successifs de ces pays ont pu préserver une certaine sanctuarisation du secteur des hydrocarbures. Les quelques ouvertures concédées, par exemple, dans les cas algérien et libyen ne reflètent pas la volonté des décideurs politiques d'abandonner le principe de « publicisation » du secteur. Au contraire, les démarches entretenues ces dernières années renforcent davantage le protectionnisme étatique sur les ressources énergétiques, mais le besoin grandissant du savoir-faire étranger justifie quelquefois les concessions faites par les gouvernements de ces pays, principalement, en matière fiscale pour attirer plus d'investisseurs étrangers. Toutefois, l'accroissement de la production pétrolière va permettre à la classe dirigeante de renforcer l'égalitarisme par la redistribution de la manne générée pour ne pas se heurter à la société civile.

B. Le renforcement de l'égalitarisme par la redistribution de la rente

L'égalitarisme s'associe, parfois, au socialisme. Une voie que tous les pays rentiers arabes ont adoptée pour répondre aux besoins de la population, puisque la rente, « *un don du ciel* », le permet amplement. D'ailleurs, dans la plupart de leurs discours, les leaders politiques confirment que la rente doit profiter à tous les citoyens. Tel est le cas d'Hugo Chávez, qualifié du *« président des pauvres »,* qui a déclaré, après sa prise de pouvoir en 1998, *« rendre le pétrole au peuple »*[88]. Souhaitant mettre en œuvre cette déclaration, Hugo Chávez est entré en conflit, en 2003, avec PDVSA (la compagnie pétrolière vénézuélienne) du fait qu'il voulait accroître le budget alloué aux programmes sociaux, tandis que PDVSA optait pour l'expansion des investissements pétroliers[89].

Pour les pays de la région MENA, les faibles coûts de la production pétrolière ont facilité la redistribution de la manne pétro-gazière aux citoyens

---

[87] Le Soudan du Sud a accédé à l'indépendance en 2011, mais les accrochages qui eurent lieu entre les deux entités freinent considérablement le développement économique de celles-ci. MBOUNGOU Itraulle : « Soudan du Sud : « Le pétrole au cœur du conflit », article publié sur le site de *Afrique expansion* le 22 janvier 2014, http://www.afriqueexpansion.com

[88] ARDILLIER-CARRAS Françoise, BOULANGER Philippe et ORTOLLAND Didier, *Hydrocarbures et conflits dans le monde,* Editions TECHNIP, Paris, 2012, page 45.

[89] AOUN Marie-Claire, *La rente pétrolière et le développement économique des pays exportateurs,* thèse de doctorat en sciences économiques, université Paris Dauphine, mars 2008, page 55.

en leur allouant des prestations sociales et en subventionnant, sciemment, les prix des produits alimentaires. Par exemple, l'Arabie Saoudite a supprimé en 1970 l'impôt sur le revenu, ainsi que les bénéfices sur les sociétés afin d'alléger les redevances des citoyens. Bien que cette démarche soit accueillie avec joie par les classes moyennes, les oppositions dans ces pays la considèrent comme un moyen de « *dépolitisation de la population* » ayant pour but l'achat de la paix sociale et la réduction des revendications.

Parmi les caractéristiques de la politique redistributive de l'État rentier figurent l'exonération fiscale des citoyens, ainsi que l'accroissement des allocations et des investissements sociaux.

a. L'exonération fiscale des citoyens et la gratuité des services publics

Pour épargner aux dirigeants de rendre des comptes, ces derniers ont pris un ensemble de mesures protectionnistes afin d'assurer d'une part, la pérennité des régimes en place et l'accès inconditionnel à la rente, et d'autre part de restreindre le champ des revendications sociales. Dans son article sur la gouvernance et les nouveaux acteurs politiques[90], Mohammad POURNIK (Responsable au Centre Régional du PNUD pour les États arabes) a qualifié la relation qui lie le gouvernement aux citoyens dans les pays arabes de « ***contrat social arabe*** » qui fixe la responsabilité mutuelle des deux parties ; « *La population a toléré une perte de liberté politique en échange de la fourniture de certains services et de l'exonération de l'impôt* ». Un contrat qui, selon lui, empêche le peuple d'exprimer son mécontentement ou de demander au gouvernement de rendre des comptes.

D'ailleurs, nous avons remarqué que dans tous les pays arabes, hormis les monarchies (Arabie Saoudite, Jordanie, Qatar, Koweït, Oman, Bahreïn et EAU), les moyens institutionnels dont dispose le peuple ne sont pas fiables[91]. Soit le président s'accapare le pouvoir pendant des années, tel est le cas de l'Égypte de Hosni Moubarak, de la Libye de Kadhafi ou du Yémen d'Abdallah Saleh, etc. Soit le gouvernement organise des élections au

---

[90] POURNIK Mohammad : « La gouvernance dans le sud de la méditerranée après le printemps arabe : l'élaboration d'un nouveau contrat social », 2012, www.iemed.org

[91] Lors des soulèvements populaires de 2011, à aucun moment les populations issues des monarchies du golfe, ni celles du Maroc ou de la Jordanie n'ont demandé la destitution ou le départ du Roi. La passation du pouvoir du père en fils dans ces pays est devenue un rituel pour le peuple, raison pour laquelle ce dernier s'est contenté de ne de ne demander que des réformes économiques, contrairement aux populations des autres pays comme la Libye, l'Algérie, le Yémen et la Syrie où les dirigeants politiques prônaient souvent des valeurs sociales auxquelles, finalement, ils ne tiennent pas. Ces contradictions ont engendré une certaine confusion et un désarroi à la suite desquels le soulèvement des peuples arabes était brutal. Les dirigeants de ces pays sont restés au pouvoir pendant de très longues années sans le consentement du peuple. Même si des élections présidentielles sont organisées (comme en Egypte, en Syrie et en Algérie), le même Président réussit à se faire réélire plusieurs fois, et généralement avec des pourcentages très élevés même si une grande partie de la population s'est abstenue de voter.

suffrage universel pour élire un nouveau président, mais ces élections se déroulent, malheureusement, dans un environnement opaque et malsain. Ces élections ne tiennent pas compte de la volonté des citoyens (cas de l'Égypte lors de l'élection du général Al Sissi, de l'Algérie lors de la réélection de Bouteflika pour un quatrième mandat, de la Syrie lors de la réélection de Bachar Al Assad et du Soudan lors de la réélection en avril 2015 d'Omar El Béchir).

En réalité, la politique de coercition adoptée par les régimes rentiers arabes est loin d'être inefficace. Les populations se réjouissent souvent que les autorités les soulagent des charges fiscales et des pressions dues à la diminution du pouvoir d'achat, nonobstant la confiscation d'une partie de leur liberté. En se référant à la pyramide de Maslow on réalise, tout compte fait, que la liberté ne constitue pas la première priorité des citoyens. Maslow avait divisé les besoins des personnes selon les priorités. D'après sa pyramide (ou triangle) ce sont les besoins physiologiques qui constituent la première priorité, la seconde est la sécurité, puis l'appartenance, l'estime de soi et enfin le besoin d'autoréalisation.

Bien que la pyramide de Maslow ne fasse pas l'unanimité, et ait été beaucoup critiquée d'ailleurs, en analysant l'idée de Maslow on remarque, en effet, une certaine mobilisation populaire lorsque l'un des besoins fondamentaux (physiologiques) n'est pas satisfait. Par exemple, lors des soulèvements du « printemps arabe », les dirigeants algériens ont eu recours à plusieurs réformes sociales afin de répondre aux revendications relatives au pouvoir d'achat. L'expérience algérienne de la décennie noire (de 1992 à 2002) a été la locomotive, à la fois, du peuple et de la classe dirigeante pour ne pas sombrer dans l'insécurité. Donc la satisfaction des revendications sociales (besoins physiologiques du triangle de Maslow) a engendré une certaine sécurité (besoin n°2 du triangle). La même logique a été adoptée par le gouvernement marocain pour échapper à la révolte.

Cependant le recours à la force par les dirigeants libyen et syrien ont conduit à une guerre civile sanglante qui a remis en cause les acquis politico-économiques de ces deux pays.

Au contraire en Tunisie, Ben Ali a été contraint par l'institution militaire de se retirer au lieu de recourir à la force. Sa décision a épargné au pays le désastre de la guerre civile.

Dans le cas de la Libye, bien que Kadhafi ait réussi à se maintenir au pouvoir près de quarante ans, et malgré son autoritarisme, au niveau social il a entrepris nombre de réformes. Les citoyens ne payaient pas de loyers ni de charges sociales, l'électricité et l'eau à usage domestique étaient gratuits, en outre, plus de 75% de la population était employée par l'État et bénéficiait de subventions lors du mariage, d'achat de voiture ou de maison.

La politique sociale de Kadhafi était également axée sur l'éducation et le droit des femmes, comme c'était le cas dans les autres pays socialistes (l'Algérie, l'Égypte, l'Irak sous Saddam Hussein, etc). En effet, le taux d'alphabétisation était de 20% avant 1969 ; il est de 90% aujourd'hui. L'enseignement du primaire à l'université est gratuit. De plus, les étudiants libyens qui souhaitaient continuer leurs études à l'étranger (master et doctorat) bénéficiaient d'une bourse d'environ 1750 euros par mois.

Tous ces avantages financiers étaient octroyés au détriment des libertés publiques.

Désormais, les citoyens n'ont le droit ni de critiquer la politique du gouvernement ni de désapprouver les actes de clientélisme et de corruption commis par le clan de Kadhafi. En fait, les soulèvements de 2011 qui ont provoqué la chute de Mouammar Kadhafi n'ont pas été la conséquence directe de la politique kadhafiste envers son peuple, mais le résultat de la relation brisée qu'entretenait Kadhafi avec l'opposition cyrénaïque de l'est du pays. D'ailleurs les revendications ont commencé à Benghazi, fief de l'opposition.

Nous constatons, qu'après le renversement du colonel Kadhafi, le peuple libyen n'a pas obtenu la liberté et la démocratie qu'il espérait car le pays sombre dans le chaos. L'intervention de l'OTAN n'a, en définitive, aucunement résolu le problème des Libyens en mettant terme au règne de Kadhafi. Car malgré son autoritarisme, Kadhafi a réussi à maintenir l'ordre dans son pays, et à améliorer les situations économique et sociale de son peuple. Il a réussi à contrôler l'opposition et éviter les fractions entre les différentes tribus (bien qu'elles existent, les fractions ont été maîtrisées). Il était également le gardien des frontières. Son rôle était, également, remarquable en matière de maintien de la sécurité au Sahel. Ceci dit, lorsqu'on parle du pouvoir et de droit, la question du contrat social s'impose, car c'est par le biais de ce contrat que le pouvoir s'exerce et trouve sa légitimité. Mais dans le cas libyen, la notion du contrat social peut être traduite de manière différente. Selon Thomas Hobbes, il y a deux formes de contrats qui lient les pouvoirs publics à leurs sujets. Le premier est le « pacte d'association », qui signifie que *« la pluralité des volontés est englobée dans un tout qui est plus que la somme des parties, le tout de la société [...], où chacun se sent lié en droit avec tous ».* Le second prend la forme d'un « pacte de gouvernement » à travers lequel « le souverain ne passe pas de contrat avec ses sujets, mais ce sont les sujets qui lui remettent le pouvoir afin qu'il les protège ». Cette dernière forme est intéressante, car comme nous le savons, Kadhafi a pris le pouvoir à la suite d'un coup d'État. Le fait qu'il reste au pouvoir pendant plus de quarante ans suppose que le peuple libyen a approuvé la « souveraineté » du Guide, ce qui confirme l'analyse de Hobbes sur « le contrat de gouvernement ». Il en est de même d'ailleurs pour les autres dirigeants (syrien, égyptien, tunisien, etc) qui se sont maintenus au pouvoir pendant de longues années. Cela implique le consentement du peuple de concéder une partie de ses droits en faveur du bien collectif, qui est la « sécurité ». Hobbes explique clairement « qu'il vaut mieux subir la tyrannie d'un seul homme que l'anarchie de l'état de nature et la violence d'une multitude ». Comme nous avons pu le constater, en Irak après le renversement de Saddam Hussein, et en Libye après l'assassinat de Kadhafi, les deux pays sombraient dans l'anarchie, malgré les multiples tentatives de rétablissement de l'ordre qui ont suivi le renversement des « dictateurs ». La réalité des pays arabes aujourd'hui, nous renvoie à ce que Hobbes prédisait au XVIème siècle « La désintégration que provoquerait la disparition du pouvoir est bien pire que les abus du Souverain ».

Vouloir transposer une démocratie à « l'occidentale » dans quelques pays arabes est loin d'être une tâche simple pour les puissances occidentales (les États-Unis, la Grande Bretagne et la France), car ni la conception de l'État (monarchies, dictatures, etc) ni le mode de gouvernance ne sont les mêmes pour ces puissances et pour les pays qu'on souhaite démocratiser, comme c'était le cas en Irak depuis 2003[92]. L'échec de la tentative de l'ONU dans la reconstruction des États « non démocratiques » (comme c'était le cas en Irak et en Libye) corrélé à l'anéantissement des stratégies sécuritaires mises en place par les dirigeants renversés, a eu pour effet la déstabilisation des pays dans lesquels ces puissances sont intervenues. L'Irak constitue un très bon exemple, parmi d'autres, de cet échec, parce que la question de la « reconstruction » ou de la « démocratisation » de certains États (arabes ou africains) fait toujours débat au sein de l'opinion publique et au sein même des responsables politiques occidentaux, notamment aux États-Unis, qui ont essayé d'instaurer un nouveau modèle politique en Irak par exemple. La reconnaissance par l'ancien Premier ministre britannique Tony Blair, le 24 octobre 2015, de l'erreur commise en Irak en 2003 témoigne de la fragilité, d'une part, du processus de démocratisation du monde arabe, et d'autre part, du rôle des États-Unis et de la Grande-Bretagne dans la montée en puissance de l'extrémisme, en l'occurrence, de l'État Islamique (DAESH)[93]. Dans son interview rapportée par le Daily Mail Britannique, Tony Blair estime qu'« *On ne peut pas nier une certaine responsabilité de ceux qui ont renversé Saddam Hussein en 2003 pour la situation dans laquelle nous nous trouvons en 2015* ».

Dans le cas de la Libye, après l'assassinat de Kadhafi, la fragmentation entre les différentes tribus a connu un essor extraordinaire. Elle a donné lieu à la déclaration de l'autonomie de la Cyrénaïque par les indépendantistes,

---

[92] GHALIOUN Burhan, « Les tragiques destinées de la démocratie arabe », *Confluences Méditerranée* 2/2004 n°49, pages 43-57.
En 2003, la France, sous la présidence de Jacques Chirac, s'est opposée à l'invasion de l'Irak, mais en octobre 2011, elle a contribué à la destruction de la Libye lorsqu'elle a participé à l'opération menée par l'OTAN pour renverser Kadhafi.

[93] Daesh « Dawla El Islâmiya fi Al-Irâq wa Al-Shâm » est un acronyme utilisé pour désigner « L'État Islamique en Irak et au Levant » (EIIL) ou (ISIS) en Anglais. La plupart des personnalités politiques refusent d'utiliser le mot « État Islamique », car ils ne considèrent pas que Daesh est un État ou susceptible e l'être un jour, raison pour laquelle le mot Daesh (qui renvoie à la traduction en arabe d'EIIL) est plus utilisé que le mot « État Islamique ».

ainsi qu'à la montée en puissance du communautarisme à Fezzan entre les Toubous, les touareg et les berbères. La situation sécuritaire du pays est réduite à néant, à l'intérieur de la Libye comme au Sahel, qui est devenu le terrain privilégié des terroristes et des trafiquants de tout genre. Il en est de même pour les frontières libyennes, devenues incontrôlables, à travers lesquelles transitent les migrants clandestins vers l'Europe. Le Président américain, Barak Obama, n'a pas hésité d'ailleurs de critiquer lors d'un entretien publié le 10 mars 2016 par le magazine « The Atlantic » l'intervention militaire de l'OTAN, conduite par la France et la Grande-Bretagne contre la Libye en 2011, ayant eu pour conséquences le désastre et le chaos que vit actuellement la Libye. Sur le plan économique, tous les indices ont reculé. La production pétrolière a chuté de plus de la moitié. Et sur le plan politique, le pays est partagé entre deux clans, *Fajr Libya* à Tripoli, et le gouvernement reconnu par la communauté internationale à Tobrouk.

La situation en Algérie est différente de celle de la Libye, car malgré la gratuité de l'accès aux différents services publics, les autorités algériennes ont fixé le seuil à partir duquel le citoyen sera assujetti à l'impôt sur le revenu, mais les services publics demeurent gratuits. En effet, les réformes entreprises sous Ben Bella n'ont pas permis de grandes avancées à cause du coup d'État perpétré par Houari Boumediène. Dès sa prise du pouvoir, ce dernier mettait en garde ses collaborateurs contre toute tentative d'enrichissement personnel. Il voyait dans la rente pétrolière un moyen de récompenser les citoyens pour les sacrifices réalisés pour créer leur nation. Sa politique socialiste n'a pas cessé de s'accentuer et de s'affirmer tout au long de sa présidence, surtout après avoir adopté, par référendum, la charte nationale de 1976 qui affirme que *« L'édification du socialisme s'identifie avec l'épanouissement des valeurs islamiques »,* approuvée par 99,18% des Algériens le 19 novembre 1976[94]. L'une des priorités de Boumediène était l'enseignement. Il a aussitôt décidé d'officialiser la langue arabe et de promouvoir la culture arabo-musulmane en assurant, gratuitement, son enseignement. Le même engagement de gratuité, d'égalité et de continuité a été repris pour les autres services (l'accès aux soins, la protection sociale, les services socioculturels) par tous les gouvernements qui lui ont succédé. En revanche, la période des ajustements structurels des années quatre-vingt-dix a affecté le principe de l'égalité d'accès aux services publics à cause des restrictions budgétaires dues à la dette extérieure, d'autant plus que le surpeuplement des zones urbaines ne permettait pas de satisfaire tous les besoins[95]. L'ascension du prix du baril à partir des années 2000 a permis au

---

[94] STORA Benjamin : « L'histoire de l'Algérie depuis l'indépendance », extrait publié sur www.piednoir.net

[95] BENDO-SOUPO Dominique, *Géopolitique méditerranéenne,* Editions l'Harmattan, Paris, 2005 www.books.google.fr

gouvernement de relancer l'économie du pays et d'améliorer l'accès aux services de l'État. Pour accomplir sa mission, l'État a associé des établissements privés aux établissements publics industriels et commerciaux (EPIC) qui fournissent des services payants à la population, en leur confiant des missions de service public telles que l'électricité, le gaz, l'eau, les télécommunications et la poste. Ces établissements sont soumis à un cahier des charges auquel ils doivent se conformer afin d'éviter tout abus ou surcoût entravant l'accès des citoyens à ces services. D'ailleurs, à l'heure actuelle en Algérie, tous les logements, même les plus isolés sont équipés en électricité.

En ce qui concerne l'impôt sur le revenu global (IRG) (nous excluons dans cette partie l'impôt sur les sociétés qui fera objet d'une étude distincte), le gouvernement algérien, avant 2008, exerçait un taux d'imposition progressif (de 10% à 40%) selon les revenus de chacun. Le revenu était imposable à 10% à partir de 5500 dollars pour l'année civile. Cependant, le nouveau barème de 2008, adopté par la loi de finances de la même année, a fixé un taux de 20% au revenu imposable à partir de 30 000 dollars. Le taux le plus élevé de 35% sera appliqué aux revenus équivalents à environ 79 000 dollars.

Ces nouveaux allègements sont pratiqués afin de favoriser la classe moyenne et d'augmenter le pouvoir d'achat des ménages impécunieux. Quant à l'octroi de crédits aux particuliers, l'État offre la possibilité d'emprunter à des taux très avantageux sur le court, moyen ou long terme. Des facilités sont offertes aux jeunes entrepreneurs qui souhaitent lancer leurs propres projets afin de multiplier les opportunités d'emploi.

Dans le cas de l'Égypte, la situation est un peu épineuse. La plupart des citoyens ne paient pas d'impôt, mais les autorités ont tout de même imposé des taxes sur les revenus, sur les sociétés et sur les biens immobiliers. En fait, depuis 2005 (loi 91/2005), l'administration fiscale applique le système d'auto-évaluation (*self assessment*) selon lequel les contribuables remplissent la déclaration de l'impôt et l'envoient au service compétent. L'administration fiscale ne dispose, donc, pas d'informations préalables quant à l'exactitude des déclarations qui lui sont adressées, ce qui rend difficile la mission du gouvernement égyptien, en matière de recouvrement de l'impôt. Mais il est très ferme en matière de sanctions s'il s'avère qu'il y a eu fraude. La réforme adoptée en 2005 a eu pour objet l'abaissement du taux d'imposition des contribuables et l'application des taux progressifs allant de 10% à 20%. Les revenus par personne de moins de cinq mille livres égyptiennes (environ 500 euros) ne sont pas imposables. Cependant, pour faciliter la gestion fiscale, cette réforme avait créé un nouvel organisme « l'autorité fiscale égyptienne -مصلحة الضرائب المصرية- à la suite de la fusion des deux anciennes entités : l'autorité de l'impôt sur les ventes et l'autorité de l'impôt sur le revenu[96].

En matière d'impôt, l'Égypte est loin d'être comparable aux monarchies du golfe comme le Qatar, les EAU, Oman, Koweït et Bahreïn jugées très généreuses, car leurs réserves et revenus pétroliers sont beaucoup plus importants que ceux de l'Égypte.

En effet, les pétromonarchies du golfe n'infligent ni des taxes ni des impôts aux nationaux. La TVA n'existe pas dans leur système fiscal et il n'y a pas, non plus, de prélèvements sociaux (sécurité sociale, chômage et retraite). En revanche, toutes les personnes qui disposent de revenus (salaire, biens, or, etc.) doivent payer la Zakat, le deuxième pilier de l'Islam[97]. C'est le cas dans tous les pays musulmans. Quelques pays comme l'Arabie Saoudite, le Qatar, les EAU ou le Bahreïn disposent de fonds spécifiques conçus à cet effet. Les sommes collectées seront reversées aux familles nécessiteuses, ou bien à des associations de charité[98]. L'accès aux services publics est gratuit ou fortement subventionné, par exemple dans le cas de l'Arabie Saoudite, le citoyen paie entre 20% et 50% des coûts de production de l'eau et de l'électricité[99]. Dans le domaine de l'éducation l'accès est gratuit, et de nombreuses bourses sont octroyées aux étudiants, soit dans le cadre de recherches universitaires au niveau national, soit dans le cadre de la poursuite des études à l'étranger.

En ce qui concerne le logement, le gouvernement offre des logements publics aux citoyens, mais pour encourager l'initiative privée, les autorités ont mis en place, depuis 1976, un programme de logements privés par les prêts à la construction. Les prêts sont en général remboursés par l'État dans le cas où le bénéficiaire rencontre des difficultés à rembourser.

Toutefois, les employés des institutions parapubliques peuvent bénéficier d'un logement à titre gratuit, si un programme de logement est mis en place par celles-ci.

En matière de crédit, la plupart des pays du golfe facilitent l'octroi de crédits (sous toutes les formes) à taux zéro à leurs citoyens. De plus, l'État

---

[96] Voir l'article de Moritz Schmoll, intitulé « Impôts et coercition en Égypte : faiblesses d'un état autoritaire », publié le 28 novembre 2010 sur http://revueaverroes.com

[97] C'est une aumône obligatoire dont chaque musulman doit s'acquitter, pour se purifier. Le taux de la zakat n'est pas fixé par la loi islamique. Cependant, chaque musulman doit la payer en fonction de ses revenus et ses biens qu'il a cumulé pendant toute l'année lunaire. La zakat est versée en général, soit directement aux pauvres, soit à un fonds étatique spécifique conçu à cet effet.

[98] Pour ce qui est du débat au sujet des définitions, voir NOHRA Fouad : « Les formes et usages de l'argent dans l'islam », in ALLAIN Annie et VATANPOUR Sina (Dir) : *Les figures de l'argent*, Éditions du Conseil scientifique de l'Université Lille 3, Charles de Gaulle, pages 297-308.

[99] LONCHAMPT Jacques : « La planification en Arabie Saoudite », *La péninsule arabique aujourd'hui*, Tome II, Institut de Recherches et d'Etudes sur le monde arabe et musulman, pages 603-622

exempte ces derniers du remboursement de ces crédits au bout de quelque temps.

b. L'accroissement des allocations et des investissements sociaux

L'articulation entre la manne pétrolière et le bien-être social dans les pays arabes est très significative, car elle reflète non seulement la dimension politique du pacte social qui lie l'État à ses citoyens (la longévité du règne des dirigeants), mais aussi l'achat de la paix sociale par l'accroissement des allocations et des investissements sociaux (dépolitisation).

L'insatisfaction des revendications sociales peut générer, parfois, des situations dramatiques à la suite desquelles même la rente s'atrophie et échappe à l'État, tel est le cas en Syrie et en Libye où des gisements de pétrole sont tombés entre les mains des djihadistes et des révolutionnaires. Des réformes dans ces pays auraient-elles pu épargner aux dirigeants de tels revirements ?

Nous avons évoqué plus haut le cas de l'Algérie et du Maroc, mais beaucoup d'autres pays comme l'Arabie Saoudite, le Bahreïn, le Yémen, la Tunisie et la Jordanie ont suivi la voie des réformes pour atténuer les conséquences des revendications.

La Tunisie a été le premier pays arabe à faire face au soulèvement populaire en 2010. Mais les agitations qui ont secoué le pays ont contraint le gouvernement autoritaire de Ben Ali à céder face aux revendications et à renoncer au pouvoir sans recourir aux réformes. Cependant, si l'impasse démocratique en Tunisie a nécessité la démission du gouvernement, en revanche, dans les pays voisins des réformes de subventions ont temporairement suffi à apaiser les tensions. Ces réformes ont été jugées omniprésentes, coûteuses et inefficaces par le Fonds Monétaire International (FMI) dans une étude publiée en juillet 2014[100].

Dans le cas de l'Algérie, les émeutes de janvier 2011 ont entraîné un vaste programme de subventions du carburant et des produits de première nécessité, ainsi que des compensations financières au profit des producteurs et des importateurs de ces produits. Le trésor public a déboursé trois cents millions d'euros pour mener à bien ce programme de soutien. Quelques mois plus tard, une augmentation des salaires a été annoncée. Le salaire national minimum garanti est passé de 15000 DZD à 18000 DZD (soit 182 euros)[101], les retraites ont été aussi revalorisées et le crédit à la consommation a été rétabli après avoir été supprimé en 2009.

---

[100] ALBERTIN Giorgia, SDRALEVICH Carlo, SAB Randa et ZOUHAR Younes : « Réformes des subventions au Moyen-Orient et en Afrique du Nord : résumé des progrès récents et prochaines étapes », Fonds Monétaire International, Département Moyen-Orient et Asie centrale, juillet 2014, www.imf.org

[101] Jeune Afrique : « Algérie : à la croisée des chemins » hors-série n°30, 2012, page 99

En matière d'emploi, les autorités ont versé 360 milliards de dinars pour faciliter l'insertion et la formation professionnelle des jeunes diplômés, surtout de l'enseignement supérieur, ainsi que pour le soutien à la création de microentreprises. D'ailleurs, l'Agence nationale de soutien à l'emploi des jeunes (ANSEJ) a joué un rôle déterminant depuis 2009 dans l'insertion professionnelle de près d'un million de chômeurs et dans l'accompagnement de milliers de jeunes entrepreneurs.

En matière de couverture sociale, le gouvernement a adopté un programme quinquennal 2010-2014 doté d'une enveloppe budgétaire de 619 milliards de dinars pour la construction de dix centres hospitalo-universitaires sur tout le territoire. Deux nouvelles facultés de médecine ont vu le jour à Ouargla et à Adrar[102] dans le sud du pays afin, d'une part, de faciliter l'accès à l'université aux étudiants de la région, et d'autre part, de décongestionner les universités des grandes villes du nord.

De son côté, bien qu'elle ne soit pas un pays pétrolier, la Jordanie aussi a opté pour une panoplie de transferts sociaux à la suite des mobilisations citoyennes du 21 janvier 2011. La première réaction du roi Abdallah II a été d'annoncer la baisse des prix des produits alimentaires, du carburant et de l'électricité. Or, les revendications ont rapidement pris une dimension politique, ce qu'a obligé le roi à procéder au remaniement de son gouvernement et à promettre de basculer sur un système parlementaire, alors qu'il nommait lui-même, auparavant, le chef de gouvernement.

Le Bahreïn et l'Arabie Saoudite ont vécu des situations similaires et ont opté pour des réformes sociales plus ou moins prometteuses, mais remises en cause par le FMI, notamment, les subventions au prix du carburant et de l'électricité. L'étude du FMI de juillet 2014 a posé cinq éléments jugés inhérents à une réforme réussie des subventions. Parmi ces éléments : la préparation minutieuse et la bonne planification du rythme et de la portée des réformes, la communication et la création des coalitions, la mise en place de dispositifs efficaces de protection sociale au profit des populations vulnérables, la nécessité d'une croissance économique élevée afin de permettre de telles subventions et enfin un consensus multipartite au sein du gouvernement dont tous les partis seront favorables aux réformes. Cette étude met l'accent sur la nécessité d'octroyer des subventions aux populations les plus démunies, surtout en matière de protection sociale et de supprimer progressivement les subventions relatives aux matières ayant moins d'incidence sur la population.

Dans le cas de l'Égypte par exemple, les autorités ont décidé d'augmenter le prix de l'essence qui est passé de 1,8 à 2,6 livres égyptiennes. En effet, les subventions accordées en la matière représentaient 16 milliards d'euros par

---

[102] OUAZANI Cherif, FAUJAS Alain, ALILAT Farid et DAHMANI Farida : « Algérie : Bouteflika 1999-2014, le vrai bilan », *Jeune Afrique*, n°2777, du 30 mars au 5 avril 2014, pages 65-87

an du budget de l'État[103]. Mais cette augmentation a eu un impact dramatique sur les citoyens vulnérables, car 40% de la population égyptienne vit sous le seuil de la pauvreté. La même mesure a été annoncée pour le prix de l'électricité qui devrait augmenter dans les cinq prochaines années.

Situation paradoxale au Yémen, où 54% du peuple vit sous le seuil de la pauvreté. Le gouvernement d'Ali Abdallah Saleh avait annoncé l'augmentation du prix du carburant, alors que ce dernier était subventionné par l'État. Cette augmentation devrait être accompagnée d'un accroissement des salaires selon le gouvernement d'Abd Rabbou Hadi Mansour, à qui, d'ailleurs, les houthis ont demandé de démissionner. Toutefois, la décision du gouvernement d'augmenter le prix du carburant est intervenue dans un contexte politico-économique déjà très tendu entraînant le basculement du pays vers une guerre civile. Cependant, la fragilité de la transition politique dans ce pays, ainsi que l'offensive menée par l'Arabie Saoudite et ses alliés sont les causes principales de l'inaboutissement des réformes annoncées.

Que ce soit en Égypte, au Yémen ou en Algérie, on remarque à quel point la société civile et même les différentes institutions sont dépendantes de l'État, qui est, jusqu'aujourd'hui tributaire de la rente pétrolière. C'est ce qui confirme encore une fois l'hégémonie de l'État dans le monde arabe post-pétrolier.

§2. L'hégémonie de l'État

L'hégémonie dérive du mot grec « *eghemon* », qui veut dire le guide, le commandant de l'armée[104]ou la prépondérance militaro-politique exercée par la cité. Or, pour Durkheim le terme « hégémonie » veut dire « *la souveraineté exercée sur quelque chose* »[105]. Cependant, dans le cas des pays arabes rentiers, la souveraineté prend d'autres dimensions comme l'omniprésence de l'État **(A)** et la neutralisation des oppositions politiques **(B)**.

A. L'omniprésence de l'État

Traditionnellement, et comme le confirment les travaux des grands auteurs comme Adam Smith, Ricardo et Say, le rôle de l'État doit se limiter aux fonctions régaliennes (justice, police et armée) et ne doit intervenir dans la vie économique -fondée sur la liberté- que subsidiairement pour en assurer

---

[103] ABD EL GHANY Mohamed : « Égypte : augmentation drastique du prix de l'essence », article publié le 05/07/2014 sur www.rfi.fr

[104] VANEL Grégory : « Le concept d'hégémonie en économie politique internationale », *cahier de recherche- CEIM*, Université de Grenoble, avril 2003, page 8.

[105] DURKHEIM Émile, *Formes élémentaires de la vie religieuse. Le système totémique en Australie*, Paris, Les Presses Universitaires de France, 1968, cinquième édition, 647 pages. Collection Bibliothèque de philosophie contemporaine, 1912, page 616

le bon fonctionnement. En fait, dans son livre sur l'économie politique de 1959, Richard Abel Musgrave redéfinit le rôle économique de l'État et lui attribue trois fonctions économiques- interdépendantes- qui consistent : à affecter les ressources issues des impôts selon les besoins (fonctionnement des services publics et des institutions publiques, structures, salaires des fonctionnaires, etc.), à redistribuer les aides et les allocations aux populations les plus démunies et enfin réguler l'économie à travers des programmes de relance et de réformes macroéconomiques[106].

Cependant, ces trois fonctions ne peuvent être réalisées que dans une société démocratique, qui tire ses ressources à partir des impôts. Or, dans les pays arabes rentiers les bases et les taux d'imposition sont très médiocres, et parfois inexistants dans quelques pays.

S'ajoutent à cela l'autocratie des uns et la tyrannie des autres, ce qui rend la détermination du rôle de l'État beaucoup plus complexe. De ce fait, les gouvernements des pays arabes ont cherché à asseoir, depuis l'indépendance, un certain *capitalisme étatique* [107] ayant pour finalités, d'une part, l'élargissement du secteur public et, d'autre part, la concentration de la manne pétro-gazière dans les mains de l'élite au pouvoir.

Pour sa part, Michel Chatelus, estime que dans les pays arabes, l'État se situe à trois niveaux : il est créateur d'infrastructures et garant du fonctionnement du système productif, redistributeur des revenus, et enfin entrepreneur. Ce dernier niveau est très important car il nous démontre l'élargissement du rôle de l'État, qui s'affranchit de la qualité du régulateur de la vie économique pour devenir un acteur économique à part entière. Le statut de l'État-Entrepreneur est naturellement admis dans le contexte économique actuel, mais ce qui nous intéresse dans cette partie, c'est le chevauchement avec le secteur privé et ses acteurs.

L'État utilise, d'ailleurs, deux moyens pour étendre son pouvoir sur la vie économique ; le premier moyen consiste à ce que l'État possède un grand nombre d'entreprises publiques, dont il se sert comme façade pour capturer l'argent public. Le second moyen sera l'implication des acteurs privés dans la gestion des activités économiques, soit par le biais de la nomination directe, soit par le biais des marchés publics. Ce deuxième moyen est très emblématique dans la mesure où les acteurs privés circonviennent les réglementations en vigueur afin de servir leurs intérêts et ceux de l'élite au

---

[106] MUSGRAVE ABEL Richard, *Public Finance in a Democratic Society: The Foundations of Taxation and Expenditure*, volume III, Editions Edward Elgar, 2000, Cheltenham, 528 pages.

[107] HASSAN ENAQEEB Khaldûn, *L'Etat autoritaire au levant arabe contemporain,* Centre d'études de l'unité arabe, 3éme édition, Beyrouth, 2004, 421 pages.

CHATELUS MICHEL : « Revenus pétroliers et développement : leçons de l'expérience du monde arabe », In *Tiers-monde*, tome 27, n°107.

pouvoir. Certains auteurs, comme Jacques Ould Aoudia [108] parlent de *« l'imbrication des sphères publiques et privées qui s'opère sous la protection de l'État ».* Cette imbrication facilite, très souvent, le détournement de l'argent public sous toutes les formes (corruption, banditisme, délocalisation des capitaux, etc.), et constitue une entrave au développement dans les pays arabes, tel est le cas par exemple de la société Saudi Basic Industries Corporation (SABIC) en Arabie Saoudite[109]qui opère dans le domaine de la Chimie, ou de l'Égypte où plusieurs ministres et premiers ministres opéraient dans l'import-export pendant les années soixante-dix et quatre-vingt, et qui se servaient de leur statut de parlementaires pour exercer une influence conséquente sur la prise de décisions liées à ce domaine. Les exemples sont multiples dans tous les pays voisins comme la Turquie (durant les années quatre-vingt), la Syrie et l'Algérie.

Jacques Ould Aoudia a évoqué, également, l'interactivité entre le secteur privé et la bourgeoisie créée par l'État après l'indépendance [110]. Cette bourgeoisie *« assistée par l'État »* trouvait son essor dans les domaines du commerce, de l'import-export, de l'immobilier et de la finance. Autrement dit, c'est le noyau dur du secteur privé, à qui d'ailleurs, les autorités publiques octroient des subventions, exonérations et beaucoup d'autres avantages. De fait, le rapport qui existe entre le public et le privé est loin d'être un rapport d'opposition ; au contraire, on remarque un certain mutualisme et partage d'intérêts entre l'élite au pouvoir et les acteurs du secteur privé.

Au-delà de son intervention nécessaire pour régler et réguler les domaines relevant de sa compétence, l'interventionnisme et l'omnipotence de l'État peuvent prendre plusieurs formes et ne se limitent ni à un domaine particulier, ni pour une durée déterminée. Dans le cas de l'Algérie par exemple, et précisément en matière d'emploi, nombreuses sont les entreprises privées qui emploient des stagiaires afin de les embaucher en fin de stage, mais la prise en charge de la rémunération de ceux-ci pendant la durée de leur stage, par l'État, incite les entreprises à employer, à nouveau, des stagiaires, aux frais de l'État, au lieu de recruter ceux qui ont achevé leur période d'apprentissage. Cette politique interventionniste dans un domaine

---

[108] OULD AOUDIA Jacques : « Croissance et réformes dans les pays arabes méditerranéens », Agence Française de Développement, Département de la Recherche, 2006, pages 142-145

[109] MOULINE Nabil : « L'Arabie Saoudite, un royaume en pleine transformation dans un environnement régional en recomposition », article publié le 05/03/2014 sur le site www.lesclesdumoyenorient.com

[110] BORATAV Korkut : « Réforme de l'État et développement économique », *Tiers-Monde*, 1994, tome 35 n°139. *L'ouverture hétérodoxe : politiques et réformes économiques pour les années 90* (sous la direction de Yilmaz Akyüz, assisté de Jean-Marc Fontaine, sous l'égide de la CNUCED), pages 613-642.

qui doit relever de l'initiative privée des entreprises n'aide ces dernières, ni à développer leurs activités, ni à absorber une partie des chômeurs qualifiés qui espéraient être recrutés à la fin de leur formation.

Si l'on se réfère aux statistiques officielles, on constate, fréquemment, des disparités entre les dépenses consacrées au secteur public et celles consacrées au secteur privé. Toutefois, le problème substantiel ne tient pas aux dépenses elles-mêmes, mais à la gestion étatique du secteur privé. En effet, l'expansion des dépenses publiques peut s'avérer ordinaire si on prend en considération les dépenses liées à la santé, à l'éducation, aux transferts sociaux, à l'armement et aux investissements, etc ; mais ce qui est anormal c'est lorsque les budgets alloués à certains secteurs ou projets sont démesurés par rapport aux objectifs réalisés (exemple du métro d'Alger, un projet qui a mis plus de trente ans pour voir le jour). Ajoutons à cela l'accroissement des subventions accordées à certains secteurs privés.

Dans le cas de la Libye et de l'Algérie, les dépenses budgétaires constituaient 52% du PIB en 2013, et 48% pour l'Égypte. La situation est similaire pour les pétromonarchies du golfe qui consacrent de grosses parts aux dépenses budgétaires. Ces taux ne suffisent malheureusement pas, surtout ces dernières années, car les autorités de ces pays ont recours au fonds de régulation des recettes pour couvrir les dépenses, contrairement à la Tunisie qui ne consacre que 35% de son PIB aux dépenses budgétaires et au Liban qui y consacre 28%. Cela tient au fait que l'importante rente générée par l'exportation des hydrocarbures permet à l'Algérie, à la Libye, à l'Égypte ainsi qu'aux pays du Golfe d'augmenter leurs dépenses, et d'en couvrir le manque en prélevant dans le fonds de régulation des recettes alors que des pays non rentiers, comme la Tunisie et le Liban, ne peuvent pas le faire à cause de leurs revenus limités.

Quant à la part du secteur privé dans le PIB, elle dépasse les 50% pour les pays de la région MENA, non pétroliers, alors qu'elle ne dépasse pas les 30% pour les pays rentiers. Les dépenses liées à la fonction publique sont considérées comme très élevées par rapport aux autres régions du monde. D'après les données de la Banque Mondiale[111], les salaires dans la fonction publique représentent un taux de 9,8% du PIB pour la région MENA contre 4,5% pour les pays de l'OCDE, et 4,9% pour les pays de l'Amérique latine. Le ratio de l'emploi dans le secteur public par rapport au secteur privé est de 1,3% contre 0,9% pour l'OCDE et de l'Amérique latine, et seulement 0,7% pour l'Europe (en sachant que quelques pays d'Europe recrutent, plus que d'autres, dans le secteur public comme c'est le cas en France) et l'Asie centrale.

[111] BTEDDINI Lida : « Gouvernance, emploi et secteur public au Moyen-Orient et en Afrique du Nord », article par sur le site http://blogs.worldbank.org, le 5 septembre 2012.

En effet, l'omniprésence de l'État à tous les niveaux ne fait pas qu'asphyxier l'économie nationale, mais aussi la vie politique en neutralisant les oppositions.

B. La neutralisation des oppositions politiques

La plupart des pays, qu'ils soient arabes ou non, qui ne sont pas gouvernés de manière démocratique, sont souvent confrontés au problème de la pérennité de l'élite au pouvoir, surtout lorsque ces pays disposent d'une importante manne extérieure. Bien que les gouvernements autoritaires des pays arabes soient fragilisés par les soulèvements du *« Printemps arabe »*, ces derniers et leurs prédécesseurs n'ont pas hésité, le plus souvent, à neutraliser leurs opposants afin de gouverner et profiter plus longtemps des privilèges de la rente pétro-gazière.

Qu'ils soient issus de la confrérie (frères musulmans) ou de simples adversaires politiques, beaucoup d'entre eux ont péri dans les prisons ou en exil pour le seul fait d'avoir réclamé leur droit de participer à la vie politique de leur pays ou demandé une vie meilleure pour le peuple.

Le problème de la répression des oppositions ne date pas d'aujourd'hui, et ne sera, malheureusement, pas résolu avec l'extinction des feux de la révolte arabe. Il est d'ailleurs moins récurrent dans les monarchies du golfe par exemple, ou au Maroc, puisque le flambeau du pouvoir se passe d'une génération à l'autre selon l'apologie héréditaire de chaque famille royale, sauf en Arabie Saoudite où la passation du pouvoir constitue une des questions les plus ardues du royaume, compte tenu de la multitude des prétendants au règne.

Pour les autres pays de la région comme l'Égypte et l'Algérie, la répression des opposants prend d'autres dimensions, notamment, avec la montée en puissance des frères musulmans ces dernières années.

Dans le cas de l'Égypte, l'oppression des opposants remonte au règne du roi Farouk, qui luttait contre les partisans du parti « al Wafd » créé en 1918 par Saad Zaghloul et contre les frères musulmans (1928)[112]. Plusieurs opposants ont été assassinés et d'autres emprisonnés. Après la prise du pouvoir par le général Naguib, la chasse aux communistes et aux frères musulmans devient l'une des priorités de l'élite au pouvoir, qui se poursuivit d'ailleurs avec les autres présidents : Abdel Nasser, Anouar Al Sadat, Moubarak et l'actuel chef Abdelfattah Al Sissi.

---

[112] Dès sa prise de fonctions, Moubarak procéda à la libération des détenus, tous partis confondus, et l'ordonnancement d'un état d'urgence (qui sera levé en 2013). Après les manifestations de 1984, et le mécontentement de l'opposition face aux décisions de l'élite au pouvoir, le gouvernement décréta un contrôle restreint sur les mosquées et une vaste compagne d'arrestations contre les frères musulmans sera menée. Plusieurs opposants politiques seront dès lors conduits dans les prisons.

En effet, après la chute de Hosni Moubarak, le 11 février 2011, le peuple égyptien espérait retrouver sa liberté bafouée par les différents pouvoirs autoritaires et donner un vrai exemple de démocratie à la suite de l'élection de Mohamed Morsi qui a remporté près de 54% des voix. La transition démocratique, faussée par un autoritarisme grandissant de l'armée, a entraîné la destitution en juillet 2013 du président Morsi, élu démocratiquement. Lui, et plusieurs de ses partisans seront séquestrés. Des centaines d'opposants issus de la confrérie encourent des peines exorbitantes à des dizaines d'années de prison, à perpétuité, ou à la peine de mort. Des procès jugés par l'ONU « sans précédent dans l'histoire »[113]. Toutefois, la situation en Égypte est plus complexe que dans les autres pays, comme l'Algérie, où le rôle de l'armée est prépondérant du fait que c'est une partie de la population, notamment celle hostile aux frères musulmans, qui a sollicité l'intervention de l'armée pour destituer Morsi. Raison pour laquelle il n'est pas facile de parler de renversement du Président Morsi, mais la manière par laquelle le pouvoir est accaparé, par la suite, par Al Sissi soulève nombre de questions et de paradoxes quant à la transition politique et démocratique en Égypte[114].

Pour l'Algérie, la répression et la coercition commenceront dès l'indépendance sous la présidence de Ben Bella (1962-1965), qui exécuta en juillet 1964 l'un de ses opposants le Colonel Chaabani, à la suite d'un soulèvement qu'il avait initié à Biskra. Le phénomène s'accentua après la prise du pouvoir par Boumediène, d'autant qu'à l'époque il n'existait qu'un parti unique « Front de Libération National » (FLN). Boumediène étouffait toute tentative de liberté d'expression, de revendication ou de démocratie même provenant des personnes qui ont mené à ses côtés la guerre de libération comme Mohammed Boudhiaf et Hocine Ait Ahmed, tous les deux exilés jusqu'en 1990, sans parler de ceux qui ont été neutralisés (Khider et Krim Belkacem) à cause de leur opposition explicite au « *système* » en place. Les successeurs de Boumediène ne feront pas mieux que leurs prédécesseurs, malgré l'ouverture politique (créations de plusieurs partis politiques) en 1989 sous la présidence de Chadli Ben Jdid. En 1992, Mohammed Boudhiaf sera assassiné après sa nomination à la tête du Haut Comité d'État (HCE), et le pays sombrera dans une guerre civile atroce pour une dizaine d'années (1992-2002).

La situation en Algérie a beaucoup changé ces dernières années, mais cela n'a pas empêché le gouvernement de procéder, en 2009, à la révision de la constitution (précisément l'article 74 de la constitution de 1996 qui limite le mandat présidentiel à cinq ans, renouvelable une seule fois), après que le

---

[113] JO BIDDLE : « John Kerry prône la liberté d'expression en Égypte », article publié le 13 octobre 2014 sur le site http://www.lapresse.ca/international/dossiers/crise-dans-le-monde-arabe/lÉgypte-sous-tension

[114] NOHRA Fouad : « la reconstitution du système politique égyptien : quels équilibres, pour quelles ambitions? », In *Les dynamiques géopolitiques*, in CHAIGNEAU Pascal (Dir) : *Enjeux diplomatiques et stratégiques*, Paris, Economica, 2016, pages 109-124.

parlement a adopté en novembre 2008 la réforme tendant à abolir cette limitation, afin de permettre au Président Abdelaziz Bouteflika de briguer un troisième mandat en 2009, puis un quatrième en 2014, même s'il n'a pas les capacités morales et physiques nécessaires pour exercer ses fonctions. Le 7 février 2016, le parlement algérien a décidé de revenir sur cette disposition dans le cadre du projet de révision de la constitution voulu par Abdelaziz Bouteflika (approuvé par la majorité des parlementaires), et de rétablir à nouveau la limitation du nombre de mandats présidentiels à deux seulement.

En Libye, c'est sous Kadhafi que la répression politique s'est intensifiée, notamment, envers les opposants du clan du roi Idris Snoussi qu'il avait renversé. Plusieurs militants ont été incarcérés, parfois secrètement, et exécutés arbitrairement (arrestations et assassinats perpétrés contre des écrivains, des journalistes et des enseignants berbères, principalement issus de la ville de Zouara, entre 1978 et 1987 par crainte qu'ils créent un mouvement contre le pouvoir)[115].

La répression continue, explicitement, tout au long du règne de Kadhafi envers toute personne considérée comme « ennemie de la République ». D'ailleurs, au-delà des clivages sociopolitiques qui existaient entre l'élite au pouvoir et les citoyens, c'est l'autoritarisme du colonel Kadhafi, principalement envers ses opposants, qui a provoqué son renversement en 2011.

En Iran, bien avant Khomeiny, la répression politique était largement exercée par le Shah, notamment, envers les islamistes. Après l'instauration de la République Islamique d'Iran en 1979, le nouveau pouvoir instaura un régime tyrannique par lequel il opprima toute tentative de lutte contre lui. Plusieurs militants et étudiants, sans distinction entre femmes et hommes, se font exécuter dans la plus grande discrétion. Ces dernières années, des voix se sont levées pour dénoncer les pratiques autoritaires du pouvoir contre les citoyens et les militants politiques.

D'ailleurs, Amnesty International a établi depuis 2009, plusieurs rapports dénonçant la répression des défenseurs des droits humains ainsi que des hommes politiques, et a demandé aux autorités de libérer les personnes détenues pour des raisons politiques et d'opinion comme Sayed Ziaoddin Nabavi, Shiva Nazar Ahari, etc[116].

En fait, que ce soit en Égypte, en Algérie, en Libye ou en Iran, l'armée joue un rôle substantiel dans la répression de l'opposition. D'ailleurs The Economist Intelligence Unit's Democracy Index de 2015[117] place la quasi-totalité des pays de la région MENA dans le rang des pays les moins démocratiques, hormis la Tunisie classée à la 57ème place sur 167

[115] YAHOU Rachid : « la répression khadafienne », article publié le 28 aout 2008 sur le site http://www.agoravox.fr

[116] http://www.amnesty.org

[117] Democracy Index 2015, Democracy in an age of anxiety

(démocratie imparfaite), les autres pays comme l'Algérie, la Libye, l'Egypte, etc sont classés dans le groupe des pays autoritaires. Ce rapport tient compte de cinq éléments essentiels : le processus électoral et le pluralisme, les libertés civiles, le fonctionnement du gouvernement, la participation politique et enfin la culture politique[118].

Nous tenons à souligner d'ailleurs, que la prise du pouvoir dans de nombreux pays s'est faite par le biais de coup d'État, c'est ce qui justifie, en partie, en plus de l'abondance des ressources naturelles, l'utilisation de la force envers les militants et les partis politiques, qui eux, se rendent compte de l'épuisement des ressources énergétiques, et qui exigent des autorités en place de cesser leur immobilisme.

SECTION II. L'EPUISEMENT DES RESSOURCES PETROLIERES : ENTRE PRISE DE CONSCIENCE ET IMMOBILISME DES ACTEURS PUBLICS

Lors de leurs discours, la plupart des personnalités politiques (Présidents de la République, ministres de l'économie, etc) abordent la question de l'après-pétrole et la nécessité de développer l'économie nationale afin d'atténuer la dépendance accrue de celle-ci aux hydrocarbures. En fait, tous les discours et annonces demeurent de simples déclarations et ne sont malheureusement pas suivis de mesures concrètes. Il est vrai que la mise en application des différentes mesures visant à diversifier l'économie n'est pas une tâche aisée, mais pour comprendre l'inertie des acteurs publics il est important d'analyser la prospective du pétro-développement **(§1),** ainsi que la genèse de la Dutch desease au Moyen-Orient **(§2).**

§1. La prospective du pétro-développement

Il n'existe pas une définition précise de la notion du « pétro-développement », mais l'analyse de l'économie des pays arabes exportateurs de pétrole nous donne suffisamment d'éléments pour nous aider à la définir. Pour l'expliquer, nous devons dans un premier temps, définir le « *développement* », puis dans un second temps expliciter le terme *« petro ».*

---

[118] La traduction du mot « démocratie » dérivé des mots grecs *demos* et *kratein*, qui signifient « gouvernement du peuple ». C'est à partir de là qu'Abraham Lincoln définit la démocratie comme « *le gouvernement du peuple, par le peuple et pour le peuple* ». Donc, un régime démocratique est fondé sur la participation citoyenne à tous les aspects de la vie politique d'un État, ce qui implique que le système démocratique doit respecter les droits et les libertés fondamentaux, la consultation des citoyens par voie de référendum et d'élections, l'égalité des gouverneurs et des gouvernés devant la loi, la séparation des pouvoirs et l'indépendance de la justice, le pluralisme, etc.
Sur les formes de la démocratie voir ROSANVALLON Pierre, « Écrire une histoire générale de la démocratie », *Participations* 1/2011 (N° 1), pages 335-347.

L'économiste François Perroux définit le développement comme *« la combinaison des changements mentaux et sociaux d'une population qui la rendent apte à faire croître cumulativement et durablement son produit réel et global »*[119]. Quant au mot *« petro »* c'est un préfixe qui fait référence au pétrole ou à tout produit dérivé du pétrole. A priori, ce qui nous intéresse ce n'est pas le produit en lui-même, mais la rente qu'il génère lors de sa vente. Donc *« petro »* peut aussi bien désigner la manne issue de la vente et de l'exportation des produits pétroliers. Cependant, nous combinons les deux définitions pour en arriver à la suivante : « le pétro-développement signifie : *s'appuyer sur la rente pétrolière pour transformer les mentalités et les conditions sociales d'une population afin de la rendre apte à faire croître cumulativement et durablement son produit réel et global »*.

On peut remarquer, après cette définition, que le problème crucial du phénomène de pétro-développement, dans les pays arabes exportateurs de pétrole, réside dans « la durabilité et la productivité ». Le premier élément, qui est « la durabilité », est lié à l'épuisement des ressources, ce qui fragilise la rente **(A),** le second élément relatif à la « productivité » concerne la dislocation de l'économie entre rente et diversification **(B).**

A. Une rente fragilisée par l'épuisement des ressources

Tous les pays arabes exportateurs de pétrole ont tiré d'importants profits à la suite de l'exportation des hydrocarbures, et continuent d'augmenter leurs capacités de production malgré les restrictions imposées par l'OPEP. Cependant, il est important de souligner que les dirigeants de ces pays sont conscients de la fossilité de la matière qu'ils exploitent, mais continuent tout de même à la surexploiter et à l'épuiser. D'autres pays comme l'Algérie, se sont orientés vers l'exploitation des hydrocarbures non conventionnels (pétrole et gaz de schiste) afin d'atténuer les conséquences de la fin des hydrocarbures conventionnels.

Parler de l'épuisement des ressources pétrolières devient de plus en plus une évidence, notamment avec l'accroissement de la consommation mondiale ces dix dernières années. On entend bien sûr par « l'épuisement des ressources » lorsque l'offre diminuera considérablement alors que la demande continuera d'exister[120]. Bien que les différents spécialistes du pétrole comme Revue Oil and Gas Journal, BP Statiscal Review, l'Agence Internationale de l'Energie et United States Geological Survey estiment le pic d'exploitation à environ trente ou quarante ans, d'autres spécialistes disconviennent les données relatives à la durée limite de l'exploitation du

---

[119] DEUBEL Philippe, *Analyse économique et historique des sociétés contemporaines,* Titre 12, *« les stratégies de développement »*, Pearson Education France, 2008, page 463

[120] Antoine AYOUB : « Les réserves pétrolières : entre l'épuisement physique et l'épuisement économique », Texte présenté au Colloque sur « Les défis énergétiques du XXIe Siècle », du30 novembre au 2 décembre 2009, Chambéry – France (http://www.cerium.ca)

pétrole en se fondant sur trois éléments. Le premier est relatif aux déclarations des pays exportateurs de pétrole, notamment ceux du Moyen-Orient, souvent entachées d'incertitudes et d'opacité, ce qui rend la prospection en la matière très difficile. Le second est lié aux gisements pétroliers connus et aux réserves pétrolifères prouvées. Il est ardu de quantifier les réserves qu'un gisement contient et la durée de leur exploitation. Quant au troisième élément, il concerne l'incertitude autour des réserves non prouvées et la capacité des nouveaux gisements, notamment ceux de l'offshore, de la mer Caspienne, de l'antarctique et de la méditerranée orientale.

Par ailleurs, les extrapolations sur l'épuisement des ressources pétrolières trouvent un grand écho dans quelques pays arabes producteurs de pétrole comme le Qatar et les EAU qui commencent à préparer l'après-pétrole. Parmi les spécialistes qui ont marqué l'histoire pétrolière contemporaine nous citons Marion King Hubbert, un géophysicien à l'origine du « *pic* » connu par le « *pic de Hubbert* ». Ce dernier avait prédit en 1940, selon sa courbe en forme de cloche, la date à laquelle le sommet de la production serait atteint (1970) pour les États-Unis. À cette date, la production pétrolière a décru, et les économistes lui donneront raison. Cela ne se produira pas en 2000, lorsqu'il estimait que la production pétrolière déclinerait à cette date. Les chocs pétroliers de 1979 et de 1986 ont causé un recul de la demande mondiale et ont faussé sa prédiction pour cette année.

Pour Hubbert, le procédé n'est pas simple, mais la méthode suppose une connaissance plus ou moins exacte des gisements afin d'en calculer la durée de vie. Selon lui, la courbe représente l'accumulation de la production jusqu'à ce qu'elle atteigne l'asymptote, puis elle décroît vers le déclin, pour arriver au pic de la production. D'ailleurs, pour le plus gros producteur de la région MENA (l'Arabie Saoudite), et d'après l'ancien dirigeant de la Saudi ARAMCO, Sadad al-Husseini, l'Arabie Saoudite a déjà atteint son pic, et ne pourra plus produire plus que 12 MB/J faute de réserves suffisantes[121]. Cela ne tient pas au seul fait du « pic », mais aussi à l'augmentation de la consommation domestique et nationale du pétrole (électricité, climatisation, désalinisation de l'eau via les pompes, etc). Certains spécialistes doutent des capacités de l'Arabie Saoudite et estiment qu'en 2037, le pays deviendra un importateur net de pétrole[122].

Tous les autres pays producteurs de pétrole de la région MENA seront confrontés un jour ou un autre à l'épuisement de leurs ressources pétrolières, notamment avec les tendances actuelles de l'accroissement de la production

---

[121] AUZANNEAU Matthieu : « Wikileaks : l'Arabie Saoudite ne peut plus augmenter sa capacité de production de brut», Article publié sur le site http://petrole.blog.lemonde.fr, le 09 février 2011.

[122] LAHN Glada et STEVENS Paul : « Burning Oil to Keep Cool: The Hidden Energy Crisis in Saudi Arabia», CHATHAM HOUSE, December 2011, étude disponible sur le site http://www.chathamhouse.org

et de la consommation de pétrole. En 2007, la production a atteint son pic pour l'Algérie et pour la Libye. Les extractions ont chuté depuis 2007 de 16% pour l'Algérie[123]. Plusieurs spécialistes en la matière, y compris les anciens dirigeants de la SONATRACH (Abdelmadjid Attar et Sid Ahmed Baghdadli), estiment que la production pétrolière sera en déclin dans une vingtaine d'années, et que l'exploitation des hydrocarbures non-conventionnels (pétrole et gaz de schiste) ne suffira pas d'ici là à couvrir les demandes internes et internationales ; d'autant que la demande interne est en constante augmentation [124]. Pour Abdelmadjid Attar, l'Algérie devra diminuer ses exportations à partir de 2019 en sachant que les nouveaux gisements, *« découverts ou à découvrir »*, seront beaucoup moins importants que ceux de Hassi Messaoud et de Hassi Rmel (les plus gros gisements du Sud algérien)[125]. Quant à la Libye, l'accroissement des tensions internes depuis 2011 a causé la fermeture et la destruction de plusieurs gisements pétroliers, ce qui a diminué la production du pays de près de 200 000 b/j. C'est une quantité, qui aura un impact, certes, sur l'économie nationale, mais qui rallongera la durée d'extraction et d'exploitation de certains gisements non exploités depuis trois ans.

La situation de la Libye est comparable à celle de l'Iran, car l'embargo décrété par l'ONU contre les hydrocarbures iraniens et les sanctions internationales contre l'Iran à cause du dossier nucléaire ont joué un rôle substantiel dans la chute de sa production pétro-gazière de plus de 75%, alors qu'il détient 9,1% des réserves mondiales en pétrole et 16% en gaz[126].Selon les autorités iraniennes, la production pétrolière du pays est tombée à moins d'un million de barils par jour début 2013 alors qu'elle avait atteint les deux millions et demi de b/j en 2011. En 2014, la production connaîtra un rebondissement, selon AIE, qui estime que l'Iran n'a pas respecté l'accord intérimaire de Genève (signé entre l'Iran et les cinq membres du Conseil de Sécurité de l'ONU le 24 novembre 2013, qui était censé expirer le 20 juillet 2014, et imposait à l'Iran de limiter sa production à un million de barils par jour) et a exporté en février 2014 près d'1,65 de Mb/j.

---

[123] AUZANNEAU Matthieu : « Le pic pétrolier de l'Algérie, et de trois autres nations arabes gâtées par l'or noir», Article publié le 28 février 2014 sur le site http://petrole.blog.lemonde.fr

[124] EL KADI Ihsane : « Chakib Khelil : « l'affairiste » qui a hâté le Peak Oil algérien a peut-être sauvé le pays », Article publié le 6 mars 2013 sur le site http://www.maghrebemergent.info

[125] DJAMA Youns : « Que faire lorsque l'Algérie ne pourra plus exporter d'hydrocarbures ? Cri d'alarme des experts », Article publié le 22 février 2014 sur le site http://www.maghrebemergent.com

[126] De Monicault Frédéric et Nodé-Langlois Fabrice : « Le pétrole iranien, encore sous embargo, est très convoité», article publié le 02 février 2014 sur le site http://www.lefigaro.fr

Malgré l'impact considérable sur l'économie iranienne[127], à long terme, les gisements iraniens s'épuiseront moins vite que ceux des autres pays pétroliers de la région, d'autant que l'OPEP avait confirmé, dans son rapport annuel de prévisions (World Oil Outlook) de 2014, la diminution de la production pétrolière de son Cartel, qui passera de 39,7% à 37% d'ici à 2019[128]. À long terme, les prévisions des spécialistes en matière énergétique s'annoncent beaucoup plus alarmantes et prédisent l'épuisement total des ressources pour 2050.

À l'heure actuelle peu de gouvernements des pays arabes producteurs de gaz et de pétrole ont adopté des mesures concrètes pour faire face à la pénurie des ressources énergétiques, hormis les EAU, Bahreïn et le Qatar qui investissent massivement à l'international (achat d'hôtels de luxe, de clubs sportifs, des terrains partout dans le monde, etc). Les autres dirigeants devront faire face, non seulement, à la réalité de l'épuisement de leurs ressources, mais aussi aux conséquences de la volatilité du prix du baril. Pour le gaz, le problème ne se pose pas, car depuis quelques années les prix sont relativement stables.

Néanmoins, pour le pétrole, plusieurs facteurs influencent l'augmentation ou le fléchissement des cours. Quand le prix du brut s'envole (contre chocs pétroliers de 1979 et de 2008) le problème ne se pose pas, bien au contraire, les dirigeants s'en réjouissent. Le plus embarrassant pour les pays rentiers c'est le repli des cours qui génère une crise économique. En 1986, plusieurs pays producteurs de pétrole (arabes, et non arabes) ont dû faire face à un conséquent choc pétrolier à la suite de l'effondrement du prix du baril en dessous de dix dollars[129].

La baisse des prix arrange les pays non producteurs de pétrole, mais pour les pays exportateurs la situation est beaucoup plus critique. Pour certains (comme la Libye et l'Algérie), la stabilité du prix du baril à 110 dollars serait acceptable pour équilibrer leurs budgets, sans trop de contraintes, si les dépenses publiques n'augmentent pas bien évidemment. D'autres pays comme le Koweït et Oman arrivent à équilibrer leurs budgets à un prix beaucoup plus inférieur. Néanmoins, quand le prix passe en dessous des quatre-vingts dollars, le risque d'un dysfonctionnement structurel est

[127] Les sanctions internationales ont engendré, selon l'étude du FMI de février 2014, une forte augmentation de chômage et d'inflation, ainsi que des difficultés pour les entreprises nationales et une contraction du PIB de 1% à 2% pour 2014. Selon la même étude, plusieurs indicateurs sont dans le « rouge ».

[128] http://www.opec.org, World Oil Outlook 2014

[129] ADDA Jacques : « Le contre choc pétrolier dix ans après », *Alternatives Economiques* n° 140, septembre 1996 Dans le cadre de son alliance avec les États-Unis, l'Arabie Saoudite (en tant que membre décideur de l'OPEP) avait inondé le marché international avec son pétrole afin de casser les prix et affaiblir la Russie. Les conséquences de cette baisse de prix soudaine étaient considérables pour l'Arabie Saoudite et pour les autres pays producteurs de pétrole y compris membres de l'OPEP.

inévitable. C'est le cas aujourd'hui. Depuis l'été 2014, le prix du baril était relativement en baisse (entre 110 et 85 dollars), mais depuis novembre le prix est passé à moins de 60 dollars (un prix enregistré pour la première fois depuis cinq ans), ce qui a causé une récession de l'économie russe de 0,8% et une dépréciation du Rouble, car la Russie est aussi très dépendante de la manne pétrolière que génèrent ses exportations d'hydrocarbures. La situation influencera aussi les pétromonarchies de golfe qui ont déjà perdu, depuis la chute des cours, de considérables sommes en bourse (chute de 7,2% pour la bourse de Dubaï, 5% pour l'Arabie Saoudite, 4% pour le Qatar, 3,5% pour Oman et 2,1% pour le Koweït), ainsi que pour l'Iran qui voit son PIB se rétracte de 5%[130]. Pour l'Algérie, l'Arabie Saoudite, et les quelques monarchies de golfe la situation n'est pas drastique dans l'immédiat, hormis les pertes en bourse grâce aux importantes réserves de change dont ils disposent. À long terme les conséquences seront dramatiques, d'autant que la tendance baissière actuelle des cours ne risque pas de s'inverser d'ici la fin du premier semestre de 2017 selon l'AIE, et qui est, d'ailleurs, la conséquence de la surabondance du pétrole sur le marché international. En fait, les douze pays de l'OPEP ont décidé d'augmenter leur production malgré le recul de la demande mondiale due à l'ascension du schiste aux États-Unis. Selon les prédictions de la Banque of America « *il faudra plus de six mois pour écouler le surplus de pétrole proposé sur le marché* ». L'absorption de ce surplus engendrera par la suite une pénurie, ce qui jouera un rôle déterminant dans l'augmentation du prix du baril pour la seconde moitié de 2015[131]. Or, c'est le contraire qui s'est produit, car le refus des membres de l'OPEP de réduire leurs productions a eu pour conséquence une baisse continue des prix même en début de 2016. Une baisse qui risque de se poursuivre plus longtemps que prévu à cause de l'autorisation dont bénéficient certaines compagnies pétrolières américaines d'exporter du pétrole brut léger (condensat). Après une interdiction de quarante ans d'exporter du pétrole non raffiné, les États-Unis ont finalement levé, partiellement, depuis quelques mois l'interdiction d'exporter ce type de pétrole, en autorisant à certaines compagnies à le faire. En fait, ce revirement de doctrine énergétique américaine aura des conséquences très nuisibles sur les économies des autres pays producteurs (arabes ou non). On assistera, d'une part, à une surproduction du pétrole et à l'inondation du marché international, et d'autre part, à une baisse considérable des cours, d'autant que les États-Unis réduiront fortement leur dépendance au pétrole saoudien, ce qui créera, à long terme, des tensions et des déséquilibres au sein de la communauté pétrolière.

---

[130] GAZZANE Hayat : « Comprendre la chute vertigineuse des prix du pétrole », article publié sur le site www.lefigaro.fr le 17 décembre 2014.

[131] SANNAT Charles : « *Dissolution de l'OPEP selon la Bank Of America* », Le contrarien Matin, édition N°575 du 12 décembre 2014, http://www.lecontrarien.com

Selon l'AIE, les États-Unis vont redevenir le premier exportateur de pétrole en 2017 devant l'Arabie Saoudite et la Russie, et réduiront de 4Mb/j leurs importations d'ici à 2025[132].

Cependant, et comme nous avons pu le constater, le recul de la demande internationale joue un rôle prépondérant dans la stabilité des prix des cours du pétrole. Le prix augmente quand la demande s'accroît, et il baisse quand celle-ci diminue.

D'après les données qu'elle possède, l'AIE a prédit dans son rapport de 2009 un scénario d'évolution de la demande et de l'offre mondiale de pétrole. Ses estimations spéculent une juxtaposition entre les deux variantes avec une légère baisse de la demande des pays membres de l'OCDE (Organisation de Coopération et de Développement Économiques) de 0,3% entre 2008 et 2030. Par ailleurs, l'OPEP prévoit, dans son rapport de prévisions de 2014, à moyen terme (2013-2019), une très légère baisse de la demande, notamment celle de l'OCDE, qui passera de 45,9Mb/j en 2013 à 45,2Mb/j en 2019. En revanche pour les prix, l'OPEP appréhende une stabilité à 110 dollars le baril à partir de la seconde moitié de 2015.

D'après les prévisions de l'OPEP, le prix du brut pourrait atteindre 177 dollars d'ici à 2040, avec un accroissement de la demande énergétique mondiale de 60%[133]. La production pétrolière selon l'OPEP passera de 91Mb/j en 2014 à 111,3Mb/j en 2040.

Bien que l'épuisement des ressources et la fluctuation des prix s'avèrent de véritables révélateurs de risques, l'économie des pays arabes pétroliers était et demeure éparpillée entre rente et diversification, et doit attendre encore des années pour devenir une économie productive et diversifiée.

B. Une économie éparpillée entre rente et diversification

L'économie des pays arabes producteurs de pétrole est altérée, jusqu'à présent, par la sujétion aux ressources naturelles de ces pays. Comme nous l'avons précisé auparavant, c'est l'État qui décide de l'orientation rentière ou non de son économie. Bien que des pays comme le Qatar, Bahreïn et les EAU aient réussi une partie de leur transition vers l'économie de marché, beaucoup d'autres pays tournent encore en rond (le cas de la Libye, de l'Algérie, de l'Arabie, du Koweït et de l'Iran) et peinent à diversifier durablement leur tissu économique.

Ce qui démontre la dépendance de l'économie arabe aux ressources naturelles c'est, en premier lieu, la part qu'occupe l'exportation des matières premières (pas moins de 92% pour l'ensemble des pays arabes producteurs, donc ce sont des pays mono-exportateurs dont l'essentiel des revenus

---

[132] NODE-LANGLOIS Fabrice : « *Pétrole : les États-Unis premier producteur en 2017* », article publié sur le site http://bourse.lefigaro.fr, le 12 novembre 2012.

[133] « Les États-Unis, premier producteur de pétrole, devant l'Arabie Saoudite », Article publié le 8 novembre 2014 sur le sitehttp://www.i24news.tv

provient du pétrole). En second lieu, l'importation de la quasi-totalité des produits de consommation (de première nécessité ou autres) témoigne de la pénurie de la production locale. Et en troisième lieu, la fragilité des institutions politico-économiques boostées jusqu'ici par la manne pétrolière.

La recherche de la diversification passe en général par plusieurs formes différentes : (par l'industrialisation par exemple en Algérie sous Boumediène, par l'investissement à l'international pour le Qatar, par le développement de l'industrie nationale pour Bahreïn et par les marchés financiers et le tourisme pour les EAU). Mais ces pays ont aussi opté pour le développement d'une industrie axée sur le domaine pétrolier, ce qui produira une diversification très limitée.

En fait, la diversification ne peut être réussie que si elle est rationnelle et durable, c'est ce qui explique d'ailleurs l'échec de la politique des industries industrialisantes adoptée par le gouvernement algérien après l'indépendance. L'autarcie de l'économie de l'époque ainsi que les mesures prises pour développer l'industrie au détriment des autres secteurs n'ont pas produit les effets escomptés par les décideurs. D'ailleurs, depuis le déboire de la politique des industries industrialisantes en Algérie, aucune vraie stratégie de diversification économique n'a été appréhendée par les successeurs de Boumediène, même après la flambée des prix du brut en 2008[134]. Depuis 2009, les autorités algériennes collaborent avec l'Union Européenne (UE) pour développer un *Programme d'appui à la diversification de l'économie algérienne* (DIVECO I) afin d'améliorer les performances économiques des secteurs de l'agriculture, de l'agroalimentaire et du tourisme[135].

La diversification économique était aussi l'une des priorités du gouvernement saoudien, qui depuis 2006, lors de l'établissement de son huitième plan quinquennal, avait prévu 500 milliards de dollars d'investissement, dans le cadre de sa politique de la sortie du **« tout pétrole »**[136]. Les autorités saoudiennes, sous l'influence des autres membres du Conseil de Coopération du Golfe (CCG), essayent de promouvoir de plus en plus les secteurs de la construction, des télécommunications et du tourisme afin de préparer l'après-pétrole et de limiter ses dépenses superficielles (subventions relatives aux crédits, logements, etc).

Pour sa part, Bahreïn, qui a corrélé le développement de son industrie nationale (raffineries, aluminium, etc) avec celui des services, des banques et du tourisme a réussi sa transition économique, et comme nous l'avons

---

134 EL KADI Ihsane : « Sellal, « pragmatique », fait semblant de diversifier l'économie algérienne », article publié le 10 novembre 2014 sur le site http://www.elwatan.com

135 EU Neighbourhood Info Center « Algérie : un programme d'appui à la diversification de l'économie financé par l'UE », publié sur le site http://www.enpi-info.eu le 28 mars 2013.

136 http://www.senat.fr: « Le nouvel « âge d'or » des fonds souverains au Moyen-Orient », compte rendu du rapport d'information de la commission des finances du sénat français, à la suite du déplacement effectué du 25 mars au 1er avril 2007 par une délégation de la commission dans trois pays du Golfe persique : les EAU, l'Arabie et Bahreïn.

évoqué précédemment, Bahreïn est le seul pays industrialisé et diversifié parmi les pays pétroliers de la région MENA, même s'il dépend, en partie, de ses revenus pétroliers.

Oman, aussi, a adopté depuis quelques années une politique budgétaire prudentielle, à travers laquelle le gouvernement établit un budget sur la base d'un prix du baril plus inférieur à celui du marché. Pour l'année 2008, le budget du Sultanat d'Oman a été établi sur la base d'un baril à 45 dollars, en plus de la diminution des dépenses de subventionnement complémentaires (création de nouvelles fonctions publiques, augmentation des salaires, etc) afin de faire face à une chute brutale du cours du pétrole et éviter ainsi toute situation conjoncturelle. Les recettes additionnelles cumulées en 2008, et pendant les années suivantes ont été affectées par le gouvernement omani au remboursement de la dette extérieure du pays, ainsi qu'à l'enrichissement de son fonds souverain.

Les récentes mutations en matière de communication, de construction et de la banque ont ouvert d'importantes perspectives, principalement pour les pays du golfe (Qatar, EAU, Koweït et Bahreïn) dans les domaines des marchés financiers, des affaires et du tourisme. Toutefois, et même si l'essentiel de ces secteurs repose sur les réserves pétrolières, il faut saluer cette démarche, et nous pouvons même dire que la mutation de l'émirat de Dubaï, par exemple, ou celle du Qatar, en matière de diversification économique est devenue un modèle dans le monde arabe (privatisation des entreprises, ouverture au capital étranger, adoption de législations souples et transparentes en matière d'investissement, ainsi qu'un investissement massif à l'étranger). Pour Dubaï, la part des hydrocarbures dans le PIB a enregistré un remarquable repli en quarante ans. Il est passé de 70% dans les années soixante-dix à 35% aujourd'hui[137]. Depuis quelques années, le Qatar et les EAU sont devenus la première destination des investisseurs étrangers, des multinationales et du tourisme de luxe. D'ailleurs, il serait pertinent de souligner que ces pays, qui sont membres du CCG, ont réussi, d'après une note de recherche des économistes de Merrill Lynch, à épargner, entre 2000 et 2005, 80% de leurs recettes pétrolières, soit 730 milliards de dollars. Les secteurs hors-hydrocarbures ont contribué à la croissance globale du CCG à hauteur de 86% en 2006[138].

Quant à l'Iran, après avoir été pendant douze ans sous sanctions et embargo internationaux, le règlement du différend avec les Occidentaux sur son dossier nucléaire, le 14 juillet 2015 ayant abouti à une levée conditionnelle des sanctions en janvier 2016, devrait lui permettre de relancer son économie, notamment le secteur de l'industrie pétrolière et de

[137] BELKAID Akram : « Conseil de coopération du Golfe : Un boom économique durable mais quelques nuages aussi», Centre d'études et de recherche sur le monde arabe et méditerranéen, http://www.cermam.org [182] BELKAID Akram : *Ibid*

[138] BELKAID Akram : *Ibidem*

l'automobile. Lors de leur rencontre au premier Forum Europe-Iran, organisé par « *European Voice* » à Londres, le 8 et le 9 octobre 2014, les responsables iraniens se sont montrés favorables à l'amélioration du climat des affaires entre l'Iran et l'Union Européenne[139]. À moins que des changements ne se produisent, dans le proche avenir, si l'Iran continue de proliférer, secrètement, l'arme nucléaire, les projets économiques et d'infrastructures devront reprendre assez rapidement. Compte tenu des grands potentiels humains et économiques que le pays présente, beaucoup d'investisseurs de la région et d'ailleurs ont attendu la levée des sanctions pour lancer leurs projets, notamment dans le secteur énergétique, en Iran. La diaspora établie à l'étranger pourrait, également, enfin participer au développement de l'économie de son pays.

A l'heure actuelle, et malgré les mutations économiques ressenties dans quelques pays de la région, beaucoup de travail reste à faire et à parfaire en matière de diversification économique. Pour d'autres pays comme l'Algérie, l'Arabie et la Libye, leur économie est altérée depuis de très nombreuses années par le syndrome hollandais.

§2. La genèse de la Dutch desease (la maladie hollandaise) au Moyen-Orient

Le « syndrome hollandais » (Dutch desease) est une expression *économique* que l'on utilise pour exprimer la perte de la croissance et la désindustrialisation d'un pays doté de ressources naturelles abondantes[140]. Cette notion fait référence à la situation de récession à laquelle l'économie des Pays-Bas a été confrontée dans les années soixante et soixante-dix, à la suite de l'exploitation du gisement du gaz naturel de Groningue. L'importante manne générée par l'exportation du gaz fut l'une des premières causes ayant conduit au déclin de l'économie hollandaise (taux de chômage élevé, régression de la production industrielle et des investissements privés, etc). Cette situation alarmante a fait objet d'un article paru en 1977 dans la revue anglaise « *The Economist* »[141], dans lequel a été utilisée pour la première fois la notion de « *Dutch Desease* » afin d'analyser les effets de la rente gazière et décrire ses malheurs sur l'économie néerlandaise.

En fait, la maladie hollandaise lève le voile, certes, sur le mal économique dont souffrent les États rentiers, mais aussi sur un mal politique

---

[139] MALBRUNOT Georges : « Des hommes d'affaires iraniens et européens en conclave à *Londres* », article publié sur le site www.lefigaro.fr le 14 octobre 2014.

[140] OHAD Raveh : « Dutch Disease, factor mobility, and the Alberta Effect: the case of federations », *Canadian Journal of Economics*, novembre 2013, Volume 46, pages 1317 à 1350.

[141] The Economist: « What Dutch disease is, and why it's bad», article paru sur le site http://www.economist.com le 5 novembre 2014.

beaucoup plus grave et profond, tel que la mauvaise gouvernance **(A)**, ainsi que l'intérêt de la création de Fonds souverain **(B)**.

A. La mauvaise gouvernance

Longuement utilisé dans le monde de l'entreprise, le terme « gouvernance » est issu du mot latin « gubernare », qui veut dire diriger un navire. Il renvoie à la manière dont le conseil d'administration définit la stratégie de l'entreprise et opère le contrôle sur les décisions qui en découlent. Or, au sens « politique », la notion de gouvernance doit sa diffusion aux experts de la Banque Mondiale et du FMI, qui l'ont utilisée pour la première fois dans les années quatre-vingt-dix, lors de l'établissement des plans d'ajustement structurel (PAS) destinés aux pays en voie de développement (PED). Conscients du rôle que joue le « politique » dans l'économie, ces derniers ont établi « *un ensemble de mesures politiques et administratives* » tendant à « *accompagner les PAS et à réduire les dépenses de l'État, notamment sur le plan social, et à créer un environnement favorable au développement du secteur privé* »[142]. Ces mesures de bonne gouvernance impliquent une articulation étroite entre l'État, la société civile et le marché afin d'atteindre le « développement ». Elles s'appuient sur « *la bonne administration et la décentralisation des actes émanant des autorités, la légèreté, l'efficacité et la transparence de la fonction publique, la fiabilité du système judiciaire, la lutte contre la corruption, le développement des libertés publiques, l'instauration d'un débat public, le respect de la liberté de presse et d'association, ainsi que le respect des droits de l'homme* ». Certains spécialistes de la Banque Mondiale ont rajouté à cet ensemble de mesures deux fondements de la bonne gouvernance, qui sont « l'inclusivité » et la « responsabilisation » qui requièrent l'égalité pour le premier, et la transparence pour le second[143].

La commission européenne rejoint, d'ailleurs, le FMI et la Banque mondiale dans leur vision de la bonne gouvernance et établit un livre blanc de la gouvernance européenne, définie comme l'ensemble « *des règles, des processus et des comportements qui influent sur l'exercice des pouvoirs au niveau européen, particulièrement du point de vue de l'ouverture, de la participation, de la responsabilité, de l'efficacité et de la cohérence* ». Ces règles auront pour objet le renforcement de la démocratie et de la légitimité au niveau européen[144]. Bien entendu, ces mesures ne sont présentes que dans

---

[142] BEN NEFISSA Sarah : « ONG, gouvernance et développement dans le monde arabe », http://www.unesco.org

[143] Rapport de la Banque Mondiale sur le développement au Moyen-Orient en Afrique du Nord : « Vers une Meilleure Gouvernance au Moyen-Orient et en Afrique du Nord : « Améliorer l'inclusivité et la responsabilisation », Septembre 2003, http:/siteresources.worldbank.org

[144] Institut de Recherche et de Débat sur la gouvernance : http://www.institut-gouvernance.org

un État de droit[145], or, les pays arabes producteurs de pétrole, ou non d'ailleurs, sont loin d'en être, malgré les quelques progrès enregistrés ces dernières années dans un nombre limité de pays (comme la Tunisie, le Maroc, et les EAU), car si l'on se réfère aux rapports et aux données des institutions internationales sur la gouvernance dans ces pays, nous nous rendons compte que la quasi-totalité des piliers précités demeure une utopie. Le dernier rapport de l'Agence de notation américaine Standard & Poor's (S&P) a confirmé, dans son rapport biannuel de 10 juillet 2014, son doute quant à l'amélioration de la gouvernance et à l'efficacité institutionnelle des pays de la région MENA dans les quelques années à venir[146].

Les tendances négatives de la gouvernance moyen-orientales ne datent pas d'aujourd'hui, l'échec des PAS dans quelques pays arabes avait fortement témoigné de la défaillance de la gouvernance politique comme économique. D'ailleurs, lors de sa présidence du colloque du Conseil National Économique et Social (CNES), tenu à Alger le 3 février 2007, Daniel Kaufmann, directeur de l'Institut de la Banque mondiale pour la gouvernance, avait déclaré que la gouvernance dans la région MENA « *est déficitaire par rapport aux autres régions du monde* »[147]. Il a rajouté qu'*« il y a une perception persistante que les défis de gouvernance sont plus imposants dans cette région que dans d'autres parties du monde ; un désaccord dans la région sur ce que constitue la « gouvernance» et enfin un sentiment largement répandu que les problèmes institutionnels et de gouvernance sont à l'origine de beaucoup d'autres problèmes* ». En effet, plusieurs domaines, tels que la participation citoyenne, la gestion des secteurs public et privé ainsi que l'égalité souffrent de la mauvaise gouvernance, et par conséquent, nuisent au développement économique.

Plusieurs institutions internationales comme le FMI, la Banque Mondiale ou l'OCDE octroient des aides matérielles destinées à l'amélioration de la gouvernance dans ces pays, à l'accompagnement du développement économique et à l'incitation des gouvernements à adopter les réformes politiques et économiques adéquates et favorables à une croissance soutenue. Parmi les programmes d'assistance en matière de gouvernance, figure par exemple le « programme MENA-OCDE pour la gouvernance et l'investissement pour le développement des pays arabes », créé en 2004. Les premiers débats eurent lieu en Jordanie, en février 2005, lors de la tenue de

---

[145] Hans Kelsen définit l'Etat de droit *comme l'État dans lequel les normes juridiques sont hiérarchisées de telle sorte que sa puissance s'en trouve limitée.* KELSEN Hans, *Théorie générale du droit et de l'Etat. La doctrine du droit naturel et le positivisme juridique,* LGDJ, La pensée juridique, janvier 1997, 517 pages.

[146] DUBESSY Frédéric : « S&P publie ses tendances de notations pour la région Mena », http://www.econostrum.info. Voir aussi le rapport de S&P relatif à la gouvernance dans MENA.

[147] http://siteresources.worldbank.org: « La Gouvernance dans le monde : constats et implications pratiques »

la première conférence ministérielle à laquelle avaient participé dix-huit pays de la région[148]. Cette conférence avait donné naissance à la « Déclaration de la Mer Morte », co-signée par les pays de la région, l'OCDE et le PNUD. Elle avait pour objet d'appuyer les réformes dans les domaines de la gouvernance et de l'investissement[149]. Cette conférence s'est suivie d'une deuxième conférence ministérielle, tenue le 23 novembre 2009 à Marrakech, à laquelle participaient les ministres et chefs de délégation de seize pays de la région MENA, les représentants des pays membres de l'OCDE ainsi que ceux de la commission européenne. Ladite conférence a débouché sur l'adoption d'une feuille de route par laquelle les pays de MENA s'engagent, entre autres, à améliorer le climat des affaires et à investir davantage dans le domaine de la gouvernance publique[150]. Cependant, liberté a été laissée aux gouvernements des pays concernés par ces programmes de constituer des groupes de travail « sérieux », devant rendre des comptes et présenter des résultats concrets à l'OCDE et au PNUD sur l'état d'avancement des programmes auxquels ils avaient consenti.

Par ailleurs, bien qu'il ne soit pas un pays pétrolier, la Tunisie figure parmi les meilleurs élèves des institutions internationales en matière de gouvernance. Beaucoup d'efforts ont été faits ces dernières années, notamment, après le renversement de Ben Ali, afin d'améliorer la gestion du secteur public, la diminution de la corruption, la transparence, etc. Récemment, un *Référentiel National de la Gouvernance*, a été créé en collaboration avec le ministère de l'Industrie, de l'Énergie et des Mines et l'Institut National de la Normalisation et de la Propriété Industrielle (INNORPI), avec pour mission l'amélioration de la gouvernance[151].

Des efforts moins importants mais signifiants sont observés (d'après les données de la Banque Mondiale) en Jordanie, au Liban, en Iran et au Maroc. Toutefois, beaucoup de confusion et d'opacité entourent les stratégies des gouvernements de l'Arabie, de la Syrie, de la Libye et de l'Algérie, que Mohammed Hachemaoui [152] qualifie, d'ailleurs, de « boite noire ». La réticence de certains gouvernements de ces pays, frappés de plein fouet par la maladie hollandaise, à suivre les règles d'une bonne gouvernance découle,

[148] Algérie, Bahreïn, Djibouti, Égypte, Irak, Jordanie, Koweït, Liban, Libye, Maroc, Sultanat d'Oman, Autorité palestinienne, Qatar, Arabie Saoudite, Syrie, Tunisie, Émirats Arabes Unis et Yémen.

[149] http://www.oecd.org/relationsmondiales : « Moyen-Orient-Afrique Du Nord : Des politiques meilleures pour une vie meilleure ».

[150] Résultats de la conférence ministérielle MENA-OCDE et des Forums de la gouvernance et des entreprises, 22-

[151] http://www.investir-en-tunisie.net: « Tunisie : Une première dans la région MENA : lancement du référentiel national de la gouvernance », article publié sur le site le 18 décembre 2014.

[152] Docteur en Sciences Politiques, lié au Centre National de la Recherche Scientifique, « Radioscopie d'une gouvernance opaque », article publié le 13 mars 2014 sur le site http://www.jeuneafrique.com

principalement, de leur claustration dans la seule logique de récupération de la rente. D'ailleurs, c'est l'une des raisons pour laquelle les fonds souverains ont été créés.

B. La création de Fonds souverains / Fonds de stabilisation

Bien que le fonds souverain apparaisse, au premier abord, comme une solution pour beaucoup d'États afin d'épargner ou d'investir leurs surplus pétroliers, pour d'autres il n'est, malheureusement, qu'une sorte d'échappatoire qui sert de « portefeuille permanent » dans lequel on prélève en toutes occasions. Ce fonds a en fin de compte, à notre sens, deux externalités, une positive et l'autre négative. Mais pour comprendre la dynamique des fonds souverains ou fonds de « stabilisation », comme d'autres préfèrent le nommer, nous devons les définir et expliquer leur fonctionnement **(a)**, et analyser ensuite leur rôle dans le développement des économies des pays arabes exportateurs de pétrole **(b)**.

a. Définition et fonctionnement

Selon le FMI, les fonds souverains sont *« des fonds d'investissement à but déterminé, appartenant à des administrations publiques. Créés par une administration publique à des fins de gestion macroéconomique, les fonds souverains détiennent, gèrent ou administrent des actifs pour atteindre des objectifs financiers et ont recours à une série de stratégies d'investissement qui comprend des placements sur actifs financiers étrangers. Les fonds souverains sont généralement créés à partir des excédents de balance des paiements, des opérations sur devises, du produit de privatisations, d'excédents budgétaires et/ou de recettes tirées des exportations de produits de base »*[153]. En fait, les fonds souverains se répartissent en deux catégories ; les premiers ce sont les fonds alimentés par les recettes générées par l'exportation des matières premières (pétrole, gaz, minerais, or, etc). On les trouve dans les pays confrontés à un futur épuisement des ressources *« richesses de précaution »*. Contrairement aux premiers, les seconds tirent leurs recettes des excédents budgétaires ou commerciaux (concerne les pays non pétroliers ou qui ne génèrent pas de rente extérieure (ex : le Fonds Stratégique d'Investissement de la France (FSI)).

Le premier Fonds souverain a été créé au Koweït en 1953 (Kuwait Investment Authority), suivi par celui de Singapour (Temasek Holding's) créé en 1974, puis de celui d'Abu Dhabi (Abu Dhabi Investment Authority) en 1976. Ce dernier était le plus gros fonds au monde jusqu'au début 2012. À partir de fin 2012, c'est le fonds norvégien qui prend la tête des classements.

---

[153] Banque de France, Focus n° 1, 28 novembre 2008, https://www.banque-france.fr

Comme il figure dans la définition du FMI, les fonds souverains ont été créés à des fins purement macro-économiques. Soit pour des stratégies d'investissements extérieurs dans des actifs à haut rendement à long terme, soit pour le développement des infrastructures existantes ou futures nécessaires à la croissance nationale et régionale, et pour l'épargne intergénérationnelle.

De fait, plusieurs pays, notamment, asiatiques et africains ont procédé ces deux dernières années à la création de leurs propres fonds souverains intergénérationnels (Angola « *Fonds Souverain de l'Angola* » en 2012, Nigeria « *Nigerian Sovereign Investment Authority* » et le Ghana « *Ghana Petroleum Funds* » et le « *Petroleum Holding Fund* ») en 2011. D'autres pays comme la Tunisie, le Mozambique et Sierra Leone comptent en créer d'ici quelques années. Selon le rapport de la banque Morgan Stanley de 2007, les actifs de l'ensemble des fonds souverains seraient de douze milliards de dollars en 2015[154].

Aujourd'hui, c'est le fonds norvégien « *Government Pension Fund* » créé en 1990 sous le nom « *Government Petroleum Fund* », qui occupe la première place en tant que plus important fonds souverain au monde, avec 1000 milliards de dollars (données de septembre 2017). Lors de sa création, ce fond était destiné à l'investissement et à la gestion du surplus pétrolier généré par l'exportation des ressources énergétiques. Grâce à la bonne gestion de ce fonds, les autorités norvégiennes ont réussi à investir massivement dans les bourses (les placements en actions ont généré un rendement de 26,3% en 2013), l'achat des obligations (notamment celles émises par le mécanisme de stabilité européenne) et enfin dans l'immobilier, qui a rapporté aussi, en 2013, près de 12%. Ces apports ont renforcé la performance annuelle du fonds norvégien qui a atteint 15,9% fin 2013[155].

Cependant, les investissements du fonds norvégien se répartissent, principalement, entre l'Europe avec 45,2% et l'Amérique avec 32,8%. Les 20% restants sont investis en Asie à hauteur de 14,8%, en Amérique latine pour 2,9% et enfin 4,3% dans le reste du monde. Dès lors, la Norvège devient le premier pays à vendre ses titres et actions car elle a dépassé la limite imposée des 60% d'investissements en actions. De fait, le fonds souverain norvégien devient un modèle à suivre aujourd'hui, surtout après l'intégration de « l'éthique » dans la nouvelle politique économique norvégienne[156].

---

[154] Rapport d'information n° 336 (2007-2008) de M. Jean ARTHUIS, fait au nom de la commission des finances du Senat, déposé le 15 mai 2008, « Les fonds souverains : une menace à relativiser, un partenariat à construire », http://www.senat.fr

[155] COUET Isabelle : « Le fonds souverain norvégien affiche une performance de 16 % », article publié le 3 mars 2014 sur le site http://www.lesechos.fr

[156] http://www.latribune.fr : « Norvège : le premier fonds souverain du monde veut "verdir" ses pétro-couronnes», article publié sur le site le 4 avril 2014.

Au-delà du rôle clé de ces fonds pour les économies des pays qui les détiennent, le FMI, a reconnu les fonds souverains comme partie intégrante et substantielle du nouveau système financier mondial. Pour cela, un code de vingt-quatre « *principes et de pratiques généralement acceptés* » (PPGA) a été établi en 2008, lors de la troisième réunion du groupe de travail des fonds souverains (IWG) du FMI à Santiago[157]. Ces principes seront subordonnés aux accords gouvernementaux ainsi qu'aux lois de chaque pays souhaitant adhérer à ces pratiques, et auront pour objet l'encadrement des pratiques d'investissement, des modalités de gouvernance (transparence dans la gestion des fonds souverains) et la responsabilisation des fonds souverains[158]. Deux réunions tendant à renforcer les PPGA ont eu lieu en 2009 (du 8 au10 octobre à Baku, à l'initiative de la commission européenne) et en 2011 (du 11 au 13 mai à Pékin).

La persévérance du FMI, ainsi que des autres institutions (OCDE, G7, UE, Banque Mondiale) quant à l'application des PPGA, comme moyens de protectionnisme, peut être expliquée par le fait que les pays du sud de la Méditerranée (principalement la Russie, la Chine et les pays arabes) manquent de démocratie et de transparence, et gèrent à eux seuls une vingtaine de fonds qui représentent près de 4000 milliards de dollars. Les experts des institutions internationales craignent que ce poids financier des fonds souverains, qualifiés d'offensifs, devienne un moyen stratégique de pression et de manipulation politique contre les grandes puissances et entreprises occidentales [159]. Certains économistes évoquent même la possibilité d'une « *internationalisation* » des entreprises étrangères auxquelles les fonds souverains participent en tant qu'actionnaires. Certes, le problème ne se pose pas quand le fonds est actionnaire minoritaire, car il ne participe pas au conseil d'administration, mais la puissance est un danger lorsqu'il devient actionnaire majoritaire, c'est le cas de la participation majoritaire du fonds qatari (Qatari Investment Authority) au capital de la société CEGELEC, ou bien du fonds d'Abu Dhabi (*Abu Dhabi Investment Authority*) qui contrôle Barclays[160]. Toutefois, le débat sur l'opportunité et la nocuité des fonds souverains n'est pas clos, notamment avec la montée en

[157] Le groupe de travail est composé de : l'Australie, Azerbaïdjan, Bahreïn, Botswana, Canada, Chili, Chine, Émirats arabes unis et États-Unis, Guinée équatoriale, Iran, Irlande, Corée, Koweït, Libye, Mexique, Nouvelle Zélande, Norvège, Qatar, Russie, Singapour, Timor-Leste et Trinité-et-Tobago. Les observateurs admis à titre permanent de l'IWG sont l'Arabie saoudite, Oman, le Vietnam, l'OECD et la Banque mondiale. Source http://www.iwg-swf.org

[158] Bulletin du FMI de 2008 sur les principes de Santiago, www.imf.org/imfsurvey.

[159] ACHOUR Anouar, COMETTO Hélène, DESCAMPS Samuel, HAMMOND Christophe et LACOYE-MATEUS Alice : « Les fonds souverains, Conquête de la politique par la finance », Ecole de guerre Economique, décembre 2007, http://www.infoguerre.fr

[160] HIDDINGA Patrice, STALLA- BOURDILLON Christophe : « Les fonds souverains : menace ou opportunité ?», compte rendu de la séance du séminaire « Vie des affaires » qui a eu lieu le 6 février 2009, l'école de management de Paris, http://www.ecole.org

puissance de la Chine et des monarchies du golfe, principalement le Qatar, qui s'offre à tout prix les entreprises les plus connues et stratégiques du monde, cotées ou non. Quel que soit le rôle de ces fonds au niveau international, il serait intéressant d'emblée, d'aborder l'apport des fonds souverains au développement économique des pays exportateurs de pétrole de la région MENA.

b. Le rôle des fonds souverains dans le développement des économies des pays exportateurs de pétrole de la région MENA

Tous les pays arabes exportateurs de pétrole sont dotés d'un fonds souverain, ou pétrolier. Comme nous l'avons abordé précédemment, le Koweït était le premier pays au monde à se doter d'un tel fonds en 1953. D'autres pays ont suivi quelques années plus tard comme Abu Dhabi. Le Qatar, l'Algérie et la Libye ont attendu les années 2000 pour en créer un. Selon les données officielles, c'est le fonds d'Abu Dhabi (ADIA) qui occupe la deuxième place dans le monde, derrière la Norvège en termes de réserves (627 milliards de dollars). Aujourd'hui, la région MENA compte une dizaine de fonds souverains (fonds pétroliers pour certains) et gère des actifs de plus en plus importants derrière l'Asie, comme le confirment les données de décembre 2014 de SWF Institute[161].

Hormis les monarchies du golfe qui détiennent les plus importants fonds, les autres pays de la région (Algérie, Irak, Libye, Iran et Bahreïn) ne disposent que de fonds relativement médiocres. Le problème, donc, ne se pose pas pour les pétromonarchies du golfe, qui grâce à leurs gigantesques investissements partout dans le monde, et à leur importante capacité financière (l'épargne dans le cadre du CCG), ont acquis leurs actifs dans les plus grandes sociétés. Cet important rendement leur permet, entre temps, de développer les infrastructures et l'économie nationale (autoroutes, gratte-ciels, centres commerciaux, tours, hôtels et holdings). Ces rendements leur permettent aussi de se préserver des fluctuations des cours du pétrole. Donc les fonds souverains pour ces quelques pays sont un moyen durable et efficace de diversification économique (IDE sortants ainsi que les marchés financiers). C'est une forme d'externalité positive. Cependant, pour les pays comme Bahreïn et l'Algérie, la situation est différente, car leur stratégie ne consiste pas en l'investissement à long terme, au contraire, leur politique en la matière est plutôt prudente. Ils préfèrent placer leurs actions en titres obligataires (liquides et non risqués), afin d'assurer la stabilité financière du pays.

Dans le cas algérien, le FRR a été conçu en 2000 pour contenir le surplus généré par l'exportation du gaz et du pétrole, et ne doit pas être intégré au

---

161 Les fonds souverains se répartissent comme suit : - Asie 39,1%, Moyen-Orient 37,1%, Europe 16,7%, Amérique

budget. Le cours de base a été fixé par les autorités algériennes à 37$. La différence entre ce plancher et le prix réel du baril est versée au FRR. Durant les années 2000 (de 2000 à 2012) le surplus cumulé a servi pour rembourser la dette extérieure et son service. Actuellement, et au-delà de l'achat des titres et obligations d'États (bons du trésor), il sert à couvrir le déficit budgétaire et non pas pour l'épargne générationnelle[162].

Les intervenants au Forum des chefs d'entreprise qui a eu lieu fin 2012 ont qualifié le FRR algérien *« d'échafaudage bureaucratique encombrant, vidé de toute signification économique »* [163]. Malheureusement, cette qualification ne nous semble pas arbitraire, et ce pour deux raisons. La première tient au manque de transparence quant à la nomination des dirigeants de ce fonds ainsi qu'aux sommes transférées chaque année. La seconde est que le FRR ne joue aucun rôle déterminant dans le développement économique du pays. Le constat est très mitigé quand on évalue les progrès de l'économie algérienne (nous y reviendrons plus tard dans la section sur les réformes économiques), d'autant plus que la loi de finances de 2015 a affiché un déficit budgétaire de 22% du PIB, ce qui obligera le gouvernement à puiser dans le FRR pour combler ce déficit. D'après les spécialistes, le FRR devra financer le déficit du trésor public à hauteur de 83% pour 2015[164]. Une situation parallèle est enregistrée au Yémen et en Libye à cause de l'instabilité politico-sécuritaire des trois dernières années, d'où l'externalité négative des fonds souverains.

Que les fonds souverains jouent un rôle ou non dans le développement économique du pays détenteur, il reste à savoir si ce développement produit de la « croissance », car dans tous les pays de la région MENA, la manne pétrolière est très abondante. Le développement observé n'a pas engendré de croissance.

---

[162] Rapport du FMI No. 05/52, du mai 2006, « Algérie : Questions choisies », http://www.imf.org

[163] RONDELEUX Chloé et MAURY Frédéric : « L'Algérie, entre déficit artificiel et chiffres réels », article publié sur le site de Jeune Afrique le 20 janvier 2014, http://economie.jeuneafrique.com

[164] TALEB Yazid : « Algérie-La loi de finances 2015 puise largement dans les ressources du Fonds de Régulation», article publié le 4 novembre 2014 sur le site http://maghrebemergent.info

CHAPITRE II

UNE MANNE PÉTROLIÈRE ABONDANTE ET UN DÉVELOPPEMENT SANS CROISSANCE

Souvent, lorsque nous parlons d'économie, nous évoquons en premier lieu le développement économique, ce qui est, d'ailleurs, normal parce que c'est à partir de là que nous mesurerons les véritables problèmes d'un pays. Or, le développement est toujours corrélé à la croissance car une économie peut bien être développée mais la croissance peut stagner comme c'est le cas pour les pays de l'Europe actuellement où la croissance ne dépasse pas 0,5% (France, Allemagne) ou parfois négative – 0,8% (Espagne, Italie, etc). En effet, comme il a été susmentionné, développement économique signifie progrès et évolution positive des différentes composantes (PIB, IDH, l'innovation, etc). En revanche, la croissance c'est l'évolution des quantités des biens et des services produits (valeur ajoutée) sur une période donnée. Elle se mesure en pourcentage du PIB réel[165]. En ce qui concerne la région MENA, tous les pays, qu'ils soient pétroliers ou non, souffrent du ralentissement de la croissance malgré le développement économique de quelques-uns d'entre eux[166]. Cela tient, d'une part, au paradoxe engendré par la rente pétrolière **(I),** et d'autre part, aux réformes économiques inachevées ainsi qu'au contexte juridique inapproprié à l'environnement économique **(II)**.

SECTION I. LE PETROLE : VECTEUR DE PARADOXES

En réalité, le ralentissement de la croissance ne touche pas que les pays de la région MENA, beaucoup de pays européens subissent ce phénomène, notamment avec la récession qu'endure la zone euro ces dernières années. Par ailleurs, pour les pays de MENA exportateurs de pétrole le problème de

---

[165] INSEE en bref : « Pour comprendre la croissance économique », http://www.insee.fr

[166] Bulletin trimestriel de l'information économique de la région MENA, numéro 3 de juillet 2014 : « Prévisions, perceptions et réalités économiques », http://www-wds.worldbank.org

la croissance est très sérieux, le fait qu'ils disposent de beaucoup de ressources (surplus pétroliers et réserves de change), qui devraient en principe soutenir la croissance économique à un niveau stable. Or, cette aisance financière ne fait qu'amplifier les problèmes socio-économiques du pays **(§1)**, d'autant plus que la rente générée est accaparée par la classe dirigeante **(§2)**.

§1. L'amplification des problèmes socio-économiques

Il est vrai que les symptômes de la maladie hollandaise dans les pays pétroliers de la région MENA sont nombreux (décroissance, pauvreté, inégalités sociales et problème de logements, etc), mais les plus frappants sont l'inflation **(A)** et le chômage **(B)**.

A. L'inflation

L'inflation provient du mot latin « *inflare* » qui veut dire « enfler », et demeure l'un des problèmes majeurs des pays rentiers. Elle est définie par les économistes comme « *la perte du pouvoir d'achat de la monnaie qui se traduit par une augmentation générale et durable des prix* »[167]. Cependant, l'inflation varie d'un pays à l'autre, et à taux différents. Par exemple, les États-Unis connaissent une inflation, en général, modérée. L'indice des prix à la consommation n'a pas connu une augmentation phénoménale (2,4% par an en 1960, 5,1% durant les années soixante-dix et retombent à 2,3% entre 2000 et 2010) contrairement à l'hyperinflation en Allemagne où les prix ont connu une augmentation de 500% par mois au cours de l'année 1923, ou au Zimbabwe en 2008[168]. D'ailleurs, plusieurs spécialistes et théoriciens ont essayé d'expliquer les phénomènes de l'inflation et de la déflation à travers de nombreuses théories qui ont, principalement, trait à la monnaie (Mankiw et Milton Friedman), et parfois aux coûts ou à la demande (Keynes)[169].

Gregory N Mankiw explique dans son ouvrage « *Macroéconomie* » les causes, les effets et les coûts sociaux de l'inflation. Sa théorie quantitative de la monnaie repose sur trois piliers : le premier est le niveau de production (Y), le second est l'offre de monnaie (M) fixée par la banque centrale qui détermine la valeur nominale de la production (V), et le troisième est le niveau des prix (P) qui est le rapport de la valeur nominale sur le niveau de

---

[167] http://www.insee.fr

[168] GREGORY N. MANKIW, *Macroéconomie*, 6éme édition, De Boeck, Bruxelles, 2013, page 122.

[169] • L'inflation monétaire est due à l'accroissement de la masse monétaire par rapport à la production et à la croissance.
• L'inflation par les coûts est due à l'augmentation des coûts de production (salaires, impôts ou matières premières).
• L'inflation par la demande est due à la suprématie de la demande sur l'offre.

la production. Et comme le taux d'inflation se mesure en pourcentage, cet économiste résume le lien entre les différents piliers comme suit : (variation en % de M + variation en % de V) = (variation en % de P + variation en % de Y)[170]. En reprenant l'expression de Milton Friedman (prix Nobel d'économie en 1976) « *L'inflation est toujours et partout un phénomène monétaire* ». Mankiw affirme que « *puisque la banque centrale contrôle l'offre de monnaie, elle contrôle aussi du même fait le taux d'inflation* », donc si la banque « *préserve la stabilité de l'offre de monnaie, elle préservera aussi la stabilité du niveau des prix. Le niveau des prix augmentera si la banque centrale accroît ses stocks de monnaie* ». Ce qui veut dire qu'un « *taux de croissance élevé de l'offre de monnaie induit une inflation élevée* »[171]. D'ailleurs, pendant la crise des subprimes de 2009, le seul pays qui a été épargné par la crise était la Norvège, qui a su resserrer sa politique monétaire à partir d'un *dispositif de ciblage flexible de l'inflation*, donc maitriser intelligemment l'inflation, même si celle-ci est passée de 2,5% en 2009 à 3% début 2010[172]. Ce dispositif de ciblage flexible qui s'est montré satisfaisant, jusqu'à présent, s'inscrit dans la continuité de la politique financière et monétaire maîtrisée du gouvernement norvégien. Pour mener ce dispositif à terme, le « *principe du coussin de fonds propres contracycliques* » a été adopté afin de « *renforcer le système bancaire en cas de choc de grande ampleur* »[173]. Ce principe macro prudentiel dit « *coussin de fonds propres contracycliques* » est un principe de sécurité financière selon lequel les banques sont appelées à augmenter leurs réserves propres (*les buffers*) afin de constituer un coussin qui leur permettra de minimiser leurs pertes en temps de crise de liquidité ou de ralentissement économique, et limitera l'impact sur l'ensemble de l'économie.

Pour les pays exportateurs de pétrole, principalement ceux de la région MENA, l'inflation est un phénomène importé. L'inflation pour ces pays, selon Abdelkader Sid Ahmed, serait de l'ordre de 10% (pour les années 70) à cause, d'une part, de leur très forte dépendance aux importations. L'intégration aux échanges et aux flux financiers internationaux fait que les prix à l'importation sont dictés par le marché international. Ces prix (renchérissement des importations) sont alors très élevés par rapport aux prix pratiqués au niveau national, ce qui a une incidence sur l'augmentation des prix des produits alimentaires et sur les salaires globaux. D'autre part, à cause de la dévaluation du taux de change. Ce deuxième élément est très important dans la mesure où il dévoile le rôle de l'exportation des matières premières. En fait, l'exploitation des hydrocarbures fait de ce secteur un

---

[170] GREGORY N. MANKIW: *Ibid*, pages 127 - 128.
[171] GREGORY MANKIW : *Ibidem,* page 130.
[172] AFP pour le Figaro « Norvège : l'inflation s'accélère fortement », article publié le 10 mars 2010 sur le site http://www.lefigaro.fr
[173] Étude économique de l'OCDE de la Norvège de février 2014, http://www.oecd.org

secteur en boom (*booming sector*), qui est un concept développé par l'économiste Robert George Gregory en 1976[174], selon lequel le secteur en boom engendre une forte augmentation des exportations des matières premières et un fléchissement des autres exportations. Cela a deux effets : sur le travail et sur la dépense. Le premier effet (l'impact de la réallocation des ressources « *resource movement effect* »), se mesure à la production nationale qui est en voie de déclin, car la majorité de la main d'œuvre se réoriente vers le secteur en boom où les salaires seront plus attractifs que dans les autres secteurs. Le second effet (l'effet de la dépense « *spending effect* »)[175], se mesure à l'augmentation des prix des produits échangeables (dépréciation de la monnaie nationale) qui incitera les consommateurs à importer des produits moins chers que ceux produits localement.

Ceci dit, en plus de la pression inflationniste qu'engendre le *booming sector*, l'État devra faire face, aussi, au phénomène de la perte du savoir-faire, qui est l'une des caractéristiques de la *Deutsch desease*. La perte du savoir-faire signifie la régression de la technologie (accumulation des connaissances) et l'altération de l'innovation, ce qui influencera la croissance économique à cause du manque de productivité [176]. C'est d'ailleurs ce qui se passe dans les pays rentiers. L'expansion du secteur pétrolier (en boom) a poussé l'État à concentrer et à orienter ses investissements vers l'industrie pétrolière et à recourir aux firmes et à la main d'œuvre étrangère pour réaliser ses projets économiques.

Toutefois, et d'après les données de 2014 du FMI, la plupart des pays de la zone MENA, hormis l'Iran et la Syrie qui souffrent d'un taux d'inflation très élevé (39,3% pour l'Iran et 59,1% pour la Syrie), ont une inflation plutôt modérée, qui varie entre 1,1% et 9% en général. Pour les pays comme l'Algérie, l'Arabie Saoudite, la Libye et Bahreïn, le taux d'inflation est aux alentours de 3,5%, contre 2% pour l'Irak, 1,1% pour les EAU et 9% pour l'Égypte. L'économiste Gilles Raveaud estime qu'un taux d'inflation entre 3% et 5% « *n'est pas problématique et devrait accompagner normalement une économie en croissance* »[177], car l'accroissement des prix s'accompagne parfois d'une augmentation des salaires qui permettra aux ménages d'homogénéiser leur pouvoir d'achat. Or, lorsque les salaires ne s'alignent pas sur la recrudescence des prix, cela implique naturellement une forte baisse du pouvoir d'achat des foyers à bas salaires, ce qui augmentera à son tour le taux de la pauvreté. C'est le cas aujourd'hui en Iran et en Syrie, où la hausse des prix n'est pas suivie d'une hausse des salaires. Deux facteurs ont

---

[174] AOUN Marie-Claire, op.cit, pages 91 – 92.

[175] CORDEN Max et NEARY Peter : « Booming Sector and De-Industrialisation in a Small Open Economy», *The Economic Journal*, Vol 92, No 368 de décembre 1982, pages 829-832, http://www.jstor.org/stable/2232670

[176] AOUN Marie-Claire : op.cit, pages 94 et 95

[177] RAVEAUD Gilles : « Pourquoi la déflation est pire que l'inflation », article publié le 16 janvier 2009 sur le blog de l'économie politique du site http://alternatives-economiques.fr

accentué l'inflation dans ces deux pays ; pour la Syrie c'est la guerre civile depuis 2011 qui a ruiné l'économie et a amenuisé les ressources. Pour l'Iran, l'embargo international sur son pétrole a joué un rôle substantiel dans le recul de l'économie nationale. La stagnation économique depuis quelques années avait pour conséquence la chute du taux de change de la devise et le bouleversement des politiques financière et monétaire du pays.

Pour l'Algérie par exemple ou pour l'Égypte, bien que les taux soient différents (3% pour l'un et 9% pour l'autre) l'inflation peut être considérée comme un problème très sérieux, car comme nous l'avons évoqué, la hausse des prix (du panier de la ménagère) doit être accompagnée d'une hausse des salaires afin de garantir à tous les ménages un pouvoir d'achat adéquat. Le 31 janvier 2015, des dizaines de personnes ont manifesté dans la rue dans la ville de Bejaia en Algérie, notamment, contre la cherté de la vie et la diminution du pouvoir d'achat des citoyens de cette ville (mais pas seulement). Selon les associations de consommateurs locales, les prix dans cette région sont beaucoup plus élevés que dans les autres à cause du manque de contrôle des autorités sur les prix, notamment, sur ceux des produits censés être subventionnés par l'État comme le pain et le lait[178]. Or, en Algérie ou en Égypte où le chômage est élevé, près des deux tiers des chercheurs d'emploi s'orientent vers le marché informel, en sachant que les salaires dans ce dernier sont très bas par rapport aux salaires officiels dans le public ou dans le privé. Les salariés du marché parallèle sont souvent les plus vulnérables et constituent les premières victimes de l'inflation. Les gouvernements de ces pays doivent relancer l'appareil productif afin de permettre, d'une part aux secteurs économiques en retard (industrie, agriculture, etc) de se développer, et d'autre part d'absorber le plus grand nombre possible de sans-emplois, frappés par le chômage de masse, qui arrivent par milliers chaque année sur le marché du travail.

B. Le chômage

Le chômage est l'un des problèmes majeurs et les plus persistants des pays pétroliers de la région MENA. Selon les données de la Banque Mondiale de juillet 2014, à cause du ralentissement de la croissance, le chômage ne cesse de s'accentuer dans sept pays de la région, particulièrement, chez les femmes et les jeunes des 15-24 ans. Chez les hommes, le chômage a atteint, d'après les chiffres officiels 22% en 2014, et 39% chez les femmes. Le chômage des femmes est de 65% en Égypte, 50% en Jordanie et au Yémen et 40% en Iran)[179]. Pour l'Iran seul, près de la

[178] AIT SADI Salim : « Une marche citoyenne dans les rues de Bejaïa », article publié le 31 janvier 2015 sur le sitehttp://www.leconews.com

[179] Bulletin trimestriel de l'information économique de la région MENA, numéro 3 de juillet 2014 : *Ibid* [230] http://www.ncr-iran.org, « un iranien sur deux est au chômage », article publié le site le 19 aout 2013. [231] ALAREF Jumana : « La "wasta" continue de priver la jeunesse

moitié de la population (40% des 15-25 ans) était au chômage en 2013. Selon le centre des statistiques iranien, 108 000 salariés ont perdu leurs emplois en huit ans. D'après le bulletin trimestriel de la Banque Mondiale de juillet 2014, le chômage est plus élevé chez les personnes ayant un niveau supérieur d'instruction, et qui a attendent, pour la majorité, un emploi dans le secteur public (entre 60% et 73% dans les pays du golfe contre 11% à 20% dans le secteur privé). En fait, lorsque les jeunes sont au chômage, leurs demandes d'emploi sont souvent orientées vers le secteur public où les salaires et les privilèges sont beaucoup plus alléchants que dans le privé. Mais, pour trouver un emploi dans le public, ou parfois même dans le privé, il faut avoir des relations haut placées (c'est ce qui est appelé dans tous les pays de la région *« WASTA »)*. Par manque de méritocratie, beaucoup de jeunes diplômés arrivent sur un marché du travail qui dévalorise les compétences scientifiques, et entraîne leur retour immédiat vers le marché informel qui est encore plus précaire et humiliant.

En effet, l'accroissement du chômage des jeunes dans la région MENA (un taux moyen estimé à 25% selon le FMI) offre, malheureusement, plus d'opportunités au secteur informel (souterrain ou parallèle) d'absorber une quantité considérable de jeunes chômeurs. Un secteur qui doit sa terminologie à Keith Hart et au Bureau International du Travail (BIT) qui l'ont utilisé pour la première fois au début des années soixante-dix. Plusieurs définitions ont été données à ce secteur à partir des critères économiques et sociaux précis[180]. Mais le FMI a adopté une définition plus économiste et a considéré le secteur informel comme toute *« activité économique non prise en compte dans le calcul du PIB, et qui échappe aux taxes et au contrôle des institutions »*[181]. Selon les données officielles du FMI et de la Banque Mondiale, la part de l'économie informelle dans le PIB est de plus en plus importante. Elle représentait en 2016 en Syrie et au Maroc 44% du PIB, 40%

arabe des chances de vivre dignement », article publié le 13 mars 2014 sur le site http://blogs.worldbank.org

[180] La définition du secteur informel a été adoptée pour la première fois en 1993 par la 15éme Conférence Internationale des Statisticiens du Travail. Le secteur informel est considéré *« comme un ensemble d'unités produisant des biens et des services en vue principalement de créer des emplois et des revenus pour les personnes concernées. Ces unités, ayant un faible niveau d'organisation, opèrent à petite échelle et de manière spécifique, avec peu ou pas de division entre le travail et le capital en tant que facteurs de production. Les relations de travail, lorsqu'elles existent, sont surtout fondées sur l'emploi occasionnel, les relations de parenté ou les relations personnelles et sociales plutôt que sur des accords contractuels comportant des garanties en bonne et due forme»*. Une définition qui est reprise aussi par l'OCDE.

[181] Rapport du FMI de 2011 intitulé « Regional economic outlook : Middle East and central Asia », Annexe II relative à « MENA Oil Importers : Addressing Informality and Promoting Inclusion », http://www.imf.org

en Égypte, 30% au Liban et 26% en Jordanie[182], 45% en Algérie (en 2017), 54% en Tunisie (2017).

Cependant, plus la sphère informelle s'étend, plus le manque à gagner pour l'État croît à cause de l'évasion fiscale, le non-paiement des cotisations sociales et les transactions financières qui s'opèrent par des milliards de dollars dans la plus grande discrétion (sorties annuelles brutes de monnaie fiduciaire sont de 32,17 milliards de dollars pour l'Algérie en 2013, en 2012 les actifs commerciaux et immobiliers extralégaux ont atteint 115 milliards de dollars en Tunisie). Pour la seule région d'Afrique du Nord, les capitaux financiers illégaux transférés représentent près de 415,6 milliards de dollars[183]. Cela dit, la région du Moyen-Orient, notamment, les pays du CCG sont les moins impactés par le reflux de l'économie souterraine, mais subissent aussi le phénomène « d'internationalisation » de l'emploi, qui n'est pas sans gravité, mais d'un poids différent sur les deux régions.

De fait, les pays du Golfe comme les EAU, le Qatar, le Koweït et Bahreïn arrivent à contenir le phénomène du chômage des nationaux, ces derniers étant majoritairement recrutés par l'État et occupent en général des fonctions dont les salaires sont très élevés. Or, les domaines les moins stratégiques comme le bâtiment, le commerce de détail et le nettoyage sont souvent relégués aux employés immigrés (pakistanais, philippins et indiens, etc). D'ailleurs, l'un des facteurs les plus influents sur la réussite ou l'échec des politiques de l'emploi c'est le facteur démographique. Hormis l'Arabie Saoudite (le plus peuplé des pays du CCG avec 28,3 MH), les autres pays ont des populations relativement réduites (entre 800 000 et 3 millions).

Par ailleurs, le ralentissement de la croissance a joué un rôle important dans la recrudescence du chômage, en général, dans le monde, et dans la région MENA en, particulier, surtout après les revers du « printemps arabe », qui ont dévoilé l'incohérence des politiques gouvernementales en matière d'emploi et d'insertion des jeunes (diplômés ou pas d'ailleurs). Le marché du travail de l'ensemble de la région est qualifié par les experts de la Banque Mondiale d'inefficace, d'inéquitable et entravé par l'improductivité. Plusieurs obstacles empêchent « l'équilibre de productivité », parmi ces obstacles le rapport de la Banque Mondiale de 2013 dénombre :

- Les problèmes économiques, macro-économiques (croissance, concurrence, IDE, etc) et structurels persistants qui empêchent la création des emplois.
- Les réglementations du marché du travail existantes qui renforcent le statu quo, notamment les régimes de retraite et d'assurance maladie.

---

[182] JOSSET Astrid : « La nébuleuse de l'économie souterraine », article publié le 14 novembre 2011 sur le site http://www.econostrum.info

[183] MEBTOUL Abderrahmane : « Le Maghreb face au poids de la sphère informelle », publié le 17 mars 2014 sur http://fr.starafrica.com

- Les conditions d'emploi dans le secteur public qui faussent les incitations des travailleurs.
- L'inefficacité des mécanismes d'intermédiation du travail.
- L'absence de règles du jeu équitables pour les candidats qualifiés.
- Des systèmes de formation et d'éducation qui n'offrent pas d'incitation à la création de compétences pratiques et de qualité.

En effet, les différents rapports des institutions internationales relatifs à l'emploi ont alerté plusieurs pays de la région MENA, qui n'ont pas tardé à adopter, depuis quelques années des programmes de grande ampleur afin de lutter contre le chômage. L'Algérie fait, d'ailleurs, figure de bon élève (selon les chiffres officiels) en la matière malgré les quelques lacunes qui persistent. Entre 1992 et 2014, la population active est passée de six millions à onze millions et demi, ce qui a fait baisser le chômage de 30% en 1992 à 10% en 2014. Selon les données de l'Office National des Statistiques algérien (ONS) de septembre 2014, le ratio emploi/ population au niveau national est de 36,4%, ce qui correspond à un taux de 60,1% pour les hommes et de 12,3% pour les femmes. Désormais, le secteur tertiaire absorbe 60,8% de la population active contre seulement 17,8% par le secteur du bâtiment et travaux publics (BTP), 12,6% par l'industrie et 8,8% par l'agriculture.

Plusieurs entités d'appui à l'emploi et aux entreprises (ANEM, ANSEJ, ADS, DAIP et la CNAC) ont été créées afin d'accompagner les nouveaux arrivés sur le marché du travail (en pré-emploi), d'accorder des micro-crédits aux auto-entrepreneurs et de soutenir les PME en difficulté. Or le rapport de la Fondation européenne (ETF) pour la formation de 2014[184] note la vulnérabilité des femmes en matière d'emploi qui souffrent d'un taux de chômage deux fois plus élevé que chez les hommes, l'inadéquation entre les emplois occupés et les compétences acquises, le manque de contrôle systématique et régulier de l'évolution des salaires et l'opacité des législations en matière de travail, etc. Tout comme la Banque Mondiale, l'ETF recommande à l'Algérie et à l'ensemble des pays de la région MENA (car ils ont des problèmes similaires en matière de lutte contre le chômage) d'adopter un ensemble de mesures afin de promouvoir l'emploi et l'insertion des jeunes chômeurs. Parmi les recommandations de la Banque Mondiale :

- L'harmonisation des réglementations et l'incitation à la création des emplois, à l'innovation et à l'investissement.
- L'amélioration de la productivité et la rentabilité des entreprises à travers l'ouverture du marché intérieur à la concurrence.
- Le rééquilibrage du contrat social pour promouvoir les marchés du travail.

[184] ETF : « Les politiques de l'emploi et les programmes actifs du marché du travail en Algérie », 2014, http://www.etf.europa.eu

– La mise en avant des compétences scientifiques acquises et des mérites (renforcement de la méritocratie).

Nonobstant les tentatives des gouvernements arabes (notamment des pays non producteurs de pétrole) en matière d'emploi afin d'atténuer les taux élevés du chômage, beaucoup d'efforts devraient être, davantage, déployés pour promouvoir efficacement l'inclusion et la productivité des jeunes chômeurs. Mais en aval de ces mesures, il faudrait aussi que les pouvoirs en place luttent contre l'accaparement de la rente par la classe dirigeante pour que cette rente soit profitable aux différentes activités économiques.

§2. L'accaparement de la rente par la classe dirigeante

L'un des problèmes majeurs des pays rentiers est le manque de contrôle sur les revenus de l'État. La non-imposition des citoyens empêche toute possibilité de rendre des comptes (selon le pacte social arabe dont nous avons parlé précédemment) et facilite aux dirigeants ainsi qu'à leurs alliés la corruption **(A)** et la délocalisation des capitaux **(B)**.

A. La corruption

Dans sa note d'archive de 2008 sur la corruption, *Transparency International* qualifiait la corruption dans la région MENA de phénomène « répandu et généralisé »[185]. Cela tient au fait que les régimes politiques dans la plupart des pays sont des régimes monarchiques, militaires ou autoritaires qui disposent d'importantes mannes pétrolières. La mauvaise gouvernance ainsi que le manque de transparence augmentent la confusion entre les intérêts publics et les intérêts privés de la majorité des fonctionnaires de l'État. Or, les revenus issus de l'exportation des hydrocarbures sont directement versés aux gouvernements par les sociétés étrangères (taxes, redevances, et bonus de signature). Ce mécanisme restreint tout contrôle sur les sommes perçues, à cause de la multitude des intermédiaires associés au circuit de la distribution, qui est souvent hors du contrôle des pouvoirs centraux et des médias. Cela facilite davantage la perception des pots-de-vin payés en général par les opérateurs et firmes étrangères afin de signer ou finaliser rapidement un contrat[186]. De plus, il est aisé de la dissimuler les montants exacts des transactions, car les prix des matières premières et des devises sont en constante fluctuation[187] (les transactions s'opèrent en général en dollars US).

---

[185] Transparency International, The Global coalition against corruption, Site d'archives, http://archive.transparency.org

[186] MALTI Hocine, *Histoire secrète du pétrole algérien*, Édition La découverte, 2010, 360 pages.

[187] AOUN Marie-Claire, Op.cit, page 151.

En effet, dans son discours sur « *Les diamants au service de l'Afrique* » lors du Commonwealth Business Forum de novembre 1999, Nicky Oppenheimer, Président de *De Beers* avait affirmé que « *Les ressources naturelles peuvent être une source d'immenses bienfaits...ou de maux épouvantables. Le cœur du problème n'est pas la ressource elle-même mais la manière dont elle est exploitée. Un régime minier ordonné, opérant dans un cadre législatif et budgétaire transparent et prévisible, peut être une source majeure de prospérité pour le gouvernement et la population. Faute de cela, la richesse minérale... agira comme un aimant attirant les cupides et les corrompus qui se rempliront les poches aux dépens de la population* »[188].

Pour faire face à cette pratique persistante dans les pays riches en hydrocarbures et en ressources minières, la Banque Mondiale a mis en place, depuis 2003, une Initiative pour la Transparence dans les Industries Extractives (ITIE), qui est un fonds fiduciaire multi donateurs (bailleurs de fonds et différents organismes et institutions internationaux), à vocation mondiale administré par la Banque Mondiale. Elle « *œuvre en faveur de l'amélioration de la gouvernance et de la transparence dans les pays en développement riches en ressources naturelles à travers la publication et la vérification complètes des versements des entreprises et des recettes pétrolières, gazières et minières engrangées par l'État* » et « *regroupe des pays, des sociétés extractives internationales et nationales, des organisations de la société civile et des investisseurs, ainsi que des pays qui lui apportent leur soutien* »[189]. En fait, pour qu'un pays soit conforme et accède à l'ITIE, il doit satisfaire selon, la Banque Mondiale, aux conditions suivantes :

- La publication d'un rapport, élaboré par un auditeur indépendant, sur les revenus relatifs aux exercices liés au secteur des hydrocarbures et des mines, afin de déceler les éventuelles irrégularités financières.
- La soumission à un processus de validation ayant pour objectif l'évaluation, par toutes les parties prenantes, des progrès et des améliorations réalisés.
- Une fois accédé au statut « conforme » à l'ITIE, l'État doit œuvrer à l'amélioration de la gouvernance, la promotion de la transparence et la lutte contre la corruption à travers un programme, exhorté par l'ITIE, d'appui aux institutions et des groupes de la société civile qui administrent et contrôlent le secteur des industries extractives, et à

[188] OCDE (2002), *Les entreprises multinationales dans des situations de conflits violents et de violations généralisées des droits de l'homme*, Éditions OCDE, page 15, http://dx.doi.org/10.1787/062221138317

De Beers : Société spécialisée dans les pierres précieuses et les diamants.

[189] Fiche de résultats ITIE : « promouvoir la transparence dans les industries extractives », http://www.banquemondiale.org

travers des feuilles de route et des réformes sectorielles (institutions, régimes fiscaux, finances publiques, etc).

En revanche, et bien que le programme de l'ITIE soit prometteur, dans la région MENA, seuls le Yémen et l'Irak ont adhéré à cette initiative. Aucune demande n'est formulée, jusqu'à présent, par les autres pays de la région en vue d'une future adhésion afin de lutter contre la corruption, or ces pays sont connus pour leur forte corruption. Selon les données de Transparency International de 2013, 84% des pays arabes sont corrompus[190]. Hormis les EAU et le Qatar (les moins corrompus), tous les autres pays ont obtenu des scores d'indices de perception de la corruption inférieurs à 50 sur une échelle de 0 (très corrompu) à 100 (non corrompu). Le score global obtenu par l'ensemble des pays est de 34,6, juste derrière l'Afrique subsaharienne (32,6). Le Yémen, la Syrie, l'Irak, la Libye et le Soudan sont considérés comme des pays les plus corrompus de la région avec des scores situés entre 11 et 18. Des progrès ont été enregistrés pour l'Algérie, l'Égypte et l'Arabie Saoudite classés respectivement en 2011 au 112ème rang pour les deux premiers et 57 pour l'Arabie. Comme nous pouvons le remarquer, les cinq pays les plus corrompus sont ceux touchés par la guerre civile enclenchée par la révolution arabe de 2011, aussi pouvons-nous en déduire que l'instabilité politico-sécuritaire joue un rôle substantiel dans l'élargissement de la corruption, alors que la lutte contre corruption était l'une des causes du « printemps arabe » pour laquelle les peuples arabes se sont soulevés.

Pour expliquer les causes de la corruption ainsi que l'inefficacité des moyens de lutte contre les réseaux clientélistes, principalement dans la sphère publique, les experts de Transparency International ont élaboré en 2012 un document de travail relatif à la corruption dans cinq pays de la région (Égypte, Jordanie, Libye, Maroc et la Tunisie) secoués par le « printemps arabe »[191]. Dans certains de ces pays comme la Tunisie, le Maroc, les gouvernements ont fait des efforts, depuis 2011, pour lutter contre la corruption et le népotisme en s'associant aux représentants de la société civile. Pour d'autres pays comme l'Égypte, la révolte, notamment après la destitution du Président Mohamed Morsi, est devenue un levier pour la restriction des libertés fondamentales et de la presse afin d'appauvrir et de restreindre les débats autour des problématiques politico-sociales. En matière de lutte contre la corruption, les cinq pays objet de l'étude de *Transparency International* de 2012, ont signé et ratifié la Convention des Nations Unies contre la corruption (CNUCC), et ont élaboré des processus institutionnels et

[190] Transparency International : Corruption perception index 2013 Middle East and North Africa, www.transparency.org

[191] U4 Expert Answer : « Tendances en matière de corruption dans la région du Moyen Orient et de l'Afrique du Nord (MENA) », Transparency International, Etude du 16 janvier 2012, Numéro 302, pages 1-3. [248] U4 Expert Answer : *Ibid*, page 4.

juridiques tendant à éradiquer les pratiques corruptives, mais ces processus manquent de volonté politique pour être mis en œuvre. Par exemple, l'Égypte dispose depuis 1970 d'une loi qui pénalise l'enrichissement illicite, mais l'inapplication de celle-ci, malgré les faits avérés de corruption de plusieurs personnalités publiques, témoigne de l'ineffectivité et de l'inefficacité des réglementations relatives à la lutte contre la corruption et le clientélisme dans le secteur public[192]. La même pratique est constatée en Jordanie qui a interdit par une loi de septembre 2011 d'accuser quelqu'un de corruption, à la suite de l'affaire Maarouf Bakhit accusé de corruption. Dans le cas de la Libye, aucune preuve n'a été apportée jusqu'à présent des sommes que Kadhafi avait placées dans des banques étrangères, mais plusieurs rapports affirment que ses proches et ses enfants, notamment Saif El Islam, avaient directement perçu des pots-de-vin sur les contrats pétroliers et autres qu'ils étaient amenés à conclure avec les multinationales, et avaient des intérêts privés dans tous les domaines au point de ne pas distinguer entre leurs revenus et ceux de l'État[193].

Par ailleurs, et selon les données de 2013 de *Transparency International*, l'Algérie et l'Arabie Saoudite figurent parmi les pays qui luttent sérieusement contre la corruption. Dans le cas de l'Arabie Saoudite (soupçonnée d'ailleurs à maintes reprises de corruption à travers des contrats d'armement et d'achat d'airbus conclus avec le Royaume Uni (ex de la société BAE Systems condamnée en 2010 à une amende de 400 millions $ US pour non-respect de la législation anticorruption en vigueur) le gouvernement saoudien incite depuis quelques années les différents responsables à ne pas céder aux tentatives de corruption, et cela en se référant aux paroles du prophète selon lesquelles *« Maudit soit le corrupteur, le corrompu et l'intermédiaire entre les deux »*, ainsi qu'aux versets du Quran qui interdisent la corruption[194]. En fait, le royaume a établi des lois selon les préceptes de l'Islam et de la charia afin de lutter contre la corruption et de punir toute personne qui commettra un tel acte. Pour cela, les autorités saoudiennes ont créé plusieurs systèmes spécialisés pour prévenir la corruption comme le système anti-corruption, le système anti-contrefaçon, le système de lutte contre l'enrichissement illicite, le système de lutte contre le blanchiment d'argent, etc[195]. Elles ont mis en place un

---

[192] U4 Expert Answer, *Ibidem*, pages 5-6.

[193] GUICHARD Guillaume : « Le mystère de la fortune de Kadhafi », article publié le 27 février 2011 sur le site http://www.lefigaro.fr

[194] Comité des Experts au Conseil des Ministres du Royaume de l'Arabie Saoudite, Département de Traduction Officielle « La stratégie nationale pour le maintien de l'intégrité et la lutte contre la *corruption »,* www.nazaha.gov.sa

[195] JAMAAN BEN RAQOSH : « Le président de l'Université au sujet de la Journée internationale contre la corruption », article publié le 9 décembre 2014 sur le site de l'Université Arabe de Nayef pour les sciences de la sécurité (Nayef Arab University for security sciences), http://www.nauss.edu.sa

Bureau d'audit général et une Commission de contrôle et d'enquête afin de surveiller les fonctionnaires et protéger les finances de l'État. Plusieurs travaux universitaires en la matière ont été élaborés afin de sensibiliser les différents représentants de l'État et de la société civile sur la dangerosité de la corruption et son impact sur l'économie nationale. Parmi ces travaux figure la conférence internationale sur la lutte contre la corruption, organisée conjointement avec l'ONU, et qui a donné naissance à la déclaration de Riyad, devenue le document officiel de référence pour le royaume en matière de lutte contre la corruption sous toutes ses formes. Ces efforts ont permis au royaume, selon le rapport 2015 de Transparency International, de passer de la 49éme place à la 52éme, pour se classer quatrième dans la région parmi les pays les moins corrompus après le Qatar, les EAU et la Jordanie.

Bien que l'Arabie Saoudite, et les autres pays de la région comme l'Algérie, aient pris des mesures importantes pour faire face au fléau grandissant de la corruption, beaucoup d'efforts restent à déployer fermement[196]. Et pour y parvenir, *Transparency International* a expliqué dans son document de travail de 2014 intitulé « Les bonnes pratiques pour mitiger les risques de corruption dans le secteur des industries extractives »[197] un bon nombre de mesures qu'il faut adopter principalement dans le domaine des industries extractives afin de diminuer et freiner les pratiques corruptives. Parmi ces mesures figurent :

- La criminalisation de la corruption étrangère à l'image des États-Unis qui disposent d'une loi en la matière dite « Foreign Corrupt Practices Act » (FCPA) qui « *interdit de donner, de promettre de donner ou*

---

[196] L'actuelle affaire « SONATRACH » dans laquelle l'ex-Ministre de l'énergie Chakib Khelil ainsi que ses collaborateurs parmi lesquels figure Farid Bedjaoui, neveu de l'ex-Ministre des affaires étrangères algérien Mohamed Bedjaoui seraient impliqués dans des faits de corruption depuis 2003 à la suite de l'attribution de plusieurs contrats d'investissements aux firmes italienne, canadienne et chinoise, a fait beaucoup de bruit, non seulement en Algérie mais aussi dans les pays concernés. D'après l'enquête, Farid Bedjaoui percevait une commission de 3% sur l'attribution des marchés en plus des autres pots-de-vin et avantages qu'il empochait à l'occasion de la conclusion des contrats (la firme italienne Saipem et la canadienne SNC-Lavalin). Après six ans de procédures, un procès a eu lieu le 15 mars 2015 (SONATRACH I) au Tribunal d'Alger, et une audience préliminaire aura lieu le 13 mai 2015 à Milan. En fait, pour montrer leur sévérité à l'égard des pratiques constatées, les autorités algériennes ont lancé des mandats d'arrêts internationaux contre tous les impliqués dans cette affaire, qui se trouvaient à l'étranger, y compris les membres de leurs familles soupçonnés d'être impliqués. Les décisions qui seront prises à l'encontre de Chakib Khelil et de ses collaborateurs seront peut-être un avertissement pour les autres dirigeants de la SONATRACH qui seraient amenés à corrompre, et répondront fermement aux attentes de la population et des institutions internationales en matière de lutte contre la corruption. Le détail de cette affaire rédigé par Farid ALILAT est à lire dans Jeune Afrique, n°2826 du 8 au 14 mars, pages 24-31.

[197] U4 Expert Answer : « Les bonnes pratiques pour mitiger les risques de corruption dans le secteur des industries extractives », Transparency International, Etude du 11 août 2014, numéro 2014,13, http://www.transparency.org

d'autoriser quiconque à donner « toute chose de valeur » à un fonctionnaire étranger, que ce soit directement ou indirectement », ou du Royaume Uni (UK Bribery) relative à la prévention et à la répression de la corruption.

- Une attribution claire et transparente des contrats, concessions et licences d'exploitation des matières premières selon des procédures d'attribution transparentes, concurrentielles et non discrétionnaires (pratiques recommandées par la Banque Mondiale et le FMI).
- L'instauration d'un mécanisme de suivi participatif et réglementaire de l'ensemble des opérations liées à l'exploitation des matières premières (audit et contrôle parlementaire, suivi des entreprises d'État pour qu'elles établissent un compte transparent de leurs recettes telles que la norvégienne Statoil, et la mexicaine Pemex). Des sanctions sont infligées aux responsables financiers tels que les comptables en cas de non-conformité des recettes.
- L'adoption d'une politique budgétaire transparente dans laquelle doivent figurer les revenus des entreprises opérant dans le secteur des industries extractives.
- L'adoption du processus de planification stratégique qui doit attester de la bonne utilisation de l'argent public.

Mais ces mesures, malgré leur efficacité, seront difficiles à appliquer et à suivre par les pays rentier de la région MENA sans le déploiement d'efforts considérables[198], car en plus de la nécessité de lutter contre la corruption, le gouvernement doit aussi trouver des solutions au transfert illicite des capitaux.

B. Le transfert illicite des capitaux

Soutenue par l'instabilité politique et par le manque de contrôle des autorités, la sortie illégale des capitaux ne cesse de croître, année après année, dans les pays en développement. Le taux d'accroissement des transferts illicites représente deux fois le taux de la croissance économique mondiale, et dix fois le montant de l'aide au développement octroyé aux cent-cinquante pays en développement (PED) selon les dernières données du cabinet américain Global Finance Integrity (GFI). D'après le rapport de GFI, la région MENA arrivait en deuxième position (31,5%) derrière l'Asie (39,6%) en matière de transfert illicite des flux financiers entre 2003 et 2012. L'Arabie saoudite occupe la tête du classement dans la région MENA (le

[198] *Transparency International* a publié, début mai 2016, une étude relative à la corruption dans neuf pays de la région MENA, menée entre septembre 2014 et novembre 2015, et qui démontre que la corruption a augmenté dans bon nombre de ces pays. Cette étude était en réalité une enquête de terrain qui reflète peu les progressions ou les régressions objectives de la corruption, donc nous préférons ne pas prendre en compte les résultats de cette étude.

royaume figure en 6ème position sur les dix pays les plus impactés au monde par la fuite des capitaux), suivie par l'Égypte avec une sortie illégale des capitaux estimée à 37 milliards de dollars, l'Algérie (15,75 milliards de dollars avec un pic de 2,5 milliards pour la seule année 2012), la Libye (10 milliards) et le Maroc (9 milliards). Ces montants sont souvent dérobés à travers des facturations frauduleuses liées à l'import-export (exemple de l'affaire du laboratoire Sanofi Aventis, condamné par la justice algérienne en 2012 pour surfacturation des importations), via les sociétés-écrans anonymes de blanchiment d'argent (opérant dans l'immobilier en général), etc.

Au total, plus de 1000 milliards de dollars sortent chaque année illicitement des territoires des pays en développement, ce qui impacte considérablement leur économie. Car si les sommes dérobés étaient réintégrées au budget de chaque pays, beaucoup de problèmes de sous-développement seraient résolus (amélioration des IDH, développement des infrastructures, l'éducation, etc)[199].

En effet, la révolte populaire de 2011 a permis la divulgation des importantes sommes détournées par les leaders politiques, en l'occurrence de la Tunisie et de l'Égypte après le renversement de Ben Ali et de Moubarak. Des responsables suisses ont révélé les montants des importants avoirs placés dans leurs banques par les dirigeants renversés (par exemple plus de 68 millions de dollars US d'avoirs de Ben Ali ont été gelés, or près de cinq milliards ont été détournés par quelques membres de sa famille dans des différentes banques en Europe, ainsi que 572 millions d'euros pour Moubarak) pour lesquels les nouveaux gouvernements se battent pour les récupérer.

D'ailleurs, selon l'économiste Bruno GURTNE, l'important volume des capitaux transférés illégalement des PED vers les pays développés a fait que les PED sont devenus des exportateurs nets de capitaux. Aussi qualifie-t-il cette situation « *du monde à l'envers* »[200], d'où la nécessité, pour les gouvernements des PED, de lutter sévèrement contre l'exode illicite des flux financiers, et pour les pays occidentaux de cesser d'être les complices de ces flux[201]. Au niveau national, plusieurs pays mettent en place des mécanismes pour lutter contre ce phénomène (l'Iran, l'Algérie, le Maroc, etc). Dans le

---

[199] Jeune Afrique : « Les 10 pays d'Afrique les plus affectés par les flux financiers illicites », article publié le 19 décembre 2013, http://economie.jeuneafrique.com

[200] Bruno GURTNE : « Un monde à l'envers : le Sud finance le Nord », *Annuaire suisse de politique de développement* [En ligne], Vol. 26, n°2, 2007, mis en ligne le 14 mai 2013, http://aspd.revues.org/121

[201] La lutte contre la fuite des capitaux est souvent complexe et difficile à mettre en œuvre par les pays occidentaux, car souvent les personnes qui transfère ces capitaux sont, soit des hommes d'affaires, soit des personnalités politiques connues, comme l'est le cas pour les saoudiens, les émiriens ou les qataris. Il est parfois impensable que dans ces cas il s'agit d'un transfert illégal. Néanmoins, il faut s'assurer de la provenance des fonds par la mise en place d'une politique de coordination entre le pays hôte et le pays pourvoyeurs à travers un fichier de fraudeurs ou par le service des renseignements.

cas de l'Algérie, en plus des lois et des règlements adoptés pour encadrer le transfert et le rapatriement des capitaux (Règlement de la Banque d'Algérie n°90-03 du 8 septembre 1990 sur les conditions de transfert de capitaux en Algérie pour financer des activités économiques et rapatriement de ces capitaux et de leurs revenus, le Règlement n° 95-07 du 23 de décembre 1995 qui modifie et remplace le règlement n° 92-04 du 22 mars 1992 relatif au contrôle des changes, ainsi que l'article 10 de l'Ordonnance 96-22 du 09 juillet 1996 relative à la répression des infractions à la législation des changes et des mouvements de capitaux vers l'étranger), les autorités algériennes ont mis en place un fichier national des fraudes[202] qui compte des centaines de milliers de noms de personnes physiques et morales qui ont effectué des transferts illicites ont été avérés. D'après le directeur général du contrôle économique et de la répression des fraudes au Ministère du commerce, et pour la seule année 2013, 15000 commerçants figurent sur le fichier national de fraude sur les 35.000 importateurs inscrits sur le registre de commerce, et 155 milliards de dinars de transactions sans factures ont été enregistrées entre 2010 et 2013[203].

Les autorités ont aussi renforcé, ces deux dernières années, les contrôles douaniers ciblés afin de déceler les pratiques frauduleuses de certains acteurs économiques, en l'occurrence, les gros importateurs[204]. Selon Algérie Presse Service (APS), les différents contrôles opérés par les services de douanes ont permis de dévoiler une grande opération de fraude liée à une banque privée, qui a permis le transfert illicite vers l'étranger de près de 400 millions d'euros en 2013 et 2014 à travers de fausses factures et des registres de commerce « loués ». Les services de douanes souhaitent davantage collaborer avec les banques via un système d'information afin de contrôler rigoureusement la circulation des capitaux[205].

En fait, la divulgation récente des noms des personnalités qui ont placé illicitement d'importantes sommes dans la filiale suisse de la banque HSBC dans l'affaire SwissLeaks a rouvert le front de lutte renforcée contre l'évasion fiscale. D'après les données dévoilées par « Le Monde » et « *The International Consortium of Investigative Journaliste* » (dans le cadre de l'enquête sur les comptes détenus, secrètement, par de nombreuses

[202] Décret exécutif n° 12-279 du 9 juillet 2102 fixant les modalités d'organisation et de fonctionnement du fichier national des contrevenants en matière d'infraction à la législation et à la réglementation des changes et des mouvements de capitaux de et vers l'étranger, JO n°49 du 15 juillet 2012.

[203] MEBTOUL Abderrahmane : « La circulaire du Premier ministre algérien, de lutte contre les transferts illicites de capitaux, peut-elle être efficace sans une autre gouvernance ?», article publié le 7 aout 2013 sur le site http://www.algerie1.com

[204] ISMAIN : « Fuite des capitaux en ALGERIE : Les Douanes ciblent les gros importateurs », article publié le 23 janvier 2015 sur le site http://www.reflexiondz.net

[205] http://www.algerie360.com : « 400 millions d'euros transférés illicitement via une banque privée en 2013 et 2014 », article publié sur le site le 3 février 2015.

personnalités publiques entre 2006 et 2007), près de 10% des clients concernés (soit 440 clients sur 1148) seraient des Algériens ou des personnes ayant des liens avec l'Algérie, et ont placé 671,1 millions de dollars dans cette filiale HSBC[206]. À l'affaire SwissLeaks, s'ajoute la récente affaire de PanamaPapers, qui met aussi en lumière les sommes détenues, dans des paradis fiscaux, par plusieurs personnalités, notamment arabes et africaines. Cette nouvelle affaire d'évasion fiscale et de blanchiment d'argent nécessite en réalité l'approfondissement du débat, non seulement sur la provenance des fonds dissimulés, mais également sur la possibilité de recours à des juridictions internationales, pour une éventuelle procédure en justice contre un dirigeant, étant donné que dans la plupart des pays arabes et africains les juridictions nationales ne sont pas indépendantes[207]. D'autant plus que dans la région Afrique du Nord, l'Algérie occupait la troisième position selon la filiale suisse HSBC juste derrière l'Égypte (3,5 milliards de dollars), le Maroc (3,6 milliards de dollars), et devant la Libye (522 millions de dollars) et le Soudan (114 millions de dollars)[208].

La question demeure de savoir si les autorités algériennes arriveront à prendre des mesures efficaces pour lutter contre la fuite des capitaux comme en début février 2015, lors de l'adoption de la loi n°15-06 du 15 février 2015, modifiant et complétant la loi n°05-01 du 6 février 2005 (publiée au numéro 8 du Journal officiel de la RA du 15 février 2015). En revanche le gouvernement libyen peine à y faire face, notamment avec la crise politique et sécuritaire que traverse le pays depuis 2011, contrairement à l'Iran qui a attendu la levée des sanctions internationales pour relancer son économie et rapatrier les capitaux détenus à l'étranger par ses citoyens[209].

Au-delà de l'intérêt économique qui justifie la lutte contre la fuite des capitaux, la communauté internationale donne une importance majeure à la lutte contre le financement du terrorisme. La montée en puissance de l'État Islamique (Daesh) ces deux dernières années renforce de plus en plus le contrôle du système financier international, en l'occurrence le transfert des capitaux. C'est dans ce cadre que plus de cent-quatre-vingts pays, ont adopté le 16 février 2012 des recommandations et des normes internationales, universellement reconnues, sur la lutte contre le blanchiment de capitaux et

---

[206] MENA Adel : « 440 algériens ont placé plus 670 millions de dollars en Suisse », article publié le 9 février 2015 sur le site http://elwatan.com

[207] Gobe Eric, « Justice et politique dans le Maghreb post-révolte arabe », *Le Carnet de l'IRMC*, 11 décembre 2014, http://irmc.hypotheses.org

[208] JOËL TÉ-LÉSSIA : « FRAUDE FISCALE : Scandale "SwissLeaks" » : quels sont les pays africains les plus touchés ? », article publié le 11 février 2015 sur le site http://economie.jeuneafrique.com

[209] EL KHOURY Bachir : « L'accord avec l'Iran est bon pour l'économie mondiale (sauf peut-être pour la Chine et la Russie) », article publié le 25 novembre 2013 sur le site http://www.slate.fr

le financement du terrorisme et de la prolifération de l'arme de destruction massive, élaboré par le groupe financier GAFI[210].

Dans son bloc de la quatrième directive de recommandations de février 2012, le groupe GAFI a mis l'accent sur le rôle prépondérant des autorités nationales dans la lutte contre la corruption et le blanchiment d'argent à travers : la mise en place de mesures tendant à détecter et à prévenir les mouvements transfrontaliers illicites, le traçage des avoirs détenus à l'étranger (l'évaluation du risque), le renforcement de la coordination avec les autres pays, et enfin l'amélioration des cadres juridique et fiscal (la transparence et la clarté des lois et des réglementations nationales) afin de faire face aux nouvelles menaces et sanctionner les abus, y compris ceux commis par les personnalités politiques. Ces mesures qui sont, parfois, difficiles à mettre en œuvre pour beaucoup de pays, principalement les PED et ceux de la région MENA à cause de leurs réformes économiques inachevées et du contexte juridique inapproprié au nouvel ordre international.

SECTION II. DES REFORMES ECONOMIQUES INACHEVEES ET UN CONTEXTE JURIDIQUE INAPPROPRIE

L'évolution de l'ordre économique international ainsi que les mutations politiques du monde arabe, après les soulèvements populaires de 2011, doivent jouer un rôle déterminant dans le développement économique de la région MENA et dans les décisions que doit prendre l'élite au pouvoir pour atténuer sa dépendance à la rente. Une dépendance qui est souvent d'ailleurs corrélée à l'insuffisance des réformes économiques adaptées **(§1)**, et au déficit de l'édifice juridique **(§2)**.

§1. L'insuffisance des réformes économiques adaptées

Après leur indépendance, certains pays pétroliers de la région MENA, comme l'Algérie, étaient tournés vers l'industrialisation massive de leur économie en négligeant les autres secteurs d'activités, en pensant que cette industrialisation aurait un effet d'entraînement positif sur les autres branches de l'économie. Or, cette stratégie a mené vers l'échec de la politique économique d'industrialisation **(A)**, et a, très rapidement, levé le voile sur les lacunes des politiques agricoles et touristiques **(B)**.

---

[210] http://www.fatf-gafi.org: « Normes internationales sur la lutte contre le blanchiment de capitaux et le financement du terrorisme et de la prolifération », les recommandations de GAFI.

A. L'échec de la politique économique d'industrialisation

L'abondance des ressources énergétiques dans la région MENA a joué un rôle déterminant dans l'effervescence de l'industrie pétrolière moyen-orientale, notamment, après la vague de nationalisation des années soixante-dix. Mais face à un rôle limité de l'industrie pétrolière **(a)** et une industrie manufacturière compromise **(b)**, l'ensemble de l'économie des pays pétroliers de la région MENA, hormis le Bahreïn et les EAU, avait du mal à décoller.

a. Le rôle limité de l'industrie pétrolière (extractive)

Les pays arabes pétroliers ont évoqué la problématique de l'industrie pétrolière et la nécessité de son intégration dans leurs économies pour la première fois en 1970 à Alger lors de la 20ème conférence ministérielle de l'OPEP[211]. Dès lors, une résolution XX-113 a été adoptée et stipule : *« la nécessité de l'intégration complète de l'industrie pétrolière aux économies nationales des pays membres moyennant la création systématique des liens entre le secteur des hydrocarbures et les autres secteurs économiques, ainsi que demander à la Commission économique d'entreprendre une étude d'ensemble ayant pour but la définition des voies et des moyens propres à assurer l'intégration effective de l'industrie pétrolière au sein des économies des pays membres, étant entendu que ces voies et ces moyens doivent tendre au développement, à l'intérieur des pays membres, des activités en aval (de la production) ainsi que des autres activités se rapportant directement ou indirectement au secteur des hydrocarbures, et ce dans tous les cas où cette intégration n'a pas encore été effectuée »*[212].

En effet, la consonance de l'OPEP à l'idée d'une intégration effective de l'industrie pétrolière aux économies des pays arabes, faisait suite aux stratégies entretenues par ces derniers pour valoriser davantage les hydrocarbures, dont le prix du brut était relativement bas.

La conférence ministérielle d'Alger appuyait explicitement le besoin des pays membres de rapatrier une part adéquate des produits de vente issue de l'exploitation de leur hydrocarbures[213] afin d'élargir, d'une part, le cercle commercial national, et d'autre part, de répondre aux demandes de consommations internes.

D'ailleurs, pour que l'industrie gazière et pétrolière soit réellement intégrée aux économies des pays membres, ces derniers ont été contraints de recourir aux firmes étrangères afin d'exploiter et d'extraire les matières

---

[211] SARKIS Nicolas : « Pétrole et développement économique dans les pays arabes », *Études internationales*, vol 2, n° 4, 1971, pages 562-574.

[212] Extrait de la résolution XX-113 de la 20ème conférence ministérielle de l'OPEP à Alger du 24 au 26 juin 1970.

[213] Extrait de la résolution XX-113 de la 20ème conférence ministérielle de l'OPEP à Alger du 24 au 26 juin 1970.

premières. Malgré le rôle crucial que jouaient ces firmes dans le domaine de l'industrie pétrolière, les pays producteurs n'ont pas succombé aux influences de celles-ci et n'ont pas tardé à nationaliser leur industrie, contrairement au Venezuela (pays membre et fondateur de l'OPEP) qui, à l'époque, se désintéressait de la souveraineté nationale au profit des compagnies étrangères en ce qui concerne les hydrocarbures et les moyens de leur exploitation.

Grâce aux concessions de forage et d'exploitation octroyées aux firmes occidentales, la production nationale de pétrole ne cessait de croître et de générer des revenus de plus en plus importants. Cette dynamique renforcera petit à petit la position des États sur l'échelle mondiale en matière de production et d'exportation des hydrocarbures, mais elle les enclavera, au même temps, dans une dépendance accrue aux rentes générées par celles-ci.

En fait, l'industrie pétrolière et gazière est substantiellement liée aux réserves pétrolières. Plus les réserves sont importantes, plus l'industrie pétrolière progresse. Dans la région MENA, c'est l'Arabie Saoudite qui occupe la première position en matière de réserves prouvées et de l'industrie pétrolière. La présence des firmes américaines sur son sol lui a permis d'augmenter ses capacités de forage et de production, sans remettre en cause, au fil des années, les données quantitatives des réserves qu'elle détient.

L'Arabie Saoudite n'a pas attendu la conférence d'Alger pour intégrer à son économie l'industrie pétrolière. Celle-ci a commencé, grâce à l'aide des Américains, dès la découverte des premiers gisements en 1938. C'est désormais dans l'Est du pays que se concentre l'essentiel de la production pétrolifère, afin de faciliter le transport vers les autres pays, notamment vers les États-Unis. L'acheminement du pétrole vers les États-Unis se faisait via la ville de Sidon au Liban par l'oléoduc TAPLine. Cet oléoduc a, malheureusement, été abandonné par la société qui le gérait à cause de l'instabilité qui a paralysé le Liban au début des années quatre-vingts.

L'invasion du sud du Liban en 1982 par Israël et le bombardement des terminaux d'Azahrani ont mis terme à l'un des plus importants oléoducs Trans arabiques.

Un autre oléoduc, construit autour du Buqayq, assure aussi l'acheminement du pétrole brut vers la mer Rouge. Cependant, le forage en mer se fait dans le golfe arabo-persique où sont installés deux terminaux d'exportation : Ras Tanoura et Dammam[214]. Il ne faut pas oublier les autres zones, qui ne seront pas de moindre importance, telles que Riadh, Jaddah et Yanbu. Mais c'est dans la plus grande zone industrielle du l'Est « Jubail » que se réalisent les activités liées à la chimie et la pétrochimie. En ce qui

214 BUCHOT Emmanuel : Carnet photographique, http://voyagesphotosmanu.com/industrie_saoudienne.html
BROGINI Maurice : « Hydrocarbures et industrialisation en Algérie », *Cahiers de la Méditerranée :* « Les hydrocarbures, migrations et accueil », N°4, 1972, pages 1-22.

concerne le raffinage, le gouvernement saoudien ne cesse d'élargir l'horizon de la coopération avec d'autres pays, notamment, avec a Chine, d'autant que l'industrie pétrolière représente 60% du PIB. Un chiffre qui devrait être, en réalité, alarmant pour les autorités, alors que les autres branches de l'industrie sont beaucoup moins développées, notamment, l'industrie manufacturière.

Bien que l'industrie saoudienne soit la plus importante dans la région MENA, l'industrie des autres pays demeure assimilable à celle-ci, car l'industrie pétrolière est l'épine dorsale de l'économie des pays arabes pétroliers. Cette industrie a un impact considérable, non seulement, sur les autres branches de l'industrie, mais aussi sur la fiscalité des pays producteurs.

C'était le cas d'ailleurs de l'Algérie. Pour les dirigeants, l'industrie pétrolière devrait jouer un triple rôle ; de source d'énergie, de ressource première et enfin de source de revenus. Cela, d'après la stratégie du gouvernement algérien post-indépendance, contribuera au développement de l'économie nationale et de l'industrie.

Postérieurement à son indépendance, et grâce à « l'association coopérative » de 1965 consentie entre le gouvernement algérien et son homologue français, la société nationale SONATRACH a pu bénéficier positivement du savoir-faire français afin de développer l'industrie pétrolière du pays. Plusieurs oléoducs ont été construits (Arzew, gazoduc Skikda-Hassi Rmel, etc) pour transférer le gaz liquéfié vers d'autres régions du pays et vers l'Europe. Mais après l'accession de Boumediène au pouvoir, l'industrie pétrolière algérienne a connu un nouvel essor et la production pétro-gazière a réalisé une nette amélioration (de 34 millions de tonnes en 1966 à plus de 50 millions en 1972)[215].

De 1971 à ce jour, l'Algérie compte plus de trente pipelines d'une longueur de 18500 km, et d'environ soixante-dix-neuf stations de pompage et de compression, principalement dans les zones pétrolifères et gazières telles que Hassi Messaoud, Hassi Rmel, Ain Salah et Ain Amenas.

En marge des attentats qui ont ciblé le site gazier d'Ain Amenas, les autorités algériennes ont affirmé l'élargissement des mesures de sécurité autour des sites stratégiques (gisements pétroliers et champs gaziers) afin de permettre aux employés, et surtout aux étrangers présents sur ces sites, de travailler sereinement, aussi était-il question de conserver la place prestigieuse qu'occupe SONATRACH au niveau régional et mondial. En effet, l'entreprise nationale SONATRACH occupe la troisième place du classement au niveau africain en termes d'importance et de performance, et la quinzième au niveau mondiale. Cette position aussi encourageante qu'honorable, incitera la SONATRCH à accroître ses projets et ses

[215] MALTI Hocine : « l'Algérie et son pétrole », article publié en juin 2012 sur le site http://rouiba-ville.kazeo.com

partenariats pour développer davantage l'industrie pétrolière algérienne. C'est dans cette lignée qu'elle a signé fin janvier 2015 un partenariat avec la compagnie américaine General Electric (GE) pour la fabrication d'équipements liés à l'industrie pétro-gazière algérienne.

GE intervient en tant que société par actions qui détiendra 49% contre 51% pour SONATRACH (actionnaire majoritaire) comme prévu par la loi sur les hydrocarbures.

En Libye, aussi, avant la chute de Kadhafi, l'industrie pétrolière a connu un remarquable développement, qui a permis d'ailleurs au gouvernement d'entamer un vaste chantier d'infrastructures pour développer l'économie. Or, le renversement du régime en 2011 a plongé l'ensemble du pays dans le chaos. La production pétrolière est tombée à 350.000 b/j fin 2014. La mainmise des djihadistes sur les importants gisements pétroliers a remis sérieusement en question les acquis économiques de la Libye. Une situation similaire se produit en Irak, qui a vu, d'une part, son économie s'effondrer après un embargo international de plusieurs années, puis la guerre de 2003, et d'autre part, la confiscation des importants gisements pétroliers par les groupes mafieux et les représentants de l'État Islamique (Daesh). Le tableau suivant nous montrera la part occupée par l'industrie pétrolière dans le PIB de quelques pays de la région MENA.

Rollins[216], auquel faisait référence Abdelkader Sid Ahmed dans son ouvrage *Développement sans croissance*, divisait l'impact de l'industrie pétrolière en impact direct et en impact indirect ou fiscal. L'impact direct est le résultat de « *l'expansion des marchés, l'augmentation des revenus résultant de la mise en œuvre des liaisons amont et aval ainsi que de l'emploi de la force de travail locale et les recettes en devises étrangères versées au pays hôte* ». Ce qui veut dire que l'impact direct découle de la relation directe qu'entreprend le pays producteur avec les différentes parties du cercle de production et d'exportation de la matière première. Quant à l'impact indirect ou fiscal, il résulte des activités que les gouvernements exercent *a posteriori (*l'investissement du surplus issu des redevances, des impôts et des différents revenus)[217]. Dans son analyse, Rollins pointait du doigt les firmes étrangères, qui ne jouent pas un rôle positif dans le développement économique des pays rentiers, à l'exception de celui de l'augmentation de la production. Cependant, pour lui, « *l'investissement dans l'industrie extractive a peu de chances de conduire à un développement économique général car il ne s'intègre pas dans l'économie du pays hôte au degré requis* »[218].

[216] Charles E. Rollins, *Mineral development and Economic Growth*, Social Research, automne 1956, pages 253-280. Source citée dans l'ouvrage « Développement sans croissance » de ABDELKADER Sid Ahmed référencé ci-dessous.

[217] ABDELKADER Sid Ahmed, *Développement sans croissance,* Editions Publisud, Paris, 1983, pages 24-50.

[218] Charles E. Rollins : Op.cit

En effet, l'ensemble des pays arabes producteurs et exportateurs de pétrole (épargnés jusque-là par la révolte) ont une industrie extractive plutôt performante, et cela se répercute sans doute sur le volume de production. Mais en dehors de l'accroissement de la production, les progrès des autres branches industrielles sont très limités. C'est là que ressurgit la théorie du « *booming Sector* » de Robert George Gregory que nous avons évoqué précédemment et que nous pouvons appliquer au secteur de l'industrie extractive dans la mesure où ce secteur implique la concentration des investissements étatiques à ce seul secteur tout en négligeant les autres secteurs. En définitive, le développement de l'industrie pétrolière n'entraînera pas forcément le développement des autres industries, notamment l'industrie manufacturière.

b. Une industrie manufacturière compromise

Li Yong, le directeur général de l'Organisation des Nations Unies pour le Développement Industriel (ONUDI) a rappelé dans le rapport de 2013 sur le développement industriel, intitulé : *« Soutenir la croissance de l'emploi : Le rôle du secteur manufacturier et du changement structurel : Un tour d'horizon »*[219], que « *l'industrialisation demeure l'étape incontournable vers le développement et que l'industrie améliore la productivité et génère des revenus, ce qui réduit la pauvreté et ouvre les possibilités de l'intégration sociale ».* Mais pour que l'industrie soit développée, l'UNUDI souligne la nécessité pour les gouvernements d'adopter des mesures réfléchies, responsables et adaptées afin de réaliser « *une croissance économique et socialement équitable et écologiquement durable* ».

Cela était aussi la conviction des gouvernements des pays de la région MENA, qu'ils soient pétroliers ou non. L'industrialisation, pour eux, est le précurseur du développement, à travers lequel l'économie trouvera sa prospérité. À court terme, la stratégie d'industrialisation était une réussite, tel était le cas pour l'Égypte entre 1830 et 1850 sous le règne du Pacha Muhammad Ali (qui a gouverné l'Égypte de 1805 à 1849, est considéré par les Égyptiens comme le fondateur de l'Égypte moderne)[220].

En effet, Muhammad Ali a fait de l'industrie ainsi que des autres branches de l'économie sa priorité afin de moderniser le pays et devenir une puissance régionale qui va concurrencer l'Empire ottoman. Il s'attachera, dès sa prise de pouvoir, à édifier des infrastructures modernes (routes, écoles, hôpitaux et ponts, etc) et à construire des usines spécialisées en armement, agroalimentaire, sidérurgie, métallurgie, ainsi que des raffineries de sucre, et des moulins à riz pour atténuer la dépendance du pays aux importations.

---

[219] http://www.unido.org, Rapport de 2013 sur le développement industriel N° 442.

[220] KRUSE Clémentine : « Méhémet Ali, le fondateur de l'Égypte moderne ? », article publié le 24 février 2012 sur le site http://www.lesclesdumoyenorient.com

Entre 1830 et 1840, l'Égypte occupa la neuvième place dans l'industrie du coton après la Grande-Bretagne, la France, les États-Unis, l'Espagne, la Suisse, l'Autriche, la Russie et l'Allemagne[221]. En effet, l'industrie du coton seule occupait près de 20.000 travailleurs, alors que les autres industries permettaient à l'Égypte d'absorber des dizaines de milliers d'ouvriers (4000 à l'Arsenal d'Alexandrie, 2000 dans la fabrication des tarbouches de Fuwah et 40.000 dans les autres activités complémentaires et dans l'érection de nouvelles structures)[222].

L'embellie économique de l'Égypte sous Muhammad Ali ne dura pas, car à partir de 1840, les différentes branches (l'industrie manufacturière, la métallurgie, les raffineries, etc) connaîtront un déclin. Plusieurs facteurs comme le manque de concurrence entre les produits locaux, leur cherté par rapport à ceux importés, les disparités flagrantes entre les revenus des employés étrangers et des nationaux, les coûts élevés des matières premières servant à faire fonctionner les différents équipements, ont joué un rôle clé dans la décadence de l'industrie égyptienne entre 1840 et 1851. Or, l'industrialisation souhaitée par Muhammad Ali avait pour but principal d'assurer les approvisionnements militaires (de l'armée et de la marine gérées par près de 150.000 hommes) avant toute autre chose pour faire de l'Égypte un empire. Face à l'étroitesse du secteur privé, l'ensemble de l'économie était sous monopole du pacha, qui contrôlait lui-même l'ensemble des entreprises et du commerce (intérieur et extérieur).

Ce n'est qu'à partir de 1920 que l'industrie commença à se redresser en Égypte. Sous la présidence d'Ismail Sidqi, la Commission gouvernementale sur le commerce et l'industrie, créée en 1916, publia un Rapport sur le commerce et l'industrie en 1918, qui affirmait que *« la seule solution pour augmenter le ratio homme/terre est l'industrialisation »*. Sidqi lança un appel à l'industrialisation par la substitution aux importations de biens de consommation[223]. Entre 1950 et 1960, l'industrie du pays a connu un accroissement de 11,7% contre 8,8% pour l'Irak et 8,2% pour le Soudan. Le taux de l'emploi dans l'industrie en Égypte était de 5,4%, soit le taux le plus élevé dans la région[224].

---

[221] BATOU Jean : « L'Égypte de Muhammad-'Ali : Pouvoir politique et développement économique, 1805-1848», *Annales Économies, Sociétés, Civilisations*, 46e année, N. 2, 1991. pp. 401-428.

[222] SAINTE-MARIE Alain : « La tentative d'industrialisation de l'Égypte sous Mohammed Ali : les raisons d'un échec », Cahiers de la Méditerranée, N°8, 1974 « Scolarisation féminine au Maghreb, Recherches et réflexions sur l'histoire du Proche-Orient »., pages. 73-86. [287] SAINTE-MARIE Alain : *Ibid*, pages 57-76.

[223] COTTENET-DJOUFELKIT Hélène, *L'industrialisation de l'Égypte au XXe siècle, des volontés politiques aux réalisations économiques*, Open Edition, Deuxième série N° 4-5, 2001, pages 135-131, http://ema.revues.org

[224] Abdelkader Sid Ahmed, *L'économie arabe à l'heure des surplus pétroliers*, Op.cit, page 300.

De 1961 à 1963, l'Égypte nationalisa l'ensemble de son industrie (lois 117, 118 et 119 promulguées entre le 19 et le 20 juillet 1961), afin d'abolir toute forme de bourgeoisie au sein de la société égyptienne et pour répartir équitablement les richesses (lois 111, 113, 114 et 125 de juillet 1961).[225]Un revirement qui est en partie responsable du fléchissement de la production industrielle et de la baisse de la croissance à 6,5% entre 1961 et 1965 et ce, malgré l'accroissement des investissements industriels (près de 30% du PIB durant les années soixante). Par conséquent, la forte dépendance de l'industrie égyptienne à l'État, ainsi que la guerre de 1967 ont fait que la production industrielle a stagné à partir de la fin des années soixante.

Quant à l'Irak, ce n'est qu'à partir de 1958, sous le règne du général Qassem, que l'industrie commença à se développer en Irak, qui comme en Égypte, avait opté pour une industrialisation de son économie par la substitution des productions locales aux importations de biens de consommation, et se diriger ensuite (à partir de 1970) vers une industrie lourde soutenue par les revenus des hydrocarbures de plus en plus importants[226]. Cependant, à la différence de l'Égypte, l'Irak développait son industrie en s'appuyant sur le secteur privé (l'agro-alimentaire, matériaux de construction, équipements et le textile), une situation qui durera jusqu'en 1965, date à laquelle le gouvernement irakien reprendra le contrôle sur le secteur industriel. Entre 1965 et 1969, l'industrie connut un remarquable développement avec une part d'investissement public de 31%[227], mais était, essentiellement, orientée vers le marché intérieur, et ce jusqu'à fin des années soixante-dix.

Les deux guerres menées contre l'Iran ont contraint le gouvernement de Saddam Hussein à s'orienter vers le développement militaire aux dépens des autres secteurs, sauf de l'industrie pétrolière qui continuait à générer des revenus (la production a atteint près de 1 m/bj).

L'embargo décrété contre l'Irak en 1990 a affaibli sévèrement l'ensemble de l'économie du pays, principalement, l'industrie. La situation ne s'arrangera pas, notamment, après l'invasion de l'Irak en 2003. Quant à l'Iran, c'est en 1970 qu'il a commencé à se doter d'une assise industrielle, plutôt remarquable, dans l'armement, l'automobile, les chars et les hélicoptères[228], mais qui sera compromise par la guerre contre l'Irak et par l'embargo international qui a amenuisé l'économie iranienne pendant de longues années.

---

225 COTTENET-DJOUFELKIT Hélène : *Ibid*

226 GRELOU Georges : « L'industrialisation du Moyen-Orient », *Annales de Géographie*, 1965, tome 74, n°401, pages 97-101.

227 CHEVALLIER Agnès : « Irak : des ambitions économiques à nouveau contrecarrées », *International Economics*, N°11, 3Q, 1982, http://www.cepii.fr

228 Intervention de Monsieur Nigel Coulthard lors de la table ronde sur l'économie iranienne organisée le jeudi 11 avril 2013 à l'Inalco, intitulée *« Sanctions : l'économie iranienne plie, mais ne rompt pas... et se restructure pour s'adapter »*, http://www.geopolitique-iran.com

De son côté, l'Algérie opta pour une stratégie plutôt différente des autres pays de la région, car le gouvernement post-indépendance, qualifié de réformateur[229], trouvait dans l'industrialisation un moyen de développement et d'indépendance économique et technologique qui devrait suivre, automatiquement, l'indépendance politique. Bien qu'une industrie florissante existât durant les années cinquante (Plan de Constantine de 1957-1961) [230], les dirigeants algériens ont adopté après l'indépendance une politique économique libérale, pour se diriger par la suite vers une économie planifiée corrélée à une industrialisation accélérée fondée, à la fois, sur une industrie de transformation des ressources existantes, orientée principalement vers le marché intérieur (industrie alimentaire, industries textiles, papiers, chaussures, etc) et sur une industrie lourde (matériaux de construction, de sidérurgie et de métallurgie)[231], sans toutefois qu'une vraie stratégie d'industrialisation ne soit définie.

Il a fallu attendre 1966 pour que le gouvernement, sous la présidence de Boumediène, mette en place la stratégie des « industries industrialisantes » sur le long terme (sur quinze ans), privilégiant ainsi la sidérurgie, la métallurgie et la pétrochimie à l'image du modèle soviétique. Cette stratégie semblait d'ailleurs optimiste mais limitée. Elle était optimiste dans la mesure où l'Algérie possédait, après l'indépendance, tous les atouts qui lui permettaient de mettre en place une industrie solide et prometteuse, notamment après la découverte du gaz en 1953 et du pétrole en 1956. La

---

[229] TALAHITE Fatiha : « Reformes et transformations économiques en Algérie », *Economies and finances*, Université Paris-Nord - Paris XIII, 2010, page 12, https://tel.archives-ouvertes.fr

[230] Avant l'indépendance, Vichy mettait en place en 1941 un « Programme général d'industrialisation rationnelle de l'Algérie », sous une politique économique dirigée et centralisée, qui échouera quelques années plus tard. Cet échec donnera lieu à l'élaboration du Plan de Constantine en 1957 visant le développement de tous les secteurs économiques et la mise en place d'une industrie lourde. Ce plan ne sera pas interrompu, bien au contraire, après l'accès à l'indépendance, le gouvernement algérien continua le développement des complexes industriels existants (Arzew, Annaba, El Hedjar, etc) en collaboration avec des ingénieurs français.

[231] DESTANNE DE BERNIS Gérard : « L'industrialisation en Algérie », *Revue Tiers Monde*, Tome 4, « Problèmes de l'Algérie indépendante », Armand Colin, 1963, pages 125-137.
Le modèle des industries industrialisantes, développé par Feldman et Mahalanobis, a pour objectif l'industrialisation accélérée des économies des pays du sud afin d'atténuer leur indépendance économique, financière et technologique vis-à-vis des pays du Nord. Les travaux de Feldman et de Mahalanobis ont été repris par De Bernis et par Perroux. Ces derniers encouragent l'investissement public dans l'industrie lourde, qui aura un rôle d'entrainement sur les autres secteurs économiques, surtout l'industrie qui devrait être un champ d'accueil (machines, équipements et engrais) des produits industriels conçus localement. Selon De Bernis, cette stratégie développera tous les secteurs en amont, mais l'expérience algérienne a remis en cause cette théorie, car l'investissement massif dans l'industrie lourde provoque une surproduction, et faute d'exportation et une mise sur le marché à des prix plus élevés que ceux pratiqués à l'international, elle ne sera pas absorbée facilement par le marché intérieur.

disponibilité du savoir-faire étranger (français en l'occurrence) présentait l'un des moyens incontournables de développer l'industrie nationale. L'investissement dans l'industrie prenait une part, de plus en plus, importante dans le PIB. Il est passé de 28,3% au début des années soixante-dix à un pic de 47,8% en 1978, qui est le taux le plus élevé au monde[232]. Quant aux limites de cette stratégie, elles résident en trois points :

- La politique dirigiste de l'élite au pouvoir : elle contrôlait, d'une part, l'ensemble de l'économie et des entreprises (surtout après la nationalisation de 1971), et d'autre part elle étouffait l'initiative privée dont le rôle aurait été déterminant dans cette stratégie (amélioration de la productivité et de la compétitivité, l'émergence des PME, absorption du chômage, diversification des produits exportables, etc).
- L'investissement public massif dans l'industrie tourné, principalement, vers la consommation locale pesait non seulement sur la balance des paiements (accroissement des dépenses) mais ne générait pas de revenus parce que les produits qui arrivant sur le marché n'étaient pas tous consommés par la population et n'étaient pas, exportés non plus.
- L'importance surdimensionnée apportée au secteur industriel avait pour conséquence l'abandon des autres secteurs (par exemple le taux de l'agriculture dans le PIB était de l'ordre de 20% lors de la réforme agraire des années soixante, alors qu'il ne présentait que 8% fin des années soixante-dix contre 47% pour l'industrie). Cela a augmenté la demande interne en produits alimentaires (blé, riz, etc), en l'occurrence l'importation de ces produits. Ainsi, l'objectif de l'indépendance économique voulue par les planificateurs de la stratégie des industries industrialisantes n'a pas été harmonisé avec celui de l'indépendance alimentaire.

À partir de 1984, et face aux différents dysfonctionnements structurels (les difficultés de paiement pour les entreprises publiques, la baisse des investissements, l'augmentation de la facture alimentaire, les retards accumulés dans la réalisation des différentes infrastructures, etc) l'État ne pouvait plus injecter les capitaux nécessaires à l'industrie qui commençait à décliner pour laisser place à nouveau à l'agriculture. La crise des années 1980-1988 a donné lieu aux émeutes du printemps berbère et à la décennie noire de terrorisme à partir de 1992. Les PAS, à partir de 1994, qui ont placé le pays sous la tutelle du FMI ont joué un rôle supplémentaire dans la déclinaison des différentes branches de l'industrie manufacturière, qui ne présentait que 5% du PIB en 2005[233]. Ce n'est qu'à partir de 2008, grâce à la hausse du cours du pétrole que le gouvernement, sous Bouteflika, se relance

[232] TALAHITE Fatiha, Op.cit, page 71.
[233] TALAHITE Fatiha : Op.cit, page 83.

prudemment dans l'investissement industriel en adoptant une stratégie « semi-libérale » afin de développer l'ensemble de l'industrie. Ainsi, se développe l'industrie automobile (l'usine d'assemblage de la Société nationale des véhicules industriels (SNVI), qui produira, d'ici à 2019, près de 15000 camions et 1500 cars et bus destinés au marché national et l'inauguration le 10 novembre 2014 d'une usine automobile Renault près d'Oran dans l'Ouest algérien)[234]. L'émergence de l'industrie automobile en Algérie s'inscrit dans la continuité de la stratégie économique globale de quelques pays de la région MENA comme le Maroc (qui est beaucoup plus avancé que l'Algérie dans le domaine de la construction automobile).

L'Arabie Saoudite mène aussi depuis quelques années une politique de diversification économique pour remédier à la carence du secteur manufacturier, et des autres secteurs d'ailleurs, afin d'atténuer la dépendance accrue du pays aux hydrocarbures. Les dirigeants saoudiens ont multiplié les partenariats dans le cadre de la construction automobile, parmi lesquels figurent deux importants partenariats, le premier entre Lotus Engineering et King Abdelaziz City pour la Science et la Technology, et le second, avec une firme sud-coréenne[235], ayant pour objet la création d'une société de fabrication d'automobiles dotée d'un montant de 500 millions de dollars. Grâce à son activité pétrolière, l'Arabie Saoudite a enregistré en 2013 un taux de croissance de 3,6% et de 4,4% pour le premier trimestre de 2014[236].

En somme, pour la plupart des pays arabes de la région, le développement industriel présente un défi majeur, et ce pour deux raisons : la première, parce que l'essentiel des recettes de l'État est absorbé par l'industrie pétrolière, aux dépens des autres branches de l'économie. La seconde, est liée à la nature non productive des sociétés arabes. Ces dernières sont des sociétés de consommation, dont plus de la moitié des produits vitaux sont importés. Or, toutes les institutions et les programmes internationaux de développement, notamment, ceux des objectifs du Millénaire pour le développement (OMD), dont les grands axes ont été éclairés par le rapport de l'ONUDI de 2013, cité plus haut, incitent tous les États non industriels à *« intégrer une forme durable et inclusive de développement industriel ».* Le rapport de l'ONUDI a mis l'accent sur les différentes mesures qu'il faut adopter (l'enseignement, l'emploi, le changement structurel, etc.), et a souligné l'importance de l'industrie manufacturière ainsi que son rôle dans absorption de la main d'œuvre issue des classes moyennes peu qualifiées. Le rapport affirme qu'il s'agit du secteur où *« les classes moyennes du monde prennent forme et grandissent »,*

---

[234] AID Aicha : « Industrie automobile : Sortie du premier camion assemblé en Algérie », http://www.dzentreprise.net

[235] « L'Arabie Saoudite signe un accord avec une firme sud-coréenne pour la fabrication de voitures », Article publié par la rédaction d'autoalgérie.com

[236] Le moniteur du commerce international : http://www.lemoci.com

et dresse des tableaux comparatifs de tous les pays (toutes régions confondues) des plus industrialisés aux moins industrialisés. D'ailleurs, d'après les différentes données incluses dans le rapport, le Bahreïn figure parmi les pays industrialisés, et les chiffres sont loin d'être décevants. Il occupe la vingt-cinquième place au rang mondial en matière économique, et son économie est considérée comme la plus libérale de la région du Moyen-Orient[237].

Le Bahreïn ne dispose pas de réserves pétrolières aussi importantes que celles de l'Arabie Saoudite ou du Qatar, mais il est le premier raffineur du pétrole saoudien. Depuis que Cheikh Khalifa Ben Salman Khalifa a pris la tête du pouvoir exécutif en 1961, il s'est fixé une ligne directrice selon laquelle les revenus des hydrocarbures ne doivent pas constituer la source principale de revenus pour le pays[238]. Par ailleurs, il a suffisamment développé l'industrie pétrochimique, celle de l'Aluminium (en 1969), la construction de navires, l'industrie agroalimentaire et l'industrie pharmaceutique. Et grâce à la volonté politique de diversifier le tissu économique du pays, le secteur des hydrocarbures ne représente actuellement que près de 25% de son PIB. Cette diversification a permis aux grandes entreprises internationales de s'installer à Bahreïn et de participer à son développement économique, notamment en ce qui concerne les marchés financiers.

D'ailleurs, le gouvernement bahreïnien n'a pas minimisé ses efforts en ce qui concerne les domaines juridiques et réglementaires. Au contraire, il a offert un climat de sécurité et de transparence aux investisseurs étrangers, et négocie *« à la demande »* les conditions et les clauses de partenariat, sans remettre en cause les intérêts suprêmes du pays en matière économique. En effet, en 2001, les autorités ont créé le Conseil suprême de la privatisation, puis en 2006 Mumtalakat Holding Company, une structure ayant pour objet la protection de tous les actifs industriels et commerciaux du pays et la gestion des participations stratégiques de plus de vingt-neuf entreprises telles que MacLaren, Gulf Air et Alba. La mission principale de cette structure est de *« maximiser le rendement financier de ses actifs afin que les dividendes ainsi perçus compensent progressivement une partie de la baisse attendue de la rente pétrolière »*[239]. Plus tard, le gouvernement a créé *Bahreïn Investors Center (BIC)*, dont l'objectif était de gérer les services commerciaux pour l'octroi de licences et d'enregistrement[240], dont la mission est d'encourager et de promouvoir les investissements étrangers dans tous les secteurs. Par ailleurs, le secteur le moins développé à Bahreïn est l'agriculture, et cela ne

---

[237] Association des Sénats, Shoora et Conseils équivalents d'Afrique et du Monde Arabe, http://www.assecaa.org

[238] http://www.bahrainprimeminister.net

[239] « Arabie Saoudite, Émirats, Bahreïn, Comment les États du Golfe ont appris à ne pas dilapider la manne pétrolière » 15 janvier 2008, www.voltairenet.org

[240] http://www.bmcetrade.com

tient pas à un manque de volonté mais au climat du pays ainsi qu'au problème de l'eau qui constitue une véritable entrave à la sécurité alimentaire. Bahreïn n'est pas le seul pays, d'ailleurs, à être dans cette situation, c'est le cas des EAU, de Qatar et de l'Arabie Saoudite. Or, d'autres pays comme l'Algérie, l'Iran, la Libye, l'Égypte, etc disposent de tous les moyens nécessaires pour promouvoir le secteur agricole, mais faute d'une stratégie durable, l'agriculture et les autres secteurs comme le tourisme sont entravés par de multiples lacunes.

B. Les lacunes des politiques agricole et touristique

La prédominance de quelques secteurs économiques à forte valeur ajoutée comme l'industrie et les services a conduit l'élite au pouvoir, dans la plupart des pays pétrolier de MENA, à minimiser l'apport réel des autres secteurs sur le long terme comme l'agriculture **(a)** et le tourisme **(b)**.

a. L'agriculture

Considérée comme le socle de toutes les civilisations moyen-orientales (perse, babylonienne, égyptienne, byzantine et ottomane, etc) l'agriculture a toujours été au cœur des priorités des Rois et Gouverneurs, de l'Antiquité jusqu'au début du XXème siècle, et figurait à la tête des activités économiques de l'époque. La période coloniale a durant, de longues années, impacté le développement agricole de la région. Mais dès leur accès à l'indépendance, les pays de la région MENA ont tenté de réformer le secteur agricole et le réintégrer à nouveau dans la vie économique.

L'Égypte était l'un des premiers pays à recourir à la réforme agraire en septembre 1952[241] (à la suite de la révolution et du coup d'État militaire du 23 juillet de la même année qu'a mené le général Naguib contre Farouk Ier). Cette réforme s'inscrit, selon le discours du nouveau gouverneur, d'une part, dans la volonté de déposséder les privilégiés de l'ancien régime d'abolir les classes, de redistribuer les terres aux paysans et d'améliorer le niveau de vie de la population[242]. D'autre part, elle s'inscrit dans le souci de développer d'autres secteurs à travers celui de l'agriculture. En effet, contrairement à l'idée selon laquelle l'industrie est le secteur le plus propice au développement, et qu'il entraînera par la suite les autres secteurs, le général Naguib, ainsi que son successeur Abd Enasser ont préféré donner la priorité au secteur agricole pour, à la fois, anéantir toute tentative de révolution des « fellahs ». Ils constituaient la majorité de la population égyptienne et

---

[241] Loi n° 178 du 9 septembre 1952 relative à la réforme agraire.

[242] NICHOLAS S. HOPKINS, *La réforme agraire en Égypte*, contribution à l'ouvrage de ROUSSILLON Alain, *Entre réforme sociale et mouvement national*, Centre d'études et de documentation économiques, juridiques et sociales (CEDEJ - Égypte/Soudan), 1995, pages 459-477, http://books.openedition.org

pourraient à travers l'autogestion des terres et des exploitations assurer leurs besoins, et aussi, pour transférer les revenus agricoles vers l'industrie. Les recommandations de l'ONU à l'époque insistèrent sur le rôle de l'agriculture dans le bien-être des populations. Selon l'ONU, la réforme agraire est une condition *sin qua non* de toute industrialisation[243].

En ce sens, le double objectif de cette réforme agraire, à court terme, semble bien avoir été atteint car les terres ont été réparties entre les fellahs soit par le biais d'un acte de propriété, soit par un contrat de location (petits propriétaires). Ces derniers peuvent sous-louer leurs terrains. Cependant, tous les propriétaires doivent payer à l'État un pourcentage de 3% en termes de taux d'intérêt annuel sur les titres de propriétés –acquis pour 30 ans-, auquel s'ajoutent d'autres taxes (foncières, impôts, etc)[244]. Ils doivent aussi adhérer, selon les secteurs dont ils dépendent, à des coopératives agricoles qui gèrent les récoltes, l'octroi des crédits, la distribution du matériel, etc. La production agricole a connu un progrès remarquable durant les dix années suivant la réforme. La valeur ajoutée de l'agriculture dans le produit national brut (PNB) pour la seule décade 1959-1960 était de 31,5% contre 22% en l'Irak, 17% en Algérie et 10% en Arabie Saoudite[245].

Par ailleurs, le début des années soixante était marqué par de fortes contestations de la part des petits propriétaires qui devaient payer beaucoup de taxes à l'État alors que leurs revenus étaient largement inférieurs à ces taxes. Ce début d'échec de la réforme agraire a poussé l'État à injecter des fonds supplémentaires pour apaiser les tensions au sein de la petite paysannerie. Or, cette mesure ainsi que celles tendant à alléger les taxes et à limiter la propriété foncière (passée de 300 feddans dans les années cinquante à 100 à partir de 1961) ont été déjouées par la croissance démographique accélérée (qui est passée de 1,2% durant les années quarante à 2,5% en 1960). Elle a eu pour conséquence, non seulement l'émiettement des terres mais aussi le renforcement de la domination des grands propriétaires détenteurs de plusieurs terres, pourtant l'objectif premier de la réforme était la réduction de cette domination[246]. Cette situation s'accentua d'ailleurs à partir des années soixante-dix, notamment après l'adoption des contreréformes libérales du Président Anwar Essadat.

Ce dernier, souhaitant libéraliser le secteur agricole, mit l'accent à partir de 1970 sur les législations agraires (lois de 1974 et de 1981 à travers

---

243 ANOUAR Abdelmalek : « La question agraire en Égypte et la réforme de 1952 », *Tiers-Monde*, tome 3, N°910, 1962, pages 181-216.

244 Le gouvernement égyptien a eu recours à deux révisions de la réforme agraire en 1958 et en 1961. Ces révisions ont abaissé les taux d'intérêts appliqués depuis 1952 et ont limité la propriété foncière.

245 ABDELKADER Sid Ahmed, *L'économie arabe à l'heure des surplus pétroliers*, op.cit, pages 327-328.

246 AYEB Habib, *La crise de la société rurale en Égypte, la fin du fellah ?* Editions KARTHALA, Paris, 2010, page 36.

lesquelles il restitue plus de 147 000 feddans loués aux petits paysans, sous la présidence d'Abd Enasser, aux propriétaires expropriés. Ainsi, la loi de 1975 fixe la valeur locative et supprime les commissions de règlement des conflits. Et conformément aux Programmes de réformes économiques d'ouverture (*Infitah*) et de PAS adopté en 1991, le gouvernement Essadat rétablit la propriété foncière à 300 feddans pour les particuliers et à 10 000 pour les sociétés (loi 96/92 de 1992), tout en libéralisant les prix des intrants et des produits agricoles et en supprimant l'obligation de vente de certains produits agricoles à l'État.[247]

La libéralisation du secteur agricole a donné un nouveau souffle à la croissance agricole et à l'économie égyptienne en général, sans toutefois résoudre le problème de la vulnérabilité de la petite paysannerie, ni celui de l'insuffisance des produits alimentaires qui pèsent de plus en plus sur les décideurs égyptiens. L'Égypte importe plus de la moitié de ses besoins alimentaires de l'extérieur. C'est le cas d'ailleurs de tous les pays de la région, qui pour, la plupart d'entre eux, ont aussi adopté des réformes agraires comme l'Irak en 1958, l'Iran en 1962, la Syrie en 1963 et l'Algérie en 1971.

Le cas de l'Algérie est en fait un peu similaire à celui de l'Égypte sous Abd Enasser.

Comme nous l'avons précisé auparavant, Boumediène était fortement influencé par le courant socialiste soviétique ainsi que par les réformes socialistes mises en œuvre par Abd Enasser, notamment la réforme agraire. Cependant, après avoir récupéré les propriétés vacantes à la veille de l'indépendance, le gouvernement algérien, sous Ben Bella, a adopté trois décrets en 1963 (18, 22 et 28 mars) sur l'autogestion des terres agricoles, et qui lui ont permis d'encadrer et de placer les exploitations vacantes sous tutelle administrative[248]. Ce n'est qu'en 1971, l'année des nationalisations, que Boumediène lança la réforme agraire (ordonnance du 8 novembre 1971 sur la révolution agraire) qui stipule « *l'attribution de la terre à ceux qui les travaillent* ». Dès sa mise en œuvre en janvier 1972, 42,7% des terres ont été attribuées[249]. Les résultats de cette réforme seront très limités, car les différents aménagements qui ont eu lieu (l'octroi de crédit, la création de coopératives agricoles, la mise à disposition des matériaux et des produits, etc) n'ont, en fin de compte, pas amélioré la productivité et la valeur ajoutée

---

[247] AYEB Habib : Op.cit, pages 42-43

[248] Décret du 18 Mars 1963 qui stipule que le droit des propriétés déclarées vacantes tombe en déshérence, il n'est attribué à personne.

Décret du 22 Mars 1963 organise la gestion des exploitations agricoles vacantes.

Décret du 28 Mars 1963 porte sur la répartition du revenu des domaines autogérés.

[249] BACI Lazhar : « Les réformes agraires en Algérie », In : Jouve A.-M. (ed.), Bouderbala N. (ed.), Politiques foncières et aménagement des structures agricoles dans les pays méditerranéens : à la mémoire de Pierre Coulomb. Montpellier, CIHEAM, *Cahiers Options Méditerranéennes*, n°36, 1999, pages 285-291.

du secteur agricole. À la suite de cet échec, le gouvernement a dû changer ses orientations politico-économiques dix ans plus tard. En 1981, une contre-réforme de « *restructuration* » tendant à mieux maîtriser les exploitations autogérées, et de libéralisation du commerce des produits agricoles sera adoptée. Cette contre-réforme étant limitée aux propriétés autogérées, les décideurs publics ont adopté en 1987 une troisième réforme qui avait pour objectif la réorganisation de l'ensemble du secteur agricole. Désormais, les pouvoirs publics ont mis l'accent sur :

- Les droits et les obligations des collectifs des producteurs.
- La dimension des exploitations et des collectifs des travailleurs.
- L'élimination des entraves au secteur agricole.

Encore une fois, cette réforme sera un échec malgré les efforts des autorités publiques. Quelques spécialistes attribuent les raisons de cet échec à l'interventionnisme exagéré de l'État et à l'étranglement de l'initiative privée qui aurait pu jouer un rôle déterminant dans le développement du secteur agricole en Algérie.

Actuellement, les autorités algériennes misent davantage sur l'agriculture saharienne (villes du sud du pays comme Adrar, Ouargla, Ghardaïa, etc) pour assurer l'autosuffisance alimentaire. Plusieurs denrées alimentaires, notamment les fruits et légumes, sont cultivées dans ces régions, et certaines d'entre elles sont même destinées à l'exportation (dattes, fruits, etc).

Cependant, plusieurs contraintes s'opposent au développement de l'agriculture au Sahara algérien à cause du manque d'eau, des infrastructures et des moyens de transports. Le marché national dépend toujours des importations et les dépenses étatiques liées aux produits alimentaires font preuve de la carence et du manque de vision sur le long terme des projets agricoles, souvent hasardeux. Le gouvernement algérien confirme à nouveau sa volonté de développer le secteur agricole à travers « Le Plan d'Action du Gouvernement pour 2015-2019 » pour lequel d'importants moyens seront déployés et une coopération étroite avec la France sera encouragée pour réaliser les différents objectifs établis[250]. D'ailleurs, dans le cadre de ce plan, les autorités algériennes ont procédé, début mars 2015, à des assouplissements du droit de jouissance et de concession des terres agricoles relevant du domaine privé de l'État. En plus de la possibilité, offerte aux agriculteurs, de céder la terre à une tierce personne, ils vont aussi pouvoir faire appel aux partenaires locaux ou étrangers afin d'exploiter leurs propriétés.

---

[250] « Les politiques agricoles à travers le monde quelques exemples », 2014, agriculture.gouv.fr

BOUDIA Khaled : « Après quatre ans de blocage, par l'administration des biens étatiques, 60 mille agriculteurs vont percevoir leurs contrats de concession dans quelques semaines », *journal Eikhabar* du 8 mars 2015.

En fait, l'échec des différentes réformes agraires constaté, à ce jour, dans la quasi-totalité des pays de la région (en plus de l'Égypte et de l'Algérie, l'Irak, la Syrie et l'Iran non plus n'ont pas réussi leurs réformes agraires) est dû dans, l'ensemble des pays rentiers de la région MENA, à des facteurs intrinsèques, liés à l'environnement (les conditions pluviométriques, notamment des pays du Golfe), à la démographie croissante et aux matières premières.

L'investissement en masse des gouvernements arabes dans le domaine de l'industrie extractive a mis à l'écart la production agricole locale. Désormais, la hausse des prix des denrées alimentaires, ainsi que le manque d'eau auquel font face quelques pays de la région MENA, accentuent la problématique de la sécurité alimentaire, d'autant que plus de 50% des produits alimentaires de base sont importés. Aucun pays de la région n'a atteint, jusqu'aujourd'hui l'autosuffisance alimentaire.

En effet, les besoins des populations de la région ne cessent de croître. Dans le cas de l'Algérie, 70% des besoins en produits alimentaires proviennent de l'importation. Il est le plus gros pays importateur de lait et de blé de la région. Les dépenses liées à l'importation des produits alimentaires s'élevaient à 8,63 milliards de dollars en 2014, soit 17,6% de plus qu'en 2013[251].

L'Iran aussi a vu sa demande augmenter, notamment celle des céréales. Leur importation a enregistré une hausse de 14%, or les difficultés de paiement engendrées par les sanctions économiques internationales pèsent de plus en plus sur la livraison des denrées alimentaires et les médicaments nécessaires aux iraniens. Une situation similaire de l'insuffisance alimentaire est constatée au Liban et en Libye, notamment, qui importent entre 70% et 85% de leurs besoins alimentaires. Le seul pays qui a atteint l'autosuffisance pour certaines cultures est l'Arabie Saoudite. D'après le Rapport de l'Organisation Mondiale du Commerce (OMC) de 2011, le Royaume a atteint l'autosuffisance pour « *la pomme de terre (161%), l'aubergine (102%), le concombre (101%), la pastèque (115%), les œufs de consommation (112%), le lait frais (105%) et les dattes (105%)* »[252]. Le déficit du Royaume provient des produits animaliers (viandes et volailles) et halieutiques.

D'après les données de la Banque Mondiale pour 2013, le secteur agricole dans l'ensemble des pays arabes est mal géré, malgré la superficie significative des terres agricoles. Pour expliquer ce retard dans le développement agricole, la Banque Mondiale mentionnait dans sa note sur « *l'agriculture et le développement rural au Moyen-Orient et en Afrique du*

---

251 La rédaction de Algérie-Focus du 21 octobre 2014 : « Infographie Algérie : Les importations rattrapent petit à petit les exportations », http://www.algerie-focus.com

252 Rapport de l'Organisation Mondiale du Commerce l'examen des politiques commerciales de l'Arabie Saoudite du 14 décembre 2011, page 13.

Nord » de 2008, les problèmes rencontrés par ces pays dans le secteur agricole. Parmi lesquels figurent l'instabilité des marchés mondiaux qui cause l'envolée des prix des denrées alimentaires, la faiblesse des structures institutionnelles et des organisations rurales, le manque d'eau ainsi que les dépenses publiques consacrées aux subventions au lieu de promouvoir des investissements ciblés et de commercialiser les produits locaux[253]. La Banque Mondiale propose aussi des solutions pour atténuer la dépendance des pays de la région MENA à l'importation des denrées alimentaires et se tourner ainsi vers une production nationale.

L'atténuation de la dépendance aux importations aura pour but, non seulement l'exploitation des terres agricoles, mais aussi l'absorption du chômage, qui avoisine les 20% dans la plupart des pays. Elle diminuera la pauvreté en produisant les produits de base (sucre, blé, céréales, huile...etc) à des coûts moins élevés qu'à l'importation.

Les décideurs publics des pays en cause commencent à prendre conscience, et tentent de mettre en application les recommandations de la Banque Mondiale en la matière. C'est d'ailleurs ce qu'ont affirmé les travaux de l'atelier régional organisé par le Comité de la sécurité alimentaire mondiale (CSA) et le bureau régional de l'Organisation des Nations Unies pour l'alimentation et l'agriculture (FAO) au Caire. Cette réunion s'est déroulée à Tunis du 4 au 7 novembre 2013, ayant pour objet de *« promouvoir des investissements responsables dans l'agriculture et les systèmes alimentaires et favoriser la concrétisation progressive du droit à une alimentation adéquate »*, et définir une *« stratégie globale pour une meilleure coordination régionale dans la lutte contre les pertes et le gaspillage alimentaire »*[254].

Plusieurs pays de la région MENA ont participé à cet atelier (Jordanie, Tunisie, Soudan, Oman, Yémen, Koweït, Libye, Irak, Iran, Bahreïn, Égypte et les EAU).

En effet, une coopération régionale et une multiplication des partenariats en matière agricole auront des retombées positives non seulement sur le secteur agricole, mais aussi sur les populations de la région, dont la majorité est implantée dans les zones rurales. En fait, cette volonté pourrait s'inscrire dans la continuité de la stratégie de Mouammar Kadhafi liée au Sahara libyen. Kadhafi avait entamé le projet de la « grande rivière artificielle ». Ce projet d'ampleur serait bénéfique à beaucoup de pays de la région, d'autant que la méthode employée consistait à extraire l'eau du désert. Cette méthode, bien qu'ancienne et coûteuse, diminuera considérablement le problème de l'eau, au moins en Afrique du Nord, où le climat méditerranéen est connu pour sa longue période sèche (du début du printemps à la fin de

---

[253] www.worldbank.org : note de 2008 sur l'agriculture et le développement rural au Moyen-Orient et en Afrique du Nord.
[254] http://www.webmanagercenter.com

l'été entre 7 à 8 mois) et sa courte période pluvieuse (une partie de l'automne et de l'hiver, en moyenne 3 à 4 mois).

On ne peut, cependant, pas négliger les atouts stratégiques de la vallée du Nil, le berceau de la civilisation égyptienne[255]. Le Nil était à l'époque une source de fertilité et d'autoproduction de denrées alimentaires : riz, blé, sucre…). Il rendait l'agriculture en Égypte, ainsi que celle des autres pays qu'il traverse, la locomotive de l'économie locale. D'ailleurs, d'après les données de 2012 de la Banque Mondiale, l'Égypte se positionne au premier rang, dans la région du Moyen-Orient, en ce qui concerne l'emploi dans le domaine agricole, et en termes de la valeur ajoutée par rapport au Produit Intérieur Brut 14%, contre 9 % en Algérie, et 2 % en Arabie Saoudite. Le règlement du litige entre l'Égypte, le Soudan et l'Éthiopie sur le partage des eaux du Nil et le projet de barrage de la « Renaissance » qui a débuté en mai 2013, semble, selon l'annonce des autorités du Khartoum du 6 mars 2015 prendre fin très bientôt. Il devrait permettre à l'Éthiopie en particulier, de promouvoir son système d'irrigation et de développer *in fine* son secteur agricole[256].

Comme le souligne le rapport de 1999-2000 du Programme des Nations Unis pour l'environnement (PNUE) dans son introduction, le manque en eau est l'une des principales causes de pauvreté et de malnutrition. Cependant, l'Égypte devrait tirer profit de son emplacement stratégique pour accroître sa production agricole, et atténuer sa dépendance à l'égard de l'aide américaine en matière alimentaire, ainsi que pour minimiser l'impact du fléchissement des recettes touristiques depuis 2011. En fait, les pays de la région MENA, hormis les pays du Golfe, la Turquie et le Maroc, sont confrontés depuis quatre ans à la baisse du nombre de touristes à cause de l'instabilité politique et du manque de sécurité. C'est la raison pour laquelle les autres pays de la région, épargnés par le chaos, doivent déployer plus d'efforts pour développer le secteur du tourisme.

b. Le tourisme

Nombreux sont les pays arabes qui étaient la destination préférée des touristes étrangers, mais malheureusement, les soulèvements populaires du « printemps arabe » ont remis cette réalité en cause. Le secteur du tourisme dans les pays instables comme l'Égypte, la Libye, l'Irak et la Syrie s'est pratiquement effondré, en peu de temps, après les révoltes. Et comme le malheur des uns fait le bonheur des autres, ce sont les pays du golfe, le Maroc et la Tunisie (après que le calme a regagné le pays) qui accueillent de plus en plus les touristes du monde entier. Selon l'Organisation Mondiale du

[255] Diana Rizzolio Karyabwite : Programme des Nations Unis pour l'environnement : « Le partage des eaux dans la vallée du Nil », Janvier- Mars 1999, Janvier- Juin 2000

[256] Jeune Afrique : « Partage des eaux du Nil : l'Égypte et l'Éthiopie trouvent un accord », article publié par la rédaction le 6 mars 2015 sur le site http://economie.jeuneafrique.com

Tourisme (OMT), la région Moyen-Orient « *est l'une des régions au monde affichant la plus forte croissance touristique. Entre 1980 et 2010, les arrivées de touristes internationaux au Moyen-Orient sont passées de 7,1 millions à 60,9 millions, enregistrant une croissance annuelle moyenne de 7,4% alors que la moyenne mondiale a été de 4,2%* »[257]. Dans son étude prospective à l'horizon 2030, l'OMC prévoit une importante augmentation de nombre de touristes à destination du Moyen-Orient. Elle devrait atteindre d'ici à 2030 environ 149 millions, soit une augmentation annuelle de 4,6% contre une moyenne mondiale de 3,3%.

En effet, le Maroc a enregistré en 2013 une hausse de 6,76% contre 6,58 % en 2012. Le nombre de touristes a atteint les sept millions en 2013. Cependant le secteur du tourisme représente pour le Maroc 7% du PIB. En Algérie, le nombre de touristes a atteint 1,9 millions, soit une hausse de 25% par rapport à 2012. Le secteur représente 8,1% du PIB, et les autorités algériennes ne cessent d'adopter des mesures incitatives pour développer, non seulement le secteur du tourisme, mais aussi les infrastructures. D'ici quelques années, les autorités estiment pouvoir accueillir près de quatre millions de touristes, principalement sur les sites d'Oran et d'Alger. Pour la seule ville d'Oran, douze projets touristiques sont prévus pour 2015 et devront relancer le tourisme d'affaire à l'image du centre des conventions d'Oran inauguré en 2010.

En plus des mesures entreprises pour la simplification des démarches administratives liées aux investissements touristiques, les autorités algériennes mettent l'accent (à travers le 2ème Salon International des transports, de la logistique et de la mobilité organisé le 23, 24 et 25 février 2015 à Alger) sur les infrastructures qui sont nécessaires au développement du tourisme en Algérie. Plus de deux-cents exposants sur les différents moyens de transport ont été accueillis et ont présenté leurs projets pour développer les transports maritime, aérien, ferroviaire et routier en Algérie. Cette initiative est pourvoyeuse de progrès dans la mesure où elle permet aux entreprises nationales, publiques et privées, de s'associer aux investisseurs étrangers pour améliorer d'une part leur savoir-faire, et d'autre part pour moderniser les infrastructures du pays à travers lesquelles s'effectuent les échanges commerciaux, humains et culturels.

Le développement du secteur du tourisme va permettre à l'Algérie, non seulement, de faire valoir ses atouts naturels et historiques, mais aussi de diversifier ses revenus hors hydrocarbures, notamment après la chute vertigineuse des cours du pétrole depuis mi 2014. L'Algérie doit aussi privilégier les échanges culturels avec les pays voisins comme l'Égypte, où le tourisme est confronté depuis 2011 à une baisse de vacanciers à cause de l'instabilité politique du pays.

---

[257] « Les Émirats arabes unis entrent à l'Organisation mondiale du tourisme », article publié le 7 mai 2013 sur le site http://media.unwto.org

Le secteur du tourisme a enregistré en 2012 une baisse de 35,4%, soit trois millions de touristes en moins, par rapport à 2010 et 2011, alors qu'il représentait avant la révolte 11% du PIB. Au troisième trimestre de 2014, le secteur a enregistré une infime augmentation de 500 000 touristes par rapport à 2013 (soit 10 millions de touristes contre 9,5 en 2013) due au retour de la sécurité dans les zones touristiques comme la Mer Rouge, la vallée du Nil et Charm El Cheikh après la destitution du Président Morsi.

Le gouvernement égyptien a renforcé les mesures de sécurité y compris les caméras de vidéosurveillance sur les différents sites, et le déploiement d'importants dispositifs de policiers pour assurer la sécurité et la tranquillité des touristes. Mais malgré ces mesures, les autorités égyptiennes peinent à convaincre les touristes de s'y rendre surtout après les quelques attentats perpétrés fin 2014 à Sinaï, dans la ville touristique d'Assouan, 1er mars 2015, à la suite duquel deux personnes ont été tuées et enfin le crash d'un avion russe, le 31 octobre 2015, dans le désert de Sinaï qui a fait 224 morts.

À l'heure actuelle, les attentions des décideurs égyptiens sont orientées vers la sécurisation du pays contre la poussée de l'État Islamique Daesh, sans négliger les objectifs fixés en matière de tourisme en déléguant, en partie, la mission de développer le secteur aux investisseurs privés (nationaux et étrangers). C'est le cas du fonds d'investissement Papyrus lancé par l''entreprise égyptienne *Ayyady for Investment and Development*. Cette structure a été créée en décembre 2014, exclusivement, pour investir dans le secteur touristique pour un montant total de 694,3 millions de dollars. 20% du capital d'Ayyady *for Investment and Development* est détenu par le gouvernement égyptien, mais pour lever les fonds nécessaires, les parties comptent associer des investisseurs nationaux et étrangers à partir de février 2015[258].

Après avoir été l'une des destinations favorites, l'Égypte doit redoubler d'efforts pour garder son potentiel touristique, d'autant que les pays du golfe commencent à être attractifs.

En effet, pour les pays comme le Qatar, Bahreïn et les EAU, le tourisme est un domaine en pleine effervescence, notamment le Qatar qui est devenu depuis quelques années un « pays chantier » où presque tout est à refaire. La hausse des cours du pétrole ainsi que l'investissement de masse dans l'immobilier de luxe (comme première alternative aux ressources pétrolières en termes de revenus) ont permis aux décideurs qataris d'entreprendre la modernisation des structures du pays, la diversification des secteurs hors-hydrocarbures ainsi que la promotion des PME, en attirant les investisseurs étrangers. Cette modernisation s'inscrit dans le plan « National Vision 2030 » de développement sur le long terme qui a débuté en 2011. Il a pour ambition la diversification de l'économie à travers l'industrialisation du pays

---

[258] « Égypte : un fonds de 250 millions de $ pour le tourisme », article publié le 11 février 2015 sur le site http://www.financialafrik.com

et l'attraction d'un tourisme d'affaires (Pearl Island, une gigantesque île touristique composée de centres commerciaux, restaurants, port de plaisance et de 18 000 logements accueillant jusqu'à 35 000 résidents, ainsi que *Lusail City* qui s'étend sur 35 kilomètres et qui devrait accueillir à son ouverture prévue pour 2019 environ 80 000 visiteurs et la coupe du monde de football en 2022 dans son stade *Lusail Iconic Stadium*). Entre 2011 et 2016, le gouvernement a consacré entre 15 et 18 milliards de dollars par an pour financer les différents projets d'investissements et de diversification économiques[259]. S'ajoute à cela la tenue de la coupe du monde en 2022 au Qatar, un évènement qui pousse les autorités à finaliser le maximum de projets afin de bien accueillir les milliers de supporters et de visiteurs, d'autant que le nombre de touristes a crû ces trois dernières années.

D'après les données de l'OMT, le nombre de touristes est passé d'un demi-million en 2000 à un million en 2013. La Qatar Tourism Authority (QTA), soutenue par l'OMT, quant à elle, projette d'ici à 2030 la création de 127 000 emplois dans le secteur du tourisme, et se fixe pour objectif d'accueillir sept millions de touristes et d'augmenter le taux de ce secteur à 8% du PIB[260].

La nouvelle stratégie du gouvernement qatari rejoint celle du gouvernement émirien, qui lui aussi s'est orienté vers la diversification économique, en partie, à travers le tourisme d'affaires. De ce fait, les EAU ont réintégré l'Organisation Mondiale du Tourisme (OMT) après vingt-six ans d'absence, comme il a été annoncé par le secrétaire général de l'OMT, Taleb Rifai, lors du Forum ministériel *OMT / Arabian Travel Market* sur le tourisme et l'aviation du 7 mai 2013 [261]. Le développement des infrastructures a permis aux EAU d'accueillir entre 2012 et 2013 près de 11 millions de touristes, ce qui représente une croissance de 10,6% du secteur[262], et 11,6 millions en 2014, soit une hausse de 5,6% par rapport à 2013. D'après les données de 2014 de *Dubaï Tourism and Commerce Marketing* (DTCM) ce sont les pays voisins qui visitent le plus le royaume avec près de 4,3 millions de touristes, suivis par l'Europe avec 2,9 millions de visiteurs et l'Asie du Sud avec 1,8 million de touristes[263].

Avec l'approche de Dubaï expo 2020, beaucoup de groupes hôteliers de renommée mondiale viennent s'implanter à Abu Dhabi et à Dubaï, tels que

---

[259] BELKAID Akram : « Le Qatar à l'heure de la diversification : Du pétrole au tourisme d'affaires », *Le Monde Diplomatique,* septembre 2011, http://www.monde-diplomatique.fr

[260] « Le Qatar veut attirer plus de touristes français », article publié le 18 avril 2014 sur le site http://www.francemoyenorient.com

[261] « Les Émirats arabes unis entrent à l'Organisation mondiale du tourisme », article du 7 mai 2013, sur le site http://media.unwto.org

[262] « L'industrie touristique arabe se développe tous azimuts », article publié le 8 mai 2014 sur le site http://fr.euronews.com

[263] « Dubaï veut attirer plus de touristes en diversifiant son offre d'hébergements », article publié le 6 mars 2015 sur le site http://hospitality-on.com

Park Inn by Radisson, Minor Hotel Group, Starwood Hotels & Resorts, etc. Les EAU comptent plusieurs sites touristiques, car en plus de l'important Dubaï Mall implanté tout près du Bordj Khalifa (les fontaines dansantes), on dénombre aussi la mosquée du Cheikh Zayed, Bordj el Arab, le surprenant parc de fleurs (Miracle Garden) ouvert début 2013, etc. L'émirat compte également construire comme son voisin saoudien, avant la tenue de Dubaï expo 2020, une deuxième tour d'environ 1 KM de hauteur, après celle du *Burdj Khalifa* considérée comme la plus haute tour du monde.

L'Émirat de Dubaï, qui possède peu de ressources pétrolières par rapport à l'Émirat d'Abu Dhabi, compte beaucoup sur le tourisme pour diversifier ses revenus. Un objectif qui semble jusqu'à présent atteint, car la multiplication des expositions, hormis celle de 2020, ainsi que l'ouverture du marché intérieur, en l'occurrence celui du tourisme, à la concurrence attire de plus en plus les investisseurs étrangers (hôteliers, restaurateurs, maisons de beauté, etc), ces derniers offrent des prestations comparables à celles que nous pouvons trouver dans les pays occidentaux comme la France ou le Royaume-Uni par exemple. L'environnement moderne ainsi que les prestations de haut de gamme offertes dans les villes comme Dubaï ou Jumeirah et autres font oublier aux touristes que ces villes ont été, il y a cinquante-ans, désertes. C'est d'ailleurs dans ce bouleversement (villes artificielles sorties du sable) que s'inscrit la réussite émirienne, dans tous les domaines, et pas seulement dans celui du tourisme.

L'expérience des EAU doit d'ailleurs servir d'exemple aux pays de la région (l'Algérie, l'Égypte, l'Arabie Saoudite, etc) afin qu'ils développent leurs secteurs touristiques et diversifient leurs revenus. Cet objectif ne peut, par ailleurs, être atteint sans avoir comblé le déficit de l'édifice juridique lié à tous les secteurs d'activités.

§2. Le déficit de l'édifice juridique

La quasi-totalité des pays de la région MENA n'ont pas réussi leurs transitions économiques, et l'une des causes importantes de cet échec est liée au déficit de l'ensemble juridique qui régit leurs économies. Cependant, pour comprendre comment l'édifice juridique est déficitaire, nous devons faire, dans un premier temps, le bilan sur les lois relatives à l'ouverture du marché intérieur **(A)**, et dans un deuxième temps le bilan sur les investissements directs étrangers **(B)**.

A. Le bilan sur les lois relatives à l'ouverture du marché intérieur

Pour les pays pétroliers de la région MENA où l'État est omniprésent dans la sphère économique, l'ouverture du marché intérieur ainsi que l'harmonisation des lois qui le régissent était très difficile. Mais face à la mondialisation et à l'émergence des pays, autrefois sous-développés (les pays d'Asie par exemple), les gouvernements arabes, notamment ceux qui prétendent l'accès à l'OMC, n'ont d'autres choix que de se plier aux nouvelles règles plus libérales du marché et à des changements structurels adéquats. Par ailleurs, pour quelques pays du golfe comme Bahreïn, Qatar et les EAU, la libéralisation du marché intérieur n'est plus problématique car beaucoup de progrès ont été réalisés depuis quelques années. Désormais la libéralisation concerne un bon nombre de secteurs parmi lesquels figurent :

a. Le secteur privé

Dans les pays développés, le secteur privé occupe une place de plus en plus importante (plus de 60% du PIB) grâce à l'autonomie des acteurs privés. En revanche, dans les pays arabes pétroliers de la région MENA l'économie demeure dominée par le secteur public à hauteur de 80%, ce qui laisse une part très étroite au secteur privé (entre 13% et 15% contre 20% en Asie du Sud et 30% en Asie de l'Est)[264]. C'est le cas de l'Iran, de l'Algérie, du Soudan, de l'Irak et de la Libye. Les membres du CCG allouent plus de crédits au secteur privé que les autres pays de la région (Algérie, Iran, Irak, Libye, Yémen et Soudan). Ceci peut être expliqué par le fait que la réglementation des pays du CCG est beaucoup plus harmonisée, à quoi s'ajoute l'existence d'un esprit de concurrence entre ces pays (Qatar, EAU, Koweït, Bahreïn, Oman et Arabie Saoudite). Les données relatives aux allocations allouées au secteur privé de ces pays se rapprochent remarquablement de celles des pays non pétroliers de la région MENA, qui sont, selon les données 2013 de la Banque Mondiale, de l'ordre de 72,2% pour le Maroc, 72,3% pour la Jordanie et de 98,6% pour le Liban.

Des explications peuvent être apportées pour l'Iran par exemple, où le secteur privé est confronté en permanence au Pasdaran qui contrôle tous les secteurs économiques et asphyxie l'initiative privée. Une réalité qui n'échappe, d'ailleurs, ni au gouvernement ni aux médias iraniens. Dans son intervention de 6 novembre 2013, le Vice-Président Eshagh Jahanguiri confiait que « *Dans la politique des privatisations, les sociétés qui ont été transférées au secteur privé, l'ont été en réalité aux « semi-gouvernementaux » et seulement 17 % ont réellement été transférées au secteur privé* » en faisant référence au Pasdaran[265]. En fait, la confiscation du pouvoir économique par l'État et par les Pasdarans remonte à la Révolution Islamique de 1979. Par décret du 16 juin 1979 sur la protection et le développement des industries, le Conseil de la Révolution Islamique s'accapara de l'ensemble des entreprises, notamment celles qui ont été abandonnées par leurs dirigeants. La part de l'État dans les entreprises passa,

[264] Bulletin du FMI du 27 novembre 2013 sur le secteur privé, la croissance et l'emploi au Moyen-Orient.
[265] MOHAMAD Amin : « Les dix fardeaux de l'économie en Iran », article publié le 25 avril 2014 sur le site http://www.lesechos.fr

donc, de 39,5% avant la révolution à 70,7% pour laisser ainsi une maigre part au secteur privé qui est passée de 44,6% à 13,4%[266]. Toutefois, il ne s'agissait pas de remettre en cause son existence, car l'article 44 de la constitution de 1979 reconnaît le secteur privé comme secteur économique à côté de celui de l'État et du secteur coopératif (bonyads ou fondations religieuses).

Depuis 2013, et principalement après l'élection du Président Hassan Rohani, le secteur privé semble retrouver, modestement, sa prospérité. Les autorités iraniennes offrent la possibilité aux entreprises privées de créer des consortiums en vue d'exporter du brut après avoir obtenu l'accord de la NIOC[267]. Ce revirement n'est en quelque sorte pas surprenant car il est annoncé dans une période où la production de la NIOC a connu un repli. En fait, en 2012 l'Iran a exporté deux fois moins de pétrole qu'en 2011, il est donc évident que le fait d'autoriser les entreprises privées à exporter le pétrole, qui représente 80% des exportations, va redynamiser, d'une part le secteur des hydrocarbures, et d'autre part redonner un nouveau souffle à l'économie iranienne où l'inflation a atteint un taux de 36%. Les entreprises privées ont été aussi autorisées, depuis 2014, à opérer dans le domaine de l'industrie de l'aviation en important des avions d'après le directeur de l'Organisation de l'aviation civile iranienne Alizera Jahangirian[268]. Par ailleurs, la levée des sanctions internationales sur l'Iran devrait permettre au secteur privé d'évoluer davantage et de catalyser le développement économique du pays. En outre, en termes d'émergence du secteur privé, on remarque que ce dernier est beaucoup plus porteur de progrès en Iran, malgré l'austérité engendrée par les sanctions internationales, qu'en Arabie Saoudite. Pour le Royaume saoudien, la libéralisation du secteur privé est un défi majeur qu'il faut relever rapidement pour réussir à diversifier l'économie du pays.

En réalité, les dirigeants saoudiens ont introduit dans leur système de développement, mis en place depuis une quarantaine d'années, des mesures tendant à libéraliser le secteur privé, mais les résultats obtenus, depuis, sont loin d'être satisfaisants. Le secteur privé ne présente aujourd'hui que 5,5% du PIB alors que depuis 2002 plusieurs sociétés et compagnies ont été privatisées (compagnie de dessalement d'eau en 2006, l'électricité en 2007, les télécommunications et le transport aérien depuis 2009)[269]. En fait, une grande partie des entreprises privatisées est détenue soit par des membres de

---

[266] DIGARD Jean-Pierre, HOURCADE Bernard et YANN Richard, *L'Iran au XXe siècle : Entre nationalisme, islam et mondialisation*, Fayard, Édition 2007, 498 pages.

[267] Iran French Radio, IRIB World Service : « L'Iran compte sur le secteur privé, pour exporter davantage de pétrole », 1er août 2012, http://french.irib.ir

[268] « L'Iran autorise le secteur privé d'importer des avions », article du 19 novembre 2014 de http://french.cri.cn

[269] Rapport de l'Organisation Mondiale du Commerce sur l'examen des politiques commerciales en Arabie Saoudite du 14 décembre 2011, page 7.

la famille royale, soit par des bourgeois qui entretiennent des relations, plutôt, étroites avec le gouvernement et exercent une grande influence sur les décisions économiques prises par celui-ci[270]. Étant donné que les emplois dans le public sont exclusivement réservés aux nationaux, ce sont les entreprises privées, par le biais du sponsoring qui recrutent les immigrés à des salaires beaucoup plus bas que ceux payés dans le public (d'ailleurs près de 90% des emplois privés sont occupés par des étrangers). Nous ne disposons pas de données chiffrées sur le rôle du secteur privé dans le développement économique du Royaume, néanmoins, les dernières données de 2013 affirment que le secteur privé, hors hydrocarbures, contribue à près de 40% du PIB. De plus en plus de domaines, notamment depuis 2009, sont ouverts à la concurrence tels que les énergies renouvelables et les services, ce qui permet l'expansion des entreprises privées (nationales et étrangères) ainsi que leur contribution au dynamisme et à la diversification de l'économie saoudienne. La même stratégie est suivie, aussi, depuis une dizaine d'années, par les décideurs politiques algériens, dans le but de promouvoir le secteur privé et de limiter les distorsions et les contraintes réglementaires rencontrées par les entreprises privées. La politique de libéralisation des années quatre-vingt-dix a permis aux entreprises privées de prospérer. D'après l'Office National des Statistiques algérien, sur près d'un million d'entreprises existantes, trois quarts d'entre elles ont été créées entre 2000 et 2011. La grande partie de ces entreprises opèrent en général dans le commerce et les services. Certaines d'entre elles sont renommées à l'échelle internationale comme les groupes CEVITAL et BIOPHARM. D'après les dernières données, le secteur privé contribue à 80% de la valeur ajoutée, hors hydrocarbures, du pays mais il ne présente que de 2 à 3% du total des exportations[271]. Bien que le gouvernement algérien soit ambitieux quant au rôle du secteur privé dans la diversification de l'économie[272], la réglementation en matière de création d'entreprises demeure très contraignante et complexe (permis de construire, garanties financières, démarches administratives lentes et longues, etc) ce qui limite l'investissement des entreprises tant nationales qu'étrangères. S'ajoute à cela

[270] HERADSTVEIT Daniel, KAZANCIGIL Ali et VANER Semih, *Sécularisation et démocratisation dans les sociétés musulmanes*, Peter Lang Publishing Group, Suisse, Edition 2008, page 255.

[271] MEBTOUL Abderrahmane : « CONTRIBUTION : Le secteur privé algérien face aux enjeux politiques », article publié le 21 mars 2014 sur le site http://www.reflexiondz.net

[272] Au début de l'année 2013, le Ministère de l'Industrie, de la Petite et Moyenne Entreprise et de la Promotion de l'Investissement (MIPMEPI) avait sollicité les entrepreneurs du secteur privé (nationaux et étrangers) afin de présenter leurs projets tendant à développer une vingtaine de filières industrielles. Cet appel s'inscrit dans la stratégie ciblée du gouvernement qui a pour objectifs : la promotion des industries à forte valeur ajoutée (la sidérurgie, la métallurgie, la mécanique, produits pharmaceutiques, l'habillement, etc), l'absorption du maximum de main d'œuvre afin de réduire le chômage et enfin améliorer la compétitivité des produits nationaux.

la règle des 49/51 largement critiquée par le Forum des Chefs d'entreprises (FCE) et par le FMI qui demandent soit sa suppression, soit la limitation du champ de son application aux entreprises publiques stratégiques. D'ailleurs le gouvernement algérien s'est montré favorable à l'abrogation de cette règle, notamment, en vue de l'accession à l'OMC. Les retombées de la suppression de la règle 49/51 seront considérables sur tous les secteurs, particulièrement, le secteur financier.

b. Le secteur financier

Dans beaucoup de pays pétroliers de la région MENA (comme Oman, l'Algérie, la Libye, l'Irak et l'Iran), le secteur financier repose principalement sur les établissements bancaires étatiques, seuls habilités à gérer les ressources financières du pays. Selon les dernières données de la Banque Mondiale de 2013, dans la région MENA, seulement 18% d'adultes disposent de compte dans une institution bancaire reconnue. L'exclusion financière des femmes est flagrante car seulement 13% disposent d'un compte bancaire traditionnel. Le taux d'inclusion financière dans cette région est l'un des plus bas au monde[273]. Ajoutons une défaillance considérable des systèmes et des garanties juridiques qui permettent aux agents financiers et aux investisseurs d'exercer sereinement leurs activités.

D'après les données 2014 de la Banque Mondiale, les indices de la solidité des garanties juridiques en matière d'accès au crédit sont très faibles. Sur une échelle de 0 (très faible) à 12 (très élevées), tous les pays de la région MENA n'ont pas dépassé la note de 2, tel est le cas pour l'Algérie, l'Arabie Saoudite, les EAU, l'Iran, le Koweït et l'Égypte. L'Irak, Oman, Qatar et Bahreïn arrivent juste derrière avec une note de 1, et en dernier la Libye avec un indice 0.

En fait, la réticence des gouvernements des pays comme la Libye, l'Iran, l'Algérie et le Yémen à l'ouverture du secteur bancaire et financier en général à la concurrence amenuise fortement les institutions financières sous-jacentes telles que les compagnies d'assurance, les mutuelles et caisses de retraite, car le leasing et l'affacturage et les empêche de se développer[274].

Les raisons de cette réticence sont diverses, et peuvent être expliquées en partie par :

- Le degré de résilience des institutions financières nationales aux chocs et crises économiques : la vulnérabilité des banques et des bourses étatiques ainsi que le manque de savoir-faire peuvent entraîner une déstabilisation amplifiée de l'ensemble du système financier en cas de

---

[273] Article du groupe micro world intitulé « Les défis de l'inclusion financière dans la région MENA », publié le 18 novembre 2013 sur le site http://www.microworld.org

[274] Communiqué de presse de la Banque Mondiale du 15 septembre 2011, intitulé « MENA : Développer les institutions financières comme moyen de remédier à la frustration et à l'exclusion », http://www.banquemondiale.org

crise économique. C'était le cas en 2009 et fin 2014 lors de la chute du prix du pétrole lorsque les bourses étaient les premières perdantes.

- Beaucoup d'économistes considèrent que le secteur financier est la force motrice de l'économie réelle (Jovanovic, King et Levin 1993, Odekolen 1996, Beakers et Harvey 2000). L'ouverture de ce secteur contribue à l'amélioration du revenu national et de la croissance économique[275]. Or, la libération du secteur financier ne peut être efficace sans l'implication des acteurs privés (nationaux et étrangers), une démarche qui est malheureusement redoutée par les décideurs des pays de la région MENA, qui craignent la réduction du monopole de l'État sur le système financier.
- La libéralisation du secteur financier doit être accompagnée d'une bonne gouvernance et de moyens tangibles de lutte contre la corruption. Dans beaucoup de pays de la région la corruption constitue l'un des défis majeurs contre lequel les autorités luttent. L'apport des institutions financières dans un environnement malsain et corrompu sera mitigé, surtout en l'absence d'autorité de régulation et de supervision des marchés financiers, en dehors de l'État, et d'un système juridique transparent[276].

Pour le Royaume saoudien, l'accession à l'OMC a véhiculé un grand nombre de réformes du système bancaire et financier en général, notamment, celui du paiement. D'ailleurs, grâce au développement et à la promotion du Système National de Transmission et de Paiement des Factures (SADAD) qui est l'un des systèmes les plus réputés au monde, le Royaume a obtenu en 2008 le prix des Nations Unies pour le service public.

D'après le dernier rapport de 2011 de l'OMC relatif à l'examen de la politique commerciale du Royaume, le total des actifs bancaires a augmenté de plus de 6%, et le nombre de banques privées et de succursales étrangères a remarquablement progressé ces dernières années. Selon le même rapport, la présence étrangère représente 74% du nombre total des banques agréées et en activité dans le Royaume[277].

Au Bahreïn, le secteur financier, principalement celui de la finance islamique, est bien réglementé par la Banque Centrale de Bahreïn, et constitue la pierre angulaire de l'économie du pays. L'ouverture du marché financier à la concurrence a contribué à l'émergence des banques et des

---

[275] KHALLOULI Wajih et TUNSI Slim : « Libéralisation des services financiers et croissance économique : Evidence empirique », article publié en 2008 sur le site www.gate.cnrs.fr, pages 4,5 et 6.

[276] ATTIA Nicole, CHOUCHANE Hanane et ZOUARI Ezzeddine : « L'impact de la corruption sur le système bancaire dans le cas des pays de la région MENA », article publié en 2013, http://www.erudite.univ-paris-est.fr

[277] L'OMC : « Examen des politiques commerciales, Rapport du Royaume d'Arabie Saoudite », du 14 décembre 2011, page 17, https://www.wto.org

Compagnies d'assurance dont les actifs ont atteint 284% en 2013. D'après l'OMC, les banques ont contribué en 2013 à 390% du PIB de Bahreïn et emploient plus de 14 000 personnes[278]. En fait, depuis l'élaboration en 2008 de la vision pour l'économie à l'horizon 2030, les décideurs bahreïniens ont axé leur stratégie sur le secteur financier privé afin de le rendre plus compétitif et plus productif, sans toutefois négliger les autres secteurs potentiels comme les services, le tourisme et l'immobilier.

Comme à Bahreïn, le secteur financier est aussi très prospère aux EAU, en particulier, dans l'Émirat de Dubaï. Ayant de très faibles ressources énergétiques, l'émirat mise sur l'immobilier et les marchés financiers, dont la législation est très avantageuse. Il a réussi à attirer des milliers d'investisseurs et de professionnels étrangers. Pour la seule année 2012, près de 2000 professionnels sont rentrés à Dubaï pour occuper divers postes dans l'audit, cabinets d'avocats, banques et assurances. Ces dernières comptent environ 15000 employés[279]. D'ailleurs, fin octobre 2014, le Ministre des finances luxembourgeois Pierre Gramegna s'est rendu à Dubaï pour discuter de l'ouverture officielle de la succursale de la BIL (Banque Internationale à Luxembourg) à Dubaï, ainsi que du renforcement de la coopération entre les deux pays en matière de la finance islamique, du tourisme et de la logistique[280].

Une coopération parallèle est envisagée aussi avec le Qatar à la suite de la visite du Ministre des finances Pierre Gramegna, du Duc héritier et de la Grande Duchesse de Luxembourg à Doha du 4 au 5mars 2015 afin de discuter de futures collaborations dans différents domaines, mais essentiellement dans celui de la finance islamique. Cette opportunité devra, dans l'avenir, renforcer le panel financier du Qatar. Elle rentre d'ailleurs dans sa stratégie d'ouverture, confirmée par l'article 31 de la constitution du 29 avril 2003 qui stipule que « *L'État encourage les investissements et leur fournit les garanties et les moyens nécessaires* ».

Bien que le secteur financier, principalement les marchés financiers, se stabilise après la crise engendrée par la chute des prix du pétrole, la plupart des institutions financières ont réduit leurs spéculations en matière énergétique afin d'assurer plus longuement la stabilité des marchés financiers. Pour l'ensemble de l'économie émirienne et qatarie, il n'y aura pas de risque de récession grâce aux importantes réserves de change dont disposent les deux pays.

---

[278] Rapport de l'Organisation Mondiale du Commerce sur l'examen des politiques commerciales du Royaume de Bahreïn de 18 mars 2014, page 7, https://www.wto.org

[279] « Accroissement du secteur financier de Dubaï », article publié le 6 février 2014 sur le site économique http://senpremiereligne.com

[280] Communiqué du ministère des Finances luxembourgeois du 28 octobre 2014, http://www.mf.public.lu AMANIERA Antonio : « Le secteur financier du Qatar en pleine expansion », article publié le 19 mai 2014 sur le site http://www.qatarinfos.net

L'actuelle orientation des gouvernements des EAU et du Qatar s'étend au-delà du territoire national pour conquérir de prodigieux établissements bancaires d'Europe et d'ailleurs. En 2014, Qatar est devenu actionnaire dans la prestigieuse Deutsche Bank.

Par ailleurs, en plus de la finance, les pays du CCG se sont lancés, depuis quelques années, dans la libéralisation du secteur des services.

c. Le secteur des services

Le secteur des services est un secteur en pleine effervescence dans bon nombre de pays de la région MENA, mais pour certains d'entre eux la réglementation nationale liée au libre marché est encore dubitative et doit être réformée pour répondre aux exigences de la globalisation.

Encore une fois, les pays du golfe comme les EAU, le Qatar, Koweït et Bahreïn ont nettement amélioré l'environnement juridique et concurrentiel des entreprises locales (publiques et privées) opérant dans les services, notamment, en matière de commerce, des télécommunications, la poste et les transports, etc. Dans le cas du Qatar, le secteur des services a connu un important rebondissement, notamment, depuis l'élaboration de l'Accord Général sur le Commerce des Services[281]. Les autorités ont adopté, en 2000, la loi sur l'investissement qui supprime certains obstacles à l'investissement et encourage le secteur privé.

D'après les dernières données de la Banque Mondiale (2013), la valeur ajoutée du secteur des services dans le PIB du Qatar s'élève à 30,3% avec une croissance annuelle de 11,7%. Ce secteur emploie 46,8% de l'ensemble de la main d'œuvre, essentiellement étrangère, contre 51,9% dans l'industrie. D'ailleurs, la croissance du secteur des services est beaucoup plus élevée que celle du secteur industriel, bien que, la valeur ajoutée dans le PIB de celui-ci (69,6%) soit beaucoup plus importante que celle des services. En fait, selon le rapport « *Business Environment Rankings* » de *The Economist Intelligence Unit* de 2014, dans la région MENA, et principalement, les pays du CCG, le Qatar figure parmi les pays où l'économie a enregistré un boom sans précédent depuis une dizaine d'années grâce aux prix élevés du gaz et du pétrole et aussi à l'environnement des affaires qui devient de plus en plus favorable. Le classement de *The Economist Intelligence Unit* de l'environnement des affaires 2014-2018 place le Qatar à la 21ème place mondiale sur 82 pays et devance ainsi les EAU (30/82), Bahreïn (35/82) et même quelques pays de l'Europe comme la France (24/82) et l'Espagne (25/82)[282]. Les autres pays pétroliers de la région MENA, occupent le bas du classement en ayant un environnement des affaires très hostile, c'est le cas

---

281 L'Organisation Mondiale du Commerce : « L'examen des politiques commerciales du Qatar », 2005, page 66, https://www.wto.org

282 Business Environment Rankings from The Economist Intelligence Unit, 2014, http://www.eiu.com

de l'Iran (81/82), de la Libye (79/82), de l'Algérie (75/82) et de l'Égypte (68/82). Cependant, quelques pays du CCG comme l'Arabie Saoudite, qui a fait des efforts en la matière pour attirer les investisseurs étrangers, occupe la 41éme place juste devant le Koweït (45/82) et derrière Bahreïn (35/82). Le secteur des services emploie près de 71% de la main d'œuvre saoudienne et étrangère. Grâce à loi sur la concurrence promulguée en 2004, ainsi qu'aux réformes que les dirigeants saoudiens ont mis en place pour accéder à l'OMC, le secteur des services a enregistré une croissance annuelle pour la seule année 2013 de 5,3% et une valeur ajoutée au PIB de 37,6%.

Membre de l'OMC depuis le 11 décembre 2005 et du groupe G20, le Royaume a fait de grandes avancées en matière de « politique publique de développement » afin de diversifier son économie à travers les différents plans et réformes (privatisations, dynamisation des autres secteurs hors hydrocarbures, facilités d'accès au marché national, traitement national des fournisseurs étrangers, etc)[283]. Les secteurs des télécommunications, des transports, de la santé et des services sociaux ont aussi été objet d'étude des autorités saoudiennes. En matière de télécommunications, plusieurs licences ont été octroyées à des opérateurs privés et étrangers ce qui a permis l'accès de la majorité de la population à internet ainsi qu'à la téléphonie fixe et mobile.

D'après cette brève analyse du secteur des services en Arabie Saoudite, on peut déduire que l'accès à l'OMC a apporté un souffle nouveau à l'économie saoudienne à travers la libéralisation des secteurs clés et la promotion des investissements nationaux et étrangers.

L'accès au pouvoir du Prince Salmane, demi-frère du Roi Abdallah décédé le 23 janvier 2015, suscite beaucoup d'interrogations quant à la suite des réformes économiques et sociales entamées depuis quelques années. L'annonce du prince héritier Mohamed ben Salmane de la vision 2030 tendant à diversifier l'économie du pays affirme la volonté du jeune décideur de rompre avec l'ère du tout pétrole, bien que la baisse vertigineuse du prix du baril ainsi que les tensions régionales joueront certainement un rôle déterminant sur la portée des différentes réformes économiques annoncées. Le Yémen en montre l'exemple, d'ailleurs, malgré son accession à l'OMC le 26 juin 2014, il demeure le seul pays le moins avancé de la région.

En réalité, ce n'est qu'à partir de 1995 que les pouvoirs yéménites ont œuvré pour des réformes structurelles ayant pour objectif la modernisation et la libéralisation de l'économie du pays, à la suite des PAS décrétés par le FMI et la Banque Mondiale. D'importantes aides au développement ont été octroyées aux autorités yéménites à plusieurs reprises par l'Association Internationale de Développement (IDA). Certaines aides étaient destinées, principalement, au développement de la microfinance, des PME et au

[283] L'OMC : « Examen des politiques commerciales, Rapport du Royaume d'Arabie Saoudite », du 14 décembre 2011, https://www.wto.org

soutien du secteur privé, d'autres, à améliorer les infrastructures des villes portuaires (Adan, Mukalla et Hodeïdah)[284]. D'autres institutions régionales comme le Fonds Arabe de Développement Économique et Social ainsi que le CCG ont contribué au développement économique du Yémen à travers les aides matérielles apportées d'un temps à autres. L'Arabie Saoudite aussi a joué un rôle important dans la promotion de l'investissement au Yémen (Fin 2013, 2,2 milliards de dollars ont été décaissés)[285], bien que ce soit dans le but de préserver sa sécurité et empêcher la propagation du conflit yéménite sur son territoire, comme le projet de construction du Pont Bab El Mandeb, élaboré en 2008 tendant à relier la côte yéménite à Djibouti.

Par conséquent, même si l'industrie pétrolière occupe une place primordiale dans l'économie du Yémen, d'après les dernières données de la Banque Mondiale de 2013, le secteur des services devance largement celui de l'industrie. La valeur ajoutée du secteur des services au PIB est de 100% contre 49,2% pour l'industrie et 10,1% pour l'agriculture. Il emploie plus de 56% de la main d'œuvre contre 24,7% en agriculture et seulement 18,8% en industrie. En matière de liberté économique, selon le rapport de *Heritage Foundation* de 2015, le Yémen a obtenu l'indice de 54/100, juste devant le Soudan (49/100) et la Libye (46,8/100), et derrière l'Iran (57/100) et l'Irak (57,7%). Désormais, malgré son accession à l'OMC, les réformes sont mitigées et n'ont pas abouti aux objectifs escomptés par les institutions internationales. Les autorités yéménites, bien qu'elles soient confrontées aux instabilités politiques et sécuritaires actuelles, devront déployer beaucoup plus d'efforts en matière d'éducation, de santé et d'infrastructure afin d'atténuer, d'une part les disparités existant entre le Nord et le Sud du pays, et d'autre part de réduire la pauvreté (un tiers de la population vit sous le seuil de la pauvreté). Le règlement du conflit interne entre sunnites et chiites, ainsi que l'aboutissement à un compromis avec les houthis auront des retombées très positives sur l'ensemble de l'économie yéménite, et surtout, sur les investissements directs étrangers.

B. Le bilan sur les investissements directs étrangers

Les investissements directs étrangers (entrants et sortants), abrégés souvent en IDE ou IDI (investissement directs internationaux) sont l'un des moyens inéluctables de développement, de la modernisation et de

---

[284] L'IDA en action : Yémen : Favoriser le développement économique local dans les villes portuaires, http://web.worldbank.org

Les autorités yéménites ont adopté la loi n° 45 de 1999 sur la privatisation. Plusieurs entreprises ont été privatisées, ce qui a permis au secteur privé de prospérer. Des mesures de libéralisation du commerce aussi ont été prises la même année comme la suppression des subventions, exemption de droits de douanes pour certains équipements et limitation des contraintes administratives liées à la création d'entreprises et à la détention du capital.

[285] Le contexte économique du Yémen, http://www.champagne-ardenne-export.com

l'intégration économique d'un pays. Dans sa quatrième édition de la Définition de référence des investissements directs internationaux de 2008, l'OCDE définit les IDE comme *« L'investissement transnational effectué par le résident d'une économie afin d'établir un intérêt durable dans une entreprise qui est résidente d'une autre économie que celle de l'investisseur direct. L'investisseur est motivé par la volonté d'établir, avec l'entreprise, une relation stratégique durable afin d'exercer une influence significative sur sa gestion. L'existence d'un « intérêt durable » est établie dès lors que l'investisseur direct détient au moins 10 % des droits de vote de l'entreprise d'investissement direct »*[286].

D'après la définition de l'OCDE, l'entreprise investisseur peut être une actionnaire détenant entre 10% et 50% des droits de vote, ou société à part entière, comme les succursales, dont la société mère détient 100% des droits. Ce qui suppose donc que :

- L'entreprise « investisseur » doit engager les capitaux à investir dans un pays étranger.
- L'investisseur doit établir un intérêt durable dans le pays étranger (un investissement sur le long terme).
- L'investisseur doit exercer une influence significative dans la gestion et la prise de décisions de la société dans laquelle il a acquis des actions. Cette influence a été établie par la définition de référence de l'OCDE par la détention de 10% minimum ou plus d'actions ou de droits de vote, ce qui différencie les IDE des investissements de portefeuille où la détention de capitaux ou de droits de vote n'est pas exigée.

L'application de ces critères dans les pays où l'économie est suffisamment ouverte ne pose pas de problème, car l'État n'a pas beaucoup d'emprise sur l'économie. Or, dans la plupart des pays rentiers de la région MENA (l'Algérie, l'Iran, l'Irak, la Libye et le Yémen) l'État est omniprésent, et par ses réglementations protectionnistes et introverties, entrave le flux des IDE.

Pour les IDE entrants et sortants, les pays du CCG, notamment le Qatar, EAU, Bahreïn et l'Arabie Saoudite sont les plus gros récepteurs et pourvoyeurs d'IDE dans la région. Leur intégration régionale (dans le cadre du CCG et de la zone arabe de libre-échange (ZALE)) leur a permis d'alléger leurs réglementations liées au commerce et aux investissements. Pour certains d'entre eux (Qatar, Bahreïn et EAU) le climat des affaires est beaucoup plus propice aux investissements qu'en Koweït, en Arabie ou à Oman. Les données des différentes instances, reproduites partiellement dans le tableau suivant, relatives aux indices de liberté économique et de la

[286] Définition de référence de l'OCDE des investissements directs internationaux : quatrième édition, OCDE 2010, page 17, http://www.oecd.org

facilité de faire des affaires, ainsi que ceux de la performance logistique, vont nous permettre d'analyser les législations des différents pays pétroliers de la région MENA, et de comprendre les obstacles persistants à l'intégration et à l'ouverture de leurs marchés.

Dans le cas des EAU, la stabilité politique et la sécurité ont joué un rôle primordial dans l'attractivité des IDE. D'après le rapport 2014 de la Conférence des Nations Unies sur le Commerce et le Développement (CNUCED) sur les investissements mondiaux[287], les EAU sont le deuxième pays récepteur D'IDE derrière la Turquie dont le stock représente 26,6% du PIB (soit un flux d'IDE entrant de 10488 millions USD en 2013). L'essentiel des flux provient du Royaume-Uni et de l'Asie, ensuite de l'Europe et des pays voisins (Arabie Saoudite et le Koweït), et est orienté, principalement, vers le secteur énergétique, l'immobilier, et les services. Les autres secteurs, comme l'industrie pétrolière, la poste et les télécommunications sont sous monopole étatique ; l'accès est désormais restreint et soumis en, dehors des zones franches ou spécialisées,[288] à la règle de 49/51 dont l'actionnaire national doit être majoritaire. Cette règle restrictive doit être amendée prochainement, selon les autorités émiriennes, afin de répondre, d'une part aux exigences de l'OMC en matière de souplesse des réglementations, à laquelle les EAU ont adhéré en 1996, et d'autre part, préserver sa position du premier pays destinataire des flux d'IDE face à la concurrence grandissante des pays voisins.

Par ailleurs, l'absence de l'impôt sur le revenu des sociétés, d'impôt sur les plus-values des parts sociales, ainsi que de la TVA et de l'impôt sur le revenu des personnes physiques[289] attire de plus en plus de travailleurs et d'investisseurs, en particulier vers l'Émirat de Dubaï, malgré les prix immobiliers très élevés auxquels s'ajoutent quelques taxes immobilières (entre 5% et 15% selon le bien loué).

Une autorité de promotion des investissements « *Dubaï Development and Investment Authority* » a été mise en place afin d'apporter toutes les

---

[287] World Investment Report 2014: "Investing in the SDGs: an action plan", http://unctad.org

[357] Selon les dernières données disponibles de 2012 du Bureau National des Statistiques des EAU.

[288] Les zones franches ou les zones franches spécialisées (à thèmes), telles que Jebel Ali, Fujaïrah, Sharjah, Dubaï, Media City, etc ont été créées par les autorités spécifiquement pour accueillir les investisseurs. Les investisseurs étrangers bénéficient de multiples avantages et allégements fiscaux, ainsi que d'exonération de droits à l'importation de différents produits, liberté de rapatriement de capitaux, rapidité des démarches administratives, etc. Plusieurs pays de la région (Algérie, Jordanie, Tunisie, Maroc, Égypte, etc) disposent de zones franches tendant à développer certaines villes et certains domaines. Par ailleurs, malgré le succès que rencontre ces zones, elles peuvent avoir parfois, si elles sont mal gérées, des effets pervers sur le développement économique du pays, d'une part à cause des disparités qu'elles vont créer avec le reste des villes ou zones ordinaires, et d'autre part, le manque à gagner pour l'État à la suite des multiples exonérations fiscales.

[289] Fiche pays, les Emirats Arabes Unis, UBIFRANCE, 2014, http://www.reunion.cci.fr

informations nécessaires sur les conditions et opportunités d'investissement dans le pays conformément à la loi fédérale n°8 de 1984, amendée par la loi n°13 de 1988 et qui est entrée en vigueur le 8 janvier 1993 relative aux investissements[290]. La modernité des infrastructures et la performance logistique similaire à celle des pays occidentaux développés (France, Royaume-Uni, Suède, etc) ont eu un impact considérable sur l'accroissement des IDE entrants depuis 2006. Une rencontre annuelle sur l'investissement et le rôle de l'innovation dans la promotion des IDE devrait se tenir à Dubaï du 30 mars au 1er avril 2015, une rencontre qui s'inscrit, en fait, dans la stratégie des autorités émiriennes lancée en décembre 2014, d'aboutir à un développement durable sous les auspices de l'innovation[291]. Cependant, malgré une légère baisse enregistrée en 2013, selon les dernières données de la CNUCED par rapport à 2008 (10488 millions USD en 2013 contre 13724 millions USD en 2008), les EAU gardent toujours leur place du premier récipiendaire d'IDE non seulement dans le CCG, mais aussi dans toute la région MENA, suivi de près de l'Arabie Saoudite.

Le Royaume saoudien est réputé pour son économie modérément libre et son environnement favorable aux affaires. Le flux d'IDE entrant en 2013 était de 9298 millions USD contre 39456 en 2008. Quantitativement, ces flux ont permis au Royaume d'occuper la seconde place derrière les EAU en termes de réception d'IDE dans la région MENA. Toutefois, les IDE ont connu un important fléchissement entre 2009 et 2013. Cette baisse peut être expliquée, en premier lieu, par la crise économique de 2009 qui a eu pour conséquence la stagnation des échanges et des investissements mondiaux, et en deuxième lieu, par la concurrence à laquelle le Royaume fait face depuis quelques années, notamment des pays du CCG (EAU, Bahreïn et Qatar). Mais le stock d'IDE demeure considérable, malgré cette baisse. D'après les données de la CNUCED de 2013, ils ont représenté en 2013 près de 210 000

---

290 HAFIZ Chems-Eddine : « Emirats Arabes Unis : de quelques éléments juridiques », mis en ligne le 11 novembre 2007 sur le site http://www.blogavocat.fr

291 Communiqué de presse du groupe France-Moyen Orient, intitulé : « Rencontre annuelle sur l'Investissement de Dubaï du 30 mars au 1er avril 2015 », publié le 3 février 2015, sur le site http://www.france-moyenorient.com Le Premier ministre, vice-président et émir de Dubaï, cheikh Mohammed Ben Rached Al Maktoum avait affirmé lors de l'adoption du plan stratégique sur le développement durable que « *Les Emirats Arabes Unis sont déjà la nation arabe la plus innovante. Nous voulons être parmi les plus innovants au monde. Les EAU investissent déjà 14 milliards de dollars émiratis chaque année en innovation, desquels 7 milliards sont alloués à la recherche et développement. Nous allons augmenter ces chiffres de façon significative.... L'innovation aujourd'hui est catalysée par des institutions efficaces, des politiques fortes, des compétences spécialisées, et par une économie où tous les secteurs travaillent ensemble pour découvrir de nouvelles solutions pour faire des affaires. Une économie flexible et créative basée sur une culture nationale de l'innovation est le moyen le plus rapide et durable pour renforcer la compétitivité des EAU au niveau global* ». Un pôle d'innovation au Dubaï Multi Commodités Centre a été inauguré en 2015, une initiative qui se rajoutera au carnet de plans des autorités pour attirer de plus en plus d'investisseurs et de main d'œuvre qualifiée.

millions USD, soit 28% du PIB. L'Arabie Saoudite se situerait donc au 26ème rang mondial, avec 0,9% de stock d'IDE, et ce grâce aux mesures incitatives prises par les autorités saoudiennes parmi lesquelles nous pouvons citer : l'égalité de traitement entre les investisseurs étrangers et les nationaux, surtout en matière d'accès aux aides publiques, les exonérations fiscales, les protections tarifaires, les exemptions de droits de douanes sur certains produits ainsi que la mise en place de zones spécifiques (mais pas franches) qui existent dans les grandes villes comme à Dammam, Djeddah, etc.

La législation du Royaume relative aux IDE est plutôt souple, malgré la subsistance de quelques restrictions liées par exemple à l'interdiction de l'usure (pour les établissements bancaires), l'imposition aux entreprises des quotas d'employés nationaux, le règlement des différends, l'application des contrats, etc. À quoi s'ajoutent quelques problèmes culturels découlant de l'environnement conservateur du pays tels que la limitation d'accès des femmes au marché de travail et de l'investissement et l'interdiction de commercialiser certains produits (alcools, porc, etc). Certains secteurs, selon la liste négative de l'autorité générale d'investissement saoudienne *Saudi Arabian General Investment Authority* (SAGIA)[292], sont réservés à l'État comme certaines filières de l'industrie pétrolière, l'investissement immobilier dans les lieux saints, l'audiovisuel et les médias, etc. En prolongement des efforts déployés jusqu'ici, à la suite de l'accession du Royaume à l'OMC, les autorités saoudiennes révisent régulièrement cette liste négative et ouvrent de plus en plus de secteurs à l'investissement étranger (l'électricité, le transport aérien, l'énergie solaire, etc). L'industrie (pétrochimie et raffinage en particulier) est le premier secteur objet d'IDE avec 27%, suivi de l'immobilier (24%), de la construction (17 %), les services financiers (8 %), les transports et télécommunications (7 %), le commerce (6 %), la production d'électricité et d'eau (3 %), les mines et l'amont pétrolier et gazier (3 %)[293]. L'important déficit budgétaire de 87 milliards de dollars, enregistré en 2016, a poussé les autorités à recourir à quelques réformes radicales telles l'instauration de la TVA, l'augmentation des prix des billets d'avion à l'intérieur du royaume, ainsi que la privatisation, dans les cinq prochaines années, des aéroports et des services de l'aviation civile ainsi que la vente de moins de 5% du capital de la société pétrolière ARAMCO.

L'année 2016 était marquée aussi par l'annonce d'un projet national phare intitulé « vision 2030 » le 25 avril par le Prince héritier Mohamed Ben Salman, ayant pour objectif une préparation objective de l'ère de l'après-

---

[292] http://www.sagia.gov.sa

[293] Ambassade de France en Arabie saoudite, Service Économique : « Les investissements directs étrangers en Arabie Saoudite : (Etat des lieux en 2014)», juin 2014, page 2, http://www.diplomatie.gouv.fr

pétrole et qui porte sur la création d'un fonds d'investissement, hors le secteur énergétique, de plusieurs milliers de dollars

Le troisième pays de la région récipiendaire d'IDE, toujours selon les données 2013 de la CNUCED est l'Égypte avec un flux d'IDE entrant de 5553 millions USD, suivi du Soudan (3094 millions USD), de l'Iran (3050 M USD), de l'Irak (2852 M USD), du Koweït (2339 M USD), de l'Algérie (1691 M USD), d'Oman (1626), puis de Bahreïn (989 M USD). Les seuls pays ayant enregistré des soldes négatifs ce sont le Qatar (-840 M USD) et le Yémen (-134 M USD).

Pour le Qatar, malgré la baisse considérable des flux entrants par rapport à 2008 (3779 M USD), il se positionne, tout de même, au troisième rang en termes de stocks derrière les EAU et l'Arabie Saoudite[294]. Ses IDE sortants, quant à eux, ont enregistré une augmentation sans précédent grâce à son Fonds souverain à travers lequel il investit partout dans le monde (8021 millions USD en 2013 contre 3658 en 2008). C'est ce qui a permis au Qatar de se positionner au 2éme rang derrière le Koweït (8377 millions) et devant l'Arabie Saoudite (4943 millions USD) et les EAU (2905). Ceci dit, bien que le Qatar dispose d'une législation favorable aux investisseurs étrangers, les autorités doivent fournir davantage de protection aux investisseurs minoritaires et doivent rapidement amender l'obligation qui incombe à un investisseur étranger de s'associer à un sponsor qatari. Néanmoins, celle-ci ne s'applique pas dans les zones d'investissement spécifiques comme le Qatar Financial Center pour les services financiers, Education City et Qatar Scientific & Technology Park (QSTP), et dans quelques secteurs comme le Conseil, la distribution, les technologies de l'information, le sport et la culture. Depuis l'adoption en 2010 de la loi sur l'investissement, les investisseurs dans ces domaines peuvent détenir 100% des parts de leur société[295]. Beaucoup d'entreprises qatariennes ne sont pas encore privatisées, ce qui a pour effet de ralentir en quelque sorte l'investissement dans le secteur privé. Cependant, l'approche de la coupe du monde qui aura lieu au Qatar en 2022 devrait en principe anticiper la privatisation et l'ouverture à l'investissement de bon nombre de ses entreprises, notamment celles opérant dans le secteur pétrolier, car jusqu'à présent, c'est ce secteur qui attire le plus d'investisseurs comme pour la quasi-totalité des pays pétroliers de la région, notamment l'Algérie.

Dans le cas de l'Algérie, les IDE entrants ont connu une légère baisse en 2013 (1691 millions USD) par rapport à 2011 (2581 millions USD).

---

294 Ambassade de France au Qatar, Service économique : « L'investissement direct étranger au Qatar en 2013 », publications des services économiques de février et mars 2015, page 1, http://www.tresor.economie.gouv.fr

295 BNP Paribas ; Fiche pays : le Qatar : les investissements directs étrangers, https://www.tradesolutions.bnpparibas.com

L'attentat perpétré début 2013 à Ain Amenas, à la suite duquel quarante personnes ont perdu la vie, explique, en partie, cette baisse.

D'autres raisons telles que la lourdeur et la lenteur des démarches administratives, la corruption, l'économie informelle, l'insécurité juridique et du système financier, la détention de la majorité du capital par un partenaire local pour certaines entreprises, etc, freinent considérablement l'afflux des IDE. Autant de contraintes, plus pesantes, que dans les autres pays que nous venons de voir. Par exemple en matière d'imposition, aux EAU il n'existe ni de TVA, ni d'impôts sur les sociétés ou sur les revenus, contrairement à l'Algérie où les taux d'imposition sont relativement élevés. À titre indicatif, le taux de la TVA est de 17% (7% pour le taux réduit), l'impôt sur les sociétés varie en fonction du domaine d'activité (19% pour la production, le BTP et les activités touristiques et 25% pour les activités de commerce ou services). S'ajoute la taxe sur les bénéfices industriels et commerciaux allant jusqu'à 35%, la taxe sur les plus-values de cession des parts sociales de 20%, les dividendes des non-résidents à 15%, la taxe foncière (entre 5% et 10%), les droits de douanes qui peuvent atteindre 30%, etc[296]. Toutefois, quelques exonérations et avantages peuvent être octroyés aux investisseurs étrangers opérant dans les zones spécifiques, mais ces avantages sont nettement inférieurs à ceux octroyés par les gouvernements des pays comme le Qatar, les EAU et l'Arabie.

Cependant, malgré ces points faibles, les autorités algériennes, notamment L'Agence Nationale de Développement de l'Investissement (ANDI) n'ont pas hésité à déployer davantage d'efforts en la matière pour attirer les investisseurs étrangers, y compris ceux des pays partenaires arabes (Qatar et EAU) ou européens (la France principalement). La création de pôles industriels dans les différentes villes (industrie automobile à Oran, la mécanique à Constantine, l'agroalimentaire à Bejaia, etc)[297] constitue l'un des grands pas vers la diversification économique du pays.

En somme, les entraves aux IDE sont nombreuses dans les législations des pays pétroliers de la région, de plus en plus contraignantes dans quelques-uns par rapport aux autres, mais, jusqu'à présent, les pays du golfe semblent les plus avancés en la matière. Les progrès qui ont été réalisés sont observables à travers les chiffres (données macro-économiques des différentes institutions) mais aussi à travers le rayonnement de ces pays dans le monde des affaires à l'échelle internationale.

---

[296] Colloque « Les investissements étrangers en Algérie : Bilan et Perspectives » tenu le 13 mars 2014 à la Maison du Barreau de Paris, Auditorium Louis-Edmond PETTITI, intervention de Mr Nacer MOHELLEBI, Tous les actes du colloque ont été reproduits par Mr Hafiz sur son site http://www.blogavocat.fr

[297] Colloque « Les investissements étrangers en Algérie : Bilan et Perspectives » tenu le 13 mars 2014 à la Maison du Barreau de Paris, Auditorium Louis-Edmond PETTITI, intervention de Mr Jean-Louis LEVET.

Pour les autres pays, les moins intégrés, une réforme de la législation s'impose pour pouvoir développer leurs économies. Un défi, bien entendu, difficile à relever pour les pays instables comme le Yémen, l'Irak, la Syrie et la Libye. Il faut peut-être attendre que la sécurité revienne pour pouvoir relancer les réformes économiques. La Banque Mondiale prévoit un accroissement des IDE pour l'ensemble de la région, qui devrait atteindre 18,4 milliards de dollars en 2015 et 20,3 milliards de dollars en 2016, et une forte augmentation des capitaux privés qui devront atteindre 27,7% en 2016 après un fléchissement considérable en 2013 et 2014[298].

[298] El KHOURY Bachir : *« Les entrées nettes de capitaux privés prévues de chuter de 23% en 2014 »*, article publié sur le site economiesarabes.blog.lemonde.fr le 27 février 2014.

PARTIE II

LES ENJEUX ÉCONOMIQUES ET POLITIQUES DE L'APRÈS-PÉTROLE

Si très peu de pays arabes pétroliers de la région MENA ont commencé à préparer l'après-pétrole, pour d'autres les discours relatifs à la diversification de l'économie ne sont pour l'instant que de simples déclarations d'intentions. Or, le passage effectif à l'après-pétrole nécessite, d'une part, une définition claire de la relation entre la rente pétrolière et le développement économique durable **(I)**, et d'autre part, une mise en place effective de stratégies de sortie de la dépendance à la rente pétrolière **(II)**.

CHAPITRE I

LA RENTE PÉTROLIÈRE ET LE DÉVELOPPEMENT ÉCONOMIQUE DURABLE

Comme nous avons pu le constater tout au long de notre analyse, la rente pétrolière a substantiellement contribué à la transformation du rôle des États pétroliers de la région MENA, qui ont basculé d'États « régulateurs » à États « assistants ». Cette logique d'assistanat a, depuis des années, piloté les différentes stratégies socio-économiques adoptées par l'élite au pouvoir sans, toutefois, opérer de changements majeurs à tous les niveaux. Au demeurant, les dirigeants des pays pétroliers arabes doivent se servir de la rente pétrolière comme moyen de relance de la productivité et non pas comme moyen d'accumulation aveugle de richesses. Cependant, pour expliquer le lien ou la relation qui devrait exister entre la rente pétrolière et le développement économique durable, mais aussi pour prévenir le risque de sur-dépendance aux revenus des hydrocarbures, nous devons prendre en compte, d'une part, le rôle des entreprises pétrolières dans le développement économique des pays arabes pétroliers **(I)**, et d'autre part, le devenir de la rente en cas de transfert de la propriété publique des ressources énergétiques à la propriété privée **(II)**, ainsi que le rôle des organisations régionales dans la préparation de l'après-pétrole **(III)**.

SECTION I. LE ROLE DES ENTREPRISES PETROLIERES DANS LE DEVELOPPEMENT ECONOMIQUE DES PAYS ARABES PETROLIERS

La compréhension du mécanisme de la dépendance à la rente pétrolière ne peut être aisée sans l'étude du rôle des entreprises pétrolières (nationales et multinationales). L'analyse doit, cependant, tenir compte du processus de l'octroi des contrats pétroliers **(§1)**, ainsi que de l'influence des entreprises pétrolières sur les gouvernements des pays arabes pétroliers **(§2)**.

§1. L'octroi des contrats pétroliers

L'octroi des contrats dans le domaine pétrolier est soumis en général aux lois du pays hôte. Cependant, les Ministères de l'énergie, mis en place par les gouvernements de ces pays, jouent un rôle considérable, non seulement dans l'élaboration de ces lois, mais aussi dans l'octroi des contrats et des concessions portant sur les hydrocarbures. Par ailleurs, la conclusion des contrats avec les compagnies étrangères est souvent léguée aux entreprises pétrolières nationales comme c'est le cas pour l'ARAMCO et SONATRACH[299]. Ces contrats ont pour objet d'accorder « *des droits juridiques aux entreprises pétrolières étrangères pour mener des activités pétrolières* »[300], et peuvent prendre différentes formes : contrat pétrolier, accord d'exploration (de prospection et de production (E & P)), contrat d'exploration et d'exploitation, concession, accord de licence, accord de partage du pétrole (APP), et contrat de partage de production (CPP). Jusqu'à la fin des années soixante, les concessions étaient largement répandues, et souvent conclues pour de longues durées (60 ans et plus), mais lorsque les États nationalisent leurs ressources naturelles, ces concessions ont été remises en causes[301]. Aujourd'hui, les contrats sont en général attribués soit après lancement des appels d'offres (un système de concurrence qui permet à l'État de choisir l'entreprise qui présente la meilleure offre), soit par négociations *ad hoc* (offre spontanée suivie de négociations entre la compagnie étrangère et la compagnie nationale), soit par l'attribution du contrat, directement, au premier candidat. Ces nouvelles formes de contrats offrent plus de privilèges aux États hôtes, et surtout, celui de préserver leurs souverainetés sur leurs ressources. Par ailleurs, en ce qui concerne les taxes, elles font, souvent, objet de modification ou de réajustement en fonction de la fluctuation des prix de pétrole. Lorsque les prix baissent, les taxes aussi

---

[299] BENCHIKH Madjid : « La nouvelle loi pétrolière algérienne : direction publique et économie de marché », *L'année de Maghreb*, 2005-2006, pages 201-221, http://anneemaghreb.revues.org

[300] Publiez Ce Que Vous Payez (PCQPV) : « Les contrats pétroliers à la portée de tous », édition d'octobre 2013, pages 29-30, www.publishwhatyoupay.org/fr

[301] La concession était la première forme de contrat conclu entre un pays producteur et une compagnie étrangère. Il remonte aux années 1800, lors du boom pétrolier aux Etats-Unis. Les concessions conféraient en général un droit de propriété du sol et du sous-sol contenant du pétrole à la personne qui l'a découvert, selon le concept américain de la propriété foncière. Cependant, les concessions attribuées aux multinationales par les gouvernements arabes des pays pétroliers pendant des années (Iran, Libye, Arabie Saoudite, Koweït, etc) ont été remises en causes par les autorités après la nationalisation des hydrocarbures à cause des clauses inégalitaires qu'elles contiennent en faveur des compagnies étrangères. D'autres termes tels que le partage de la production ou la sous-traitance sont apparus en 1966 (premier contrat de partage de production créé par l'Indonésie « production sharing agreement ») qui ne confère à la compagnie étrangère que le droit d'explorer les gisements. L'État demeure le propriétaire exclusif de ses ressources. Des redevances, à titre de rémunération, sont versées aux compagnies étrangères par le pays hôte.

baissent, ce qui constitue un avantage fiscal pour les compagnies pétrolières. Inversement, lorsque les prix accroissent, les taxes à leur tour augmentent[302].

Depuis la nationalisation de leurs hydrocarbures, les pays du MENA ont opté, majoritairement, pour des contrats d'exploration et de partage de production. Quelques divergences relatives aux conditions et aux taxes peuvent exister, comme c'est le cas pour l'Algérie qui applique la taxe sur les *superprofits* (relative aux profits exceptionnels réalisés), ainsi que la taxe *superficiaire* (sauf qu'en Algérie par exemple, la taxe sur le rendement est décidée par les multinationales, à partir de leurs déclarations, et non pas par les autorités), mais ces taxes n'ont pas empêché les multinationales de répondre aux appels d'offres des pays producteurs. Quelques-unes d'entre elles ont répondu, très présentes d'ailleurs, comme les compagnies chinoises qui n'ont cessé de montrer, depuis quelques années, leurs ambitions de conquérir le marché pétrolier du Sud de la Méditerranée, notamment, celui de la région MENA.

Devenue le plus puissant pays économique au monde aux côtés des États-Unis, la Chine a besoin de nouveaux horizons riches en hydrocarbures pour combler ses besoins énergétiques grandissants. Pour parvenir à leurs ambitions, les décideurs chinois ont adopté la stratégie de *soft power*[303]qui leur a permis de multiplier les contrats et les partenariats dans différents domaines (pétrole, industrie, travaux publics, immobilier, etc). Depuis les années 2000, les entreprises d'État chinoises comme la China National Petroleum Corporation (CNPC) ainsi que la China Petrochemical Corp (CPC) et Petro China ont conquis le secteur pétrolier de la quasi-totalité des pays pétroliers de la région MENA. La Chine a marqué sa présence au Soudan, lorsque Chevron s'est retirée (fin des années quatre-vingt) à la suite de la Deuxième Guerre civile qui opposait le Soudan à son Sud. Après l'invasion de l'Irak en 2003, l'opinion publique s'attendait à ce que les États-

[302] AOUN Marie-Claire : Op.cit, page 53 et ABDELKADER Sid Ahmed, *Développement sans croissance*, op.cit, page 52

[303] Dans sa stratégie dans les pays du Sud, La Chine se positionne comme partie égale qui vise la collaboration et non pas la dominance. Nous remarquons, d'ailleurs, les réserves qu'émettent les dirigeants chinois dans leurs discours sur les conflits dans le monde arabe. Les dirigeants chinois évitent toute prise de position ou ingérence dans les affaires intérieures des pays hôtes afin de ne pas compromettre leurs relations économiques avec quelconque partie. La Chine a également refusé de se joindre aux coalitions internationales pour lutter militairement contre l'État Islamique. Cependant, les investisseurs chinois, dans leurs relations contractuelles, octroient des aides importantes ayant trait au développement de certains secteurs, au soutien des associations de charité, etc. les décideurs publics chinois recourent également à ce genre de pratique dans leurs relations politiques, notamment, avec les dirigeants africains, où ils sont amenés à plusieurs reprises à verser des aides aux « premières dames » pour qu'elles puissent accomplir leurs rôles de bienfaisantes auprès des démunis.
TROUDI Mohamed : « La stratégie arabe de la Chine », publié dans la *Revue Géostratégiques* n°33 du premier trimestre 2011 « La Chine à la croisée des chemins », pages 153-177, http://www.strategicsinternational.com

Unis mettent la main sur le pétrole irakien, surtout, qu'à l'époque, comme nous l'avons évoqué précédemment, beaucoup d'encre a coulé sur les raisons et les alibis pour lesquels les Américains en envahi l'Irak, principalement, le pétrole. Or, douze ans après la guerre, nous constatons que ce sont les Chinois qui profitent du pétrole irakien et non pas les Américains. Les entreprises américaines de génie civil, de services et de construction ont obtenu d'importants contrats sans procédures d'appel d'offres, et sans clauses particulières (Stevedoring Services of America, Kellog Brown & Root, etc) afin de construire le nouvel Irak. La détention des revenus du pays issus des hydrocarbures par les deux alliées États-Unis/Royaume-Uni à travers le Fonds pour le développement de l'Irak, créé par la résolution du Conseil de l'ONU n° 1483 du 22 mai 2003, a permis aux deux décideurs de rémunérer généreusement les entreprises américano-britanniques présentes sur le sol irakien.

Quant aux firmes pétrolières, notamment, Chevron et Exxon Mobil, elles sont bien présentes sur le sol irakien, et ont obtenu d'importants gisements pétroliers, mais la reconnaissance de l'autonomie du Kurdistan Irakien, à partir de 2005, qui dispose d'importantes ressources pétrolières, a eu un effet de désintéressement à l'égard du pétrole détenu par les autorités de Bagdad. À la suite de différends survenus entre Bagdad et Exxon Mobil en 2012 à cause de la signature par cette dernière d'un important contrat pétrolier avec le Kurdistan irakien, sans l'aval de Bagdad, Exxon a émis le souhait de se retirer du champ pétrolier West Qurna 1, dans le Sud du pays, et de vendre ses parts. Exxon Mobil a fini par céder 25% des 60% de ses parts à la compagnie Petro China en novembre 2013.

Mais, en matière de contrats pétroliers, se pose souvent la question de la régularité de ces contrats. En effet, plusieurs contrats ont été attribués dans de nombreux pays (Libye, Algérie, Irak, Soudan) soit par favoritisme politique, ou simplement, après perception des pots-de-vin de la part des compagnies étrangères. Le scandale de la SONATRACH en est la preuve.

Pour sa part, le CNT libyen, devenu le Conseil Général National (CGN) à l'issue des élections du 7 juillet 2012, a remis en cause, juste après le renversement de Kadhafi, d'importants contrats pétroliers conclus entre le NOC et les multinationales, notamment, l'italienne ENI et la française TOTAL. D'ailleurs, les autorités libyennes et américaines mènent conjointement, depuis début avril 2012, une enquête sur des versements illicites à des officiels libyens, ainsi que sur d'éventuelles irrégularités entachant l'octroi desdits contrats sous le règne de Kadhafi[304].

Toutefois, eu égard aux bouleversements politiques que traverse la région MENA après les soulèvements populaires de 2011, et surtout la mainmise des différentes milices et de Daesh sur d'importants terminaux pétrolifères

---

[304] France tv info et AFP : « Les contrats pétroliers libyens sous surveillance », article publié le 9 avril 2012 sur le site http://www.francetvinfo.fr

en Libye, en Irak, au Yémen et en Syrie, se pose la question du sort des contrats conclus entre les gouvernements de ces pays et les compagnies étrangères. Est-ce que ces contrats seront résiliés ou bien les compagnies occidentales vont tenter de les renégocier pour tirer plus de profits ? Quelles garanties les gouvernements pourraient-ils offrir aux compagnies étrangères afin qu'elles continuent d'exploiter les gisements ? Et enfin, quel impact la vente illicite du pétrole sur les économies des pays en guerre aurait-il ? Autant de questions auxquelles nous allons tenter de répondre en analysant la situation des principaux pays pétroliers en crise : la Libye et l'Irak étant donné que dans les autres pays de la région, hormis la Syrie et le Yémen, la situation contractuelle entre les compagnies pétrolières étrangères et le gouvernement légitime n'est pas compromise.

Pour la Libye, la situation devient, de plus en plus, complexe depuis le contrôle de la capitale « Tripoli » par les milices du *Fajr Libya* en août 2014, qui ont choisi, comme fief Mistra, tout près de Tripoli. Ces derniers ont installé un nouveau gouvernement intitulé « Congrès Général National Libyen » (CGNL) qui rivalise avec le gouvernement « officiel » du pays réfugié à Tobrouk (Benghazi) dans l'Est du pays. Cependant, bien que la compagnie pétrolière nationale NOC soit implantée, depuis sa création en 1970, à Tripoli, le gouvernement de Tabrouk a évoqué ses liens douteux avec les autorités de Tripoli et a récusé l'habilitation du CGNL à conclure tout contrat pétrolier avec les compagnies étrangères. À la suite de cette situation de déni, le gouvernement officiel a procédé à la création d'une nouvelle compagnie pétrolière nationale afin de pouvoir explorer et commercialiser le pétrole libyen. Actuellement, la Libye compte deux NOC, deux gouvernements, deux parlements et deux ministères du pétrole[305].

Faute de compromis politique entre les deux gouvernements, les autorités officielles ont tenté de remettre la main sur les ressources énergétiques du pays, par l'ouverture d'un nouveau compte bancaire aux Emirats Arabes Unis et par la négociation, avec les multinationales, de cesser leurs partenariats avec l'ancienne NOC. Malheureusement, le pari est loin d'être gagné pour le gouvernement de Tobrouk qui se heurte, d'une part, aux difficultés techniques et matérielles pour l'établissement de sa nouvelle compagnie pétrolière, et d'autre part, à l'impossibilité de mettre un terme aux contrats qui liaient les compagnies pétrolières étrangères à la NOC. Celle-ci n'a pas cessé d'affirmer sa neutralité et la nécessité de laisser le secteur énergétique en dehors des discordances politiques.

Or, la continuité des contrats pétroliers conclus entre la NOC et les multinationales est, plus que jamais, au cœur des débats entre les deux gouvernements rivaux, d'autant plus que le gouvernement officiel considère

---

[305] AFP : « Le pétrole libyen sous le feu des factions rivales », article publié le 22 mars 2015 sur le site http://www.i24news.tv

que tout échange commercial avec la NOC est assimilé à un financement des groupes terroristes[306].

En effet, la guerre de pétrole à laquelle se sont livrés les deux gouvernements a divisé par deux la production pétrolière qui est passée de 1,5 mb/j en 2011 à près de 350 000 b/j, ce qui a amenuisé fortement l'économie nationale. Une situation qui a poussé la NOC à décréter « l'état de force majeure » afin de restreindre sa responsabilité en cas de manquement à ses obligations contractuelles. D'ailleurs, depuis le renversement de Kadhafi, onze champs pétrolifères, comme AL-Mabrouk, Al-Bahi et Dahra ont subi de multiples attaques de la part des djihadistes. Quelques-uns d'entre eux, situés dans les régions de Syrte et de Fezzan, sont tombés dans les mains des milices de Fajr Libya et de Daesh. Par ailleurs, les régions de Benghazi et de Derna sont, entièrement, contrôlées par Daesh et par les djihadistes d'Ansar al Charia.

Le manque de soutien en armes et en argent, au niveau national et international, affaibli de plus en plus la position du gouvernement officiel qui a perdu une grande majorité du territoire national (la Tripolitaine, Fezzan et une partie de la Cyrénaïque). S'ajoute à cela la réticence des compagnies étrangères à entretenir des relations contractuelles avec la nouvelle NOC. Malgré ses appels persistants, le Premier ministre du gouvernement de Tobrouk, Abdallah Al-Thinni, peine à convaincre les acheteurs internationaux d'acheter le pétrole que sa compagnie commercialise, d'autant que les terminaux d'exportation, sous contrôle des autorités officielles, sont souvent la cible d'attaques. Force est de constater que les garanties que Al-Thinni peut offrir aux acheteurs et aux compagnies étrangères sont très limitées, et que la principale NOC bénéficie, toujours, de la confiance des opérateurs internationaux.

À l'heure actuelle, seule l'union nationale, abritant les deux gouvernements, permettra de garantir la prospérité de la vie politique et économique libyenne. Du moins, c'est ce qu'espérait Abdelhakim Belhadj, leader du parti El-Watan, et redoutable opposant à Kadhafi ainsi qu'au gouvernement officiel. Dans son entretien au magazine 54 États, Belhadj estime que le dialogue est essentiel pour rétablir la sécurité et préserver l'intérêt national. Selon lui, il faut établir un pouvoir central doté d'institutions solides qui « *assurera le respect du peuple envers l'État* », contrairement au gouvernement de Tobrouk, représenté par Abdallah Al Thinni et soutenu par le général Khalifa Haftar. En effet, depuis le 5 avril 2016, le gouvernement de Khalifa Ghweil siégeant à Tripoli a accepté de céder le pouvoir au gouvernement d'unité nationale, dirigé par le Premier ministre Fayez al-Sarraj, soutenu par la communauté internationale et par

[306] Le vice-Premier ministre du gouvernement officiel, Abdel Salam al Badri, considère que l'échange avec la NOC de Tripoli équivaut à « *financer des groupes classés terroristes* », AFP, article de 22 mars 2015, *Ibid*.

l'ONU. Mais l'hostilité des autres parties, ainsi que l'insécurité qui règne sur le pays fragilisent encore le processus de paix mis en œuvre par l'ONU.

Dans le cas de l'Irak, depuis la reconnaissance officielle, en 2005, de la province autonome du Kurdistan irakien, des litiges relatifs à la forme des contrats applicables ne cessent d'opposer Irbil (la capitale du Kurdistan irakien) à Bagdad. En fait, l'Irak dépend à 90% de ses ressources énergétiques, et propose uniquement des contrats de services aux compagnies étrangères, alors qu'Irbil opte, beaucoup plus, pour des contrats de partage de production « *Production Sharing Agreement* » (PSA) conformément à la loi sur les investissements de 2006. La souplesse des lois d'Irbil encourageant les investissements dans le domaine des hydrocarbures a irrité le gouvernement fédéral, qui a jugé le recours aux contrats de partage (plus rémunérateur et moins risqué pour les compagnies étrangères) illégal. Ce désaccord fut l'une des causes de tensions politiques entre le gouvernement de Bagdad et celui d'Irbil[307]. En effet, l'orientation du gouvernement kurde irakien vers ce type de contrats lui a permis d'attirer, de plus en plus, les compagnies étrangères. Depuis l'adoption, en 2007, de la loi permettant le partage de la production et des revenus avec les multinationales, le gouvernement a signé une quarantaine de contrats avec d'importantes compagnies pétrolières étrangères comme Exxon Mobil, Chevron et Total[308]. Par ailleurs, l'aval obligatoire du gouvernement fédéral sur les exportations du pétrole (en tant que ressource nationale), confère à celui-ci la possibilité de refuser la rémunération des compagnies étrangères, en cas de non-respect par les autorités kurdes, de ses consignes en la matière, comme c'était le cas en 2012 lorsque le paiement de quelques compagnies a été suspendu, ce qui a contraint le gouvernement kurde d'arrêter, provisoirement, ses exportations. Cette situation peut s'avérer, certes, désavantageuse aux deux entités, mais peut aussi devenir le précurseur d'un important changement pour l'industrie pétrolière irakienne. Ce changement découlera de l'influence que va exercer le gouvernement d'Irbil sur celui de Bagdad pour que celui-ci s'oriente vers une économie de marché, quitte à adopter des contrats PSA, qui sont, en principe, beaucoup plus profitables aux compagnies pétrolières étrangères qu'à l'État lui-même[309]. Le chaos dans lequel sombre le pays, ainsi que l'insécurité grandissante profiteront aux multinationales qui sauront imposer leurs conditions afin que le

---

[307] Les deux gouvernements se disputent aussi la région pétrolifère de Kirkuk. En décembre 2012, une confrontation militaire a faillait avoir lieu entre les deux entités à cause de l'exploitation par Irbil des gisements pétroliers et d'exporter le pétrole par le Nord sans consulter le gouvernement fédéral.

[308] YOUNES Ilham : « Tensions entre l'Irak et le Kurdistan irakien autour des hydrocarbures : quels enjeux ? », article publié le 9 juin 2014 sur le site http://www.lesclesdumoyenorient.com

[309] Rapport du groupe britannique PLATFORM, rédigé par MUTTITT Greg « Crude Designs : The rip-off of Iraq's oil wealth », de 2005, http://www.CrudeDesigns.org

gouvernement irakien accepte de conclure des PSA, assure la continuité de l'exploitation, et surtout, la commercialisation de son pétrole. Ce type de contrat offre la possibilité aux firmes étrangères d'échapper à tout contrôle des autorités nationales, de ne pas être affecté par le changement de la législation, et enfin, de recourir à l'arbitrage international en cas de conflit.

L'influence tiendra aussi à la stratégie du Kurdistan irakien en matière économique (investissements attractifs, maîtrise du chômage, amélioration des infrastructures) qui a permet de développer, non seulement, l'ensemble des secteurs clés comme le BTP, l'agriculture et le tourisme, mais aussi de diversifier les sources de revenus, bien que le Kurdistan irakien ne dispose que du cinquième des réserves pétrolières de l'Irak.

En tout cas, depuis l'invasion de l'Irak, le département d'État américain a souhaité mettre en place ce type de contrat afin de permettre aux Majors anglo-saxons de profiter aisément de la rente pétrolière irakienne[310]. D'ailleurs, une conception d'un modèle économique « purement américain » a été mise en œuvre dès 2003. Les États-Unis ont fait appel à différents groupes de travail, notamment, le cabinet de conseil « *BearingPoint* », qui avait pour mission la planification de la transformation de l'Irak et de son économie[311].

Cependant, par-delà le problème de partage des revenus du pétrole avec le Kurdistan irakien, qui reçoit près de dix milliards de dollars par an, le gouvernement fédéral doit protéger les gisements pétrolifères restants, après que quelques-uns d'entre eux soient tombés sous le contrôle de Daesh (13 gisements, soit près de 10% de la totalité des gisements exploités), et tenter de limiter, ensuite, la vente illicite des hydrocarbures. Selon ses déclarations, Daesh dispose d'un ministre du pétrole qui se charge de la commercialisation du pétrole syrien et irakien, ainsi que de sa distribution à l'échelle nationale pour satisfaire ses différents besoins. La présence, sur les champs pétrolifères, d'anciens fonctionnaires locaux ainsi que de diplômés de tout genre a permis à l'État Islamique de produire entre 50 000 et 90 000 barils par jour. Le pétrole produit est vendu sur le marché parallèle à environ 30 dollars le baril, ce qui facilite son écoulement, soit localement, soit vers les pays voisins.

Par ailleurs, d'après l'ambassadrice de l'Union européenne en Irak Jana Hybaskova, Daesh vend le pétrole qu'il détient à l'Europe[312]. En effet, la proximité de la Syrie et de l'Irak de la frontière turque permet aux différents réseaux clandestins liés à Daesh de transporter le pétrole vers le port de Ceyhan en Turquie, afin que celui-ci soit exporté vers d'autres pays de

---

310 LEPIC Arthur : « L'Irak occupée cédera-t-elle son pétrole aux « majors » ? », article publié en 2007 sur le site http://m.alterinfo.net

311 COX James : « BearingPoint gets contested Iraq contract », article publié le 21 juillet 2003 sur le site http://États-Unistoday30.États-Unistoday.com

312 TALEB Sarah : « À qui Daesh vend-il son pétrole ?», article publié le 11 octobre 2014 sur le site http://www.huffingtonpost.fr

l'Europe. Les difficultés qui peuvent être liées à l'identification du pétrole, à sa provenance ainsi qu'à son origine facilitent davantage la vente du pétrole détenu par l'État Islamique[313]. Bien que le pétrole soit vendu par Daesh sur le marché local ou ailleurs, la perte pour les autorités irakiennes est considérable, car les sommes issues de la vente du gaz et du pétrole échappent complétement à leur contrôle, et surtout, constituent un énorme manque à gagner pour le pays, dont l'économie est déjà déficitaire. Après ses deux guerres contre le Koweït et l'Iran, et l'embargo international dont il a fait l'objet jusqu'à son invasion en 2003, L'Irak peine à se reconstruire. Aujourd'hui, il doit partager les seules ressources naturelles qu'il détient, malgré leur abondance (2éme réserves derrière l'Arabie Saoudite), non seulement avec la région autonome du Kurdistan, mais aussi, involontairement, avec Daesh qui détient près de 15% du PIB de l'Irak[314]. Les autorités doivent aussi faire face aux multinationales qui se retournent, de plus en plus, vers le Kurdistan. Ce dernier offre des privilèges plus appétissants aux investisseurs étrangers, ce qui risque de créer un réel déséquilibre économique entre l'Irak et son Nord, d'autant que les compagnies pétrolières alimentent ce déséquilibre.

§2. L'influence des entreprises pétrolières sur les gouvernements des pays arabes pétroliers

Peu de temps après la découverte de pétrole au Moyen-Orient, les majors pétroliers (Exxon Mobil, Texaco, BP, Shell, Total, etc) reversaient aux gouvernements des pays arabes pétroliers d'infirmes redevances, dans le cadre des concessions qui les liaient. Or, la création de l'OPEP au début des années soixante ainsi que la nationalisation par la suite des ressources et des entreprises nationales, ont modifié profondément, non seulement, la relation contractuelle entre les gouvernements arabes et les compagnies pétrolières étrangères, mais ont, aussi, restreint l'influence de celles-ci sur le processus décisionnel des pays producteurs. Autrement dit, les compagnies étrangères ne se trouvent plus dans une position dominante à l'égard des pays pétroliers, car les entreprises nationales (comme l'Aramco, l'INOC et la Sonatrach) ont su s'imposer sur leurs propres territoires et exiger leurs règles, notamment, en termes de droit d'exploitation et de partage des profits. Bien que le rôle de l'INOC se soit rétrogradé depuis l'invasion de l'Irak en 2003 (à cause de la remise en cause des nationalisations par le

[313] TALEB Sarah : *Ibid*

[314] IZAMBARD Antoine : « Pourquoi l'Etat islamique est assis sur une "montagne d'or" », Interview avec JeanCharles Brisard sur les rouages financiers de l'organisation islamiste, à la suite d'un document intitulé « Daesh, naissance d'un Etat terroriste », diffusé le 5 mai 2015 sur la chaine Arte, article publié le 9 mai 2015 sur le site http://www.challenges.fr

gouvernement de Nouri Al-Maliki), les entreprises nationales des autres pays pétroliers n'ont pas cessé de s'affirmer à l'échelle mondiale[315].

Cependant, nous entendons par l'influence des entreprises pétrolières sur les gouvernements des pays pétroliers, le rôle que jouent les entreprises nationales et étrangères d'une part, dans le développement économique de ces pays, et d'autre part, leur collaboration dans le respect de la moralité des affaires. En fait, bien que les entreprises pétrolières soient, en principe, des entités commerciales, leurs positions politiques ne sont pas sans conséquences.

Du moins, c'est ce qu'a affirmé le professeur Michel Chatelus en ce qui concerne les compagnies américaines « *La nature des relations des Etats avec les multinationales est variable. On observe cependant que les entreprises pétrolières sont parmi les plus multinationales même si les compagnies américaines demeurent très fortement liées au Département d'Etat et se soumettent le plus souvent aux injonctions qu'elles reçoivent de lui* ». Ce qui veut dire que les positions des compagnies étrangères ne peuvent pas être neutres. Malgré la survenance de quelques confusions d'intérêt général entre les firmes étrangères et leurs pays d'origine, souvent ces compagnies doivent, non seulement, préserver leurs intérêts commerciaux dans le pays pétrolier, mais aussi les intérêts stratégiques de leur pays d'origine. Cela peut, d'ailleurs, être expliqué, en partie, par le fait que l'État détient des parts sociales, plus ou moins importantes, dans le capital de la compagnie pétrolière (Petro China, Petrobras, etc), ce qui lui permet d'exercer une influence conséquente sur les décisions de celle-ci. Mais les compagnies occidentales, qui sont d'ailleurs privées, sont aussi influencées par leur (s) État (s), même si ce dernier ne détient pas de parts dans le capital de l'entreprise. Deuxièmement, les décideurs dans les compagnies pétrolières ont occupé, ou occupent des fonctions administratives importantes dans le gouvernement de leurs pays, ou même dans celui du pays hôte. Cette duplicité implique, nécessairement, la permutation des règles du jeu, notamment, celle de la sécurité des approvisionnements, comme c'est le cas en Irak ou en Libye.

Ceci dit, les compagnies étrangères peuvent être amenées, parfois, à prendre part dans des conflits internes, lorsque ceux-ci menacent leurs intérêts ou ceux de leurs pays d'origine.

De l'aide matérielle et logistique a été apportée par quelques-unes d'entre elles aux parties en conflit dans plusieurs pays en crise. Plusieurs affaires

---

[315] D'après le classement de *Petroleum Intelligence Weekly* de 2014, sur le Top 50 des entreprises pétrolières, l'ARAMCO occupe la première place au rang mondial, suivie de la NIOC (IRAN). La Sonatrach occupe la 15éme place (perd trois places depuis 2006), juste après la koweitienne KPC qui est à la treizième place, suivie de l'émirienne ADNOC à la dix-septième place, puis la qatarie QP à la dix-huitième place, puis l'irakienne INOC à la vint-et-une-nième place, l'égyptienne EGPC à la vingt-quatrième place, la libyenne INOC à trentième place,

témoignent de cette ingérence, parmi lesquelles nous citons deux affaires : la première est liée à *TotalFina Elf-Unocal* au Myanmar (Birmanie) de 1997. Cette affaire révèle de graves atteintes aux droits de l'homme : travail forcé, massacres, viols, etc perpétrés par des militaires contre des minorités ethniques birmanes, et auxquels Total et Unocal ont participé. La seconde est liée à *Shell/Ogoni* au Nigeria), dont les faits remontent à 1995. Cette affaire a dévoilé le rôle de la compagnie néerlandaise Shell dans le massacre du peuple *ogoni*. Shell aurait, selon *Human Rights Watch,* fourni des armes aux autorités, et contribué à la répression du peuple ogoni, à la suite du conflit qui opposait ce dernier aux autorités nigériennes.

En fait, les compagnies pétrolières étrangères seraient, aussi, impliquées dans de nombreuses affaires, notamment au Moyen-Orient, et n'hésitent pas à pactiser avec les régimes dictatoriaux en place, afin d'assurer leur sécurité et leur maintien dans le pays. Le politologue Jean-François Leguil-Bayart (ancien directeur du Centre d'Études et de Recherches Internationales (CERI) et Président du Fonds d'analyse des sociétés politiques (FASOPO)) affirme : « *Bien que les compagnies pétrolières ne fassent pas a priori la politique du pire, elles y ont été, dans la pratique, entraînées. Les compagnies pétrolières anglo-saxonnes ont contribué à la chute de Mossadegh en Iran. Entre 1950 et 1960, la compagnie Chevron a indirectement alimenté la guerre civile au Soudan en distribuant des armes aux milices destinées à protéger ses installations pétrolières ; elle a joué un rôle dans l'extension de ce conflit* »

Nous avons assisté, d'ailleurs, depuis le début de la crise libyenne en 2011 au soutien des compagnies pétrolières étrangères aux mouvements séparatistes de Cyrénaïque, ayant pour objectif la conclusion de nouveaux contrats pétroliers avant que ceux signés avec le gouvernement Kadhafi n'arrivent à échéance. Effectivement, la dispute du pouvoir entre les deux gouvernements, d'une part, et les autonomistes de l'autre, incite les multinationales à trouver des compromis stratégiques avec la faction la plus forte afin de garantir leurs intérêts.

À cela s'ajoute la responsabilité des firmes étrangères dans la détérioration de l'environnement proche des installations pétrolières ; souvent les populations qui vivent à proximité des zones pétrolifères souffrent de pollution, de dégradations des produits agricoles et de la qualité de l'eau (affaire Shell/Nigeria de 2008 relative à la pollution dans la région de Bodo dans le Delta du Niger)[316]. Cela tient au fait que les pays pétroliers, notamment arabes et africains, n'ont pas signé l'accord de Kyoto de 1997 (issu de la Convention Cadre des Nations Unies sur les Changements Climatiques), selon lequel les pays industrialisés doivent réduire l'émission de gaz à effet de serre et lutter contre le réchauffement climatique. Or,

---

[316] OLIVIER Mathieu : « Pollution au Nigeria : Shell indemnise les populations de Bodo et évite un procès », article publié le 7 janvier 2007 sur le site http://economie.jeuneafrique.com

l'industrie pétrolière est connue pour son importante émission du dioxyde de carbone et du méthane [317]. Bien que quelques entreprises pétrolières respectent le principe de « l'éthique » dans leurs activités, d'autres, eu égard au volume de leur production, n'ont pas signé cet accord (surtout après le retrait de leurs pays, comme les États-Unis, le Canada et la Norvège de l'accord après l'avoir signé), et continuent à utiliser des procédés polluants[318].

Nous avons assisté, également, début 2015, aux manifestations qui ont lieu dans le Sud algérien, à Tamanrasset et à In Salah liées à l'exploitation du gaz de schiste. Bien que de nombreuses études ont confirmé les risques de l'utilisation de la fracturation hydraulique, ainsi que des produits chimiques sur l'environnement, les sociétés pétrolières, en l'occurrence l'américaine Haliburton, la française Total et la Sonatrach ont procédé à l'exploration des gisements, ce qui a donné lieu à des affrontements entre les populations locales, qui refusaient de subir les effets néfastes d'une telle expérimentation, et les forces de l'ordre. En effet, au-delà de la situation vulnérable que vivent les populations locales proches des zones pétrolières, les atteintes portées à leur environnement véhiculent des marées de contestations contre les pouvoirs en place. Ces derniers répondent, très souvent, par la répression pour, d'une part, étouffer les opposants, et d'autre part, éviter que de tels incidents impactent les entreprises pétrolières.

Par ailleurs, depuis le début des années 2000, les entreprises pétrolières sont appelées à respecter certaines règles, notamment, dans les pays où la gouvernance est déficiente. Des recommandations relatives au respect de l'environnement, au refus de la corruption, au respect des droits de l'homme, etc ont été transmises aux dirigeants de ces entreprises à leurs personnels[319]. Le développement des médias et de l'information, en particulier, dans les pays du sud a favorisé le respect de ces recommandations, malgré quelques dérives, d'un temps à autre, surtout en matière de corruption.

Il faut avouer, aussi, que les entreprises pétrolières (nationales et étrangères) jouent un rôle, plus ou moins important, dans l'absorption du chômage. Bien qu'elles disposent de personnels issus de différents pays, les employés nationaux demeurent les plus présents. En ce qui concerne les

---

[317] GERVAIS Stève et PLATONOVA Alexandrina : « Les enjeux du protocole de Kyoto pour l'industrie pétrolière et gazière : nouvelles opportunités pour la coopération internationale », http://www.gemdev.org

[318] Le Consortium international des journalistes d'investigation a publié le 10 juillet 2015 les résultats de son enquête sur les atteintes des compagnies minières australiennes aux droits fondamentaux et à l'environnement dans nombreux pays africains où elles opèrent. Selon l'enquête, ces compagnies sont responsables du décès de plus de 380 personnes de 2004 à 2014, dont 242 décès en Afrique du Sud. L'enquête met en lumière, également, la complicité de ces dernières dans le soutien des différentes factions armées de la République Démocratique du Congo, ainsi que la répression des communautés locales au Mali. Données disponibles sur le site http://projects.icij.org

[319] OCDE : « Principes directeurs pour les entreprises multinationales », http://www.oecd.org

compagnies nationales, et d'après les données 2013 de *Oil and Gas QI*, l'ARAMCO emploie 56,000 personnes, la NIOC 41,000, KPC (Koweït) 15,825 [320] et la Sonatrach 50,000 personnes [321]. Quant aux entreprises étrangères, leurs salariés globaux varient entre 60,000 et 400,000. Toujours selon *Oil and Gas QI*, PetroChina occupe la tête de classement avec 552,810 employés, suivie de l'entreprise russe Gazprom avec 393,000, Pemex (Mexique) avec 138,215, Rosneft avec 106,00, Shell avec 87,000, ExxonMobil avec 76,000 et enfin Chevron avec 62,000 employés.

Pour les autres problèmes économiques, les entreprises pétrolières ne peuvent pas dicter aux autorités nationales les réformes qu'elles doivent adopter pour développer l'économie nationale. Toutefois, le Rapport de l'OCDE de 2006 intitulé « *Outil de sensibilisation au risque de l'OCDE destiné aux entreprises multinationales opérant dans les zones à déficit de gouvernance* » encourage les multinationales à se rapprocher des différents organismes nationaux, comme les associations, les syndicats, etc dans le but de leur apporter assistance et propositions dans différents domaines. La montée en puissance de ces organismes, ces dernières années, permet d'exercer une influence significative sur les gouvernements afin qu'ils adoptent les réformes adéquates, comme c'est le cas du Forum des chefs d'entreprises et du collectif « Notre Algérie bâtie sur de nouvelles idées » (Nabni) en Algérie (qui proposent de nouvelles idées, des plans et réformes dans tous les domaines, etc), *For Promotion Of Services* en Égypte qui est une association pour la protection de l'environnement, ainsi que les divers organismes et associations de protection des droits de l'homme, de la promotion des droits des femmes, etc[322].

Des initiatives incitant les entreprises étrangères à contribuer au développement économique durable du pays hôte peuvent émaner des institutions nationales. C'était le cas en Libye, début novembre 2007, lorsque le comité populaire général libyen de la Santé et de l'Environnement a signé un mémorandum avec quatre des sociétés pétrolières étrangères opérant en Libye (Repsol, Total, OMV Libya Limited et Estate Oil Libya). Ce

---

[320] Oil and gas IQ, Top 10 Oil & Gas Companies, http://www.oilandgasiq.com
[321] Données 2015 sur http://sonatrach.entreprise-dz.com
Il est vrai que les entreprises pétrolières emploient des nationaux, mais malheureusement, le manque du savoir-faire oblige ces dernières à recruter des étrangers, tout en organisant des formations spécifiques afin de renforcer les qualités des employés locaux. Par ailleurs, en ce qui concerne les autres entreprises, hors le secteur des hydrocarbures, notamment les chinoises, elles emploient, en général, ses ressortissants. Cette attitude provoque parfois des tensions entre les employés étrangers et les jeunes nationaux, comme c'était le cas en Algérie en 2010. En fait, les jeunes, à la recherche d'emploi, reprochent aux travailleurs étrangers d'avoir pris leur place dans leur propre société.
[322] BEN NEFISSA Sarah : « ONG, gouvernance et développement dans le monde arabe », gestion des transformations Sociales MOST, Document de discussion - n° 46 de l'UNESCO, http://www.unesco.org [405] La rédaction de Panapress : « La Libye signe un mémorandum avec des compagnies étrangères », publié le 5 novembre 2007 sur le site http://www.panapress.com

mémorandum porte sur la promotion de l'équipement de l'hôpital public d'Oubari, dans le Sud du pays, la contribution à la formation professionnelle du personnel médical, ainsi que sur le développement de différents secteurs (santé, enseignements, services sociaux, etc) à travers un fonds spécifique créé à cet effet. Les contributions desdites compagnies varient de 10% à 36%. Cependant, ce qui est intéressant dans le cas de la Libye, c'est que la NOC inclut des clauses relatives au « développement économique du pays », dans les contrats de prospection qu'elle élabore. Ce qui veut dire que la compagnie étrangère accepte ces clauses lors de la signature du contrat, et doit contribuer, régulièrement, au fonds dès qu'elle commence ses activités.

Malgré l'existence des principes directeurs mis en place par l'OCDE, dont les firmes étrangères doivent tenir compte lorsqu'elles exercent dans des pays politiquement instables, ces dernières cherchent à faire prévaloir leurs intérêts, quitte à alimenter les tensions entre les groupes rivaux (comme c'est le cas en Irak). Elles se justifient par le fait qu'elles ne sont pas habilitées et ne disposent pas de moyens nécessaires pour régler les problèmes récurrents des pays hôtes. En effet, lors de la Déclaration du BIAC (Business and Industry Advisory Committee to the OECD)[323] de 2001, une grande compagnie publique a stipulé que « *Le but clair et officiel des Principes directeurs est d'améliorer le climat qui s'offre à l'investissement direct étranger et de promouvoir la contribution positive que les entreprises multinationales peuvent apporter... On ne peut demander aux entreprises de résoudre tous les problèmes du monde -- elles ne possèdent ni le mandat ni l'organisation nécessaires* »[324]. Ceci n'est pas tout à fait faux, car il relève, principalement, du rôle des décideurs publics des pays producteurs de, non seulement, trouver les solutions aux débordements de la population, mais aussi d'anticiper les guerres civiles et les conflits politiques en améliorant la situation sociale des citoyens. En matière d'industrie et de production pétrolière, les compagnies nationales comme étrangères ont réalisé d'importants progrès dans les pays arabes pétroliers.

Grâce aux millions de barils produits, quotidiennement, et grâce à l'accroissement des prix du pétrole, les gouvernements des pays producteurs ont généré un énorme surplus pétrolier. Donc le développement économique dépend de ce que les décideurs publics font de cette manne. La mission des compagnies pétrolières, limitée à l'augmentation de la production (en l'occurrence, la création de la richesse), est bien accomplie, le reste c'est aux dirigeants de le faire. Or, l'instabilité politique et sécuritaire de la région MENA, risque bien de changer les règles de la possession de la manne pétrolière. Pour garder le pouvoir, l'élite au pouvoir peut être amenée à concéder une partie de la rente aux populations.

---

[323] Comité consultatif des affaires et de l'industrie de l'OCDE

[324] OCDE (2002), « Les entreprises multinationales dans des situations de conflits violents et de violations généralisées des droits de l'homme », *Éditions OCDE*, page 5, http://dx.doi.org

SECTION II. DE LA PROPRIETE PUBLIQUE A LA PROPRIETE PRIVEE DES RESSOURCES ENERGETIQUES

Le partage de la manne pétrolière constitue l'une des questions les plus épineuses dans la majorité des pays de la région MENA. Bien qu'elle soit supposée profiter au peuple, la rente est spoliée par l'élite au pouvoir et par ses alliés, notamment, dans les pays socialistes comme la Libye et l'Algérie. Or, la chute continue des prix de pétrole, l'épuisement certain des hydrocarbures conventionnelles dans les quelques prochaines années, ainsi que la fragmentation découlant des soulèvements populaires de 2011, vont, non seulement, remettre en cause l'euphorie de la gestion des ressources et de la manne pétrolière par l'État **(§1)**, mais aussi accentuer les conflits intra-étatiques liés à une future décentralisation et gestion de la rente **(§2)**.

§1. La gestion des ressources et de la manne pétrolière : Une affaire d'État

Depuis la nationalisation des hydrocarbures, le pétrole et les revenus qu'il génère sont devenus une arme entre les mains des décideurs, d'une part, contre les autres pays, en particulier, les occidentaux en tant qu'arme économique et diplomatique, comme nous avons pu le voir lors de la guerre de Kippour, et lors de l'invasion du Koweït en 1990 par l'Irak, qui a permis à ce dernier de contrôler 20% des réserves pétrolière du golfe persique. Le pétrole a conféré, à l'époque, un important pouvoir à Saddam Hussein au sein de l'OPEP, et vis-à-vis des pays opposants[325]. D'autre part, contre le peuple en tant qu'outil de coercition afin d'étouffer toute tentative de déstabilisation ou de renversement du pouvoir en place (Libye, Algérie, Soudan, etc). Les populations vivant dans les zones pétrolières sont souvent délaissées par les pouvoirs publics. En dehors des installations industrielles nécessaires à l'exploitation des matières premières, les localités proches des zones pétrolières demeurent moins développées que les autres. En effet, le pétrole se trouve, en général, dans le Sud des pays, mais sa gestion s'opère au Nord par le pouvoir central. La concentration de la manne dans une autre région que celle où se trouve la richesse soulève, parfois, le problème de la

[325] Saddam Hussein menaçait de suspendre l'exportation du pétrole de son pays. En 1997, 1998 et 1999, l'Irak a interrompu volontairement la livraison vers l'occident. Son influence au sein de l'OPEP était remarquable, car les autres pays ont aussi réduit leurs productions, ce qui a fait grimper le baril fin 1999 à 27 dollars, soit un dollar de plus.
BORIS Jean-Pierre : « Le bon coup de Saddam Hussein », article publié le 20 septembre 2000 sur le site http://www1.rfi.fr
L'Arabie Saoudite, en tant que gros producteur de la région MENA, utilise le pétrole comme arme pour appuyer ses décisions, soit, au sein de l'OPEP, soit sur la scène internationale. Elle est, en partie, responsable de l'effondrement des prix du pétrole en 2014, à cause de son refus de baisser la production.

propriété de cette richesse. De nombreux pays pétroliers, principalement arabes et africains, ont dû faire face à ce problème.

Désormais, la question du partage de la rente se pose moins dans les pays de golfe, comme les EAU, le Qatar, Bahreïn, Koweït ou Oman. Cela tient, premièrement, au poids plus faible de la population de ces pays. Les nationaux ne dépassent pas les deux millions, ce qui facilite la redistribution de la manne pétrolière à ceux-ci. Deuxièmement, la majorité des citoyens sont des fonctionnaires de l'État, et qui bénéficient de salaires très élevés (selon les dernières données de la Banque Mondiale, reprises par le site *Le journal du net,* le revenu mensuel par habitant aux EAU est de 2981$, de 6334$ au Qatar, de 3675$ au Koweït, de 1235$ à Bahreïn, et de 1768 en Arabie Saoudite. L'Iran, le Soudan, la Libye, le Yémen et l'Algérie (où les salaires sont plus bas et la population plus nombreuse) seront les plus exposés au risque de mouvements exigeant le partage de la rente pétrolière, comme c'était le cas en Libye et au Niger durant les années quatre-vingt-dix[326].

En effet, au Niger, et après les évènements d'Ogoniland qui ont déclenché l'affaire Total (que nous avons évoqué précédemment), la population Ijaw du Delta du Niger, touchée à son tour par les dégradations environnementales engendrées par l'exploitation du pétrole, a contesté les disparités existantes, car elle ne bénéficiait pas des rendements de la rente générée par le pétrole, comme c'était le cas pour les autres régions du pays. Des groupes ethniques d'Ijawland ont formé, le 11 décembre 1998 un Conseil de la jeunesse Ijaw, et ont adopté la déclaration Kaiama (capitale de l'État de Bayelsa) par laquelle ils décrètent être les propriétaires des ressources minières que la région Ijaw détient. Des menaces ont été adressées au gouvernement, ainsi qu'aux compagnies pétrolières afin qu'elles se retirent de la région[327].

À la même période en Libye, entre 1995 et 1996, un conflit lié au partage de la manne pétrolière a éclaté en Cyrénaïque, dans la région Nord-Est du pays, et dans laquelle le pétrole a jailli pour la première fois, en 1958, à Zaltan. Considérée comme fief de la confrérie « senoussiya », opposée au pouvoir, la Cyrénaïque a toujours été écartée des plans de développements de Kadhafi, et a fait objet de bombardement par l'armée libyenne à plusieurs reprises (discours de Zouara de 1973).

En fait, les animosités entre la population de la Cyrénaïque (qui est riche en pétrole, mais dont la population locale ne profite pas) et le Guide libyen sont nourries par la chasse des pro-senoussi, et par le déséquilibre régional,

---

[326] D'après les sources de 2012 de la Banque Mondiale et de journal du net (http://www.journaldunet.com), le revenu mensuel en Irak serait de 489,2$, de 358$ en Iran, de 343$ en Algérie, de 105,8$ au Yémen et de 120$ au Soudan.

[327] La Déclaration de Kaiama : « BACKGROUND : The Kaiama Declaration », http://www.hrw.org/reports/1999/nigeria2/Ngria993-02.htm

d'autant que, les autres régions du pays, Fezzan (au Sud-Ouest) et la Tripolitaine (au Nord-Ouest), bénéficient d'importants avantages, sur le plan politique comme économique, par rapport à la Cyrénaïque[328]. Ces clivages ont développé une guérilla islamiste qui proclamait une répartition égalitaire des richesses[329].

Ceci dit, depuis sa prise du pouvoir en 1969, Kadhafi se méfiait de la tribu des senoussis, et craignait la création d'un émirat indépendant, d'où la répression de la confrérie et de ses alliés de la région durant la décennie quatre-vingt et quatre-vingt-dix. Pour renforcer sa dominance et contrôler l'opposition, Kadhafi a créé des alliances avec les autres tribus, notamment, les Gaddhafiya (dont il était issu), les Warfallas et les Makarha. Il distribuait, tout de même, les revenus du pétrole aux chefs des tribus (ou bien les comités populaires ou révolutionnaires) qui assuraient le fonctionnement de leurs localités. D'ailleurs, en 1992, Kadhafi a procédé à un découpage administratif, sans précédent, du territoire. Près de 1500 localités, dotées d'un statut autonome, d'un budget propre et d'une liberté de gestion des affaires locales, ont été créées. Conséquemment, le Guide libyen a décidé, en 2008, de changer de conduite et d'associer le peuple, directement, aux richesses du pays. Il a affirmé dans son discours de 2 mars 2008 que « *l'État traditionnel serait bientôt « mort » en Libye et que la gouvernance directe s'accomplirait par la redistribution des revenus du pétrole* »[330]. Kadhafi a pris également la mesure de supprimer les différents Ministères, sauf ceux jugés nécessaires au fonctionnement de l'État, comme les affaires étrangères, l'intérieur et la défense.

L'incapacité des institutions étatiques à gérer l'économie du pays constitue l'une des raisons pour lesquelles le colonel a opté pour cette option. Lors du même discours, il déclarait « *Prenez votre argent et lancez vos activités dans l'industrie, l'agriculture, la santé... Faites ce que vous voulez avec votre argent qui baissera ou augmentera en fonction du prix du pétrole... Cette pieuvre qui absorbe les ressources financières, c'est fini, votre argent vous parviendra sans intermédiaire* »[331]. Dès lors, un fonds de redistribution des richesses de plus de 3,8 milliards de dollars a été mis en place. La somme de 4150$ (soit 3700euros), ou 830$ (750 euros) par

---

[328] MARTINEZ Luis : « Libye : transformations socio-économiques et mutations politiques sous l'embargo », *CERI*, 1999, https://hal.archives-ouvertes.fr

[329] TETART Frank : « La rente pétrolière : Source de violences pour l'Algérie », *Le Magazine Moyen-Orient* n°7, août-septembre 2010, Entretien avec Luis Martinez, consultable sur http://www.moyenorient-presse.com. MARTINEZ Luis : « Libye : transformations socio-économiques et mutations politiques sous l'embargo », op.cit, pages 17 et 18.

[330] DARIUS NAZEMROAYA Mahdi : « Mouammar Kadhafi et le projet libyen de redistribution de la richesse », article publié le 29 octobre 2011 sur le site http://www.mondialisation.ca

[331] HARB Sana : « Kadhafi entame la distribution directe des revenus pétroliers à 3 millions de Libyens », article publié le 2 avril 2008 sur le site http://www.lesafriques.com

individu sera versée à près de 500 000 familles[332]. Kadhafi considérait cette redistribution comme un droit, qui permettrait aux citoyens de vivre dignement et de contribuer à la prospérité économique du pays, lorsque ceux-ci arriveront à développer leurs propres entreprises. Pour lui, permettre aux citoyens de gérer, tout seuls, la manne pétrolière s'inscrit dans sa conception de « de la démocratie directe », qu'il n'a cessé d'affirmer tout au long de son règne, notamment après le lancement en 1973 de « la révolution populaire et culturelle » à l'instar de la révolution maoïste des années soixante. En effet, dans son entretien avec le professeur Edmond Jouve en 2002 sur ce qu'il souhaitait que l'histoire retienne de lui, Kadhafi a répondu *« que j'ai mis en œuvre la démocratie directe dans mon pays. Que mon peuple se dirige lui-même, sans gouvernement, sans député, sans représentant »*[333].

Le Guide libyen tentait aussi, par cette initiative, de se préserver et de contenir une éventuelle révolte du peuple. Il l'a, d'ailleurs, dévoilé lors de son discours de mars 2008, et c'était, par malheur, prémonitoire de ce qui allait se passer en 2011 ; d'autant qu'en Libye, aujourd'hui, le pétrole est plus que jamais au cœur des conflits entre les factions locales.

Les pays voisins, aussi, n'ont pas été épargnés par les contestations populaires liées au partage des richesses. C'était le cas en Algérie.

Comme la Libye, l'Algérie disposait depuis de début des années deux mille d'importantes réserves financières issues de l'exportation des hydrocarbures. Mais en Algérie, aucune manifestation n'a donné lieu à un soulèvement généralisé de la population réclamant le départ de Bouteflika. La guerre féroce des années quatre-vingt-dix, qui s'est soldée par plus de cinq cent mille victimes, fait la hantise des familles algériennes. Il serait, au moins pour le moment, difficile de commanditer le renversement du régime, en sachant que le pouvoir en Algérie est entre les mains de l'armée. Toute tentative de révolte enfoncerait le pays dans la terreur. En outre, eu égard aux évolutions des pays de la région en conflit, notamment, la Libye, l'Irak et la Syrie, les pouvoirs publics algériens privilégient l'achat de la paix sociale plutôt que le recours à la force, quitte à puiser dans les réserves. Les discours sur l'affectation de la manne pétrolière sont très peu abordés, et le gouvernement manque, hélas, de vision sur le long terme en la matière.

En effet, les disparités existantes entre les régions du Sud et celles du Nord du pays ont créé un mouvement contestataire dans nombreuses villes. En effet, en 2005, lorsque le gouvernement a décidé d'augmenter le prix du gaz butane (de 170 DA à 300DA), des émeutes ont éclaté dans la wilaya de

[332] HARB Sana : *Ibid*

[333] JOUVE Edmond, *Mouammar Kadhafi, dans le concert des nations*, Edition de l'Archipel, 2004, page 138.

Djelfa[334]. À la suite de ces évènements, les populations locales ont contesté la gestion centralisée de la rente, alors que l'essentiel des richesses réside dans leur région. Sans demander, toutefois, un partage direct de la rente, les citoyens voulaient bénéficier des retombées de la rente ; en l'occurrence, l'augmentation des salaires, l'amélioration des infrastructures, etc. Il ne serait, cependant pas exclu, que dans les années à venir, le peuple algérien réclame un partage direct de la rente à l'image de la Libye, car les citoyens ont perdu la confiance en l'élite au pouvoir. La persistance de la corruption, de détournement de l'argent public par des groupes d'intérêts proches du gouvernement et le favoritisme sont des éléments qui peuvent motiver l'attribution directe de la manne pétrolière aux citoyens. Mais la mise en œuvre d'un tel partage est difficile pour plusieurs raisons, parmi lesquelles nous citons :

- La baisse des prix de pétrole qui pèse, de plus en plus, sur le budget de l'État.
- Le facteur démographique : le nombre d'Algériens est estimé, d'après les données de 2014, à 38 millions, contre 6 millions de Libyens. Cet écart rend la distribution directe de la manne pétro-gazière plus compliquée en Algérie, or, cela était possible lorsque le prix du baril était à 147 dollars, car le surplus est beaucoup plus important.
- Le facteur institutionnel : l'Algérie est un véritable État doté d'une constitution et d'un ensemble d'institutions. La détention de la rente par les pouvoirs publics est essentielle au maintien de l'Etat, contrairement à la Libye qui est un État clanique, qui tient sa pérennité du livre vert élaboré par Kadhafi. D'ailleurs, le Guide libyen ne s'est jamais considéré comme un président, raison pour laquelle il a refusé de lâcher le pouvoir en 2011. Un très large pouvoir a été concédé aux chefs de tribus qui assuraient le bon fonctionnement de leurs localités.

D'ailleurs, lorsque Kadhafi a décidé d'attribuer la manne pétrolière aux citoyens, beaucoup de membres de son gouvernement ont qualifié son initiative « d'anarchique », car elle annihile un des fondements essentiels de l'État providence.

Cependant, dire « difficile à mettre en œuvre » ne veut pas dire « impossible », car si l'on combine l'initiative de Kadhafi en la matière avec l'expérience des autres pays, comme la province de l'Alberta en Alaska, nous arrivons à un modèle de partage direct de la rente, sans que celui-ci bouleverse l'autorité de l'État, ou remette en cause son rôle de détenteur et de redistributeur de la rente.

En effet, en Alaska, quelques années après le commencement des activités pétrolières, les autorités ont mis en place un fonds permanent

---

334 MARTINEZ Luis : « Injustices sociales et contestations politiques au Maghreb », *CERISCOPE Pauvreté,* 2012, http://ceriscope.sciences-po.fr

« *Alaska Permanent Fund* » en 1976, géré par une autorité administrative indépendante, qui est *l'Alaska Permanent Fund Corporation.* À partir de 1982, ce fonds a permis le versement, par virement ou par chèque, de dividendes annuels à près de 600 000 habitants, car toute personne résidant régulièrement en Alaska depuis six mois pourrait bénéficier de ce dividende[335]. Le contexte de la création de ce fond tient à l'hésitation du gouvernement face au surplus pétrolier, exceptionnel, dont la province a pu bénéficier en peu de temps. Entre investissements nationaux et redistribution, c'était finalement le versement d'un dividende uniforme, loin de toute influence politique, qui a été adopté afin de « bien gérer l'argent public et faire profiter la population des richesses de leur pays ». Les dividendes varient, bien évidemment, en fonction des fluctuations des bourses et des prix de pétrole.

Ce mécanisme de redistribution a donné naissance à plusieurs termes comme le « revenu citoyen », « le dividende universel » ou bien « revenu d'existence ». D'autres pays de l'Amérique latine se sont lancés dans cette perspective, plus égalitaire, comme c'est le cas du Brésil qui a décidé en 2004 de verser un « dividende inconditionnel » à tous les citoyens, sans condition de situation personnelle et sans distinction par rapport aux étrangers qui résident régulièrement depuis cinq-ans dans le pays[336].

Ceci dit, le mécanisme de redistribution directe aux citoyens, ou de l'affectation ciblée à des activités rentables peut être adopté dans tous les pays pétroliers de la région MENA, et dans d'autres régions bien évidemment. Cela permet aux personnes vulnérables de vivre dignement. Toutefois, pour le versement de ce dividende (annuel ou mensuel) les autorités peuvent tenir compte de la situation des personnes (les riches et les pauvres ou les étudiants et les fonctionnaires, etc), sans les exclure. Un revenu exceptionnel peut être octroyé aux jeunes chômeurs, ou aux nouveaux diplômés afin qu'ils se lancent dans leurs activités. Cette initiative diminuerait, d'une part le chômage des jeunes, d'autre part, améliorerait la productivité, notamment des secteurs artisanaux vers lesquels beaucoup de jeunes se tournent (dans la région de la Kabylie en Algérie, des microentreprises, ou parfois des petites associations locales confectionnent des bijoux et des habits locaux, des produits à base de poterie, etc). Ce revenu exceptionnel pourrait aussi être versé à des groupements d'intérêts locaux (notamment dans le Sud du pays qui manque d'infrastructures et de moyens) afin qu'ils développent des activités ciblées, comme l'achat de matériel nécessaire à l'agriculture locale. Mais, cette initiative nécessite le

---

335 DAMON Julien : « Revenu universel : le cas de l'Alaska », *Revue de droit sanitaire et social*, n° 4, 2011, pages 658-664.

336 OSAVA Mario : « BRÉSIL - Tout citoyen touchera un revenu versé sans condition. Le Congrès approuve le revenu d'existence », article publié le 16 février 2004 sur le site http://www.alterinfos.org

contrôle de l'État. Lorsque des revenus sont affectés à de tels objectifs, les personnes bénéficiaires doivent rendre des comptes sur l'avancement, le rendement de leurs activités, ainsi que des résultats qu'ils ont atteints. En fait, l'État redevient régulateur, mais aussi garant de la bonne utilisation de l'argent public.

Par la suite, les autorités pourraient procéder à des compensations financières en réduisant les sommes allouées aux transferts sociaux (produits alimentaires, électricité, l'essence, etc) comme c'est le cas actuellement en Iran[337], à la suppression de la gratuité de certains services publics (sur lequel nous reviendrons plus tard en détail), ainsi qu'en rapatriant les capitaux transférés illicitement à l'étranger (dont les pouvoirs publics ont une parfaite connaissance), et en luttant contre la corruption.

D'ailleurs, il faut reconnaître que l'État n'est pas la seule victime de la rente pétrolière. La société aussi. C'est la réalité d'un constat inquiétant dans beaucoup de pays pétroliers. La redistribution de la rente, que ce soit directement, ou via les transferts sociaux, renforce la culture de « consommation ». Le recours à l'importation massive, même des produits qui peuvent être fabriqués localement, amenuise la production nationale et, en l'occurrence, le travail humain. La rente crée une société de « désœuvrés ». D'après des sources de l'expert algérien Abdelmalek Serrai, le taux moyen de productivité en Algérie serait de 0,2%, très loin de la moyenne mondiale qui se situe entre 4% et 5%. La productivité est également très faible en Libye. Le confort que le Guide a offert à son peuple, notamment, les jeunes (crédits à taux réduits, maisons, voitures, etc) a anéanti leur volonté de travailler. Les travaux de construction, la propreté, l'agriculture, etc ont été relégués aux immigrés (souvent provenant des pays voisins : l'Afrique, la Tunisie, l'Algérie…..). Cependant, réussir la redistribution des revenus pétro-gaziers dépend de la façon par laquelle l'élite au pouvoir entend contrôler la rente, en particulier, en ce temps de conflits internes liés à la décentralisation de celle-ci.

§2. Les conflits intra-étatiques liés à une future décentralisation et gestion de la rente

Les conflits liés au partage de la rente découlent, en partie, des divisions créées par les puissances occidentales durant la première guerre mondiale

[337] D'après la loi de finance algérienne de 2014, le montant des transferts sociaux était de 22 milliards de dollars. Les recettes budgétaires sont nettement inférieures aux dépenses du gouvernement, ce qui a poussé ce dernier à puiser dans le fonds de régulation des recettes. Cette gestion irrationnelle est très dangereuse, car les dépenses ne ciblent pas des activités productives particulières, ce qui constitue un énorme gaspillage de l'argent public. Rédaction du quotidien le soir l'Algérie : « *Avec un taux de productivité de moins de 0,2%, le rendement des Algériens est très faible* », publié le 12 octobre 2014 sur le site http://www.lesoirdalgerie.com

entre les différents groupes ethniques et religieux. Après la conclusion des accords de Sykes-Picot, le 16 mai 1916, la France et la Grande-Bretagne eurent recours à la stratégie de « diviser pour mieux régner ». Les différences ethnico-religieuses déjà présentes au sein des populations de beaucoup de pays (le Soudan, l'Irak, la Libye, la Palestine, le Liban et la Syrie)[338] ont constitué un terrain propice à la division et aux fragmentations intercommunautaires. Nous assistons, d'ailleurs aujourd'hui, à l'effondrement des États-Nations de la région MENA, et à la remise en cause des frontières établies par l'accord Sykes-Picot. De nouvelles frontières se dessinent, de nouveaux micro-États émergent et des luttes d'influence entre les puissances régionales grandissent, principalement, à cause du pétrole.

Le Soudan est le premier pays à faire face à un conflit sanglant sur le partage des revenus du pétrole. Bien que le Soudan du Sud soit indépendant, depuis 2011, le problème du contrôle de la rente n'est toujours pas réglé. Deux autres pays, scindés, se disputent le contrôle des ressources naturelles (la Libye, l'Irak), et n'arrivent, malheureusement, pas eux non plus à trouver un compromis.

Dans le cas du Soudan, le pétrole est l'un des facteurs d'exacerbation des guerres civiles sanglantes qui ont déchiré le pays depuis les années quatre-vingt. La découverte de nouvelles réserves plus abondantes au cours des années quatre-vingt-dix, et la redistribution inégale des revenus pétroliers par les autorités gouvernementales de Khartoum, qui contrôlaient tous les gisements pétrolifères, a créé des tensions avec les populations du Sud et du Darfour, qui s'estimaient privées de leur droit de jouir des richesses du pays, alors que celles-ci se trouvaient pour 75% d'entre elles au Sud. La Première Guerre qui a débuté vers 1983 et qui a connu une véritable escalade dès le milieu des années quatre-vingt-dix, a donné lieu, après plusieurs années de négociation à l'indépendance du Soudan du Sud.

Après avoir obtenu son indépendance le 9 juillet 2011, le Soudan du Sud a pu s'approprier les gisements, mais pour exporter son pétrole, il doit passer par les terminaux portuaires du Soudan (port Soudan), pour aboutir sur la

---

[338] La région MENA a subi d'importantes modifications, après la première guerre mondiale. Un premier accord de « Sykes-Picot » Sykes-Picot (en référence à ces deux initiateurs : le britannique Mark Sykes et le français François Georges-Picot) du 16 mai 1916, a donné lieu démembrement de l'empire ottoman et au partage de la région entre la France et la Grande Bretagne. Un second accord a eu lieu en 1917 « Déclaration de Balfour » qui prévoyait la création d'un foyer national pour les juifs en Palestine. Le 10 août 1920, un Traité de paix, appelé « Traité de Sèvres », a été signé entre le dernier sultan ottoman Mohamed VI et les puissances occidentales, faisant suite aux conditions consenties entre les parties lors de la conférence de San Remo du mois d'avril de la même année. Ce Traité portait sur la création de plusieurs États indépendants de l'empire, ainsi. Il a été remplacé le 24 juillet 1923 par le Traité de Lausanne, qui redéfinit les frontières et l'indépendance de la Turquie. Celle-ci devient une République en 1924. Et un Royaume de l'Arabie Saoudite fût créé en 1932. KHOURY Gérard : « Réflexions sur les causes de la guerre au Liban », *Les Cahiers du GRIF*, N° 43-44, 1990, Liban, pages 37-59

Mer Rouge. Cependant, pour compenser les pertes subies (près de trois quarts de sa production), à cause de cette cessation, le Soudan a exigé de son voisin du Sud, en 2012, de lui verser, non seulement, les frais de transit, en forme de redevances (22,5 dollars par baril, tandis que le gouvernement de Juba propose 0,75 dollars), mais aussi de lui céder 74,000 barils sur les 350,000 b/j qu'il exporte[339]. Jugées abusives, ces redevances ont contraint le gouvernement de Juba à interrompre sa production pétrolière, jusqu'à ce qu'un accord sur les droits de transit, ainsi que sur la délimitation des frontières entre les deux pays soit trouvé.

Parallèlement, les conflits s'accentuent au sein des factions du Soudan du Sud, c'est alors la deuxième guerre de pétrole qui se déclare. Avoir récupéré les gisements pétrolifères n'a pas mis fin aux différences inter-ethniques. Bien au contraire, depuis décembre 2013, le pays est, plus que jamais, déchiré par la guerre civile qui oppose l'armée gouvernementale aux rebelles. Pour cause, le Président Sud soudanais Salva Kiir (issu de la tribu de Dinka) soupçonnait son ancien Vice-président, Riek Machar (issu de la tribu des Nuer), qui est devenu, depuis, chef de la rébellion de commettre un coup d'État[340][341]. Conscients que le pétrole est une importante source de revenus, que le gouvernement de Salva Kiir utilise pour se procurer les armes, les rebelles tentent de s'emparer des champs pétrolifères, notamment, ceux situés dans le Nord du pays (Jonglei près de Malakal). Or, pour que ce conflit cesse, il faut que les deux factions trouvent un compromis sur le partage du pouvoir[342]. En effet, un accord de paix a été signé en août 2015 entre les deux prétendants au pouvoir, tendant à former un gouvernement de transition, à la tête duquel Salva Kiir est désigné comme Président, et Riek Machar comme Vice-Président. Malheureusement, cet accord n'a pas suffi pour que les combats sur le terrain cessent.

Encore une fois, le pétrole est cause de malheur pour le peuple soudanais, car au-delà de la guerre à laquelle se sont livrés les deux clans, le Soudan du Sud, se trouve économiquement, tributaire des revenus pétroliers comme c'était le cas pour son voisin du Nord. À ce jour, le pétrole est la seule source de revenus pour le jeune pays. La production est passée de 340,000

---

[339] ARDILLIER-CARRAS Françoise, BOULANGER Philippe et ORTOLLAND Didier, op.cit, page 124

[340] La rédaction de la Tribune : « Soudan du Sud : la guerre du pétrole menace toute l'économie », publié le 25 mai

[341] Sur le site http://www.latribune.fr

[342] Plusieurs tentatives de signature d'un accord de paix, afin de former un gouvernement d'union nationale, ont échoué. Le 23 janvier 2014, sous l'égide de l'Union Africaine, les deux parties ont signé un premier cessez-le-feu, qui a été, aussitôt, enfreint, d'après le Président Kiir, par les rebelles, puis un second cessez-le-feu le 9 mai 2014, à Addis- Abeba en Ethiopie, qui n'a pas aussi été respecté. Cinq autres accords ont suivi, entre mi 2014 et 2015, mais malheureusement, rencontrent le même sort que les précédents. L'ONU a dû intervenir en enjoignant aux deux clans de trouver un accord de paix définitif.
Actualité sur le Soudan du Sud sur le site http://www.operationspaix.net

b/j avant 2013 à 140,000 actuellement[343], d'où la nécessité d'anticiper les réformes structurelles, dès l'élaboration d'un gouvernement d'union nationale, afin d'éviter les conséquences conjoncturelles d'une économie rentière, et remédier à la situation catastrophique que vivent les populations locales (l'insécurité alimentaire, le chômage, l'inflation, salaires impayés à cause de l'interruption de la production, etc).

De fait, la situation du Soudan du Sud se rapproche de celle de la Libye, dans la mesure où les différentes factions se disputent le pouvoir et les ressources du pays. D'ailleurs, depuis l'élimination de Kadhafi en 2011, le pétrole est devenu un enjeu stratégique des prétendants au pouvoir. Il est, à la fois, source de puissance pour l'élite au pourvoir, et arme destructrice pour les opposants, afin de priver le gouvernement officiel des revenus qui lui serviront pour l'achat des armes. En effet, deux clans se disputent le pouvoir en Libye, celui du général Khalifa Haftar à Tobrouk (Chef de l'armée régulière et reconnu par la communauté internationale) et *Fajr Libya* à Tripoli. Mais un troisième clan, *Ansar Al Charia,* qui s'est emparé de Benghazi et se partage les villes de Derna et Syrte avec Daesh) a pu mettre la main sur plusieurs champs pétroliers, sans toutefois réclamer officiellement le pouvoir, car officieusement, il soutient le clan *Fajr Libya.*

En plus de toutes ces factions, nous comptons aussi celle des séparatistes, qui a marqué la guerre de pétrole en Libye, et a profité de la défaillance des institutions étatiques ainsi que du conflit entre les deux gouvernements pour autoproclamer le retour au fédéralisme. Il s'agit du mouvement contrôlé par Ibrahim el-Jadhran, chef de milice anti islamiste, et qui a participé au renversement de Kadhafi en 2011. Le 6 mars 2012, Ahmed Zubair al-Senoussi, un des neveux d'Idris Ier, déclare vouloir instaurer le fédéralisme conformément à la constitution de 1951[344]. Malgré la révocabilité de sa décision, ainsi que l'hostilité du peuple à une telle répartition, il réussira à autonomiser la province de Cyrénaïque, en obtenant le soutien des divers mouvements favorables au fédéralisme, dont celui d'Ibrahim el-Jadhran. En effet, en juillet 2013, ce dernier bloqua les champs pétroliers de ladite province, après avoir été missionné par le CGN pour en assurer la sécurité, et a décrété, le 5 novembre 2013, l'autonomie de la province de Cyrénaïque[345].

---

343 CHATELOT Christophe : « Soudan du Sud, un jeune Etat ravagé par la guerre civile », article publié le 8 juin 2015, sur le site http://www.lemonde.fr

344 La proclamation de l'autonomie de la Cyrénaïque après le renversement de Kadhafi trouve son essence dans l'histoire fédérale de la Libye au lendemain de la seconde guerre mondiale. De 1951 à 1963, la Libye, appelée à l'époque le Royaume-Uni de Libye, était divisée en trois fédérations : la Cyrénaïque, Tripolitaine et Fezzan. La découverte du pétrole en 1958, ainsi que les tensions sociales au sein du pays, ont incité le roi à réunifier les trois provinces et à abolir le fédéralisme de la constitution.
AFP : « Autonomie de la Cyrénaïque : la Libye menacée de partition ? », publié le 5 juin 2013 sur le site http://www.france24.com

345 TILOUIN Joan : « Ibrahim el-Jadhran, l'homme qui défie Tripoli », article publié le 13 janvier 2014 sur le site http://www.jeuneafrique.com

Souhaitant faire face à la redistribution inégalitaire de la manne pétrolière par le gouvernement officiel, Ibrahim el-Jadhran estime pouvoir répartir équitablement les revenus pétroliers sur les trois fédérations du pays ; la Cyrénaïque, la Tripolitaine et Fezzan. Il a même créé une société pétrolière nommé *« Libya Oil and Gas Corp »*, une banque de l'État Cyrénaïque, ainsi qu'une chaine de télévision. L'appui des différentes tribus dont bénéficie Ibrahim el-Jadhran, lui a permis d'asseoir son autorité dans la région et négocier avec le gouvernement de Tobrouk les conditions de relance de la production des champs pétrolifères qu'il a bloqués, notamment ceux de Ras Lanouf et d'Al-Sedra. Le blocage de ces terminaux, a non seulement fait chuter la production pétrolière du pays, mais a aussi fait perdre des milliards de dollars au gouvernement officiel. Or, les revenus engrangés par la vente des hydrocarbures, depuis fin 2011, n'a servi qu'à payer le salaire des fonctionnaires.

De ce fait, la situation en Libye ne cesse de se dégrader. Bien qu'aujourd'hui le gouvernement de Tobrouk soit épaulé par beaucoup de pays (notamment l'Algérie et l'Égypte), sur le terrain, il peine à affirmer son autorité sur le gouvernement de Tripoli, qui bénéficie aussi, du soutien des pays comme le Qatar et la Turquie. L'échec de son opération baptisée « al Karama » ou « dignité », lancée le 16 mai 2014, pour reprendre les villes de Tripoli et de Benghazi atteste de la déliquescence du pays. Fin 2014, le général Haftar a demandé à ses alliés, en particulier l'Égypte, d'intervenir militairement en Libye afin de vaincre les islamistes. Mais, la montée en puissance du terrorisme et de Daesh fait craindre la propagation du conflit au-delà des frontières libyennes. La communauté internationale presse les différentes parties de trouver un compromis d'union nationale très rapidement, et cela pour deux raisons : la première pour éviter la propagation du terrorisme dans l'ensemble de la région. La seconde pour arrêter le flux des migrants vers l'Europe. L'insécurité dans de nombreux pays de la région, ainsi qu'en Afrique subsaharienne (la Lybie, la Syrie, le Soudan, etc) a eu pour conséquence l'exode des populations vers l'Europe via la Méditerranée, ce qui pèse aussi, économiquement, sur les pays de l'Europe. En effet, après avoir contribué à la déstabilisation de la région (invasion de l'Irak, renversement de Kadhafi, maintien de Bachar Al Assad au pouvoir, etc), les pays occidentaux (États-Unis, la France, le Royaume-Uni, etc) semblent dépassés par l'escalade des conflits interrégionaux, car les conséquences de leur ingérence ébranlent aussi l'Europe (problèmes de l'immigration clandestine, la menace terroriste, l'orientation d'une grande part des dépenses publiques vers l'armement, etc).

La situation est également emblématique en l'Irak, qui s'enfonce davantage dans une guerre de pétrole contre deux fronts : le Kurdistan et Daesh. Dans le cas de l'Irak, nous avons évoqué les différends entre le gouvernement fédéral et celui du Kurdistan sur le recours aux contrats de partage de la production. Or, le nœud du conflit entre les deux entités est le pétrole. L'absence d'une loi fédérale sur le partage des ressources énergétiques renforce le conflit entre les deux entités, d'autant que le gouvernement fédéral bloque toute tentative de répartition des richesses qu'il considère comme propriété de tous les Irakiens, conformément aux articles 111 et 112 de la constitution irakienne[346].

Le gouvernement fédéral s'est engagé à payer, annuellement, au Kurdistan un montant de dix milliards de dollars, soit 17% du budget du pays, ce qui semble déplaire à son homologue kurde qui cherche à accroître ses revenus et à asseoir son autorité sur les ressources. L'ambition des autorités kurdes de fonder un État nécessite l'appropriation des gisements pétrolifères qui [347] se trouvent sur son territoire, notamment, le plus stratégique celui de Kirkuk. C'est la raison pour laquelle il a adopté en 2003 la loi n°5-2013, relative à la compensation financière de la région du Kurdistan dans le cas où le gouvernement fédéral manquerait à son obligation de lui verser sa part du budget.

De fait, le Kurdistan irakien ne peut pas disposer librement des ressources qu'il possède avant de trouver un moyen de transport, maritime ou terrestre, indépendant. Effectivement, pour exporter le pétrole, les autorités kurdes passent par la Turquie (à travers l'oléoduc Fichkhabour de 281 kilomètres, mis en service en janvier 2014, qui part de Tak-Tak à Ceyhan en Turquie), qui entretient de bonnes relations avec le gouvernement kurde, or, géographiquement, le Kurdistan ne se situe pas près d'un passage maritime lui permettant l'exportation de son pétrole. Désormais, le seul débouché maritime possible aux autorités kurdes est celui du Détroit d'Ormuz, situé au Sud de l'Irak. Jusqu'à présent, l'exportation du pétrole par voie maritime demeure le moyen le moins cher et le plus sûr pour les autorités. Mais les coupures fréquentes de la part du gouvernement fédéral à cause de ses querelles avec le Kurdistan ont poussé ce dernier à penser à un autre moyen de transport. En plus de l'oléoduc Fichkhabour, qui permet d'acheminer trois cent mille barils par jour, les autorités kurdes ont accru leur production et vendu illicitement plusieurs milliers de barils à des acheteurs non identifiés. D'ailleurs, d'après des informations relayées, le 28 juillet 2014, par la chaîne CNBC[348], un Tanker intitulé *United Kalavryta* contenant un million de barils, destiné à un acheteur anonyme, aurait été refoulé des États-Unis, à la suite d'une requête déposée par le gouvernement irakien auprès du Tribunal

---

[346] L'article 111 stipule « le pétrole et le gaz sont la propriété de tous les Irakiens dans toutes les régions et les provinces ». L'article 112 quant à lui stipule « le gouvernement fédéral administrera le pétrole et le gaz extraits des champs existants en coopération avec les gouvernements des régions et provinces productrices à condition que les revenus soient distribués de manière juste et compatible avec la distribution démographique du pays ».

[347] Law of identifying and obtaining financial dues to the Kurdistan Region - Iraq from federal revenue, disponible sur le site http://mnr.krg.org

[348] CARUSO-CABRERA Michelle : « Iraq fights to block Kurd oil from entering Texas », article publié le 28 juillet 2014 sur le site http://www.cnbc.com

de Houston. Le pétrole kurde que contient ce Tanker serait vendu, début 2015, à Israël, après avoir débarqué sur le port d'Ashkelon en janvier 2015, à un prix inférieur à celui du marché. Il serait le deuxième Tanker à fournir Israël après celui d'*United Emblem* refoulé du port marocain Al Mouhammadia[349]. En effet, selon un rapport émanant du Ministère kurde des ressources naturelles, le gouvernement autonome aurait exporté, depuis le début 2014, l'équivalent de 2,3 milliards de bruts[350].

Face à son impuissance et par crainte de perdre une part importante des richesses du pays, le gouvernement fédéral a signé début décembre 2014 un accord avec les autorités kurdes, à la suite duquel ce dernier pourrait exporter 550,000 b/j via les pipelines utilisés par les autorités de Bagdad, et sous le contrôle de la compagnie pétrolière fédérale. Bien que le différend essentiel lié au partage des ressources persiste, cet accord provisoire sur les exportations permet, d'une part, au pouvoir central de garder le contrôle sur la production pétrolière, et d'autre part, soutenir les Peshmergas dans la lutte contre Daesh[351].

Malgré l'espoir du gouvernement kurde d'obtenir l'indépendance, et jouir librement des ressources dont son territoire regorge (environ 45 milliards de barils), il doit d'ores et déjà penser à diversifier l'économie de la région. En effet, le Kurdistan irakien est beaucoup plus développé que le reste de l'Irak, grâce à la promotion du tourisme et des investissements étrangers (tendant, essentiellement, à construire la région), mais l'économie demeure, comme celle de l'Irak, tributaire de la rente pétrolière.

À l'heure où les pays pétroliers de MENA tentent d'atténuer la dépendance de leurs économies à la manne pétrolière, les autorités kurdes devraient, également, adopter très rapidement des stratégies de diversification économiques et préparer l'après-pétrole, une ère, d'ailleurs, dans laquelle l'OPEP pourra jouer un rôle prépondérant.

SECTION III. LE ROLE DES ORGANISATIONS REGIONALES DANS LA PREPARATION DE L'APRES-PETROLE

Ayant des objectifs communs, les pays arabes de la région MENA ont tenté de s'unir à travers des organisations pesantes qui sauraient répondre à leurs attentes et aspirations nationalistes. La Ligue arabe fut la première organisation créée en 1945. Elle a été suivie de l'OPEP en 1960, avec pour

[349] FOREY Samuel : « Les Kurdes irakiens réclament leur souveraineté pétrolière », article publié le 20 juin 2014 sur le site http://www.lefigaro.fr

[350] DARMENCY Delphine et DESLOIRE Constance : « Le Kurdistan irakien cherche son salut dans le pétrole, et pourrait aussi y trouver sa perte », article publié le 15 avril 2015 sur le site http://www.slate.fr

[351] MARWAN Ibrahim pour l'AFP : « Irak : le gouvernement et les Kurdes règlent leur différend pétrolier », publié le 2 décembre 2014 sur le site http://www.20minutes.fr

objectifs la préservation des intérêts des pays exportateurs de pétrole, ainsi que le rééquilibre des prix. Et enfin l'Union du Maghreb arabe (UMA), créée en 1989 ayant pour vocation l'intégration politique et économique des États du Maghreb. Or, la Ligue arabe et l'UMA semblent échouer dans leurs missions respectives, contrairement à l'OPEP et à l'OPAEP (Organisation des pays arabes exportateurs de pétrole), qui ont réussi à prémunir les intérêts de leurs États membres face à la puissance des compagnies pétrolières occidentales. Aujourd'hui, il paraît évident de déterminer, au niveau de la zone arabe, d'une part, le rôle de la Ligue arabe et de l'UMA **(§1)**, et d'autre part, celui de l'OPEP **(§2)**, dans la préparation de l'après-pétrole et l'intégration économique des pays de la région MENA.

§1. Le rôle de la Ligue arabe et de l'Union du Maghreb arabe

Face à la guerre d'influence et aux querelles politiques que se livrent de nombreux États arabes, notamment, l'Arabie Saoudite, l'Algérie et le Maroc, le rôle de la Ligue arabe et de l'Union de Maghreb arabe devient crucial pour le rétablissement du dialogue et la consolidation de la coopération, sous toutes les formes, entre les États membres. Cette démarche, que les deux institutions régionales pourraient entretenir, implique une mutation de la problématique posée par les projets unitaires arabes **(A)**, allant davantage dans le sens du renforcement de l'intégration régionale **(B)**.

A. Le Panarabisme revisité

L'idée d'une unité politique du monde arabe est ancienne et remonte aux milieux du dix-neuvième siècle, mais son moteur est au départ essentiellement politique et civilisationnel. Ce n'est que tardivement que sa fonction économique devient essentielle, à un moment où la disproportion entre l'échelle de capital multinational et celle des États arabes pris isolément devient flagrante.

L'unité arabe face à l'empire ottoman a été promue par Abderrahmane Al-Kawakibi, mais le panarabisme que nous connaissons aujourd'hui a été fondé par Hussein Ben Ali (Sharif de la Mecque et roi du Hedjaz de 1856 à 1931), puis par la déception envers les puissances coloniales, à la suite du découpage issu de l'accord Sykes-Picot, et par la suite la déclaration de Balfour de 1917, qui préfigura l'occupation de la Palestine[352]. Son fils

[352] Refusant l'hégémonie turque sur le monde arabe, un grand sentiment de rejet s'est développé au sein des intellectuels et politiciens arabes. Parmi les personnalités qui ont marqué l'histoire de l'unité arabe, peu avant Hussein Ben Ali, figure celle d'Abderrahmane Al-Kawakibi. Ce dernier a appelé, en 1902, à la création d'un Califat arabe, qui sera établi à la Mecque. Une utopie qui s'est, aussitôt, heurtée aux intérêts occidentaux dans la région. En 1904, Negib Azoury, militant pour le réveil arabe, participa à la création de la Ligue de la Patrie Arabe, constituée d'officiers et de militants au sein de l'armée ottomane, qui évoluera

Fayçal, puis son petit-fils Ghazi, dans les années vingt et trente, ont aussi incarné de fortes aspirations de nationalisme arabe, sans pouvoir, toutefois, bâtir une vraie République arabe.

La création, le 22 mars 1945, d'une association regroupant les États souverains de la région : l'Arabie Saoudite, l'Irak, la Syrie, l'Égypte, le Liban, la Jordanie et le Yémen du Nord, appelée « Ligue des pays arabes »[353] marqua le début d'une coopération politique et économique panarabe, entre non seulement les sept États fondateurs, mais également avec les autres États qui se joindront, après leur indépendance, à la Ligue qui compte aujourd'hui vingt-deux membres.

Des philosophes, comme Sati Al Husri et Michel Aflaq, dessinèrent les grandes lignes d'une Nation-Arabe. Après avoir fondé le cercle de « Nahda » ou la « Renaissance arabe », Michel Aflaq créa avec son compatriote Salaheddine El Bitar, le 7 avril 1947, le parti « Baâth » ou « résurrection » en Syrie. Ce parti s'étendra en Irak également et deviendra *parti Baâth arabe socialiste* en 1953[354], à la suite de sa fusion avec le Parti Socialiste Arabe (PSA) d'Akram Hourani (fondateur de PAS et leader populiste du nationalisme et de la justice sociale durant les années trente et quarante), ayant pour objectifs la promotion de l'unité arabe et d'un renouveau civilisationnel dans le monde arabe.

La lutte pour l'indépendance des pays de l'Afrique du Nord, notamment, après la tenue, en 1945, de la Conférence des mouvements nationaux de l'Afrique du Nord, a nourri l'idéologie « unioniste » des dirigeants arabes maghrébins. Le Président tunisien, Lahbib Bourguiba a proposé en 1957 l'unification de l'Afrique du Nord avant même que l'Algérie n'obtienne son indépendance. Cette proposition, qui ne verra pas le jour, donnera lieu à la signature d'un traité de fraternité et de coopération intermaghrébine, entre la Tunisie et la Libye, le 6 janvier 1957, et à d'autres accords bilatéraux de coopération entre la Tunisie, la Libye, le Maroc et l'Algérie à partir des années soixante[355].

En effet, à partir de la fin des années cinquante, le panarabisme se concrétise grâce à Gamal Abd Enasser, qui proclama le 2 février 1958, à la suite d'un référendum approuvé à l'unanimité par les Égyptiens et les Syriens, la création de la République Arabe Unie (RAU) comprenant l'Égypte et la Syrie, mais à laquelle le Yémen se joindra, en tant qu'entité

---

en 1911 à la Ligue de la Jeunesse Arabe, puis au « parti de la décentralisation » en 1912. Ce dernier proclama l'autonomie des provinces arabes, sans remettre en cause l'unité territoriale de l'Empire ottoman. Voir l'analyse de l'historien Philippe CONRAD : « Le Baas, parti de la « résurrection arabe », article publié le 17 juillet 2014 sur le site http://www.voxnr.com

[353] DUMONT Gérard-François : « Le changement de paradigme au Moyen-Orient », article publié en novembre 2007 sur le site http://www.diploweb.com

[354] IVA Saïd, *Approche comparative de discours de Michel Aflaq et de Saddam Hussein*, Mémoire de Recherche, 2004, Université lumière Lyon 2, http://doc.sciencespo-lyon.fr

[355] NABLI Béligh, *Comprendre le monde arabe*, op.cit, page 166.

fédérée, tout en gardant l'autonomie de gestion de ses affaires internes. Une union, bien qu'elle soit prometteuse, ne durera que trois ans, car un terme lui a été mis le 28 septembre 1961, à la suite des tensions survenues entre les leaders politiques syriens et égyptiens, et du coup d'État militaire perpétré par le général Kouzbari. Mais l'Égypte garda, tout de même, le titre de RAU jusqu'en 1971[356].

À la même période, en 1958, l'Irak et la Jordanie ont, aussi, tenté de former une fédération, sans, toutefois, que cette tentative n'ait abouti à une vraie union. L'alliance entre les deux pays n'a duré que six mois.

L'échec de cette union circonstancielle, si courte soit-elle, n'éteindra pas d'autres tentatives de réunification. En effet, après son arrivée au pouvoir en 1969, Kadhafi a tenté, à son tour, l'avènement d'une fédération arabe. Il a proclamé à Benghazi, à la suite d'un référendum organisé en 1971, l'Union des Républiques Arabes dont la Libye, la Syrie et l'Égypte font partie. Ce projet d'union qui ne s'est pas concrétisé par l'intégration des institutions des pays respectifs est officiellement enterré en 1984 par le parlement égyptien.

D'autres projets d'alliances, notamment, avec le Soudan (en 1972 et 1990), la Tunisie (en 1974), le Maroc (en 1984), puis avec le Tchad (en 1981) ont été élaborés par Kadhafi après l'échec de l'Union des Républiques Arabes, mais la personnalité de Kadhafi, jugée imprévisible et controversée par ses alliés explique en grande partie cet abandon du projet panarabe en faveur d'un autre panafricain. D'ailleurs, après avoir été délaissé par les pays arabes, surtout, lors des sanctions internationales contre la Libye à cause des différents attentats terroristes qu'il a instigués, et qui ont valu à la Libye la réputation de « l'État voyou », Kadhafi s'est retourné vers les pays africains, et a changé d'idéologie. Depuis, le Guide libyen n'a cessé de prôner le panafricanisme et l'instauration des États-Unis d'Afrique dotés d'un gouvernement fédéral, d'un congrès africain, ainsi que d'un marché, d'une monnaie et d'une armée uniques (sommet de Syrte de 2001). De surcroît, le Guide libyen participa au règlement des conflits, et lança des grands projets de développement économique, à travers son fonds *Libya Arab Africa Investment Compagny* dans beaucoup de pays africains[357].

À l'heure actuelle, la notion du panarabisme est rare, voire inexistante dans les discours politiques des dirigeants arabes. La majorité des États arabes privilégient la coopération interarabe définie par les statuts de la

[356] BERREBY Jean-Jacques : « L'Égypte et la Syrie après la R.A.U », *Politique étrangère* N°5-6, 1961, 26e année, pages 425-436

[357] Le fonds d'investissement afro-libyen a apporté des aides considérables pour le développement de l'agriculture, du tourisme, des télécommunications, des banques, etc. Il a joué, également, un rôle primordial dans le financement de la compagnie Air Afrique, qui a été remplacée par Al Ifriqiya, alors qu'elle était en faillite. Le marché du travail libyen a été ouvert à tous les travailleurs africains, mais pas seulement, afin de permettre l'intégration des populations du continent.

Ligue des États arabes dont les réalisations sont limitées. Cet échec s'explique, d'une part, par de nombreux facteurs, dont la résistance des appareils d'État qui ont générés de nouvelles élites qui leurs sont indissociablement liés, la fragmentation économique et l'influence des grandes puissances. D'autre part, l'un des points faibles du processus unitaire était le fait que l'une de ses forces motrices ait été négative. : la lutte contre la domination coloniale ou néocoloniale et l'occupation israélienne de la Palestine. Or, aujourd'hui, une grande partie des gouvernements arabes entretiennent de très bonnes relations avec les grandes puissances occidentales et avec Israël, ce qui explique, d'ailleurs en partie, l'immobilisme des dirigeants arabes face aux interventions militaires d'Israël en Palestine. L'ennemi d'hier est devenu un partenaire inéluctable, notamment sur les plans économique et politique, pour la survie de beaucoup de pays de la région, sachant qu'Israël bénéficie d'un soutien considérable de la part des États-Unis, ce qui lui a permis d'affirmer son influence, en particulier, dans la prise des décisions stratégiques liées à la région Moyen-Orient. De plus, la dynamique unitaire semble aussi minée par la multiplication des conflits territoriaux entre États-arabes (Égypte-Soudan sur le triangle de Halaib, Irak-Koweït, Qatar-Bahreïn sur les iles d'Hawar, Dibal et Qitat Jaradah, etc)[358]. Aujourd'hui, les clivages politiques s'étendent, de plus en plus, entre les pays de la région où l'on assiste à une « guerre de prédominance » entre les puissances régionales, l'Iran et l'Arabie Saoudite d'une part, l'Algérie et le Maroc de l'autre. La destruction de certains pays, soit par la guerre civile (la Syrie, le Soudan et le Soudan du Sud), soit par l'intervention étrangère (l'Irak, le Yémen et la Libye) n'arrange pas l'unification du monde arabo-musulman. L'échec du panarabisme a favorisé, notamment depuis la défaite de 1967, l'ascension de l'idée panislamique (Tunisie, Turquie, Qatar, Maroc et Égypte avant la destitution de Mohamed Morsi). Beaucoup de gouvernements arabes sont hostiles à cet islamisme, et n'hésitent pas à recourir à la coercition pour réprimer les vecteurs politiques de ce projet (exemple de l'Arabie Saoudite, de l'Algérie et de l'Égypte)[359]. Il reste que le rôle des pays « stables » de la région demeure décisif dans l'édification d'un nouvel espace régional intégré.

Au-delà du Monde arabe, c'est le conflit entre l'Iran et l'Arabie Saoudite qui représente un facteur d'instabilité pour l'ensemble de la région, car les influences extérieures que les deux pays exercent (au Yémen, en Irak, au Liban, en Afghanistan et en Syrie) n'ont fait qu'alimenter davantage les

---

[358] NABLI Béligh : op.cit, page 51.

[359] Après avoir destitué le premier Président élu démocratiquement dans l'histoire de l'Égypte, le général Al Sissi a procédé dès sa prise du pouvoir à la répression des dirigeants et des militants de la confrérie. Certains d'entre eux, y compris Mohamed Morsi, ont été emprisonnés et condamnés à la peine mort le 16 mai 2015.

guerres dans ces pays[360]. À l'opposé, une normalisation, entre les deux hégémonies de la région pourrait être le prélude d'une nouvelle coopération économique à l'image de la coopération bilatérale entre l'Iran et les EAU ou entre l'Iran et Oman, inhérente à la prospérité du monde musulman, d'autant que l'Iran a réussi à conclure un accord, le 14 juillet 2015, avec les puissances occidentales sur son dossier nucléaire, permettant ainsi, d'une part, la levée des sanctions qui l'épuisent économiquement depuis une douzaine d'années. D'autre part, les dirigeants iraniens vont pouvoir récupérer les avoirs du pays gelés à l'étranger d'un montant estimé à 150 milliards de dollars, de quoi relancer, sereinement, ses projets économiques, notamment pour l'exploitation du champ gazier « South Pars ».

Actuellement, c'est Oman qui sert de médiateur entre l'Iran et l'Arabie Saoudite afin d'apaiser les tensions. D'ailleurs, Oman ne cache, ni la relation qu'il entretient avec l'Iran, ni son ambition de réconcilier ce dernier avec l'Arabie Saoudite, afin de stabiliser ses intérêts et ceux des autres membres du CCG[361]. En mars 2014, les deux dirigeants Hasan Rohani et Qabus ibn Said se sont rencontrés à Oman dans le but de renforcer la coopération bilatérale entre les deux pays. Dès lors, un protocole d'accord sur construction d'un gazoduc sous-marin a été signé. Il sera mis en œuvre d'ici à 2017. Le projet de construction d'un pont, au-dessus du détroit d'Hormuz, qui lie les deux pays, a été également à l'ordre du jour lors de cette rencontre. En fait, les deux pays entendent renforcer les investissements, de part et d'autre. De son côté, l'Iran prévoit d'investir six milliards de dollars à Oman. Ce dernier, prévoit de son côté l'investissement de quatre milliards de dollars dans la pétrochimie et l'exploitation pétrolière[362].

À vrai dire, l'Iran n'est pas le seul pays avec lequel l'Arabie Saoudite entretient des liens tendus. En fait, le refus de l'Algérie de se joindre à la coalition que le royaume saoudien a formée pour intervenir au Yémen, a eu pour conséquence la détérioration des relations diplomatiques entre les deux

[360] L'Iran, qui n'est pas un pays arabe, et dont la majorité de la population est chiite (autrefois grande puissance régionale) compte préserver l'arc chiite qui s'étend de la Turquie au Yémen. Les dirigeants iraniens, notamment le Président Hassan Rohani, tente énergiquement de régler le différend lié à la prolifération de l'arme nucléaire afin de lever les sanctions qui pèsent lourd sur son pays. L'Arabie Saoudite quant à elle, fait de l'opposition aux projets régionaux de l'Iran une de ses priorités. Des conflits d'influence ont resurgi en Syrie, car l'Iran soutien Bachar Al Assad, et l'Arabie soutient l'opposition, en Irak également et plus récemment au Yémen où l'Iran appuie les Houthis pendant que le royaume saoudien mène des frappes militaires contre eux.
GRESH Alain : « La grande peur de l'Arabie saoudite », *Le Monde Diplomatique* de mai 2014, page 11, http://www.monde-diplomatique.fr
Moyen-Orient, Bilan géostratégique 2015, n° 27 juillet-septembre 2015, page 17.
[361] IRIB « Une médiation omanaise entre l'Arabie et l'Iran ? », article publié le 9 mai 2015 sur le site http://french.irib.ir
[362] AFP : « Arrivée mercredi du président iranien à Oman : coopération bilatérale et tensions dans le Golfe au menu», publié le 14 mars 2014 sur http://www.i24news.tv

pays, notamment après l'interdiction du survol de l'espace aérien saoudien pour la compagnie air Algérie au mois d'avril 2015, puis le classement, le 19 mai 2015, par les autorités saoudiennes de l'Algérie sur a liste noire des pays finançant le terrorisme[363]. La réaction de l'Algérie ne s'est pas fait attendre, car sans remettre en cause la « bonne relation » que l'Algérie entretient avec le royaume wahhabite, le porte-parole du Ministère des Affaires étrangères, Abdelaziz Benali Cherif, a affirmé dans sa déclaration, du 20 mai 2015, le rôle et les engagements internationaux de l'Algérie dans la lutte contre le terrorisme et le blanchiment d'argent.

En conséquence, malgré le refus des autorités algériennes de polémiquer sur les accusations de l'Arabie Saoudite, le froid semble installé entre les deux pays. En fait, le « blacklisting » de l'Algérie se traduit comme une punition pour son refus de mener des frappes contre le Yémen, en sachant qu'avant que l'offensive contre le Yémen, appelée « tempête décisive » regroupant dix pays de la région[364], ne soit pensée, les relations bilatérales entre Alger et Riad aient été excellentes. L'intervention militaire du 26 mars 2015 (laquelle les décideurs algériens semblent comprendre les enjeux) tendait, en premier plan, à protéger la sécurité des frontières de l'Arabie Saoudite avec le Yémen, et aussi à restreindre le soutien des houthis par l'Iran. Les frappes aériennes auraient pu ne pas avoir lieu si le chef d'État yéménite Abd Rabbou Hadi Mansour, réfugié en Arabie après la prise de Sanaa par les houthis, n'avait pas demandé à l'Arabie Saoudite d'intervenir. Eu égard aux conséquences désastreuses de cette guerre sur le peuple yéménite, la coalition n'a pas réussi, à l'heure actuelle, à repousser l'avancée des houthis[365].

Ce conflit a déplacé les populations à l'intérieur du pays, ainsi que vers d'autres pays de la région et vers la Corne de l'Afrique (Djibouti, Somaliland et Puntland), et de plus a permis à Al-Qaida dans la péninsule Arabique (AQPA) et à Daesh de s'étendre également au Yémen.

Par malheur, le conflit dans ce pays suivra la trajectoire de celui de la Syrie et de l'Irak, qui peinent à sortir de la crise après des années de guerre (plus de cinq ans pour la Syrie et plus de douze-ans pour l'Irak). Les tentatives de l'ONU, à travers les négociations de Genève lancées le 15 juin 2015, pour trouver un compromis entre les différentes parties au conflit, semblent vouée à l'échec dès le départ, car la deuxième trêve humanitaire

---

363 Slate Afrique : « L'Arabie Saoudite classe l'Algérie sur liste noire du financement du terrorisme », article publié le 22 mai 2015 sur le site http://www.slateafrique.com

364 La coalition est menée, principalement, par l'Arabie Saoudite, à laquelle participe les EAU, Koweït, Bahreïn, Qatar, Le Soudan, le Maroc, l'Égypte et le Sénégal.

365 Depuis le début des frappes, plus de 3200 personnes ont été tuées au Yémen selon l'ONU, en plus de la destruction des habitations et des infrastructures à la suite desquels l'Organisation Mondiale de la Santé (OMS) évoque le besoin de 80% de la population d'une humanitaire d'urgence. Voir l'article du Centre d'actualité de l'ONU du 16 juin 2015, intitulé « Yémen : le bilan des victimes civiles s'alourdit, selon *l'ONU* » sur http://www.un.org

décrétée par l'ONU, le 10 juillet 2015 (censée durer jusqu'à la fin du mois de Ramadan, soit le 18 juillet), afin d'acheminer des aides à la population n'a duré que deux heures, car les frappes aériennes ont, aussitôt, repris sur la ville de Taez[366].

En fait, la région MENA n'en finit pas avec les conflits, qui ne cessent d'ailleurs de s'intensifier, en particulier, depuis la rupture des relations diplomatiques de l'Egypte, les EAU, Bahreïn et l'Arabie Saoudite avec le Qatar depuis le 5 juin 2016. S'ajoute à cela, la nouvelle crise qu'a évoquée la démission surprise, sous pression saoudienne, du Premier ministre libanais Saad Al-Hariri le 4 novembre 2017.

Au-delà de « la guerre froide » entre l'Iran et le royaume wahhabite au Proche Orient, l'Algérie et le Maroc aussi se sont livrés, depuis de longues années, à une autre guerre frontalière en Afrique du Nord. L'histoire du contentieux territorial entre les deux voisins remonte au 14 octobre 1963, date du premier conflit armé entre les deux pays, appelé « guerre des sables », à la suite de la discorde sur les frontières sahariennes algéro-marocaines. En 1961, le Gouvernement Provisoire de la République Algérienne (GPRA), sous la présidence de Ferhat Abbas, ainsi que le Roi Hassan II, avaient prévu des négociations autour du tracé des frontières postcoloniales établi par la France en Afrique du Nord[367]. Les villes de Tindouf et de Hassi-Beida à Béchar faisaient partie du « Grand Maroc », qui regroupait le Sahara Occidental, la Mauritanie, une partie du Mali et de l'Ouest du Sahara algérien, avant l'établissement de ce tracé. Mais, après l'indépendance, le Président Ahmed Ben Bella a remis en cause l'accord de négociations prévu par Ferhat Abbas, et a expulsé les Marocains présents sur les territoires disputés. Des attaques de part et d'autre eurent lieu du 14 octobre 1963 jusqu'au 5 novembre de la même année, à la suite des pourparlers, autour d'un cessez-le-feu, conduits par les dirigeants éthiopiens Hailé Sélassié et le malien Modibo Keita, lors de la conférence de Bamako le 29 et 30 octobre[368]. Mais ce n'est qu'en 1969, que le traité d'*Ifrane* a imposé aux deux pays le respect des frontières héritées de la colonisation[369].

Les tensions entre les deux voisins sont ravivées, à nouveau, sur la question du Sahara Occidental, anciennement sous occupation espagnole, à partir de 1976, lorsque le Maroc décide d'annexer celui-ci. Une décision, bien évidemment, que les autorités algériennes n'ont pas apprécié, si bien

---

366 AFP et France 24 : « Des bombardements signalés au Yémen malgré la trêve humanitaire », article publié le 11 juillet 2015 sur le site http://www.france24.com

367 DIRÈCHE Karima : MAGHREB - Le Maghreb politique, « La question des frontières au cœur de la construction du Grand Maghreb », *Encyclopædia Universalis*, http://www.universalis.fr

368 Modibo Keita, une figure africaine marquante, « La quête de l'indépendance et de l'émancipation », http://modibokeita.free.fr

369 MARTINEZ Luis : « Frontières et nationalisme autour du Sahara Occidental », *CERISCOPE Frontières*, 2011, http://ceriscope.sciences-po.fr

que l'Algérie a soutenu le peuple sahraoui ainsi que le Front Polisario dans leur démarche indépendantiste, et leur droit à l'autodétermination conformément à la résolution de l'ONU de la même année. Des aides morales et matérielles ont été (et le sont toujours d'ailleurs) apportées, par l'Algérie, aux sahraouis afin de renforcer leur position face à la monarchie chérifienne.

L'assassinat de deux touristes espagnoles, dans l'hôtel Atlas, au Maroc a provoqué, non seulement, le rétablissement des visas pour les Algériens (avant d'être supprimé en juillet 2005), mais également la fermeture des frontières entre les deux voisins en 1994. Depuis, l'Algérie refuse la réouverture de ses frontières jusqu'à ce qu'un accord définitif sur le Sahara Occidental soit trouvé.

En somme, le nouveau « conflit infructueux » entre Alger et Rabat sur le Sahara Occidental, pèse considérablement sur le développement de la région. Car si le Maroc s'avère le grand perdant, notamment, après la fermeture des frontières, l'Algérie, quant à elle, compte sur la rente pétrolière pour maintenir sa prospérité, alors que les querelles entre les deux voisins bloquent le projet de l'Union du Maghreb arabe. C'est pourquoi la problématique de l'union arabe peut-être posée à partir des exigences du développement économique des sociétés arabes. Certaines approches sont parvenues à lier la problématique de dépassement de la dépendance vis-à-vis de la rente pétrolière à celle de la sortie d'une dépendance vis-à-vis des seules exigences du marché mondial. Or, ces stratégies de sorties nécessitent un espace économique qui dépasse celui des États arabes pris isolément : le goulot d'étranglement que représentait le marché algérien explique en partie l'échec des industries lourdes développées dans les années soixante-dix. Or, la phase actuelle de la mondialisation a cet effet paradoxal, d'une part de favoriser l'état de dépendance d'un monde arabe divisé, et d'autre part de réhabiliter le projet d'unification économique étroitement liée à l'unité politique. La disproportion entre la dimension du capital multinational et le cadre économique étroit des économies arabes pourrait justifier l'idée d'une intégration économique régionale indissociablement liée à une intégration politique.

Ainsi, la question posée est de savoir si la constitution d'un espace arabe intégré permettrait à un nouveau pôle d'émerger et d'être producteur de stratégies de développement alternatives au lieu de subir les contraintes externes[370]. Quelle que soit la portée de cette réflexion, elle déplace la problématique des enjeux strictement historiques et civilisationnels tels que posés par les premiers nationalistes arabes aux enjeux de l'intégration économique et politique régionale. C'est ce qui explique l'intérêt porté aux organisations régionales. C'est pourquoi, s'il est vrai que la présente étude

---

[370] NOHRA Fouad : « La patrie arabe et les défis de la mondialisation : entre la réalité de la fragmentation et la nécessité de l'unité », *Mâlumat Duwaliya*, n°58, Automne 1998, pages 69-82.

fait l'économie du diagnostic des échecs d'organisations régionales à vocation intégrative telle l'Union du Maghreb Arabe[371], elle se contente d'interroger le rôle qu'elles pourraient jouer depuis les phénomènes révolutionnaires de 2011.

B. Le renforcement de la coopération interrégionale moyen-orientale

Si les soulèvements populaires de 2011 ont été chaotiques pour quelques pays de la région, pour ceux qui ont été épargnés, les actuelles évolutions devraient les inciter à repenser leurs stratégies économiques et politiques. Les échanges commerciaux et la coordination dans différents domaines entre les pays de la région, hormis les États membres du CCG, demeurent les moins intégrés par rapport aux autres systèmes régionaux dans monde (ASEAN, MERCUSUR, CEDEAO et de l'UE, etc). Le découpage de la région (Maghreb, Proche-Orient, Golfe persique, Péninsule arabique et Moyen-Orient) a engendré des coopérations plus claniques que panarabes entre les États de la région. Au niveau du golfe, les pays voisins : Arabie Saoudite, EAU, Qatar, Koweït, Oman et Bahreïn se sont regroupés au sein du CCG.

Au niveau du Moyen-Orient : la Jordanie, la Syrie, l'Égypte et l'Irak ont élaboré un accord sur le marché commun arabe depuis 1964, qu'a rejoint la Libye en 1975. Tandis qu'au Maghreb : la Libye, l'Algérie, le Maroc, la Tunisie et la Mauritanie tentent d'imposer leur poids à travers l'UMA. Toutefois, des accords bilatéraux existent entre les pays du Maghreb et ceux du Moyen et Proche Orient. Mais la seule institution qui regroupe l'ensemble des pays c'est la Ligue arabe.

Désormais, les changements à opérer, ne pourraient, en principe s'affranchir de l'UMA (au niveau maghrébin) et de la Ligue arabe (au niveau de toute la région MENA), en particulier, en ce qui concerne la relance du marché arabe commun (projeté en 1964) et la relance de la zone arabe de libre échange (annoncée en 1991, puis élaborée par le Conseil de Coopération Économique de la Ligue en février 1997). Certes, les changements seront difficiles à réaliser à cause des évolutions exceptionnelles de l'ensemble de la région MENA, mais ils ne seront pas impossibles si tous les pays exploitent leur bonne volonté, car tous les éléments nécessaires à l'intégration arabe sont réunis, comme en témoigne la Directrice générale du FMI Christine Lagarde, lors du dernier Forum des

---

[371] Lancée le 17 février 1989 (lors de l'adoption constitutif de Marrakech) par la Mauritanie, le Maroc, l'Algérie, la Tunisie et la Lybie, l'UMA avait pour vocation le renforcement de la coopération politique et économique intramaghrébine. Malheureusement, d'après le discours du professeur Christophe Boutin, du 9 octobre 2013, le Conseil des chefs d'États maghrébin ne s'est pas tenu depuis le dernier sommet de Tunis d'avril 1994. Voir BOUTIN Christophe : « La difficile montée en puissance de l'Union du Maghreb arabe », article publié le 21 octobre 2013 sur le site http://www.saphirnews.com

Entrepreneurs Maghrébins (FEM) tenu à Marrakech, les 17 et 18 février 2014 *« Les pays du Maghreb ont tous les atouts pour réussir leur union : géographie et histoire communes, potentiel humain et population jeune, peuvent avancer main dans la main pour un avenir commun »*[372]. La globalisation du système économique mondial impose à tous les pays, notamment les pays rentiers, et à toutes les organisations régionales de s'y adapter pour échapper aux impacts d'éventuelles crises financières ou de chocs pétroliers (chocs des années quatre-vingt à la suite duquel de nombreux pays endettés ont été soumis aux PAS).

La cinquième Conférence régionale sur l'intégration économique maghrébine, qui s'est déroulée les 8 et 9 janvier 2013, à Nouakchott constitue un revirement exceptionnel dans l'histoire de la coopération intermaghrébine. Les cinq États membres de l'UMA ont convenu la mise en place d'une Banque Maghrébine des Investissements et du Commerce Extérieur (BMICE) dotée, au départ, d'un capital de cent millions de dollars ayant pour objectif le financement des projets d'infrastructures, des nouvelles énergies et de l'investissement dans les cinq pays membres de l'union, ainsi que le renforcement du rôle du comité de suivi de l'intégration économique, sous l'assistance technique du FMI[373]. Ce comité produira des rapports semestriels sur l'avancée de ladite intégration.

Depuis la Conférence de Nouakchott de janvier 2013, le processus de l'intégration maghrébine se redynamise. Dès le mois de mai 2013, l'UMA a lancé des appels pour l'élaboration des projets d'appui institutionnel au Secrétariat Général de l'Union du Maghreb Arabe afin d'établir une base de données économiques et sociales[374]. Elle a organisé le FEM en février 2014, ainsi que la réunion de coordination entre l'UMA et ses partenaires de développement du 23 au 27 juin 2014, à Rabat. Son objectif est de mettre en place, en collaboration avec nombreux partenaires régionaux et internationaux, un cadre d'action concerté de soutien à l'Union du Maghreb Arabe.

Le Secrétariat Général de l'Union du Maghreb Arabe a, également, signé le 8 décembre 2014, à Rabat, un premier *« projet régional de programmation 2014-2017 »* avec le Bureau sous régional de l'Organisation des Nations Unies pour l'Alimentation et l'Agriculture (FAO) pour l'Afrique du Nord. Il a pour but de renforcer la coopération en matière de conception et de la mise en œuvre des initiatives conjointes dans le domaine de la sécurité alimentaire et de la gestion durable des ressources naturelles dans les pays membres. Un deuxième *« projet régional du Programme de*

---

[372] L'expert : « Où sommes-nous de l'intégration économique maghrébine », article publié le 20 mars 2014 sur le site http://www.lexpertjournal.net

[373] BENLAHRECH Ryadh : « Union du Maghreb Arabe : mise en place d'un comité de suivi sur l'intégration économique », publié le 10 janvier 2013 sur http://www.jeuneafrique.com

[374] http://www.maghrebarabe.org

Coopération Technique », le 5 juin 2015, tendant à promouvoir et à améliorer l'emploi agricole, décent, des jeunes en milieu rural dans les pays du Maghreb[375].

Si, en effet, au niveau de l'UMA les initiatives, tendant à renforcer l'intégration, se multiplient, c'est loin d'être le cas des États membres, en particulier, pour la consolidation de la zone de libre-échange maghrébine et pour la création du marché commun. À part la signature des trois dernières conventions (bilatérales) relatives à des domaines différents (la pêche maritime, la santé animale, l'eau, la jeunesse et le sport, etc) courant 2013, entre Mauritanie-Algérie, Maroc-Mauritanie et Lybie-Maroc, il n'y a pas eu de conventions ou d'accords communs (multilatéraux) entre l'ensemble des États à propos de la restriction des entraves au commerce intra-maghrébin, malgré la tenue de plusieurs réunions et conseils ministériels sur les mécanismes de coordination dans la zone[376].

Cela tient, premièrement, au fait de la subsistance des clivages politiques entre les deux gros poids de la région (l'Algérie et le Maroc) à propos du Sahara Occidental. Le refus de l'une d'ouvrir ses frontières, fermées depuis 1994, et la construction par l'autre d'une clôture de plus de cent kilomètres à sa frontière avec l'Algérie (à l'image du mur qui sépare l'Arabie Saoudite et l'Irak, ainsi qu'Israël et la Cisjordanie ou bien l'Égypte et Gaza) constituent un frein considérable à l'intégration maghrébine, pourtant le Maroc est le premier partenaire commercial de l'Algérie. D'après les données de 2013 de l'Office marocain des changes, les biens et produits importés de l'Algérie ont atteint 1,07 milliards $, contre 1 milliards $ pour la Tunisie, 876,51 millions $ pour l'Égypte, 78,32 millions $ pour l'Irak et 61,7 millions $ pour la Mauritanie[377]. Les échanges entre la Libye et la Tunisie vont, également, se complexifier à la suite de la construction d'une clôture frontalière de 168 km entre les deux pays. Les attaques terroristes que la Tunisie a subies (au musée Bardo, puis à la plage de Sousse qui a fait 38 morts, etc) font craindre la montée en puissance du terrorisme à l'intérieur du pays, d'autant que le Sahara libyen est devenu le fief de terrorisme et de trafic de tous genres. Dès lors, nous constatons que la « lutte contre le terrorisme » devient un nouveau moyen de désintégration des pays arabes. Or, après les soulèvements de 2011, le Conseil des ministres de l'Intérieur des pays de l'UMA, réuni à Rabat, en avril 2013, a élaboré une « stratégie sécuritaire maghrébine commune » à la suite de laquelle des mesures préventives de lutte contre le terrorisme, le trafic de drogue et d'armes, etc ont été proposées. Les États ont convenu à partir de décembre de fermer les frontières « sensibles » tout

---

[375] http://www.maghrebarabe.org

[376] Rapport sur l'Intégration Régionale en Afrique du Nord de 2013 sur les échanges intra-régionaux et facilitation du commerce de la Commission économique pour l'Afrique (CEA).

[377] SADEK Amine : « Algérie-Maroc : les échanges commerciaux se portent bien », article publié le 7 mai 2014 sur http://www.algeriepatriotique.com

en créant des points de contrôle communs et en coordonnant les patrouilles aux frontières.

De ce fait, ces clôtures ont des impacts économiques et politiques considérables. Économiques dans la mesure où la construction de murs engendre, non seulement, des dépenses supplémentaires pour l'État, mais aussi, la restriction des échanges (la circulation des personnes et des marchandises) entre les pays frontaliers qui devraient s'effectuer par voie maritime ou aérienne. Cela rend les transactions commerciales plus coûteuses que par voie terrestre. Et politiques car la séparation artificielle entre deux États souverains implique l'éclosion des querelles et des rivalités.

Deuxièmement, le volume des échanges commerciaux entre les cinq États membres est de 3,3%, contre plus de 60% vers l'Europe, en particulier après la signature des accords de libre-échange avec l'UE, c'est le volume le plus faible de toutes les unions intra zones en comparaison avec l'Asean (24%), le Mercosur (19%), l'Alena (45%), la Cedeao (10,7%) et l'UE (64%). De plus, les droits de douanes appliqués aux importations en provenance des pays de l'UMA sont plus élevés que ceux appliqués aux importations provenant de l'UE. Par exemple l'Algérie applique des droits de douanes de 19,88% aux membres de l'UMA, tandis que pour les marchandises provenant de l'UE, elle applique des droits de 18,17%. Or, la convention commerciale et tarifaire maghrébine relative aux règles de libre-échange entre les pays de l'UMA, adoptée le 10 mars 1991, a instauré une taxe compensatoire unique de 17% sur les importations, qui stipule « *Les produits d'origine et de provenance maghrébine destinés à l'un des marchés des parties contractantes et pour lesquels sont utilisées dans leur production, des matières premières ou semi-finies importées en dehors de l'Union dans le cadre des régimes économiques douaniers, seront soumis à une taxe compensatoire de 17,5% qui sera prélevée dans le dernier pays importateur sur la base de la valeur de la marchandise* ». D'autres mesures d'allègements fiscaux et de tarifs préférentiels ont été, également, convenues entre les États membres, sans toutefois, que ceux-ci ne soient effectivement appliqués. Les relations commerciales entre ces derniers sont plus concurrentes - entre elles - que complémentaires.

Les relations qu'entretiennent les pays de l'UMA avec l'UE (volume d'échanges plus important qu'avec les autres régions du monde ≈ 70%) dissuadent, en quelque sorte, l'intégration intra-arabe. En fait, les partenariats Nord-Sud entravent la coopération Sud-Sud (au moins des États membres de l'UMA où les partenariats s'effectuent avec chaque pays de manière individuelle). Au niveau du CCG, la forte coopération entre les États membres du CCG, ne les a pas empêchés de renforcer, quantitativement et qualitativement, leur coopération.

Cette dépendance Nord-Sud / Sud-Nord s'explique, selon le professeur Mohamed Réda Mezoui, à travers non seulement, les préoccupations de chaque partenaire, mais également, à travers la continuité culturelle et historique dues à la colonisation qui lie les deux rives[378]. Les pays de l'UE cherchent le dynamisme démographique, l'énergie et l'élargissement de leurs marchés, tandis que les pays du Sud sont en quête du savoir, de la productivité et de l'investissement. Donc la complémentarité, pour les pays de l'UMA réside dans leur coopération avec le Nord et non pas avec le Sud. C'est, d'ailleurs, pour répondre à ces besoins que l'UE et les pays méditerranéens ont établi, en 1995, lors de la Conférence ministérielle euro-méditerranéenne du Barcelone les 27 et 38 novembre, le Processus de Barcelone qui a évolué depuis le 13 mars 2008 vers « l'Union pour la Méditerranée » (UpM)[379] avec pour objectif la consolidation des partenariats politiques, économiques et sociaux-culturels euro-méditerranéens.

Paradoxalement, pour la Banque Mondiale et le Secrétariat général de l'UMA, la stagnation des échanges intra- maghrébins entraine un manque à gagner annuel de 3 à 9 milliards $, et coûterait à chaque pays 2% de son PIB[380]. En effet, l'étude prospective de 2005-2015 de la Banque Mondiale prévoit, notamment, dans le troisième scénario, en cas d'intégration maghrébine approfondie, un accroissement du PIB hors hydrocarbures de 3,5% en moyenne, et du PIB/H de 34% pour l'Algérie, de 27% pour le Maroc et de 34% pour la Tunisie. D'après cette étude, l'intégration génèrera près de cinq milliards de dollars en investissements, ainsi qu'une création de huit millions d'emplois à l'horizon 2020[381]. La même vision est partagée par la Commission Économique pour l'Afrique (CEA), estimant que la facilitation du commerce au sein de l'UMA serait bénéfique aux gouvernements, aux entreprises et aux consommateurs, car elle permet, non seulement l'amélioration de la productivité et de la compétitivité des IDE, mais aussi une meilleure intégration de la chaîne des valeurs dans la région[382].

---

[378] MEZOUI Mohamed Réda : « Une politique des pôles d'excellence pour contribuer à réduire les distances entre les rives Sud et Nord de la Méditerranée », août 2011, pages 7 et 8, http://www.legrandsoir.info

[379] L'UpM regroupe les 28 pays membres de l'UE, la Commission européenne, ainsi que 15 pays méditerranéens. Elle a été lancée officiellement le 13 juillet 2008, lors de la tenue du Sommet de Paris pour la Méditerranée. À vrai dire, la complémentarité entre les besoins des pays de l'UMA et de l'UE, n'empêche pas cette dernière à encourage énergiquement le renforcement de l'unité arabe au sein d'un espace économique plus intégré, notamment après les soulèvements de 2013, sauf que la réticence à une intégration intra-maghrébine plus poussée tient aux dirigeants arabes et non pas à l'UE.

[380] Direction des études et des prévisions financières du Maroc : « Enjeux de l'intégration maghrébine, le coût du non Maghreb », octobre 2008, page 11, http://www.finances.gov.ma

[381] La Banque Mondiale : « Une nouvelle vision pour l'intégration économique du Maghreb ? », Volume I, novembre 2006, Chapitre III « Estimation des gains économiques d'une intégration plus approfondie et plus élargie », page 94-105.

[382] Rapport CEA de 2013, idem, pages 24-26.
La facilitation du commerce constitue l'un des volets du paquet de mesures discutés lors de la Conférence ministérielle de l'OMC, à Bali, qui s'est tenue du 4 au 7 décembre 2013. Les159 États membres de l'OMC devraient respecter l'accord de Bali qui porte, notamment, sur la

Par ailleurs, bien qu'une intégration approfondie de la zone arabe soit bénéfique pour tous les pays de l'UMA, elle le sera encore plus pour l'Algérie et la Libye, les seuls exportateurs de gaz et de pétrole de l'union. L'atténuation du rentiérisme de ces deux pays nécessite la diversification de leurs économies à travers les échanges intra-branches, qui stimulent la productivité et accroît les IDE (la pétrochimie, l'agroalimentaire, le tourisme, etc). Comme beaucoup d'experts le soulignent, d'ailleurs, le rapprochement entre l'Algérie et le Maroc serait bénéfique pour la production d'engrais. L'un dispose de l'énergie et l'autre du phosphate, ce qui permettrait de faire du marché maghrébin de l'engrais le plus grand marché au monde. Il en est de même pour les produits agricoles, l'Algérie importe plus de 40% de ses besoins alimentaires de l'Europe contre seulement 0,6% du Maroc, alors que ce dernier exporte également des produits alimentaires à d'autres pays du monde et à des coûts moins élevés que ceux pratiqués par l'Europe[383].

Nous pouvons également souligner l'importance de la liberté de circulation des personnes, qui joue un rôle déterminant dans la promotion du tourisme. Par exemple, lors des attentats terroristes, du 26 juin 2015, à Sousse en Tunisie, de nombreux citoyens algériens ont manifesté leur soutien à la Tunisie, en annonçant qu'ils allaient « envahir les plages tunisiennes » à la suite du départ anticipé des touristes étrangers. Ceci dit, ce n'est pas seulement en temps de crise, en l'occurrence en cas d'attaques terroristes, que le tourisme doit être promu. Là encore, l'initiative émane des citoyens et non pas des autorités. La facilitation de la libre circulation des citoyens entre les pays de l'UMA aurait pour conséquence première le développement du tourisme dans l'ensemble des pays de l'union.

Si l'on regarde de près le tourisme dans les pays du CCG (créé en 1981), nous allons constater que le nombre de touristes provenant des pays membres est aussi important que celui des étrangers. En 2014, le nombre de touristes des pays voisins qui se sont rendus aux EAU s'élève à 4,3 millions contre 9,2 millions européens et 1,8 asiatiques. Il en est de même pour le Qatar où les ressortissants des pays du CCG représentent 80% des touristes, selon Rashed AlQurese, Directeur Marketing de la Qatar Tourism Authority[384]. Ainsi que pour Bahreïn qui accueille près de 77.000 Saoudiens par jour, qui se rendent dans le pays par le pont du « Malek Fahd ». Bahreïn,

---

libéralisation des échanges commerciaux, ayant pour objectifs « la simplification les procédures douanières en réduisant les coûts et en améliorant leur vitesse et efficacité ». Raison supplémentaire sui doit inciter l'Algérie, qui négocie son adhésion à l'OMC, à libéraliser son commerce et à accroître son activisme, en particulier, dans le cadre de l'UMA.

[383] MOKEDDEM Mohamed : « Intégration économique régionale au Maghreb : enjeux & perspectives », *Institut AMADEUS*, http://amadeusonline.org

[384] CORONAS Pierre : « Le Qatar mise sur les événements culturels et sportifs pour doper son tourisme », Interview de Rashed Al-Qurese, Directeur Marketing de la Qatar Tourism Authority, 26 septembre 2014, http://www.tourmag.com

qui est un pays plus développé et moins conservateur que le royaume saoudien. Il constitue un « coin du paradis » où les Saoudiens se permettent ce qui leur est interdit en Arabie.

Pour les autres secteurs économiques, la coopération entre les États du CCG est beaucoup plus poussée qu'entre les pays de l'UMA. Les six membres détiennent d'importantes réserves gazières et pétrolières. Ils sont considérés comme les pays les plus riches du monde, notamment, l'Arabie Saoudite qui détient 15,7% des réserves pétrolières mondiales prouvées. Désormais, les EAU occupent la douzième place mondiale en matière de compétitivité, suivis du Qatar, à la seizième place, selon le rapport 2014-2015 de *World Economic Forum*. Les importants efforts déployés en matière d'infrastructures, d'inventivité et d'allégement des réglementations nationales ont joué un rôle fondamental dans le développement économique de ces pays.

En attendant l'élaboration de la monnaie unique dans les prochaines années (à condition bien évidemment que la crise entre la Qatar et ses voisins soit résolue), le lancement du marché commun doté d'un tarif extérieur commun (tant attendue), début janvier 2008, a permis l'accroissement des échanges entre les États membres du CCG (travailleurs, entreprises, investisseurs, etc), ainsi que l'amélioration de la compétitivité entre les six membres. Par conséquent, la concurrence « positive » entre ces derniers a eu un impact considérable sur la diversification de leurs économies et de leurs ressources hors-hydrocarbures (IDE entrants et sortants, les services, le tourisme, etc).

Désormais, afin d'appuyer leur stratégie de développement et de diversification économiques, les États du CCG, particulièrement les EAU, Qatar et l'Arabie Saoudite, ont étendu leur coopération au Maroc, ainsi qu'au continent africain. Courant 2013, le CCG a annoncé d'investir massivement au Maroc. En début de 2014, un fonds souverain (Wessal capital), doté de 2,5 milliards d'euros, regroupant le Maroc, l'Arabie Saoudite, Qatar, Koweït et les EAU a été créé. Il a pour objectifs la construction et l'amélioration des infrastructures, notamment portuaires, du royaume afin de doubler le nombre de touristes d'ici à 2022[385].

Quelques mois plus tard, c'est l'Égypte qui bénéficia de la bénédiction des monarchies du golfe. Le 13 mars 2015, lors d'une conférence économique à Charm-El-Cheikh, Koweït, les EAU et l'Arabie Saoudite ont promis de doter l'économie égyptienne de 12 milliards de dollars en termes d'investissements et d'aide au développement.

Si, en réalité, les membres du CCG ont choisi le Maroc et l'Égypte (parmi les pays arabes) comme partenaires, l'objectif de la coopération est loin d'être anodin. Car depuis les soulèvements populaires de 2011, du point

---

[385] GAUTIER Charles : « Quatre pays du Golfe misent ensemble sur le tourisme marocain », article publié le 21 mai 2014 sur http://www.lefigaro.fr

de vue stratégique, le Maroc et l'Égypte se sont montrés coopératifs avec les monarchies du Golfe comme en témoigne leur participation à la coalition menée par le royaume saoudien contre le Yémen. De ce fait, encore une fois, la coopération économique arabe est étroitement liée aux intérêts et aux orientations politiques de chaque partenaire. C'est pour cette raison que la Ligue arabe doit renforcer sa coordination en matière économique afin d'assurer les intérêts communs de tous les pays de la région[386].

Pour la Ligue arabe, dont le nom incarne parfaitement la notion du panarabisme[387], non seulement des pouvoirs supplémentaires devraient être attribués au Conseil de la Ligue (article 3 de la Charte de la Ligue) et au Conseil économique, mais il faudrait également créer des organes supplémentaires pour le règlement des différends, ainsi que pour la sanction des manquements des États membres. Ces deux organes auront un poids important dans la coordination et l'exécution des décisions de la Ligue.

Au niveau du Conseil de la Ligue, qui est l'organe exécutif de la Ligue réunissant les représentants des vingt-deux États membres (chaque pays dispose d'une voix), la plupart des décisions, notamment stratégiques, requièrent le vote à l'unanimité (article 7 du pacte de la Ligue), pour qu'elles soient opposables à tous les États membres (telle que l'exclusion d'un membre). Pour les autres décisions, leur mise en œuvre est, parfois, difficile car elle tient à la bonne volonté des membres (par exemple le vote à la majorité, soit les deux-tiers des membres, implique l'exécution des décisions uniquement par les membres qui les ont votées, article 7, alinéa 1 du pacte)[388]. D'ailleurs, en 2011, lorsque la Ligue a enjoint à la Syrie l'adopter de quelques mesures pour sortir de la crise (libération des prisonniers politiques, retrait de l'armée, réformes politiques, etc), Bachar Al Assad n'a pas appliqué les recommandations de la Ligue, ce qu'a contraint cette dernière à suspendre la Syrie, le 12 novembre 2011, malgré l'opposition du Yémen et du Liban. Cinq ans après la guerre civile en Syrie, aucun plan de sortie de crise n'a été imposé, fermement, par la ligue. L'échec de la Ligue dans le cas syrien s'ajoute à celui de la résolution du conflit entre l'Algérie et le Maroc, à la suite duquel le Maroc a préféré la médiation de

[386] Au-delà du domaine économique, l'Organisation de Coopération Islamique (OCI), créée le 25 septembre 1969 lors du sommet islamique de Rabat, et qui regroupe, à ce jour, 57 États semble compléter le rôle de la Ligue arabe. Sauf que, l'élargissement de l'organisation (les nombre de membres est passé de 27 lors de sa création à 57 aujourd'hui), ainsi que le poids prépondérant de l'Arabie Saoudite sur les décisions de l'OCI a entaché l'efficacité des décisions prises, dans le sens où la majorité des pays musulmans sont des sunnites ce qui crée des tensions et des accords avec les pays à majorité chiite comme l'Iran.

[387] L'existence de la Ligue arabe était corrélée à la cause palestinienne et au rejet d'Israël. Des raisons qui expliquent l'exclusion de l'Égypte de la Ligue, pendant dix-ans (de 1979 à 1990), à la suite du traité de paix conclu entre Anwar Essadat et Israël, à Washington, le 26 mars 1979 (issu des accords de Camp David de 1978).

[388] L'article 7al 1 stipule : « *Les décisions prises à la majorité n'obligent que les États qui les acceptent* ».

l'Organisation de l'Unité Africaine (OUA), puis le recours à l'ONU plutôt que d'attendre les propositions de la Ligue arabe[389].

Dès lors, l'absence d'un organe supra-étatique rend caduque l'exécution des décisions par tous les membres. En fait, tous les pays, surtout les plus puissants financièrement comme l'Égypte (durant les premières années de vie de la Ligue) et l'Arabie Saoudite, utilisent la Ligue comme moyen de domination et de manipulation des autres pays[390], montrant ainsi, selon le professeur Bouony Lazhar, un manque *d'autonomie du pouvoir de décision* de la Ligue par rapport aux États qui la composent, et sa réduction à un simple *organe représentatif* de ceux-ci[391]. D'ailleurs, après avoir obtenu l'indépendance, beaucoup d'États arabes ont refusé de concéder une part de leur souveraineté au profit de l'institution, qui est censée, les représenter de peur que celle-ci n'intervienne dans leurs affaires intérieures, et les sanctionne en cas de non application des décisions qui seront prises, à l'instar des autres institutions comme l'UE[392].

En effet, au niveau de l'UE, nommée « *la gardienne des traités* », la Commission veille sur la bonne application et exécution des traités, ainsi que des législations européennes. En cas de non application ou de mauvaise application du droit de l'UE par l'un des membres, la Commission peut saisir la Cour de Justice de l'Union Européenne (CJUE). Cette dernière peut prononcer des sanctions à l'encontre de l'État non assidu[393], contrairement à la Ligue qui ne dispose pas d'organe juridictionnel, si bien que la question de la création d'un *Tribunal arabe* est posée par nombreux spécialistes[394].

---

389 La Ligue s'est montrée également incapable de protéger la souveraineté des États membres, notamment lors de l'invasion de l'Irak en 2003, ainsi que lors de l'intervention de l'OTAN en Libye. La Ligue s'est montrée, également, inefficace dans la résolution de la question palestinienne, et encore moins, dans la protection du peuple palestinien lors des multiples offensives israéliennes sur Gaza.

390 Lors de l'établissement du pacte instituant la Ligue arabe, les membres ont convenu de s'opposer à toute intervention militaire, intérieure ou extérieure, à l'encontre de l'un des États membres (article 5 du pacte). Or, lorsque l'Arabie Saoudite s'est sentie menacée par la montée en puissance des houthis au Yémen, elle n'a pas hésité à user de son poids au sein de la Ligue pour légitimer ses frappes contre son voisin. Désormais le recours à la force contre le Yémen, constitue un revirement majeur dans l'histoire de la Ligue dans le sens où le recours à la force contre un État membre requiert l'unanimité des votes. Mais également, c'est pour la deuxième fois depuis sa création, que la Ligue approuve une telle intervention, après celle de 1976 au Liban (En 1990, la Ligue a intervenu dans le cadre de la coalition internationale afin de mettre fin à l'annexion du Koweït par l'Irak).

391 BOUONY Lazhar : « Le régime des décisions dans la Ligue des États arabes, réalités et perspectives », *Annuaire français de droit international*, volume 29, 1983, pages 543-563

392 NABLI Béligh, op.cit, pages 175-190.

393 http://www.touteleurope.eu, le rôle de la Commission européenne.

394 La Ligue joue le rôle de médiateur entre les différents membres en cas de conflit. Cette médiation n'a pas malheureusement de force contraignante, raison pour laquelle la plupart des différends entre les pays arabes ne sont pas résolus à ce jour.

La présence d'une institution juridictionnelle faciliterait, d'une part, le règlement des différends entre les membres, et d'autre part, infligerait des sanctions à l'encontre des États membres qui ne se respecteraient pas les décisions de la Ligue. En d'autres termes, la valeur et l'efficacité d'une décision se mesurent aux moyens de sa mise en œuvre, qui sont la contrainte et les sanctions sous toutes les formes (politiques, économiques, pécuniaires, etc). Ces moyens, tous aussi cohérents qu'indispensables, assureraient, également au niveau du Conseil économique, la transposition des réformes politiques et économiques inhérentes à l'intégration des États membres, notamment, après la concrétisation, en 2008, de la ZALE par l'Union des chambres de commerce arabe. Le projet de l'unité économique arabe, doté d'un Conseil, remonte à 1956, mais la forme définitive de ce projet n'est adoptée qu'en juin 1964. Parmi les objectifs de cette union figuraient : la mise en place d'une zone douanière unique, l'abaissement annuel de 10% des droits de douane, la coordination des législations fiscales et des politiques monétaires entre les États membres. En août 1964, le Conseil de l'unité économique décide la création d'un marché commun afin de permettre la liberté de déplacement des personnes, des services et des marchandises. Puis il met en place un fonds de développement économique et social le 16 mai 1968 (fonctionnel à partir du 1er janvier 1973) afin de coordonner la coopération financière entre les pays riches et les pays ayant besoin de crédits pour financer leurs projets de développement[395]. Les ambitions d'intégration interarabe s'accroissent durant les années quatre-vingt et début quatre-vingt-dix, pour s'étendre à des déclarations de libéralisation des échanges (1981), et de création de zones arabes de libre-échange (1997).

Malgré les différentes réunions, conférences et sommets des dirigeants arabes dans le cadre du renforcement de la coopération interarabe, sur le terrain les résultats sont mitigés. Comme nous l'avons souligné, au niveau des pays maghrébins, les échanges commerciaux ne dépassent pas les 3% contre plus de 65% d'échanges avec l'UE. Le constat est similaire au niveau de toute la région arabe (MENA), où le volume des échanges entre les pays de cette zone ne représente, d'après le dernier rapport du secrétariat général de l'Union des Chambres du CCG pour 2013, que 10% (ce qui correspond à 100 milliards de dollars environ) contre 90% d'échanges avec le reste du monde[396]. Le Directeur de l'*Islamic Business Researches Center* de l'Université AlAzhar et l'économiste Mohamed Abd Elhalim Omar

---

[395] BENCHENANE Mustapha : « L'intégration économique arabe », In *Tiers-Monde*, 1983, tome 24 n°96, La coopération Sud-Sud, État et perspectives, pages 899-908.

[396] AL CHOUMAR Noura : « Le volume du commerce entre les pays arabes ne dépasse pas 10% », article publié le 20 janvier 2013 (version en arabe) sur www.alriyadh.com

En 2011, le volume des échanges entre les pays membres de l'OCI, selon les données du Centre Islamique du Développement Économique, s'élevait à 10,47%, puis 10,5% en 2012, et 10,8% en 2013.

regrettent le manque d'une stratégie globale et effective d'homogénéisation économique entre les pays arabes et musulmans, ainsi que l'investissement massif des capitaux arabes dans les pays occidentaux au lieu d'être exploités dans le développement des économies du monde arabo-musulman[397]. Or, cette région du monde dispose d'atouts considérables permettant sa prospérité économique, puisque les pays des musulmans disposent de 73% de réserves mondiales en pétrole et 40% de réserves en gaz, et produisent 38,5% de la production mondiale. À ce jour, les hydrocarbures représentent plus de 85% des exportations de ces pays, ce qui veut dire que les secteurs hors-hydrocarbures constituent un vaste chantier dans lesquels il faudrait investir massivement. Désormais, l'orientation, au moins, d'une partie des capitaux destinée à l'investissement dans les autres régions du monde, notamment l'UE, vers l'investissement intra-arabe serait opportune au développement global des économies de tous les pays de la région, surtout les rentiers.

Subséquemment, le Conseil économique de la Ligue arabe devrait jouer un rôle « pivot » dans l'élaboration d'une nouvelle politique économique commune. La réorientation des IDE, à travers la fixation de seuils (% par secteur d'activité) en fonction des capacités de chaque pays (le seuil pour les pays pétroliers doit être plus élevé que celui des autres pays non pétroliers afin de propulser la diversification économique des pays pétroliers) semble être, dans un premier temps, comme le moyen le plus fiable pour améliorer la productivité, hors le secteur des hydrocarbures, dans la région.

Cette nouvelle politique économique doit être assortie d'une « obligation de résultats » sur moyen ou long terme (environ 5 ou 10 ans), et être suivie par un « comité d'évaluation » intermédiaire, afin d'élaborer des comptes rendus sur l'efficacité et la rentabilité des projets. L'accent devrait être également mis sur la question du « recyclage de surplus financier »[398], comme par exemple l'achat de bons du trésor. Les dirigeants arabes placent, souvent, une grande partie du surplus pétrolier dans des banques occidentales, ce qui ne bénéficie aucunement aux économies arabes, car, comme l'explique Abdelkader Sid Ahmed « *les revenus pétroliers restent toujours dans le circuit financier des grandes banques internationales* ». Dorénavant, ce surplus pétrolier devrait être investi et absorbé par des banques locales, d'autant que le développement des marchés financiers arabes, en particulier celui de la finance islamique permet le rapatriement des avoirs financiers déposés dans les banques étrangères, et l'atténuation de la dépendance monétaire vis-à-vis du dollar américain[399].

[397] Islamic Business Researches Center, www.kantakji.com

[398] ABDELKADER Sid Ahmed, *L'OPEP, passé, présent et perspectives*, Editions ECONOMICA, Paris, 1980 pages 209-258.

[399] ABDELKADER Sid Ahmed : « Finance islamique et développement », In *Tiers-Monde*, 1982, tome 23 n°92, L'Islam et son actualité pour le Tiers Monde, pages 877-890.

En fait, le Conseil Économique pourrait collaborer avec l'OPEP dans la mise en œuvre des différents plans économiques.

§2. Le rôle de l'OPEP

L'ensemble des pays pétroliers de MENA a pu rétablir le rapport de force à son avantage grâce à l'OPEP. Depuis sa création en 1960, l'OPEP a joué un rôle clé dans la valorisation de l'or noir, dans l'accroissement de la production pétrolière des pays membres et dans la stabilisation des cours. Son rôle est également influent en matière de coopération entre les pays membres et les autres pays en développement (résolution XXXIV de L'OPEP de 1973)[400]. Quelques années plus tard, le 8 janvier 1968 à Beyrouth, trois des pays arabes exportateurs de pétrole (Arabie Saoudite, Koweït et Libye) ont décidé de créer une institution régionale distincte de l'OPEP, nommée « OPAEP », afin de coordonner, d'une part, leurs politiques et stratégies pétrolières, et d'autre part, de raffermir l'intégration économique arabe.

Cette organisation est, en fait, indépendante de l'OPEP. Elle a été créée à la suite de la guerre de 1967, qui opposait le front arabe à Israël. En effet, en matière pétrolière, cette organisation a réussi, sur le moyen terme, à rassembler les efforts de tous les pays pétroliers de la région (qui sont passés de trois à onze membres) afin de créer plusieurs entreprises communes, et de consolider l'industrie pétrolière. Mais son rôle demeure mitigé dans le cadre de l'affermissement de la coopération économique régionale et globale des pays arabes.

Eu égard à la fonction limitée de l'OPAEP, aux évolutions actuelles des pays de la région MENA, ainsi qu'à la stagnation des économies de beaucoup d'entre eux l'OPEP est appelée, une fois de plus, à élaborer une nouvelle stratégie de diversification économique pour les pays membres de la région, à travers la restriction des productions pétrolières **(A)**, et à travers la mise en place d'un organe de régulation et de sanctions économiques **(B)**.

A. La restriction des productions pétrolières

Les pays arabes producteurs de pétrole ont pu accroître leurs productions depuis les nationalisations, et bénéficier par la suite de revenus élevés, principalement, en 2008 lorsque les cours ont atteint 145 dollars US. Après une chute des prix du brut en 2009 (près de 50 dollars US) les cours ont rebondi jusqu'au juin 2014, date à laquelle les prix fléchissent (de 100$ US en moyenne à 49$, puis augmentent légèrement à 62$ depuis avril 2015, puis s'effondrent à moins de trente dollars le baril fin décembre 2015, pour remonter à plus de 50$ le baril depuis fin 2016. La baisse est due, comme

---

400 SID AHMED Abdelkader, *L'OPEP, passé, présent et perspectives*, op.cit, page 367.

nous l'avons souligné auparavant, premièrement, à la baisse de la demande mondiale pendant que l'offre a augmenté, et deuxièmement, à la production du schiste par les États-Unis. L'autorisation d'exportation du pétrole léger, fin décembre 2014, par les autorités américaines a soutenu la tendance baissière des cours. En réalité, l'Arabie Saoudite, qui est le plus gros producteur de la région MENA, et détenteur d'un influent rôle de décision au sein de l'OPEP, a également contribué à la chute des prix à cause de son refus de diminuer sa production. Un refus, bien évidemment, stratégique, car l'Arabie Saoudite ne voulait pas baisser sa production alors que les autres pays membres maintiennent leurs quotas. En plus, les Saoudiens voulaient freiner la production du schiste des États-Unis, qui sont des concurrents redoutables, et dont les coûts de production aux États-Unis sont plus élevés que ceux pratiqués par les membres de l'OPEP. Cependant, l'Arabie Saoudite ne souhaite pas que l'OPEP assume seule la mission du réajustement des prix.

D'ailleurs, lors de sa dernière réunion du 5 juin 2015 à Vienne, l'OPEP a décidé de maintenir son plafond de production, soit 30 millions de barils par jour, en espérant que l'accroissement de la demande dans les prochains mois aura un impact positif sur les prix. Cette décision a été réaffirmée par le secrétaire général de l'organisation, Abdallah El-Badri, lors de la conférence de presse du 30 juillet 2015 à Moscou. L'OPEP compte surtout sur les efforts de la Russie et des États-Unis pour équilibrer le marché en réduisant leurs productions. Mais, la décision de l'OPEP de maintenir son quota est intervenue avant qu'un promis sur le dossier nucléaire iranien ne soit trouvé. L'importante capacité de production pétrolière de l'Iran (troisième producteur de la région après l'Arabie Saoudite et l'Irak, dont les réserves sont estimées à 132 milliards de barils), notamment après la levée des sanctions, n'arrangera pas la stabilisation des cours. En conséquence, la production globale de l'OPEP va accroître et dépasserait certainement les 30 millions de barils annoncés. L'Iran, qui dépend fortement de son pétrole, a attendu, avec impatience, la levée de l'embargo international pour relancer sa production pétrolière. Et avec un prix du baril à 60 $, l'Iran aura besoin d'augmenter, considérablement, le volume de ses exportations afin de couvrir ses dépenses, longuement étouffées par les restrictions occidentales. Or, un prix de baril à 50 ou à 60 dollars ne suffira pas pour stabiliser le budget des pays pétroliers rentiers, qui ont besoin d'un prix beaucoup plus élevé (supérieur à 100 $ le baril) pour équilibrer leurs budgets. C'est le cas de l'Algérie, la Libye, l'Irak, l'Iran, Bahreïn et le Yémen.

En effet, après la chute des prix en 2014, les budgets de plusieurs pays pétroliers de la région MENA ont affiché un déficit, plus ou moins, important. Dans le golfe, c'est le royaume saoudien, qui a accusé le plus conséquent déficit budgétaire d'environ 20% du PIB en 2015, soit 130 milliards de dollars. Cela tient au fait de maintenir les dépenses très élevées malgré la contraction des revenus pétroliers, ainsi qu'à l'offensive menée contre le Yémen, ayant coûté au royaume, jusqu'à présent, plus de cinquante milliards de dollars. Désormais, pour couvrir les dépenses publiques, les dirigeants saoudiens ont puisé quarante-neuf milliards de dollars durant les premiers quatre mois de 2015. Le FMI estime, d'après son rapport sur les perspectives régionales de janvier 2015, que l'Arabie Saoudite a besoin de vendre son pétrole à 90 $ en moyenne pour équilibrer son budget, contrairement aux EAU qui ont besoin d'un prix d'équilibre plus inférieur (73 $), (70 $) pour le Qatar et 60$ pour le Koweït[401]. Toujours selon les prévisions du FMI, hormis le Koweït, tous les autres pays de la région MENA devraient accuser des déficits budgétaires de plus de 6,3% du PIB, alors que leurs budgets étaient en excès de 4,6% du PIB en 2014.

L'Algérie a, également, enregistré un déficit commercial de 7,78 milliards de dollars depuis le début de 2015, et un déficit de la balance des paiements de plus de dix milliards de dollars durant, uniquement, le premier trimestre de 2015. À la suite du repli des revenus pétroliers (43,71%), les autorités algériennes ont immédiatement procédé au gel de quelques projets d'équipements et d'infrastructures, du recrutement dans la fonction publique afin d'en réduire les dépenses, ainsi qu'à la diminution des importations. Comme l'Arabie Saoudite, l'Algérie a aussi puisé environ 20 milliards de dollars dans les réserves de change et dans le FRR pour couvrir le déficit budgétaire. Le FMI estime à plus de 120 dollars le baril afin que l'Algérie puisse équilibrer son budget. De ce fait, le prix d'équilibre pour l'Algérie se situe derrière la Libye et l'Irak, dans lesquels la chute des cours a engendré des conséquences plus graves, eu égard à l'instabilité politique secouant le pays.

Pour l'Irak, en plus d'avoir perdu une partie de ses revenus pétroliers à cause de Daesh (qui commercialise via des canaux clandestins le pétrole irakien), l'effondrement des prix a provoqué un déficit budgétaire de 22 milliards de dollars en 2015, soit 10% du PIB, entraînant, ainsi, un vague programme d'ajustements budgétaires, notamment, l'augmentation des impôts et la réduction des dépenses publiques, y compris la masse salariale.

Pour la Libye, le déficit est évalué, selon les déclarations du Premier ministre, Abdallah Al-Thinni, à 30 milliards de dollars. Le fléchissement de la production à 350 000 barils/ jours contre 1,5 millions de barils/jour avant le renversement de Kadhafi a joué un rôle majeur dans la détérioration de la situation économique de la Libye, qui repose essentiellement sur les revenus pétroliers. Cependant, la perte d'une grande partie des revenus du pays est due, comme nous l'avons évoqué, à l'exploitation des gisements pétroliers par les sécessionnistes, ainsi que l'arrêt de quelques-uns à cause des attentats terroristes perpétrés depuis 2011.

---

[401] Perspectives économiques régionales de janvier 2015 du Département Moyen-Orient et Asie Centrale du FMI : « Apprendre à vivre avec un pétrole moins cher sur fond de repli de la demande ». http://www.imf.org

Le FMI, estime dans son rapport de janvier 2015, que l'Irak et la Libye ne peuvent pas équilibrer leurs budgets si le prix du baril reste en-dessous de 110$.

Cependant, toujours selon les prévisions du FMI, malgré une hausse progressive des cours, le solde budgétaire de la majorité des pays pétroliers MENA va, certes augmenter, mais il reste déficitaire sur le moyen terme (au moins jusqu'en 2019), car les politiques préventives adoptées par ces pays (réduction des investissements, des projets d'infrastructures, etc) pèseront plus sur la croissance économique, contrairement à la baisse des dépenses courantes ayant des effets que sur le budget. Le FMI a mis l'accent sur la nécessité de réduire les subventions énergétiques qui absorbent une partie, non négligeable, des dépenses publiques. Celles-ci ne sont, malheureusement pas, prises en compte dans le budget, mais représentent un important manque à gagner pour l'État[402].

D'ailleurs, pour faire face à la chute brutale des cours, le pays les plus touchés de la région, hors ceux du golfe, ont demandé à l'OPEP de réduire la production pour faire remonter les prix, car leur vulnérabilité face à cette baisse est beaucoup plus importante que celle des monarchies de golfe, qui disposent d'importantes réserves financières pour. Si en effet, l'OPEP a décidé, lors de sa dernière réunion de ne pas baisser sa production, c'est parce que l'Arabie Saoudite (le plus gros producteur de l'OPEP) n'a pas souhaité réduire la sienne. Son pouvoir de décision est prépondérant au sein de l'Organisation. Baisser la production permettrait, d'une part, aux compagnies américaines productrices de gaz et de pétrole de schiste de prospérer, et d'autre part, de profiter aux autres membres et aux pays producteurs, non OPEP, de la hausse des prix, alors qu'ils ont gardé leur capacité maximale de production.

Mais, que l'OPEP réduise ou pas la production pétrolière[403], la « situation rentière » de ses membres reste inchangée, car le maintien des quotas entraîne le maintien des prix bas, au moins sur le moyen terme. La différence entre le prix courant et le prix constant a fait que le pouvoir d'achat dans les années soixante-dix et quatre-vingt était plus important durant cette décennie qu'aujourd'hui, ce qui veut dire que 30$ en 1980 valent plus que 100 dollars actuellement. Et si l'OPEP baisse sa production, les prix pourront augmenter, ce qui incitera à nouveau les pays à s'attacher à la manne pétrolière. L'OPEP ne semble pas vouloir baisser sa production, quitte à vendre son pétrole moins cher, car selon ses évaluations de production à l'horizon 2030, ainsi que celles du FMI et de l'AIE, la production des pays de l'OPEP atteindra les soixante millions de barils, soit le double de la

[402] Perspectives économiques régionales de janvier 2015 du FMI, op.cit, page 7.

[403] Les membres de l'OPEP ont décidé de réduire leurs productions à la suite de l'accord d'Alger du 28 septembre 2016, mais cette décision risque de perdre sa valeur en cas de revirements dans la situation géostratégique de la région et du reste du monde d'ailleurs.

quantité produite actuellement. Les pays membres continuent de produire sans respecter les quotas de l'OPEP (les données officielles révèlent un chiffre de 31,5 millions de barils/jour, alors que l'OPEP a annoncé 30 millions). Le prix du baril, selon les prévisions de l'AIE, devrait également augmenter d'ici à 2030 pour atteindre 200$ le baril[404].

Il est intéressant de noter que finalement l'augmentation ou la baisse de la production dépend, certes du marché, mais également de l'évolution de la situation géopolitique de la région MENA. En effet, en termes de baisse ou d'augmentation de production, l'Arabie Saoudite a été amenée à plusieurs reprises, en particulier depuis 1973, à jouer le rôle de régulateur de l'OPEP. Lorsque la demande internationale de pétrole a diminué en 1975, c'est le royaume qui a supporté la plus importante perte[405], il a réduit la production de l'OPEP de près de 40%, afin de maintenir les cours à 11,65 $ courant le baril, alors que les autres membres ont gardé leur capacité de production.

Entre 1979 et 1981, lors de la révolution iranienne, puis la guerre du golfe, l'Arabie Saoudite a augmenté massivement sa production pétrolière afin de compenser le déficit de production engendré, dans un premier temps, par la révolution iranienne, et dans un deuxième temps par la guerre entre l'Iran et l'Irak. L'importante capacité de production (dix millions de barils par jour) que l'Arabie Saoudite détient lui a, largement, permis de moduler sa production en fonction des besoins de l'évolution de l'offre et de la demande mondiales. Cette posture a permis aussi à l'Arabie (et aux EAU) d'obtenir un prix du brut de référence différent de celui adopté par les autres membres du cartel entre 1976 et 1981 étant donné que le royaume soutient un prix modéré tandis que les autres membres souhaitaient augmenter le prix d'environ 10%. Ce n'est qu'en octobre 1981, lors de la Conférence de Genève, que le royaume a réussi à unifier le prix officiel autour de 34$ le baril[406]. En revanche, la recrudescence de la production mondiale au milieu des années quatre-vingt (Mer du Nord, États-Unis et l'Afrique), ainsi que le ralentissement de l'économie mondiale ont provoqué une baisse drastique des prix du brut à dix dollars le baril. L'Arabie Saoudite « *the swing producer* » baissera encore une fois sa production à quelques trois millions de barils par jour (contre 10 millions entre 1976 et 1984) afin de remonter les prix, mais ces derniers ne retrouveront leur niveau de 35$ le baril qu'en 1991, lors de la seconde guerre du golfe (invasion du Koweït et embargo international sur l'Irak).

Le contre-choc pétrolier de 1986 affirme le poids de l'Arabie Saoudite au sein de l'OPEP, et son rôle dans l'ajustement des prix. Car le contre-choc a

---

[404] Annual World Energy Outlook report, AIE, 2008, http://www.iea.org

[405] La production de l'Arabie Saoudite a baissé de 17% par rapport à 1974, ce qu'a engendré un déficit budgétaire.

[406] CHEVALLIER Agnès : « Arabie Saoudite : puissance pétrolière et puissance internationale », *Économie prospective internationale*, n°11, troisième trimestre, 1982, pages 139-164.

été provoqué à la suite de l'augmentation brutale de la production pétrolière saoudienne.

Aujourd'hui, la situation est encore plus compliquée, d'une part, à cause des tensions entre le royaume et les autres membres, notamment l'Iran, ce qui pousse les décideurs saoudiens à privilégier leurs intérêts. D'autre part, la dégradation des situations économique et politique de l'Irak et de la Libye (qui sont aussi d'importants producteurs au sein de l'OPEP), qui a impacté la production pétrolière de ces pays. S'ajoutent les facteurs exogènes, tels que le développement des hydrocarbures non-conventionnels aux États-Unis. En conséquence, en dehors de la régulation des cours par le marché à travers l'équation de l'offre et de la demande, le pouvoir de décision de l'OPEP demeure assujetti à celui de l'Arabie Saoudite. L'OPEP ne détient pas, donc, un pouvoir de décision tenant en compte les intérêts économiques de tous les membres, en sachant que la mission principale de l'OPEP n'est autre que l'harmonisation des politiques pétrolières (productions et prix) des pays membres[407]. Des aides financières au développement ont été, bien entendu, octroyées aux pays en développement (arabes ou non) via les différentes institutions locales ou internationales, ou même via un fonds spécial de l'OPEP[408]. Mais le problème substantiel des pays membres réside dans la « capacité d'absorption » des revenus pétroliers. Une capacité qu'Abdelkader Sid Ahmed définit par « *La transformation des ressources financières en capital physique et leur utilisation subséquente de manière productive* ».

À ce jour, la majorité des pays membres de l'OPEP ont des capacités d'absorption très limitées, restreignant la diversification des revenus aux investissements en portefeuille souvent illusoires et aléatoires, car en plus de perte de rentabilité lors des crises économiques ou boursières aigües, ces investissements permettent de combler les déficits budgétaires des pays développés (comme c'est le cas des États-Unis et de la France, qui attirent de plus en plus les avoirs financiers des pays rentiers), au lieu de moderniser leurs propres économies. Nous avons, d'ailleurs, évoqué la stratégie des industries industrialisantes adoptées par quelques pays comme l'Algérie, dont l'objectif est d'entraîner le développement des autres branches de l'économie. Or, sur le moyen terme, cette stratégie s'est avérée un échec, parce que les revenus des hydrocarbures profitaient à l'industrie pétrolière au détriment des autres secteurs.

L'augmentation des prix à plus de cent dollars le baril, depuis 2008, n'a pas renforcé la politique de diversification économique de ces pays, bien au contraire, depuis le « printemps arabe », les dépenses publiques, en

---

[407] BOUSSENA Sadek : « Le risque qui pèse sur le pétrole est un pic de production lié à la politique, non à la géologie », *Le Temps*, 10 mai 2008, http://www.letemps.ch

[408] ABDELKADER Sid Ahmed : « *L'OPEP : passé présent et perspectives* », *Ibid*, pages 370 et suivantes.

particulier les subventions et l'achat d'armement, de certains pays n'ont pas cessé de croître afin de contenir les contestations populaires et lutter contre le terrorisme.

De ce fait, le pouvoir de l'OPEP tendant à appuyer la préparation de l'après-pétrole demeure insignifiant, d'autant plus qu'il n'a pas réussi à imposer à ses membres de respecter leurs quotas. Leurs besoins domestiques exponentiels ces dix dernières années, de mêmes que ceux des pays industrialisés, incitent les pays producteurs à produire plus, et les consommateurs à sécuriser leurs approvisionnements. Selon les prévisions de l'AIE, les besoins énergétiques atteindront 115,4 millions de barils par jour d'ici à 2030, contre 96 actuellement. Ceci dit, la restriction des productions pétrolières est loin d'être le moyen le plus efficace, pour l'OPEP, et ne permet pas de sortir ses membres de l'enclave rentière, car sa dimension est plus politique qu'économique, d'où l'intérêt de créer un organe de régulations et de sanctions économiques.

B. L'intérêt de la création d'un organe de régulations et de sanctions économiques

À cause de leurs querelles politiques, les pays membres ont affaibli le pouvoir de l'OPEP. Des doutes surgissent quant au rôle futur du Cartel après la levée des sanctions internationales contre l'Iran. Ce dernier pourra augmenter massivement sa capacité de production et rivaliser avec l'Arabie Saoudite. Il aura son mot à dire au sein de l'organisation, car il va tenter de récupérer ses parts du marché (en se rapprochant des États-Unis et de l'UE). Cependant, l'OPEP doit se préparer aux rebondissements qui surviendront prochainement, pour d'une part, limiter les effets déstabilisateurs en son sein, et d'autre part, maintenir son poids, jusque-là considérable, sur le marché international, surtout après l'élargissement de l'utilisation des énergies renouvelables, et l'annonce du « *pic oil* » des réserves prouvées. Bien que nous déplorions l'inefficacité de l'OPEP dans l'assistance et la reconstruction des pays arabes pétroliers en guerre (Irak, Libye), on ne peut, en effet, ne pas souligner la gloire de l'OPEP depuis sa création, et surtout lors de la guerre de Kippour en 1973 et du choc-pétrolier de 1979, à la suite duquel le prix du baril a trouvé son prix « juste » pour la première fois. C'est également l'OPEP qui a mis un terme aux faibles *royalties* perçues par les pays producteurs, et a coordonné les politiques pétrolières de ses États membres. Mais pour y arriver à ces objectifs, l'OPEP aurait besoin d'institutions solides et efficaces soutenant un pouvoir de décision réel du cartel, comme c'est le cas pour la plupart des institutions internationales (AIE, OCDE, etc), qui réussissent à prendre des décisions communes, satisfaisant les intérêts de tous les membres.

Comme pour la Ligue arabe, en plus des organes permanents dont il dispose déjà, l'existence d'un organe de régulation et de sanction au sein de l'OPEP aidera à faire respecter les décisions prises par l'ensemble des membres. D'ailleurs, même si La mission de l'OPEP consistait à équilibrer les prix sur le marché pétrolier et à ajuster la production de ses membres, il serait judicieux d'inclure, dans sa stratégie, une dimension économique plus globale, principalement, pour ses membres. Les États arabes membres, mais pas seulement, disposent d'importantes richesses pétrolières et gazières qui leur permettront de développer leurs économies. Désormais, l'OPEP pourrait instaurer un mécanisme de financement des investissements inter-États membres, à travers lequel chaque pays apporterait une contribution annuelle en fonction de ses revenus. Ce mécanisme pourrait prendre la forme d'un Fonds d'investissement, d'épargne pour les générations futures, de promotion des nouvelles énergies, etc. Des durées de collecte peuvent être fixées (3ans, 5ans ou plus) surtout pour le financement des investissements, afin de permettre l'injection des fonds dans le circuit économique.

L'assistance de l'OPEP pourrait s'opérer par le biais d'un organe de contrôle et de régulation, qui serait chargé, d'une part, d'imposer des programmes et des réformes de diversification économiques, et d'autre part, de contrôler le respect des quotas de production imposés par le Cartel. Bien évidemment, la « régulation économique »[409] que nous évoquons, ici, est différente de celle du marché pétrolier (assurer l'équilibre entre l'offre et la demande) que l'OPEP semble maîtriser depuis les années soixante-dix. En fait, la création d'un organe de régulation et de contrôle économique aurait pour but la « démonopolisation » du pétrole sur les économies des États membres. Atténuer la dépendance des dirigeants publics à la rente pétrolière constituerait l'axe principal de cet organe. Car, si les États membres continuent de produire à pleine capacité (selon la logique de produire plus pour gagner plus), leurs réserves en pétrole s'épuiseront plus rapidement, ce qui impactera la continuité de l'OPEP. En fait, l'épuisement des réserves pourrait justifier la limitation des quotas et le respect de cette limitation par l'organe de régulation et de contrôle. L'enjeu de l'existence, dans le futur du Cartel est de taille, d'autant que, d'autres régions et pays (qui n'adhéreront peut-être pas au Cartel) du monde ont entamé leur chasse au pétrole (la

---

[409] Le terme « régulation », qui se distingue de la « réglementation » est souvent utilisé en économie, notamment, en économie politique. Certains auteurs comme Didier Truchet (TRUCHET Didier, *Droit administratif*, Thémis Droit PUF, Paris, 2009) définit la régulation en tant que « *missions administrative spécifique qui a pour but l'intérêt général et constitue un acte de puissance publique à objet économique* ». Sauf que, l'émergence du droit communautaire a permis l'évolution de la notion de « régulation », dépassant ainsi le champ restreint de la souveraineté étatique pour s'étendre à des institutions supra-étatiques, comme c'est le cas pour l'OCDE, l'Union Européenne, l'OMC, etc, dont le but est de coordonner et de contrôler les règles communes régissant certains services publics ou bien entreprises et acteurs économiques (la concurrence, les télécommunications, la poste, etc).
Désormais, l'OPEP pourrait s'inspirer des actions communes menées par différentes institutions pour optimaliser son rôle et son influence sur les politiques publiques des États membres.

Tunisie, la Jordanie, l'Asie pacifique, l'Arctique, etc). Des procédés de forage en Mer –offshore profond- sont également trouvés pour pouvoir exploiter le pétrole sous-marin, ce qui suppose la diminution des réserves de la région MENA pendant que celles de ces régions accroîtront. En plus, des États membres peuvent se retirer à tout moment du Cartel s'ils estiment que la politique pétrolière de ce dernier n'arrange pas leurs intérêts, tel était le cas de l'équateur qui s'est retiré du Cartel en 1992 (avant de le réintégrer en 2007), puis le Gabon en 1994 et l'Indonésie en 2008.

L'OPEP ne peut, donc, qu'inciter ses membres à sortir du « tout pétrole » en diminuant leurs productions afin de les préserver pour les générations futures.

Un autre facteur impactant la continuité de l'OPEP, qui mérite d'être éclairé, c'est le développement des énergies renouvelables. Contrairement à l'AIE, l'OPEP semble ne pas déployer assez d'efforts en la matière, en encourageant ses membres à diversifier les sources d'énergie (le vent, le solaire, les agro-carburants, l'hydraulique, le nucléaire, etc)[410], en sachant que la consommation domestique d'hydrocarbures a beaucoup augmenté ces dix dernières années, comme c'est le cas pour l'Arabie Saoudite qui consomme près d'un tiers de sa production, soit une augmentation de 78% par rapport aux années quatre-vingt-dix. D'ailleurs, il faut souligner que l'utilisation d'énergies alternatives favorise l'économie d'énergie, ayant un impact considérable sur la durabilité des énergies fossiles, en permettant de réduire la consommation (et le gaspillage) ainsi que de préserver les réserves pour les générations futures.

Or, le pétrole est une arme à double tranchant. D'une part elle permet aux pouvoirs publics de générer, facilement, des recettes, mais d'une autre part il amenuise le développement des autres ressources et des sources alternatives de revenus (des autres secteurs économiques)[411]. Cette réalité impose le recours à des sanctions effectives à l'égard des États membres qui ne respecteront pas les directives de l'organe de contrôle et de régulation économique.

Malheureusement, les sanctions ne peuvent être prononcées que par un organe compétent et puissant, tel le tribunal, qui ne sera pas, seulement,

---

[410] Déclaration du Secrétaire général de l'OPEP, Abdallah Salem El-Badri, lors de la conférence de presse de septembre 2010, à travers laquelle il a affirmé la subsistance du pétrole pour les cinquante prochaines années, et dénonce à l'occasion la taxation des produits pétroliers dans le but de financer les énergies nouvelles « *Nous n'apprécions pas que des pays taxent le pétrole et les hydrocarbures et utilisent ces taxes pour subventionner d'autres énergies, c'est inacceptable pour nous* ». Cette déclaration est une preuve du désintéressement de l'OPEP à l'égard des énergies renouvelables.

[411] Les pays du golfe semblent les plus actifs en matière de transition énergétique, mais leur démarche s'inscrit plus dans une optique volontariste (la concurrence à la fois entre les pays du golfe eux-mêmes et avec les pays industrialisés) que dans une optique imposée par l'OPEP, comme le démontre le partenariat maroco-saoudien à propos du géant parc solaire d'Ouarzazate, dont le coût est estimé à deux milliards d'euros.

chargé d'infliger des sanctions aux États contrevenants, mais également de régler les différends qui peuvent survenir entre les membres en cas de déstabilisation de l'organisation (l'Organe de Règlement des Différends ORD- de l'OMC est un excellent exemple). Comme nous l'avons souligné plus haut, ni la Ligue arabe, ni l'OPEP ne disposent d'un tel organe. En cas de conflit entre les pays membres, l'affaire sera portée, en général, soit devant les institutions d'arbitrage international, soit devant l'ONU ou la Cours Internationale de Justice (CIJ). À titre d'exemple, le différend pétrolier entre l'Arabie Saoudite et le Koweït lié à la zone pétrolière neutre entre les deux pays, qui permet à ces derniers de partager équitablement près de cinq-cents mille barils produits par jour. Les hostilités surviennent à la suite du renouvellement, en 2009, d'un contrat pétrolier entre l'Arabie Saoudite et la compagnie pétrolière Saudi Arabian Chevron, pour une durée de trente-ans sans consulter au préalable le Koweït. Le refus par ce dernier de renouveler les permis de résidence pour les employés de cette compagnie, a provoqué la fermeture de deux champs pétroliers (Khafji et Wafra). Devant l'absence d'un compromis entre les deux parties, ainsi que d'un organe de règlement des conflits au niveau des institutions arabes, les belligérants ont recouru à la CIJ.

Cependant, l'OPEP pourrait collaborer avec l'OPAEP, qui lui, dispose d'un tribunal autonome, et d'un organe de coordination économique, afin de consolider leurs actions. Les deux institutions regroupent les mêmes États, dont l'économie nécessite la mise en place de véritables stratégies de sortie de la dépendance à la rente pétrolière.

CHAPITRE II

LES STRATÉGIES DE SORTIE DE LA DÉPENDANCE À LA RENTE PÉTROLIÈRE

Le monde arabe traverse aujourd'hui la période la plus charnière de son histoire. Entre fragmentations intérieures et mutations extérieures (guerres civiles, flux migratoires, modification des frontières, conflit d'influence, montée en puissance de Daesh, etc), les dirigeants des pays arabes, notamment les rentiers, ne savent plus quels modèles politique et économique adopter pour, d'une part, se maintenir au pouvoir, et d'autre part, répondre aux aspirations des populations. Autrement dit, l'immaturité politique des dirigeants et des peuples de MENA peut rendre les transitions politico-économiques complexes **(I)**, comme elle peut accélérer le libéralisme improvisé des sociétés et des économies arabes **(II)**.

SECTION I. LA COMPLEXITE DES TRANSITIONS POLITICO-ECONOMIQUES

Comme disait Thomas Hobbes *« l'abondance de matière est une chose limitée par nature »*. Ceci dit, l'épuisement certain des ressources dans les prochaines années doit pousser les dissidents politiques des pays arabes rentiers à anticiper les réformes, premièrement par l'édifice de la démocratie **(§1)**. Deuxièmement, par la mutation des services de l'État **(§2)**.

§1. De l'autoritarisme à la démocratie

Si plus de 90% des ressources de la plupart des États arabes pétroliers provient de l'exportation des hydrocarbures, d'autres moyens doivent être promus afin d'aider les gouvernements de ces pays à diversifier leurs sources de revenus, voire l'instauration de l'impôt **(A)**, et la transformation de l'épargne en investissements productifs **(B)**.

A. L'instauration de l'impôt

La question de l'imposition des particuliers dans les États pétroliers de la région MENA n'est pas traitée de la même manière, car ni les réserves financières issues des exportations des hydrocarbures, ni le poids démographique ne sont les mêmes. Par exemple, les gouvernements des monarchies du golfe (Arabie Saoudite, Qatar, Bahreïn, Oman, Koweït et EAU) ne prélèvent ni impôts sur les revenus, ni TVA, ni taxes foncières contrairement aux pays du Maghreb tel que l'Algérie, le Maroc ou l'Égypte. Certes, ces derniers ne dépendent pas des impôts (directs) comme source de revenus, mais prélèvent certaines taxes et redevances sur les revenus des particuliers, le foncier, etc. En revanche, ils orientent leurs prélèvements fiscaux (impôts indirects) vers les entreprises nationales et étrangères, car celles-ci provoquent moins de contestations.

L'absence de l'imposition, ou les faibles taux d'imposition des citoyens pratiqués par les dirigeants des pays arabes trouve sa légitimité dans le « pacte social arabe ». Selon ce pacte, l'élite au pouvoir s'est affranchie des « impôts » pour ne pas rendre des comptes au peuple.

Autrement dit, l'autonomie politique des pouvoirs publics découle de leur autonomie financière[412]. Lorsque les pouvoirs publics disposent d'une importante manne pétrolière (notamment lorsque le prix du baril est élevé), leur dépendance vis-à-vis des citoyens diminue.

L'absence d'imposition dans les pays du golfe s'explique par l'abondance des matières premières, qui accroît les revenus de l'État ; en conséquence les dirigeants publics ne se sentent pas dans l'obligation d'imposer les citoyens pour couvrir les dépenses publiques. D'autant plus que le coût élevé de la liquidation et de la collecte de l'impôt décourage le gouvernement de ces pays à mettre en place un véritable système fiscal (en dehors de la fiscalité liée aux entreprises dans le cadre des IDE). Par ailleurs, la faible pression fiscale exercée sur les entreprises nationales (PME) dans les pays du golfe pèse, positivement, dans les études et rapports internationaux. Selon la neuvième étude « *Paying Taxes* » de 2015, élaborée conjointement par la Banque Mondiale et le Cabinet d'audit *Price Waterhouse Cooper* (PwC), la pression fiscale au Qatar est de 11,3%, contre 72,7% en Algérie et 62,4% en Tunisie. Il en est de même pour le nombre de paiements et de temps nécessaire pour accomplir les formalités fiscales, qui sont beaucoup moins importantes dans les pays du golfe qu'en Libye ou en Algérie (27 paiements en Algérie contre seulement 4 au Qatar, et 12h seulement nécessaires aux formalités aux EAU contre 451h pour les entreprises algériennes)[413].

---

[412] BOUYSSOU Rachel, MATSUNAGA Yasuyuki : « L'État rentier est-il réfractaire à la démocratie », *Critique internationale*, Volume 8, 2000, pages 46-58.

[413] Paying Taxes 2015: The global picture. The changing face of tax compliance in 189 economies worldwide, http://www.doingbusiness.org

Les contraintes économiques que rencontrent, principalement, les pays du Maghreb après les soulèvements populaires de 2011, ont poussé certains d'entre eux (Tunisie, l'Égypte et le Maroc) à procéder à des réformes fiscales afin de répondre aux nouvelles exigences économiques. L'Algérie demeure l'un des pays qui tardent à réformer son système fiscal, et dont la gestion est jugée « mauvaise » par l'étude « *Paying Taxes* » de 2015. En fait, les entreprises nationales sont confrontées à la complexité et au manque d'harmonisation des mesures fiscales appliquées par les autorités algériennes, car il est plus facile de recourir aux impôts indirects en taxant les entreprises, que de taxer directement les personnes physiques.

Désormais, l'Algérie occupe la 176éme place sur 189 pays, bien derrière la Libye à la 157éme place, de l'Égypte à la 149éme place et même du Mali à la 145éme place. En termes de complexité fiscale, l'Algérie se situe très loin derrière l'Irak (52éme place), du Maroc (66éme place) et de la Tunisie (82éme).

Ceci dit, malgré la variété des assiettes fiscales et des taux d'imposition en Algérie, l'impôt n'a pas été un moyen de consolidation des liens entre les autorités et les contribuables, contrairement à la Tunisie et au Maroc. Cela tient à la politique redistributive adoptée par le gouvernement algérien. Une politique qui affaiblit largement le rôle de l'impôt dans la diversification économique, car malgré la collecte des impôts, l'État verse d'importantes subventions aux différentes composantes de la société. Il est d'ailleurs important de souligner l'impact de la corruption et du clientélisme sur l'inefficacité de l'impôt en général. En Algérie, comme en Égypte ou en Libye, etc, la plupart des représentants de la société civile, ainsi que des détenteurs de pouvoirs sont associés au « système ». Autrement dit, la corruption est généralisée, car même si les contribuables (notamment les fonctionnaires dont les salaires sont relativement élevés) paient les impôts, la corruption leur permet de récupérer les sommes versées, et parfois, bien plus, ce qui justifie l'hostilité des gouvernements de ces pays à instaurer l'impôt sur la fortune. La raison de cette hostilité est unique ; il est difficile de recenser les fortunes nationales à cause des placements de celles-ci dans des banques étrangères, d'autant plus que l'État ne dispose pas de moyens efficaces pour collecter les recettes fiscales.

Une bonne partie des entreprises nationales fuient souvent leurs responsabilités fiscales (par la fraude, déclarations erronées, etc), en plus de celles qui bénéficient d'exonérations ou de niches fiscales. Ces pratiques alourdissent davantage la charge sur les entreprises habituées au paiement de leurs redevances financières. Hélas, peu de mesures de lutte contre ces pratiques sont prises par les autorités publiques de ces pays pour pallier ces défaillances malgré les appels des différents groupes de travail. Hormis les pays en crise comme le Yémen, la Libye, la Syrie et l'Irak, il est indispensable pour les autres pays rentiers de la région d'améliorer leurs sources de revenus intérieures afin d'atténuer leur dépendance à la manne extérieure.

En effet, le collectif algérien « Nabni » (qui regroupe des spécialistes de domaines divers) a élaboré en 2012 des propositions de réformes économiques à l'horizon 2020. Parmi elles figurent un certain nombre de mesures dites « chantier n°2 relatif à la grande réforme fiscale » tendant à diversifier les revenus de l'État et à réduire la dépendance du budget à la rente pétrolière[414]. Ce collectif estime que la création de nouveaux impôts locaux, la réduction de la pression fiscale, la diminution des exonérations fiscales ainsi que le renforcement des pouvoirs de collecte des impôts et de lutte contre la fraude fiscale, etc seraient des instruments palpables d'indépendance financière. Selon « Nabni », les nouvelles mesures fiscales « progressives » permettraient à l'État non seulement de générer de nouvelles recettes, mais également de faire baisser la part des hydrocarbures de 72% actuellement à 50% en 2020 et à 20% en 2030[415].

En Tunisie, depuis mai 2013, les autorités tunisiennes ont établi un projet de réformes fiscales, sous l'égide de « *la neutralité, de la simplicité et de l'équité* » pour appuyer le développement économique et social du pays[416]. Certaines mesures relatives à l'assouplissement de l'impôt sur les revenus des personnes physiques (IRPP), ainsi qu'aux impôts et taxes sur les entreprises ont déjà été adoptées dans la loi n° 2014-59 du 26 décembre 2014, portant sur la loi de finances pour l'année 2015[417]. D'ailleurs, la nouvelle réforme fiscale en Tunisie tend à améliorer la démocratie dans le pays, une démocratie qui nécessite la reconstruction de la relation entre l'État et ses citoyens. Cette reconstruction est en cours de réalisation en Tunisie, seul pays jusqu'à présent, parmi les pays arabes post-révolution qui a réussi sa transition démocratique, malgré la multitude de défis auxquels il fait face.

La leçon de démocratie à la « tunisienne » est intéressante, car elle nous montre la maturité politique, à la fois, des citoyens et de l'élite au pouvoir. Contrairement aux autres pays arabes voisins, les représentants de la société civile (journalistes, professionnels, politologues et étudiants) participent aux débats parlementaires, notamment sur le projet de constitution élaboré en 2012, et contrôlent directement les actions de la classe politique. L'inclusivité de la société civile a permis aux citoyens de participer

[414] NABNI, Notre Algérie Bâtie sur de Nouvelles Idées : « CHANTIER N° 02 : Grande réforme fiscale », http://www.nabni.org

[415] Rapport du collectif Nabni, « Nabni 2020 », « Cinquantenaire de l'indépendance : enseignements et vision pour l'Algérie de 2020 » de janvier 2013.

[416] Ministère de l'Economie et des Finances, Projet de réforme du système fiscal tunisien, Les Assises Nationales de la Fiscalité, 12 et 13 novembre 2014, Hôtel Le Palace Gammarth, http://www.finances.gov.tn

[417] À titre d'exemple, les dispositions de l'article 17 de cette loi sur l'amélioration de la cohérence entre les taux de retenue à la source et les impôts perçus, de l'article 23 sur le recouvrement de l'impôt, l'article 31 sur les garanties des contribuables au cours des vérifications fiscales et lors de la discussion de ses résultats, etc.

activement et efficacement à l'instauration de la démocratie et au renforcement de la confiance entre ces derniers et les pouvoirs publics.

D'ailleurs, les efforts déployés par les différentes organisations pour aboutir à des « solutions consensuelles » inhérentes à la transition démocratique ont été couronnés, le 9 octobre 2015, par le prix Nobel de la paix[418].

Dans le cas du Maroc, la réforme fiscale de 2014 intervient dans un contexte purement économique. Mais cela ne remet pas en cause la volonté du gouvernement de doter le système fiscal national de plus de simplicité, d'équité et de transparence. Renforcer la confiance entre l'administration fiscale et les contribuables fut également l'une des priorités de la réforme au Maroc, en sachant que le secteur fiscal marocain n'avait pas été réformé depuis 1986[419]. Le recouvrement des impôts demeurait le problème majeur de la politique fiscale marocaine, faute d'institutions fiables, et de moyens de contrôle adéquats.

Quant à l'Égypte, la situation est très différente. Au-delà de l'échec de la transition démocratique dans le pays, les réformes entreprises par le nouveau gouvernement, sous la présidence du maréchal Al-Sissi, s'inscrivent dans un but purement stratégique. Les conséquences du soulèvement populaire sur l'économie égyptienne ont été désastreuses. Cependant, le projet de réforme fiscale annoncé par le gouvernement, en mars 2015 (juste avant la tenue de la Conférence économique de Charm El-Cheikh), est loin de se soucier du rétablissement de la confiance entre le peuple et l'État. L'objectif étant, d'une part, la baisse de la pression fiscale sur les investisseurs nationaux, et d'autre part, l'attraction des investisseurs étrangers. Parmi les mesures annoncées par le Ministre de l'investissement, Ashraf Salman, nous citons la suppression de la surtaxe de 5% sur les revenus dépassant un million de livres égyptiennes (123 240€) et l'abaissement de l'impôt sur les sociétés, qui va passer, à partir de 2016, de 25% à 22,5%[420], d'autant que les décideurs publics comptent beaucoup sur les investissements étrangers pour relancer l'économie égyptienne.

Cette brève analyse de « l'imposition » dans quelques pays de la région MENA, soulève la question de la corrélation entre l'impôt et la démocratie dans les pays arabes rentiers. En sachant que le paiement des impôts a été

---

[418] Le comité Nobel norvégien a décerné le prix Nobel de la paix 2015 au « quartet » tunisien regroupant l'Union générale tunisienne du travail, la fédération patronale tunisienne de l'industrie, du commerce et de l'artisanat, la Ligue tunisienne des droits de l'homme et l'Ordre national des avocats. Le rôle de ces organisations dans la réussite du dialogue national était prépondérant.

[419] AMRANI Yousra : « Réforme fiscale, Concertation autour de la mise en œuvre des recommandations des assises de la fiscalité », article publié le 3 juin 2014 sur le site http://www.lematin.ma

[420] Reuters France : « L'Egypte va baisser les impôts sur les sociétés et hauts revenus », article publié le 11 mars 2015 sur le site http://fr.reuters.com

reconnu par la déclaration des droits de l'homme et du citoyen du 26 août 1789, dans son article 13, qui stipule « *Pour l'entretien de la force publique, et pour les dépenses d'administration, une contribution commune est indispensable : elle doit être également répartie entre tous les citoyens, en raison de leurs facultés* ». Mais, comme nous l'avons souligné plus haut, assujettir la population à l'impôt n'implique pas nécessairement l'aspect démocratique du régime en place, comme c'est le cas en Égypte ou en Algérie, car malgré l'existence de l'impôt le régime politique est tout de même autoritaire.

Tandis que l'impôt est souvent considéré comme un instrument de « marchandage » par des groupes influents de la société civile à l'égard des pouvoirs publics, en Europe ou en Amérique[421]. Les contribuables peuvent exiger des comptes de la part des décideurs publics sur le devenir de leur argent, et revendiquer leurs droits ou de nouveaux droits, contrairement aux contribuables dans les pays arabes rentiers, qui bénéficient de larges subventions dans le cadre de l'achat de la paix sociale.

Il est, d'ailleurs, intéressant de noter que dans le cadre de l'État rentier distributeur (Algérie, Arabie Saoudite, Iran, Irak, etc) il serait difficile à l'État de concéder son autonomie et d'accepter d'être contrôlé par le peuple pour le seul fait qu'il est sujet à l'impôt, alors que la manne pétrolière est, sauf cas exceptionnel comme en Libye lors de la révolte de 2011, est un moyen tangible de dépolitisation de la population et de renforcement de l'autoritarisme militaire. Khaldûn Hassan Enaqeeb et Ghassan Salamé confirment cette réalité en précisant que *« le pétrole n'est venu que pour aggraver la tendance à l'autoritarisme de pouvoirs rentiers en leur accordant une nouvelle source de rente »*[422]. Ce qui veut dire que la démocratie ne sera instaurée dans le monde arabe (excepté le Liban qui a su maintenir son régime démocratique grâce à la maîtrise de la coexistence interconfessionnelle et à la transposition de modèle occidental dans la gestion des affaires politiques du pays)[423] que lorsque les ressources naturelles seront épuisées, ou dans le cas où les pouvoirs publics seraient

---

[421] MATSUNAGA Yasuyuki : op.cit, page 49

[422] SALAME Ghassan : « Sur la causalité d'un manque : pourquoi le monde arabe n'est-il donc pas démocratique ? », *Revue française de science politique*, 41e année, n°3, 1991, pages 307-341.

[423] Le Soudan a également vécu quelques années de démocratie. Après son indépendance en 1956, les dirigeants soudanais, sous le règne d'Ismail Al-Azhari, optaient pour le modèle britannique de « *Westminster* ». Un régime parlementaire est instauré, la multitude des partis politiques a été admise, et une administration honnête et efficace bénéficiant de la confiance du peuple a été mise en place. Sauf que, les divergences tribales, politiques et ethniques au sein de la classe dirigeante, ainsi que la détérioration de la situation économique du pays à partir de 1957 ont conduit au premier coup d'État, le 17 novembre 1958, soit deux ans seulement après l'indépendance.
D'autres pays également comme l'Égypte, la Syrie et l'Irak ont connu des mouvements « démocratiques » sous l'empire ottoman et bien après.

confrontés à une profonde crise économique. Telle était la situation durant les années quatre-vingt lors des PAS et de la crise de la dette. Force est de constater que la dégradation de la situation économique d'un pays incite les décideurs publics à rechercher un compromis avec la société civile, quitte à impliquer cette dernière dans la vie politique : « *No taxation without representation* ».

S'ajoutent à cela les changements sociaux, la sensibilité d'une large partie de la population (de plus en plus instruite) au développement économique de son pays, si ce n'est la cause principale de la révolution du « printemps arabe » et l'émergence d'une nouvelle classe moyenne plus exigeante. Le renouveau au sein de la société civile implique un changement profond de la culture arabe, d'autant que la démocratie n'est plus perçue par la nouvelle génération comme un danger. Bien au contraire, le soulèvement populaire dans le monde arabe tendait, en premier lieu, à reconstruire la relation « citoyens - pouvoirs publics » qui ne doit plus se reposer sur la coercition et la perversion (rétablissement de l'État de droit), loin de l'ingérence occidentale et du plan américain de remodelage du « *grand Moyen-Orient* » élaboré par George Bush depuis l'attentat de septembre 2001, dans le cadre de la lutte contre le terrorisme[424]. En deuxième lieu, renverser la tendance rentière des économies arabe. Autrement dit, les ressources naturelles ont permis aux gouvernements de générer d'importantes recettes, qu'ils devraient réinjecter dans le circuit économique (infrastructures, création d'emplois, éducation, santé, etc). D'autant plus que la manne pétro-gazière devrait permettre aux populations de vivre aisément. Or, la situation est bien différente, car plus de 10% de la population dans les pays pétroliers de la région MENA vit sous le seuil de la pauvreté.

Le fait que l'élite au pouvoir compte sur la rente pétrolière pour faire marcher l'économie, indépendamment de la participation citoyenne, réoriente les préoccupations et les dépenses étatiques vers des secteurs moins productifs (industrie pétrolière et ses dérivés, placements extérieurs, etc). Subséquemment, l'instauration de l'impôt, tel que nous le connaissons dans les pays occidentaux, serait un vecteur d'inclusion, de croissance économique et de contrôle de l'argent public. À travers les impôts, d'une part, les citoyens pourraient, non seulement, participer (par le biais de leurs représentants) aux décisions économiques et financières, mais également influencer le système des investissements internes (éducation, santé, emploi) en exigeant l'affectation des ressources à ces domaines. D'autre part, les décideurs publics pourraient diversifier leurs sources de revenus pour ne plus demeurer tributaires de la volatilité des prix du pétrole (les recettes fiscales étant plus prévisibles que le prix du baril), et surtout, limiter la fraude fiscale

---

[424] CROISIER Catherine : « La doctrine Bush de remodelage du Grand Moyen-Orient : entre idéalisme et pragmatisme », article mis en ligne en septembre 2005 sur le site http://www.diploweb.com

par le renforcement des pouvoirs des institutions financières fiscales nationales.

La rationalisation des impôts dans les pays arabes pétroliers produira des effets positifs sur l'économie nationale. Selon le *processus de Monterrey*, issu de la première conférence internationale sur le financement de développement, qui a eu lieu à Monterrey au Mexique, du 18 au 22 mars 2002, l'harmonisation de la fiscalité dans les pays en développement joue un rôle primordial dans le financement du développement[425]. Par exemple, les secteurs tels que l'éducation, la santé, les infrastructures constituent la pierre angulaire du développement, dont il est souhaitable de diminuer la dépendance à l'égard des ressources provenant de l'extérieur (rente, emprunt et aide étrangère), et de trouver des ressources financières propres provenant de l'intérieur notamment de l'épargne nationale[426].

B. La transformation de l'épargne nationale en investissements productifs

Le rôle de « l'épargne » dans les pays en développement en général, et les pays arabes en particulier, était longuement inexploré à cause de la déficience du système financier. De surcroît, les dirigeants des pays arabes pétroliers ont eu recours, à partir des années 2000, aux établissements financiers internationaux pour le dépôt d'une plus grande partie des surplus financiers, et ce grâce à l'accroissement des revenus pétroliers. Pour les ménages, l'épargne est très limitée à cause de la faiblesse de l'intermédiation et de l'inclusion financières. En ce qui concerne les intermédiaires financiers (qui sont en général les banques, les compagnies d'assurances ou des fonds spécifiques à travers lesquelles les dépôts des ménages sont transformés en prêts pour les investisseurs), ils sont très peu développés dans la plupart des pays de la région, hormis les monarchies du golfe. Les quelques banques existantes (en Algérie, au Yémen, en Irak, en Libye, etc) sont des banques publiques peu expérimentées. De plus, ces dernières années de nombreux organismes d'épargne et d'assurance ont germé, en particulier en Égypte, mais leur portée reste embryonnaire par rapport à ceux des pays émergents surtout dans le domaine de l'assurance-vie, qui ne trouve pas d'écho dans les pays arabes à cause de son incompatibilité avec la religion musulmane.

---

[425] Rapport sur la Conférence internationale sur le financement du développement, 22 mars 2002, publication des Nations Unies, http://www.ipu.org
Cette conférence a été suivie d'une deuxième, du 29 novembre au 2 décembre 2008, à Doha (au Qatar), et d'une troisième, du 13 au 16 juillet 2015, à Addis Abeba en Ethiopie.

[426] Document d'information de SOMO (Centre de Recherche sur les Multinationales), d'octobre 2008 sur la Fiscalité et financement du développement, www.somo.nl

En termes d'inclusion, seulement 24% de la population de la zone arabe dispose d'un compte en banque contre 95% en France[427]. De ce fait, les ménages, d'une part, surconsomment au lieu de bancariser le surplus de leurs revenus. D'autres part, les personnes plus aisées (personnalités politiques, hommes d'affaires, entrepreneurs, etc) déposent leurs actifs financiers dans des banques étrangères, souvent, dans des pays stables politiquement et à fort potentiel économique. Ces pratiques soulèvent malheureusement, encore une fois, la problématique de la confiance entre les citoyens et les institutions financières publiques.

Manifestement, malgré les quelques changements ces dernières années (les ménages investissent davantage leur épargne dans l'immobilier), la capacité d'absorption des capitaux affectés à l'épargne dans la région MENA demeure l'une des plus faibles au monde.

Cependant, pour comprendre le rôle de l'épargne dans le financement du développement économique dans les pays arabes pétroliers, il est nécessaire de le définir, de comparer les taux d'épargne dans chaque pays de la région (pétrolier et non pétrolier), et ensuite démontrer le rôle de la transformation de l'épargne en investissement productif, tout en tenant compte du facteur démographique (le cycle de vie).

En économie, l'épargne est « *La fraction du revenu qui n'est pas affectée à la consommation immédiate* ». Autrement dit (l'épargne = le revenu disponible – la consommation). Pour l'utiliser, l'État et les ménages disposent de deux moyens ; soit elle est confiée aux institutions financières et rémunérée en fonction des taux d'intérêts en vigueur, soit elle est investie sous forme d'accumulations financières, d'investissements immobiliers, etc dans le but d'améliorer la croissance économique. Toutefois, l'épargne des ménages, selon les économistes, notamment John Maynard Keynes[428], dépend de deux facteurs ; le revenu et le taux d'intérêts. Plus le revenu disponible est élevé, plus le besoin d'épargner augmente. Il en est de même pour les taux d'intérêts, lorsque ces derniers sont élevés, les rendements qu'ils génèrent deviennent plus importants, ce qui incite les épargnants à placer leur argent. En effet, par-delà les débats économiques sur la dépendance entre l'épargne et l'investissement[429], les économistes

[427] Compte-rendu du 2ème Petit-déjeuner économique du monde arabe sur le rôle des banques dans le financement du développement des pays arabes, Institut du Monde Arabe, le 19 juin 2014, http://www.imarabe.org

[428] Théorie de John Maynard Keynes et la fonction de consommation analysée par Gregory N Mankiw dans son ouvrage *Macroéconomie*, op.cit, pages 536-539.

[429] Pour les économistes classiques et néoclassiques (Smith et Ricardo, Jean-Baptiste Say et Friedrich Hayek) l'épargne doit être préalable à l'investissement du fait que c'est l'épargne qui facilite la disponibilité des capitaux nécessaires à l'investissement. Selon la loi de Say sur les débouchés « *toute épargne est affectée à des fins productives* », donc à « *l'investissement* », ce qui veut dire que « *l'offre crée sa propre demande* ». Contrairement aux classiques et néoclassique, l'école keynésienne estime que l'investissement doit précéder l'épargne, parce que « *l'investissement est le moteur de l'économie* ». Keynes considère que

s'accordent, au moins, sur la nécessité des deux variables pour renforcer la productivité et la croissance économiques.

Si l'on se réfère aux données officielles de la Banque Mondiale de 2014 (de 2013 pour le Koweït, Bahreïn et Tunisie) le taux de l'épargne nationale brute dans les pays de MENA exportateurs de pétrole est beaucoup plus élevé (sauf la Libye, l'Iran et le Yémen dont ne nous disposons pas de données) que dans les pays voisins. Les pays qui ont enregistrés les taux les plus élevés sont le Qatar (75,6%), le Koweït (58,9%), l'Algérie (52,21%), Oman (52,12%), Bahreïn (46,50%), l'Arabie Saoudite (41,07%) et les EAU (36,40%). Les taux médians culminant les 20% sont enregistrés au Maroc (21,5%), au Liban (19,31%), au Soudan (14,8%), en Tunisie (12,86%) et en Turquie (15,93%). Les plus faibles taux sont enregistrés en Égypte (5,2%) et en Jordanie (2%). Donc nous remarquons la grande différence entre les taux dans les pays pétroliers et non pétroliers, ce qui s'explique naturellement par l'importante manne pétro gazière, qui permet aux décideurs publics des pays pétroliers d'épargner une partie substantielle de cette manne.

Il serait, d'ailleurs, utile de distinguer entre l'épargne étatique et l'épargne privée, car même si l'objectif dans les deux situations est le même, les moyens d'investissement divergent. Tous les pays pétroliers disposent de fonds souverains à travers lesquels ils investissent une large partie du surplus pétrolier (réserves de change) à l'étranger, sous forme d'achats immobiliers, d'actionnariats minoritaires, bons du trésor ou en titres obligataires[430] peu risqués.

Désormais l'essentiel de ces investissements demeure exploité à l'extérieur du pays pourvoyeur des capitaux, et donc ne bénéficie pas entièrement à l'économie locale. En d'autres termes, lorsque l'État diversifie ses placements, même à l'étranger, les retombées profiteront certainement à l'économie nationale, comme c'est le cas pour le Qatar, les EAU et l'Arabie Saoudite, qui privilégient les investissements immobiliers haut de gamme et l'actionnariat. Mais lorsque l'État achète des obligations, la rentabilité dans ce cas est moindre, et le risque est évident, car à travers ces titres, il participe au développement d'une autre économie que la sienne (c'est le cas de l'Algérie qui place plus de 80% de ses réserves à l'étranger sous forme de bons du trésor, majoritairement, américains « T-Bonds »)[431].

---

l'abondance d'épargne et l'excessivité des taux d'épargne conduisent au déséquilibre économique, car ils nuisent à la croissance économique et à l'emploi, alors que la croissance nécessite un excès d'investissement sur l'épargne.

Voir BOLUSSET Carole, *L'investissement*, Éditions Bréal, France, 2007, pages 104-110.

[430] D'après la définition de Gregory Mankiw, les titres obligataires sont « *des titres de dettes spécifiant les obligations de l'emprunteur auprès du porteur de l'obligation* ». MANKIW N Gregory : idem, page 655.

[431] MEBTOUL Abderrahmane : « Situation économique et financière de l'Algérie en 2014 : impacts de la baisse des cours des hydrocarbures, perspectives 2015/2020 », article publié le 29 mars 2015 sur le site http://www.reflexiondz.net

Cette situation s'explique comme suit ; l'épargne (les capitaux prêtables ou liquidités), en général, est utilisée par les établissements financiers pour financer les projets d'investissements des entreprises nationales ou étrangères implantées sur son territoire. Ces investissements doivent être rentables afin que le prêt soit octroyé par les banques (après une étude étroite des risques, des aléas et des rendements de l'investissement), ce qui permet de relancer la productivité. Donc ce circuit se réalisera dans le pays étranger et non pas dans le pays détenteur des capitaux. L'épargne de l'État va financer au premier plan l'économie du pays récipiendaire du capital, ensuite, a minima, l'économie nationale grâce aux taux d'intérêts, sous forme d'une rémunération annuelle sur le court, moyen ou long terme, sachant que les rendements des taux d'intérêts sont nettement inférieurs et moins productifs que ceux des investissements, car les États acheteurs préfèrent la sécurité de leur placement à leur rentabilité.

Or, pour les économistes, il faut être vigilant sur la question des taux d'intérêts[432] qui sont, souvent, corrélés à l'inflation. D'après l'équation d'Irving Fisher (1867-1947), la hausse du taux d'inflation provoque une augmentation parallèle du taux d'intérêts nominal (le taux d'intérêt payé par les banques), et la baisse des taux d'inflation entraîne également la baisse du taux d'intérêt nominal. En plus, lors du placement des titres obligataires le taux d'intérêt réel est connu (*ex ante),* mais le taux d'intérêt futur (*ex post*) n'est pas connu, de même pour le taux d'inflation futur. L'incertitude de ces deux variantes conduit à l'incertitude quant au rendement et au rapatriement des sommes placées en cas d'insolvabilité du pays ou de l'institution émetteur des titres, ou en cas de crise économique.

Il s'ajoute à cela la labellisation des titres en monnaie étrangères convertibles (majoritairement le dollar et l'euro). Le risque de dévalorisation des titres obligataires s'accroît du fait de la dépréciation de l'une de ces monnaies, qui sont aussi sensibles à l'inflation mondiale[433].

Si en effet le rendement de l'épargne pour l'État est faible lorsqu'il investit le surplus de ses revenus dans des titres obligataires, pour les ménages et les entreprises privées, leur épargne contribue largement au développement économique. En effet, l'épargne pour les économistes

[432] En économie, il existe deux taux d'intérêts : un taux d'intérêt nominal, c'est le taux que les banques paient, et un taux d'intérêt réel qui est la différence entre le taux d'intérêt nominal et le taux d'inflation. MANKIW N Gregory, op.cit, page 132.

[433] Certains pays comme l'Algérie, qui a tendance à placer ses actifs financiers en bons du trésor, repense actuellement sa stratégie de transformation de son épargne en investissement productif. D'ailleurs, lors du Séminaire sur le marché obligataire, organisé le 18 et 19 mai 2015 à Alger, le Ministre des finances Abderrahmane Benkhalfa a exprimé l'orientation récente du gouvernement algérien vers la diversification des ressources financières du pays à travers le renforcement de l'épargne bancaire et la promotion du marché obligataire. Le gouvernement algérien compte sur la collaboration de différents spécialistes, en particulier les japonais, afin de développer le marché financier national.
Voir l'Agence Japonaise de la Coopération internationale, http://www.jica.go.jp

monétaristes est la condition *sine qua non* de la croissance lorsqu'elle est transformée en investissements productifs. Autrement dit, le développement économique d'un pays donné se mesure au développement de son système financier, car c'est au travers de celui-ci que les capitaux sont mobilisés pour financer les investissements des différents acteurs économiques[434]. À cela, s'ajoute le rôle prépondérant de l'épargne privée dans l'allègement des dépenses publiques, en termes d'octroi de prêts aux porteurs de projets. Car, lorsque les ménages épargnent, leurs capitaux sont transformés en « fonds prêtables » par les intermédiaires financiers pour les allouer ensuite aux investisseurs, conformément au modèle de l'économiste néoclassique Robert Solow, sur la croissance économique, qui considère que « *la fonction principale du système financier est d'allouer l'épargne rare d'une économie entre divers projets d'investissements* »[435]. De ce fait, pour financer leurs projets d'investissements, les entrepreneurs peuvent recourir aux institutions financières privées, bancaires et non bancaires, et ne pas compter, uniquement, sur le financement des organismes publics.

L'importance de l'épargne pour la croissance économique nous rappelle la conception de l'économiste Muhammad Yunus (Prix Nobel de la paix en 2006) de la microfinance. Étant donné qu'au Bangladesh, son pays natal, l'accès au crédit est très difficile, il créa en 1976 la « *Grameen Bank* » (qui veut dire « banque des villages »), une institution financière dont le but est d'octroyer des microcrédits, essentiellement, aux femmes pauvres afin qu'elles puissent travailler et améliorer les conditions de vie de leurs familles. *Grameen Bank* accompagne, également, les emprunteurs dans leurs projets en leur fournissant les conseils et le soutien nécessaires. Ce système a permis à de nombreuses familles vulnérables d'accéder à des prêts à des taux très faibles, et à promouvoir le développement économique local au Bangladesh et dans d'autres pays pauvres[436]. Ce mécanisme a permis, d'une part, le renforcement de l'aspect social des activités financières (amélioration des centres médicaux, développement des écoles, création de petites entreprises locales pour absorber le chômage, etc)[437]. D'autre part, il a donné l'opportunité aux emprunteurs de devenir des créanciers, à leur tour, grâce aux profits générés par leurs projets.

---

[434] Le traité de Gurley et Shaw de 1960 sur « La monnaie dans une théorie des actifs financiers », cité par ASSIDON Elsa : « L'approfondissement financier : épargne et crédit bancaires », *Tiers-Monde*, 1996, tome 37 n°145 « Le financement décentralisé : Pratiques et théories » (sous la direction de Dominique Gentil et Philippe Hugon), pages 154-155.

[435] MANKIW N Gregory, op.cit, page 659. Pour Solow, l'investissement est l'un des facteurs clés du développement et de la richesse économique d'un pays, car un pays en retard peut facilement rattraper un pays développé s'il investit massivement et introduit les progrès techniques (l'un des facteurs quantitatifs de la croissance économique, en plus du capital et du travail humain) dans sa stratégie de développement.

[436] MANKIW Gregory, op.cit, page 661.

[437] http://www.grameensolutions.com

À vrai dire, bien que ce mécanisme ait contribué à l'amélioration de la qualité de vie des populations locales au Bangladesh, sa résonance dans la sphère publique a été très limitée.

Aujourd'hui le système financier bangladeshi est loin d'être performant pour plusieurs raisons, parmi lesquelles nous citons les deux plus importantes. La première tient à la dépendance du gouvernement aux exportations textiles, qui représentent 80% des revenus du pays. La deuxième est liée au poids démographique (près de 169 millions d'habitants en 2015, dont plus d'un tiers vit sous le seuil de la pauvreté). Mais pour les autres pays en développement, la réforme du système financier ainsi que la nécessité d'accumulation de l'épargne nationale figuraient parmi les lignes directrices des PAS du FMI. En effet, la restructuration imposée aux pays en développement, notamment, les pays arabes pétroliers, consistait à diminuer la répression financière exercée par les autorités publiques. Mais, seuls les pays non pétroliers de la région, comme le Maroc, la Tunisie, le Liban et la Jordanie ont fait des progrès en la matière, car ils ne disposaient pas de source de revenus extérieurs leur permettant de dynamiser le marché intérieur[438].

L'échec des pouvoirs publics des États pétroliers, hormis quelques monarchies du golfe à libéraliser le secteur financier et à mettre en place des moyens de paiement adéquats a, certes, contribué à la protection de ce secteur des crises économiques[439], mais il a eu pour effet l'ascension du secteur financier informel, éventuellement celui de change dans de nombreux pays, d'autant plus que les transferts financiers des migrants vers leurs pays d'origine alimentent davantage ce secteur (commission de 3% à 5% du montant envoyé lorsque les transactions s'effectuent via le secteur informel contre 15% à 25% via les établissements financiers). Pourtant, ces transferts contribuent, dans certains pays, plus que les IDE au développement économique (atténuation de la pauvreté, amélioration de la qualité de vie des familles des migrants, constructions immobilières, créations d'entreprises, etc)[440]. D'après les prédictions de la Banque Mondiale, les transferts formels de la diaspora établie à l'étranger pourraient atteindre 516 milliards de dollars en 2016 (contre 436 milliards en 2014,

---

438 La rédaction de l'économiste : « Les programmes d'ajustement structurel dans les pays arabes : Les nonpétroliers réussissent mieux que les autres, estime le FMI », *L'économiste* n°92 du 12 août 1993, http://www.leconomiste.com

439 Par exemple lors de la crise de 2009, l'économie des pays comme l'Algérie, l'Égypte, le Yémen, etc n'ont pas été affectées parce qu'elle était moins intégrée par rapport à l'économie mondiale.
Voir le Rapport du FMI n° 14/161, de juin 2014 sur l'évaluation de la stabilité du système financier en Algérie, page 18.

440 Les derniers chiffres de la Banque Mondiale de 2012, estime les fonds des migrants envoyés vers la région MENA à 47 milliards de dollars, contre 43,9 milliards de dollars d'IDE en 2014.

toutes régions confondues)[441], en sachant que ceux-ci constituent pour beaucoup de pays une source importante de devise (rente secondaire pour la Jordanie, le Maroc et l'Égypte). Les transferts des immigrés sont mieux contrôlés et investis grâce au développement du secteur financier dans des pays comme le Maroc et la Jordanie, contrairement aux pays comme l'Algérie et l'Égypte où une importante partie de ces transferts échappe entièrement au contrôle des autorités.

Toutefois, nous observons un paradoxe en matière d'épargne dans les pays en développement (principalement arabes et africains), car les résidents de ces pays placent leur épargne (fuite des capitaux) dans les établissements financiers des pays développés tandis que les immigrés résidents dans les pays développés transfèrent leur épargne vers leurs pays d'origine (donc pays en développement). Nous avons, d'ailleurs, évoqué plus haut l'affaire SwissLeaks qui révèle les énormes avoirs financiers placés par les pays arabes dans la filiale suisse HSBC, estimés à plus de 26 milliards de dollars. Cela dit, que les capitaux soient transférés vers ou depuis les pays arabes, leur rôle dans le développement économique de ces pays est incontestable.

Reste à savoir si les décideurs politiques prendraient les mesures nécessaires pour lutter, d'une part, contre la délocalisation de l'épargne nationale (renforcer la lutte contre la corruption, contre le clientélisme et contre le transfert illicite des capitaux). D'autre part, améliorer l'environnement financier local afin de canaliser, non seulement le mouvement des capitaux nationaux, mais également l'épargne des migrants et la transformer en investissements productifs, à l'instar de l'Inde, de l'Éthiopie, d'Israël, etc qui ont créé des « obligations diaspora » ou « diaspora Bonds » ayant pour objectif, comme le nom l'indique, de transformer les actifs des immigrés en investissements productifs dans des domaines variés[442].

D'autant plus que la bonne gestion de l'épargne nationale et de la diaspora serait un facteur clé dans la mutation des services de l'État.

§2. Vers une mutation des services de l'État

Depuis l'effondrement des cours du pétrole en juin 2014, les pays arabes pétroliers ont perdu près de la moitié de leurs recettes, accusant, ainsi, d'importants déficits budgétaires. Malgré cette perte, les gouvernements des pays épargnés par la guerre ont maintenu le niveau des dépenses d'avant la chute des prix, si ce n'est plus, pour acheter la paix sociale en puisant dans

[441] Communiqué de presse de la Banque Mondiale du 11 avril 2014, http://www.banquemondiale.org

[442] African Development Bank Group: « AfDB Brings Experts Together to Reflect on Africa Diaspora's Contribution to Capacity Building and Development », article publié le 8 juin 2010 sur le site http://www.afdb.org

leurs réserves financières. Or, pour préserver ces réserves, le plus longtemps possible, et pour rationaliser les dépenses publiques, les décideurs publics devraient mettre fin à la gratuité de certains services publics sociaux **(A)**, et limiter les subventions publiques **(B)**.

A. La fin de la gratuité des services publics sociaux

Les populations de la région Moyen-Orient et de l'Afrique du Nord bénéficiaient depuis longtemps d'un accès gratuit à la quasi-totalité des services publics sociaux comme l'éducation, l'enseignement supérieur, la santé, l'électricité, l'eau, etc. Désormais, l'universalité de cette gratuité dans la région ne concerne pas seulement les pays pétroliers, car même les pays non pétroliers, comme la Jordanie, prennent en charge de nombreux services, notamment l'enseignement primaire et secondaire. En effet, depuis la déclaration de *Jomtien* de mars 1990[443], l'éducation est l'un des services publics auxquels les autorités publiques de ces pays ont prêté une importance particulière, en promouvant la construction des écoles et les universités, ce qui a permis de réduire l'analphabétisme[444].

De fait, cette gratuité s'inscrit dans la politique socialiste promue par les dirigeants arabes qui tend à redistribuer la rente aux citoyens. Autrement dit, la gratuité des services publics constitue une forme de redistribution des richesses, entrant dans le cadre du pacte social arabe, mais qui diverge, tout de même, d'un pays à l'autre. À titre d'exemple, dans les monarchies du golfe et la Libye, l'accès à certains services publics est quasiment gratuit ou fortement subventionné, y compris, l'eau, l'électricité, le gaz et le logement social. Alors que des pays comme l'Algérie, l'Égypte, la Jordanie et le Maroc font payer une partie de certains services aux citoyens, excepté l'éducation et la santé.

La soumission de nombreux pays au PAS a, par ailleurs, largement influencé leurs politiques sociales durant les années quatre-vingt-dix. La contraction des revenus de l'État due au fléchissement des prix du pétrole, ainsi que l'endettement extérieur patent ont contraint les autorités publiques de quelques pays, comme l'Algérie, à abaisser les dépenses sociales et à réformer certains secteurs tels la sécurité sociale, le régime des retraites, etc. Le taux des dépenses sociales est passé, en Algérie, de 25% de PIB en 1993

---

[443] Du 5 au 9 mars 1990 plus de 155 pays, organisme gouvernementaux et non gouvernementaux se sont réunis à Jomtien, en Thaïlande, lors de la Conférence sur l'éducation pour tous, afin de réduire l'analphabétisme et rendre l'enseignement primaire accessible à tous les enfants. Cette Conférence a donné lieu à l'adoption de la Déclaration de Jomtien sur l'éducation pour tous. Voir http://www.unesco.org

[444] L'alphabétisation est passée de 51% durant les années quatre-vingt-dix à plus de 85% en 2014 dans nombreux pays de la région, avec le plus fort taux de 96,3% enregistré au Qatar, selon les données de CIA World Factbook de janvier 2014.

à 23% en 1997[445]. D'autres pays, comme la Maroc, ont choisi de se désengager au profit du secteur privé, en adoptant une « gestion déléguée » des services publics (Décret du 30 mars 1999 qui met fin à la gratuité du service public de la santé, la loi du 14 février 2006 sur la gestion déléguée)[446]. Par ailleurs, après les quelques contestations populaires de 2011, les autorités marocaines ont adopté des mesures exceptionnelles, comme la généralisation du régime d'assistance médicale, afin de permettre aux citoyens les plus démunis de bénéficier d'un accès équitable aux soins médicaux et au logement social. Cette nouvelle mutation des services sociaux marocains semble bien concrétiser le projet du développement humain soutenu par la constitution du 1er juillet 2011. La Libye quant à elle fait figure d'exception en matière de gratuité des services publics. Malgré l'isolement politique et économique du pays à la suite de l'embargo occidental, décrété de 1992 à 2003, le colonel Kadhafi n'a pas remodelé, ni les dépenses sociales, ni le système d'accès aux services publics, car c'est à travers cet accès et à travers les subventions (lors du mariage, achat de voiture ou de maison, etc) que Kadhafi estime, non seulement, partager la rente pétrolière avec le peuple, mais également renforcer son pouvoir dans une société, naturellement, clanique.

Cependant, la stabilité des cours du pétrole, depuis le début des années 2000, a permis aux gouvernements d'affecter plus de ressources aux services publics et sociaux. D'après les dernières données de mars 2008 de l'ONU, 32% des dépenses des pays arabes sont consacrées aux programmes sociaux, et 18% aux services publics[447]. Mais, les services publics sont à nouveau la cible des décideurs politiques, comme premier moyen de rationalisation des dépenses publiques, en particulier en Algérie et en Irak, depuis le repli des prix du pétrole en juin 2014. Pour sa part, le Ministre de finances, Mohamed Djellab, avait annoncé en janvier 2015 que les autorités algériennes mettraient en place, graduellement, des mesures d'austérité parmi lesquelles figure la fin de la gratuité du service de la santé et du logement social. À partir de cette décision, les soins et le logement social deviendront payants pour le peuple algérien, mais les plus démunis continueront de bénéficier de

---

[445] CATUSSE Myriam, DESTREMAU Blandine, VERDIER Éric, *L'État face au débordement du social au Maghreb*, Karthala, Paris, 2010, pages 64-66.

[446] La « gestion déléguée » est définie comme « un contrat par lequel une personne morale de droit public délègue, pour une durée déterminée, la gestion d'un service public dont elle a la responsabilité à une personne morale de droit public ou privé, en lui reconnaissant les droits de percevoir une rémunération sur les usagers et/ou de réaliser des bénéfices ». Définition extraite de l'article de BENABDALLAH Mohammed Amine : « La gestion déléguée du service public au Maroc », http://aminebenabdallah.hautetfort.com

[447] Chronique ONU : « Financer le développement pour réaliser les OMD : L'expérience dans la région arabe », article Vol XLV, No1, 2008, publié en mars 2008 sur le site http://unchronicle.un.org

certaines subventions afin de préparer progressivement leur insertion économique[448].

Par ailleurs, en Irak, les autorités n'ont pas annoncé la suppression de la gratuité des services publics, mais ont procédé à des pratiques brutales et irrationnelles comme la coupure d'eau courante et de l'électricité afin de « faire des économies ». S'ajoutent la destruction des infrastructures lors de l'invasion de l'Irak en 2003, ainsi que les attentats terroristes perpétrés dans plusieurs villes irakiennes qui ont détérioré l'état des services publics.

Or, ce sont ces mêmes réclamations qui étaient à l'origine du « printemps arabe ». Car, bien que l'accès aux services publics demeure gratuit dans la plupart des pays de la région, il en découle de nombreux problèmes tels l'inefficacité et l'irresponsabilité du personnel, la médiocrité des prestations fournies et le manque de performance des services publics[449]. Dans un article du 14 avril 2015, la Banque Mondiale fait un constat édifiant sur la réalité des services publics dans la région MENA, lequel affirme que la plupart de la population de cette région est insatisfaite de la qualité des prestations offertes par l'État, notamment en matière de santé.

D'après les données détenues par la Banque Mondiale, un tiers des infrastructures au Maroc et au Yémen, et plus de 40% en Égypte, ne sont pas raccordées à l'eau[450], et les institutions chargées d'assurer ces services sont dépourvues de tout mécanisme de responsabilisation.

D'après les enquêtes de la Banque Mondiale, près de 30% des médecins sont absents durant leurs heures de travail[451]. Le recrutement du personnel incompétent et irresponsable, sur la base du népotisme et non pas de la méritocratie, contribue grandement au renforcement du *« clientélisme politique au détriment des besoins réels »*, alors qu'il relève de leur devoir de dispenser des prestations de qualité aux citoyens[452].

Dans son rapport d'avril 2015, sur « *Confiance, voix au chapitre et mesures incitatives : tirer des leçons du succès dans la prestation de services au niveau local au Moyen-Orient et en Afrique du Nord* », la Banque Mondiale regrette la défaillance des autorités publiques en matière de contrôle et de sanction des manquements relatifs aux prestations de service

---

[448] Réseau des démocrates algériens : « Entre austérité et rationalisation des dépenses L'Etat veut abandonner le social », article publié le 22 janvier 2015 sur le site http://forumdesdemocrates.over-blog.com

[449] Groupe de la Banque Mondiale : « Services publics au Moyen-Orient et en Afrique du Nord : briser le cercle vicieux de l'inefficacité », article publié le 14 avril 2015 sur le site http://www.banquemondiale.org

[450] SEMLALI Amina : « Pays arabes : malaise dans la santé », publié le 13 juillet 2013 sur le site http://blogs.worldbank.org

[451] BRIXI Hana : « Transparence et responsabilité des services publics, une solution en vue ? », article publié le 18 novembre 2013 sur le site https://blogs.worldbank.org

[452] Groupe de la Banque Mondiale : « Services publics au Moyen-Orient et en Afrique du Nord : briser le cercle vicieux de l'inefficacité », article publié le 14 avril 2015 sur le site http://www.banquemondiale.org

publics, qui tient d'ailleurs, aux alliances et complicités existantes entre les fonctionnaires de ces services et les décideurs politiques[453]. Les auteurs de ce rapport, lesquels ont mis l'accent essentiellement sur l'éducation et la santé, ont évoqué les efforts déployés par la Palestine et la Jordanie en matière de performance de ces deux services. Ils proposent des mesures incitatives adéquates telles la collaboration entre l'État, les citoyens et les bailleurs de fonds afin d'améliorer l'équité et la qualité des services publics, le renforcement de la confiance entre l'élite au pouvoir et les citoyens, la lutte contre la corruption, etc.

Pour remédier au dysfonctionnement des services publics, quelques pays de la région, principalement les monarchies du golfe, ont procédé depuis le début des années 2000, à la dématérialisation des procédures administratives. Les EAU et le Qatar ont établi un système de « e-Gouvernement » tendant à faciliter l'accès et le paiement de certains services aux usagers, ainsi qu'à réduire le temps d'attente devant les guichets. La promotion des nouvelles technologies de l'information et de la communication (TIC) a permis l'accessibilité et la transparence d'un grand nombre de service[454]. Selon *The Global Competitiveness Report* de 2014-2015, les pays du golfe occupent la tête du classement de World Economic Forum en matière de TIC dans la région MENA. Sur 188 pays, les EAU occupent la 23ème place, suivis du Qatar à la 27ème place, du Bahreïn à la 30ème place, du royaume saoudien à la 35ème place et enfin Oman à la 42ème place. Le rapport de l'ONU de 2014 sur l'e-Gouvernement, décerne également les premières places aux pays du Golfe, puis à la Tunisie (75e), à l'Égypte (80e) et au Maroc (82e) au niveau du Maghreb. La Libye et l'Algérie clôturent le classement de la région avec la 121ème et 136ème place (sur 193)[455].

Aujourd'hui, le défi à relever en matière de services publics est de taille, parce que l'amélioration de la qualité des administrations publiques nécessite la refonte de tout le système public (affermissement du contrôle des agents administratifs, vérification des budgets et des comptes, édification d'infrastructures performantes, lutte contre l'absentéisme, etc). En plus, rendre quelques services publics lucratifs aura pour conséquence de bouleverser la politique socialiste des États arabes pétroliers, car la gratuité a été ancrée dans la société depuis de longues années. Il sera alors très ardu, d'une part pour la population d'accepter un tel changement, et d'autre part

---

[453] World Bank Group (BRIXI Hana, LUST Ellen et WOOLCOCK Michael): « Trust, Voice and Incentives: Learning from Local Success Stories in Service Delivery in Middle East and North Africa », Avril 2015, http://www-wds.worldbank.org

[454] Le taux de satisfaction des populations des pays du golfe, en ce qui concerne les services publics, d'après les différentes statistiques de la Banque Mondiale est beaucoup plus élevé que dans les pays du Maghreb (près de 90% à Bahreïn, EAU, Qatar et Oman, contre 30% à 70% pour les autres pays).

[455] UNITED NATIONS E-GOVERNMENT SURVEY 2014, http://unpan3.un.org

pour l'État d'abandonner son rôle de distributeur des richesses, et surtout, d'admettre de rendre des comptes au peuple.

Nous nous rendons compte que le changement des « traditions » de l'État et des citoyens ne sera pas une tâche aisée, mais la rationalisation des dépenses publiques doit tenir compte de l'utilité et de la finalité des résultats à obtenir. Car, comme nous venons de le voir, les États arabes consacrent près de 50% de leurs dépenses aux programmes sociaux et aux services publics, ou ce que d'autres appellent « le filet social », alors que les enquêtes des différents organismes évoquent une médiocrité flagrante des services de l'État. Cependant, pour alléger les dépenses relatives au subventionnement des services publics, et pour améliorer leur performance, l'État pourrait déléguer des missions de service public à des partenaires privés, à l'instar du Maroc, ce qui aura pour effet la dynamisation du secteur privé et l'encouragement de la concurrence, particulièrement, en Algérie, en Libye et en Irak où ce secteur est beaucoup marginalisé. Parallèlement, le paiement de certaines prestations suppose l'offre d'une prestation de qualité, et la transmission d'informations plus transparentes sur le service à rendre.

Il est évident que les décideurs publics maintiennent, jusqu'à présent, les dépenses sociales grâce aux revenus du pétrole, sauf que, l'épuisement des ressources dans les prochaines années, conjugué à la baisse continue des prix du pétrole les forcera à maîtriser leurs dépenses, en l'occurrence, à arrêter brutalement les transferts sociaux et rendre les services publics payants. Afin d'éviter toute confrontation entre la population et l'élite au pouvoir, la transformation de la politique sociale doit s'opérer par étapes, et doit tenir compte de la réalité des besoins de la population (maintenir certaines aides aux plus démunis à travers des mécanismes d'assistance comme c'est le cas de la couverture maladie universelle (CMU) ou de l'aide médicale en France). Autrement dit, rendre le service public payant ne doit pas augmenter l'exclusion sociale des couches défavorisées. Dans ce domaine, l'État est épaulé par des organismes spécialisés dans l'économie sociale et solidaire (ESS)[456], qui ont émergé durant les années quatre-vingt-dix, lors de l'adoption des PAS, et dont le but est de collaborer avec l'État, dans le domaine social, pour préparer la libéralisation économique (identification des besoins, notamment, en milieu rural, facilitation de l'insertion professionnelle à travers des différentes formations, financement des micro-projets, etc).

Mais, le recours à la suppression de la gratuité des services publics implique des efforts sérieux en matière de lutte contre la corruption et le

[456] Appelée *Volontary Sector* au Royaume-Uni, *non-profit organisations* aux États-Unis, ou économie de développement en Europe et en Amérique du Sud. Voir AHMED- ZAÏD Malika, OUELHAZI Zied et TOUHAMI Abdelkhalek : « L'économie sociale et solidaire au Maghreb : Quelles réalités pour quel avenir ? », Rapport pour Ipemed (Institut de Prospective Économique du Monde Méditerranéen, novembre 2013, http://recma.org

transfert illégal des capitaux. Logiquement, lorsque les décideurs publics prennent une telle décision, surtout dans un pays où l'assistanat est ancré, ils doivent communiquer sur l'utilisation de la rente pétrolière, appartenant en principe, au peuple. Les moyens sont, certes, multiples, mais nous ne retiendrons que les plus efficaces ; la transparence dans l'établissement du budget de l'État, et dans une moindre mesure la facilitation de l'accès aux informations budgétaires (par la publication du budget). Nous constatons, malheureusement, qu'à l'heure actuelle, aucun pays pétrolier de la région MENA n'a publié son budget, ou *a minima,* communiqué sur l'affectation de la rente pétrolière. Les seuls pays de la région ayant pris de telles mesures, ce sont le Maroc, depuis 2011, et la Tunisie, en décembre 2013 (publication du budget citoyen pour 2014)[457].

D'ailleurs, parler de lutte contre la corruption nous force à citer le cas de l'Irak et les réformes annoncées en août 2015 par le Premier ministre Haider Al-Abbadi. Plus de treize-ans après l'invasion de l'Irak, et malgré le plan américain de restructuration du pays, le peuple regrette, plus que jamais, le délabrement des services publics et le gaspillage des ressources nationales. Le mécontentement exprimé, début août, lors des manifestations à Bagdad, a suscité une réaction immédiate de la part du Premier ministre, en annonçant, le 9 août 2015, la suppression des postes des trois vice premiers ministres et trois vice-présidents, dont celui de Nouri El Maliki, le remplacement des fonctionnaires de l'administration centrale et des provinces, la suppression des quotas de partis et de confession, ainsi que la réduction du nombre des gardes du corps de tous les responsables[458].

Force est de constater que la lutte contre la corruption et la fuite des capitaux faciliterait aux autorités, non seulement, la mutation de l'accès aux services publics, mais également, la limitation des subventions publiques.

B. La limitation des subventions publiques

La limitation des subventions publiques que nous tenons de développer dans cette partie a pour objectif premier la mise en lumière de la nécessité de mettre fin aux dépenses superficielles de l'État. Le second objectif est la lutte contre le gaspillage. En effet, l'analyse des économies des pays pétroliers de la région MENA nous a permis de mieux comprendre les causes du dysfonctionnement des politiques publiques de ces pays. Les solutions proposées, jusque-là, par les différents organismes internationaux, notamment la Banque Mondiale et le FMI pour remédier aux déficiences de gestion de la rente pétrolière ne sont pas, effectivement, suivies par les décideurs publics.

---

[457] Note de synthèse, pour le compte du FMI, sur le renforcement de la transparence et la gouvernance dans les pays arabes, 2014, https://www.imf.org

[458] AFP et le Monde : « Irak : d'importantes réformes annoncées pour calmer la contestation populaire », article publié le 9 août 2015, sur le site http://www.lemonde.fr

En réalité, la stabilité du prix, relativement élevé, du pétrole pendant quelques années a contribué à l'atermoiement de la stratégie de diversification économique, ainsi qu'à l'accroissement des subventions publiques pour acheter la paix sociale. Or, l'intensification des conflits dans la région, à la suite des soulèvements de 2011 et la chute des cours depuis juin 2014 devraient inciter les pouvoirs publics des pays arabes pétroliers à accélérer les réformes économiques pour faire face aux conséquences considérables du conflit infrarégional. Nous assistons aujourd'hui à l'une des plus graves crises humanitaires que la région n'ait jamais vécue, car la majorité des habitants des pays en guerre (Libye, Yémen, Syrie, Soudan, Irak, etc) a trouvé refuge dans les pays voisins les plus stables et dans d'autres pays étrangers. D'après les statistiques officielles de l'Agence des Nations Unies pour les Réfugiés « *High Commissioner for Refugees* » (UNHCR/HCR) d'août 2015, le nombre de réfugiés est en « accélération saisissante » depuis le commencement du conflit syrien[459]. Sans compter tous les réfugiés, le peuple syrien bat les records de l'exode dans la région. 1,94 millions réfugiés syriens en Turquie, 1,11 millions au Liban, 629 245 en Jordanie, 250 000 en Irak et 132 375 en Égypte. Mais, ils sont beaucoup moins nombreux dans les pays du golfe et du Maghreb (qui ont adopté des politiques restrictives d'accueil des réfugiés) à cause du coût social pesant des réfugiés.

Plusieurs raisons, principalement économiques, justifient le refus d'accueil des réfugiés (syriens et autres) : premièrement, la quasi-totalité des pays de la région ne disposent pas de législations régissant le droit d'asile, malgré la signature de la convention de 1951 sur les réfugiés, ce qui implique la privation des réfugiés de certains de leurs droits fondamentaux (emploi, aides publiques, accès aux services publics, etc).

Dans le cas où ces derniers sont admis de manière régulière, cela signifie qu'ils bénéficieraient des mêmes avantages que les nationaux (accès à la santé et à l'éducation, à l'emploi, ainsi qu'aux logements sociaux comme en Jordanie et en Turquie). Il faudrait d'ailleurs souligner, sur ce point, que si certains pays de la région admettent le traitement égal entre les réfugiés et les nationaux, notamment en matière de gratuité des services publics et des subventions, d'autres pays comme ceux du golfe réservent, désormais, ces privilèges aux seuls nationaux. À ce problème s'ajoute celui de la discrimination entre les nationaux et non-nationaux, la montée en puissance de l'insécurité et de la violence, etc.

Deuxièmement, le marché de l'emploi est très restreint. Aujourd'hui le taux du chômage varie entre 5% en moyenne dans les pays du golfe, excepté l'Arabie Saoudite, et 10% à 20% dans les autres pays. L'arrivée des déplacés aurait pour conséquences, d'une part, l'accroissement des emplois informels et précaires auxquels les autorités locales peinent à remédier. D'autre part,

---

[459] http://www.unhcr.org

les emplois qui seront créés ne suffiront plus à absorber le nombre croissant de chômeurs nationaux qui arrivent chaque année sur le marché du travail. D'autant que, pour les économistes, comme Robert Solow, l'accroissement démographique (en l'occurrence le nombre des travailleurs), dans une économie à l'état stationnaire[460], engendre un revenu et un stock de capital par travailleur faibles, du fait de l'interaction entre ces deux éléments. Pour Solow « *le taux de la croissance démographique est l'un des déterminants du niveau de vie* » Effectivement, si nous reprenons les chiffres sur les revenus des travailleurs nationaux (et même étrangers hautement qualifiés) dans les pays du golfe (que nous avons détaillé précédemment) où le poids démographique est très faible, ainsi que ceux des autres pays de la région comme l'Égypte et l'Algérie où le poids démographique est plus important, nous constatons que le volume de capital par travailleur est beaucoup plus élevé dans les monarchies du golfe que dans les autres pays de la région.

Troisièmement, les subventions des produits alimentaires, d'énergie, etc accordées à la population pèseront davantage sur le budget de l'État, d'autant plus que les pays d'accueil les plus touchés par cette arrivée de masse de réfugiés, comme le Liban et la Jordanie, dépendent, principalement, des aides extérieures pour faire fonctionner leurs économies. Quant aux pays pétroliers, en plus de la baisse du prix du pétrole, qui a bouleversé leurs stratégies économiques, et à la suite de laquelle les gouvernements ont dû puiser dans leurs réserves financières, certains d'entre eux (Arabie Saoudite, EAU, Bahreïn et l'Égypte) se sont livrés à une guerre destructive et coûteuse contre le Yémen.

D'ailleurs, bien que les réfugiés participent, sur le long terme, à l'amélioration de la situation économique des pays d'accueil (augmentation de la consommation des biens et des services, paiement de certaines redevances, apport du savoir-faire lorsque la main-d'œuvre est qualifiée, etc)[461], en termes de besoins de financement des réfugiés, l'UNHCR évalue les coûts pour la région MENA, en 2015, à 1,7 milliards de dollars US contre 506,4 millions en 2011.

Ceci dit, malgré l'aide octroyée par le HCR et les différents donateurs aux réfugiés, le rôle des gouvernements des pays d'accueils demeure

[460] L'économie à l'état stationnaire veut dire dans le lexique économique « le ralentissement de l'économie ». Elle a fait objet de nombreuses études de Rober Solow et de Ricardo.

[461] La décision de l'Allemagne et l'Autriche, d'accueillir des milliers de réfugiés, toutes nationalités confondues, est justifié, certes, par des raisons solidaires et humaines, mais également par des raisons économiques. Car, bien que les réfugiés représentent un coût supplémentaire pour ces deux pays sur le court terme. Mais sur le long terme, l'apport de ces réfugiés est beaucoup plus considérable, le fait d'une part, du besoin grandissant à la main d'œuvre étrangère dû au faible taux du chômage et à la disponibilité des postes à pourvoir. D'autre part, le vieillissement de la population aura pour effet le ralentissement économique, donc pour remédier à cette carence, les deux États, comme d'autres d'ailleurs, n'ont d'autres choix que d'accueillir les étrangers, dont la majorité est jeune et qualifiée.

inéluctable dans la gestion des problèmes économiques et sociaux découlant de cet exode. Les réfugiés sont considérés comme un « fardeau » et « une charge économique » par les décideurs politiques, comme le démontre la Conférence Internationale sur l'Assistance aux Réfugiés en Afrique « *en imposant des coûts supplémentaires sur des budgets d'assistance publique et sociale déjà surchargés, en mettant un frein à la croissance économique, en faussant les marchés, en causant des dégradations environnementales et en soumettant des pays déjà fragilisés et touchés par des conflits à des pressions politiques supplémentaires* »[462].

En fait, évoquer le coût social des réfugiés dans cette partie soulève deux questions cruciales. La première, les dirigeants des pays arabes pétroliers pourraient-ils contrôler, avec efficacité, le devenir des subventions qu'ils accordent à la population ? La seconde, jusqu'à quand l'État assurera sa mission « d'assistant » ?

Pour répondre à la première question, nous allons expliquer le mécanisme du détournement des subventions publiques par certains réseaux occultes, et proposer ensuite des solutions pour renforcer le contrôle de l'État sur l'utilisation de ces subventions. À vrai dire, c'est l'État qui favorise la malversation de son argent, parce que dans le budget ne figure pas le montant des subventions allouées. Ceci tient à l'absence de transparence et du droit d'accès aux informations budgétaires. L'inexistence et l'inefficacité du contrôle des finances publiques par des commissions spécialisées émanant de la cour des comptes dans la quasi-totalité des pays de la région MENA, facilitent le détournement de l'argent public. Nous pouvons d'ailleurs citer le cas de l'Algérie, un exemple parmi d'autres, où la cour des comptes a épinglé, dans son premier rapport public de 2012, la gestion de l'argent public. Le rapport affirme que le gouvernement octroyait des subventions à des « institutions fantômes » qui n'ont aucune existence juridique (bibliothèques, théâtres, maisons de retraite, etc), et a accordé des subventions surréalistes à des associations, aux anciens combattants, etc sans que le motif de cet octroi ne soit réellement justifié. La dénonciation des différentes irrégularités par la cour des comptes n'a suscité aucune réaction de la part des décideurs publics. Le Maroc et la Tunisie sont les seuls États de la région qui ont fait des avancées notables en matière de contrôle des comptes de l'État. Au Maroc, la constitution de 2011 garantit l'indépendance de la cour des comptes et renforce son pouvoir de contrôle afin de restaurer la confiance entre les citoyens et l'élite au pouvoir. De même pour la Tunisie, qui depuis l'adoption de la constitution de 2014, a mis l'accent sur le contrôle des dépenses publiques (article 117 de la constitution de 2014 relatif à la cour des comptes et à la cour de discipline budgétaire). Des mesures de rationalisation des dépenses publiques ont été mises en place

---

[462] ZETTER Roger : « Les réfugiés sont-ils un fardeau économique ou un atout ?», *Revue de Migrations Forcées* (RMF) n°41, décembre 2012, http://www.fmreview.org/fr/prevenir/zetter

telles que la suppression des subventions de l'électricité et du gaz pour le sous-secteur des cimenteries, ainsi que la réduction de 10% des subventions accordées à certaines filières manufacturières, ce qui a permis de réduire le budget destiné à la subvention du secteur de l'énergie de 3,6 milliards de dinars à 2,7 milliards entre 2013 et 2014. Selon l'étude d'*African Economic Outlook,* cette rationalisation a permis au gouvernement tunisien d'économiser 900 milliards de dinars et baisser le déficit budgétaire de 6,8% en 2013 à 5% du PIB en 2014.

En outre, selon le Rapport 2014 du Département d'État des États-Unis sur la transparence budgétaire, le Maroc, la Tunisie et la Jordanie (pays non pétroliers) ont réalisé des progrès significatifs afin de répondre aux exigences de transparence établies par le Département d'État américain. Par ailleurs, aucun des pays pétroliers de la région MENA (sauf les EAU, le Koweït et le Qatar qui n'ont pas été inclus dans cette étude) n'a fait d'effort pour répondre aux exigences minimales de transparence budgétaire pour l'exercice 2014. Certains d'entre eux ne publient pas du tout, ou publient partiellement leurs budgets, comme c'est le cas pour le gouvernement égyptien qui ne publie ni les dépenses des grandes entreprises d'État ni celles de la présidence, ou bien le Yémen qui ne publie pas le budget de l'État de manière détaillée[463]. De même pour le rapport de l'international Budget Partnership, de 2015, qui souligne le manque de transparence et de participation publique en ce qui concerne le budget de l'État. Les pays arabes pétroliers sont alignés en bas de classement sur 102 pays comparés. Trois critères[464] ont été étudiés par l'International Budget Partnership afin de mesurer le respect des règles de la transparence budgétaire, et établir ensuite un score sur 100. Le Yémen occupe la tête du classement des pays pétroliers de la région avec un score de 34/102, suivi de l'Algérie (19ème), de l'Égypte (16ème), du Soudan (10ème). Le Qatar et l'Arabie Saoudite ont un score nul[465]. À l'inverse, les pays non pétroliers ont obtenu des scores meilleurs, tel est le cas de la Jordanie (55ème), de la Turquie (44ème), de la Tunisie (42ème) et du Maroc (38ème).

Pour lutter contre l'opacité et les incohérences des informations budgétaires, le Département d'État des États-Unis et l'International Budget Partnership suggèrent aux pays concernés de doter les institutions de contrôle des finances publiques de plus de pouvoirs, de détailler dans le budget toutes les recettes et les dépenses de l'État et de rendre publics les rapports et les documents budgétaires. Ceci dit, bien que ces mesures

---

463 Rapport du Département d'État des États-Unis sur la transparence budgétaire pour l'exercice 2014 en application de la section 7031(b) (3) de la loi portant affectation de crédits aux opérations extérieures et programmes connexes du département d'état pour 2014, http://www.state.gov

464 La transparence, la publicité et la précision (bien sûr le budget doit être complet et détaillé). Source: Open Budget Survey 2015, http://internationalbudget.org

465 Open Budget Survey 2015, http://internationalbudget.org

constituent un véritable outil de lutte contre la corruption et le détournement de l'argent public, la plupart des gouvernements des pays pétroliers de MENA continuent à dissimuler leurs opérations financières. C'est, à juste titre, cette dissimulation qui entrave la bonne gestion de l'argent public, sachant qu'à ce jour, l'État ne dispose pas de moyens fiables lui permettant de vérifier l'affectation de l'argent public.

En fait, il serait intéressant d'évoquer la stratégie menée par le nouveau gouvernement égyptien pour lutter contre le détournement de l'argent alloué aux subventions publiques, d'autant que celles-ci absorbent près d'un tiers du budget de l'État (17 milliards d'euros). Depuis août 2014, les autorités ont mis en place une « carte intelligente », qui est une carte électronique attribuée aux familles démunies afin qu'elles puissent se procurer, à des prix symboliques, quelques produits alimentaires comme le pain, le riz, l'huile, etc. L'utilisation de cette carte a permis, non seulement, à 80% des populations concernées de bénéficier directement des aides de l'État, mais également a permis aux pouvoirs publics de diminuer la fraude et de limiter le marché informel. Grâce à cette réforme, les boulangers et les épiciers ont été contraint d'ouvrir des comptes en banque pour pouvoir encaisser les subventions de l'État.

Si en effet, les autorités égyptiennes parviennent à contrôler les subventions alimentaires, le défi de diminuer les subventions énergétiques ainsi que leur détournement est loin d'être relevé, comme c'est le cas d'ailleurs pour la majorité des pays de la région.

Dans son rapport de mars 2014 sur les subventions à l'énergie dans la région MENA, le FMI souligne que les subventions énergétiques dans cette région représentent la moitié des subventions à l'énergie dans le monde. Le FMI estime qu'en plus d'être inefficaces, onéreuses et préjudiciables à l'environnement, ces subventions pèsent de plus en plus sur les finances publiques (environ 8% du PIB régional). En fait, malgré la chute des prix du pétrole, les dirigeants des pays arabes (pétroliers et non pétroliers) ont maintenu les subventions à l'énergie, sachant que le budget de l'État accuse d'ores et déjà un important déficit. S'ajoute à cela le gaspillage et le trafic du carburant par des réseaux clandestins, notamment en Algérie, ce qui fait perdre à l'État d'importantes sommes. Désormais, l'accroissement de ce trafic à la frontière entre l'Algérie et le Maroc a eu pour conséquence la révision de la politique énergétique par les décideurs algériens. Le Ministre de l'énergie et des mines algérien Salah Khebri a annoncé, le 27 juin 2015, la rationalisation de la consommation des carburants afin de lutter contre le gaspillage et le trafic[466]. Sans donner plus de précisions sur les modalités de mise en œuvre de la nouvelle politique énergétique, Mr Khebri s'est contenté

[466] Radio Algérie : « Le ministre de l'énergie : il y a un projet de rationalisation et non pas de rationnement des carburants », article publié le 28 juin 2015 sur le site http://www.radioalgerie.dz

de déclarer que l'augmentation des tarifs d'électricité, du gaz et du carburant ne touchera que les industriels et les gros consommateurs d'énergie.

À l'heure actuelle, quelques mesures d'austérité, comprenant l'augmentation des prix des carburants, ont été prises par les autorités algériennes conformément à ce qui a été annoncé dans le projet de loi de finances de 2016[467], comme c'est le cas d'ailleurs des autres pays pétroliers à la suite de la chute des prix du baril. Mais il demeure urgent pour les décideurs publics de ces pays de réviser leurs politiques des subventions énergétiques. Le contexte politique depuis les soulèvements de 2011 est évidemment défavorable pour certains pays comme la Libye, le Yémen et le Soudan (bien que ces deux derniers aient entamé des réformes tendant à élever le prix de l'énergie et du carburant), mais pour les autres États de la région la rationalisation des subventions publiques, quelles qu'elles soient, devient un impératif, d'une part, pour lutter contre le gaspillage et protéger l'environnement, et d'autre part pour préparer l'après-pétrole.

Effectivement, la rationalisation des subventions publiques joue un rôle important dans la préparation de l'après-pétrole dans la mesure où la bonne affectation des subventions stimulerait la productivité des secteurs public et privé, d'autant plus que ce dernier serait la première victime des subventions publiques[468]. En effet, le fait de subventionner certains secteurs, en principe l'énergie, cela freine la concurrence et dissuade les entreprises privées qui seraient intéressées d'investir dans le domaine. Outre la concurrence, l'emploi serait également impacté par les subventions publiques, selon le rapport de 2014 du FMI sur les subventions à l'énergie dans la région MENA. Par le fait de subventionner le prix de l'énergie, les employeurs ont tendance à recourir davantage aux machines (moins coûteuses) qu'à la main d'œuvre. Par ailleurs, les pertes engendrées par l'écart entre le prix de production (souvent élevé) et celui de la vente (inférieur au prix du marché) sont rarement assumées par les entreprises publiques, mais par l'État, du fait de sa politique protectionniste envers ces entreprises.

Cependant, et toujours d'après les différents rapports du FMI et de la Banque Mondiale relatifs aux subventions publiques dans la région MENA, la réforme des subventions énergétiques est primordiale pour tous les pays, qu'ils soient importateurs ou exportateurs. Car, l'augmentation du prix de l'énergie va, non seulement contribuer à la protection de l'environnement, mais aussi à la libération d'importants capitaux afin de les injecter dans des investissements plus productifs, ainsi que dans d'autres secteurs comme l'éducation et la santé. La rationalisation des subventions publiques va

[467] Le projet de loi de finances pour 2016 apporte quelques nouvelles mesures liées à l'augmentation des tarifs du carburant et de l'électricité, ainsi que de la TVA sur les forfaits 3G, etc en réponse à la conjoncture économique actuelle que traverse l'Algérie.

[468] Transferts monétaires ciblés à des entreprises ou à des groupes spécifiques au lieu de subventions généralisées, investissements productifs dans des infrastructures et matériaux économiseurs d'énergie, etc.

permettre également de renouer avec la croissance et la compétitivité à travers la baisse du déficit budgétaire et des taux d'intérêt (cela permet de redynamiser les investissements privés, en particulier dans les énergies renouvelables, ce qui pourrait, selon le FMI, doper la croissance de 1% à long terme)[469]. Ce dernier point est d'ailleurs important, parce qu'il constitue un élément de réponse pour notre seconde question relative à la pérennité des subventions publiques.

Nous avons évoqué plus haut le problème de déplacement des populations des pays en conflit (Syrie, Yémen, etc), ce qui représente un coût social considérable pour les autorités des pays d'accueil. Mais le second problème, et non des moindres, de l'accélération de l'épuisement des ressources pèsera aussi lourdement sur les décideurs publics dans les quelques prochaines années. De fait, selon la courbe d'Hubbert, le pic pétrolier dans beaucoup de pays, notamment ceux de la région MENA a déjà été atteint depuis quelques années, mais ces pays continuent de produire, à pleine capacité, en estimant que la découverte de nouveaux gisements leur permettra de rester dans la course. Or, le subventionnement de l'énergie aura un effet accélérateur sur l'épuisement des ressources, d'autant plus que les pays de MENA investissent très peu dans les énergies renouvelables. Par conséquent, il sera difficile de continuer à subventionner certains produits lorsque les ressources pétrolières et financières, que ces pays détiennent, s'épuiseront.

De fait, la politique de l'achat de la paix sociale dans le monde arabe a montré ses limites depuis les soulèvements populaires de 2011, d'ailleurs, la Libye comme plusieurs d'autres pays nous le démontre. Ni la gratuité des services publics, ni le subventionnement des différents produits ne semblent être les moyens les plus efficients de redistribution de la rente pétrolière. Serait-il le début d'un libéralisme improvisé des sociétés et des économies arabes ?

SECTION II. VERS UN LIBERALISME IMPROVISE DES SOCIETES ET DES ECONOMIES ARABES ?

Depuis quelques années, les gouvernements des pays arabes pétroliers enchaînent les stratégies de diversification économiques pour préparer l'après-pétrole. Mais pour grand nombre d'entre eux les réformes adoptées n'ont pas permis de transformer leurs économies en économies productives. Mais, les revirements géopolitiques auxquels la région MENA fait face, depuis 2011, devraient réveiller les consciences des dirigeants arabes sur la nécessité de transition vers une économie de marché. Cependant, pour

---

469 Document de travail du FMI intitulé « Réforme des subventions à l'énergie : enseignements et conséquences », du 28 janvier 2013, https://www.imf.org

comprendre les lacunes des politiques économiques adoptées jusque-là, nous exposons tout d'abord le sort des programmes de diversification économique **(§1)**, et proposer ensuite les politiques d'avenir pour les pays pétroliers **(§2)**.

§1. Le sort des programmes de diversification économique

Pour quelques pays de la région MENA, notamment ceux du CCG, de grandes avancées ont été constatées en matière de diversification économique, malgré la persistance de quelques problèmes **(A)**, pour les autres pays, les programmes de développement économiques sont de plus en plus influencés par les conflits régionaux **(B)**.

A. L'émancipation de quelques États du golfe

L'après-pétrole passe avant tout par la diversification économique, qui consiste à se protéger contre les risques liés à la volatilité des prix hydrocarbures, ou des risques *idiosyncratiques (*récession de certaines entreprises stratégiques). C'est en fait l'évolution du PIB non pétrolier soutenu par le secteur privé qui nous permet de mesurer, d'une part, le degré de dépendance des différents pays à la rente pétrolière, et d'autre part l'effectivité de la diversification économique. Or, les pays arabes pétroliers ont axé, depuis les années quatre-vingt-dix, leurs politiques de diversification sur le secteur pétrolier qui devrait, à leur sens, avoir un effet d'entraînement sur les autres secteurs. Jusqu'à présent ce sont les pays pétroliers du golfe qui s'en sortent le mieux en la matière par rapport à ceux de l'Afrique du Nord.

Le seul pays à avoir anticipé l'après-pétrole dès sa prise de conscience de l'épuisement de ses ressources pétrolières, peu après sa découverte en 1932, est le Bahreïn. Ce dernier a pu déjouer les tensions dans la région à partir du milieu des années soixante-dix (guerre civile au Liban, les deux guerres du golfe, etc) en sa faveur pour développer le secteur financier, ainsi que celui de l'industrie, d'autant plus que sa situation géographique dans le golfe arabo-persique lui a permis d'être, pendant de longues années, le centre stratégique des flux commerciaux[470].

D'ailleurs Abu Dhabi a même adopté, en 1966, le dinar bahreïni comme monnaie officielle avant d'adopter sa propre monnaie en 1971. Les hydrocarbures ne représentent aujourd'hui que 20,4% du PIB du Bahreïn contre 52% pour le Qatar et 95% pour le Koweït[471].

---

[470] Bahreïn veut dire dans la traduction textuelle « les deux mers ». IL est constitué de 33 iles, s'étend sur la côte Est et Sud du golfe arabo-persique, et se situe à mi-chemin entre l'Arabie Saoudite et le Qatar.

[471] PIQUET Caroline, *Les pays du golfe : de la perle à l'économie de la connaissance*, Armand Colin, Paris, 2013, page 117. Voir également son entretien avec Thierry Garcin sur France culture du 23 avril 2013, http://www.franceculture.fr

C'est en fait depuis le début des années soixante que le gouvernement de Bahreïn a commencé à édifier sa politique de diversification économique, alors qu'il était encore sous protectorat britannique. En 1967, il créa un Office dédié à cet effet[472]. De nombreuses installations comme la zone franche portuaire de Mina-Salmane, les banques, l'usine d'aluminium ALBA, stations thermiques et de dessalement d'eau, ont été construites afin de permettre le développement des différents secteurs et l'attraction des investisseurs étrangers, tout en allégeant la législation nationale (inexistence de l'impôt sur le revenu, ni sur les bénéfices, égalité des droits entre les entreprises étrangères et nationales, octroi de privilèges aux investisseurs, etc). L'accession officielle du pays à l'indépendance le 14 août 1971 (après une reconnaissance de la commission d'enquête de l'ONU en mars 1970) lui a facilité le renforcement de sa coopération politique comme économique avec les puissances étrangères (les États-Unis, le Royaume-Uni, le Japon, la Chine et la France). Malgré ces avancées notables, les finances publiques du Bahreïn reposaient essentiellement sur les ressources pétrolières tirées des activités de raffinage, en particulier, du gisement d'Abou Saafa.

Le ralentissement de la croissance du pays du fait de l'effondrement des prix du pétrole dans les années quatre-vingt-dix a eu un impact considérable sur la relance des programmes de diversification et de libéralisation économiques. La stabilité des prix dans les années 2000 a permis aux autorités bahreïnies à travers le Conseil du Développement Économique, créé en 2000, de reconvertir sa rente pétrolière en investissements productifs, en mettant l'accent sur le secteur tertiaire (investissements massifs dans l'immobilier et la construction), les services, les télécommunications et la finance islamique, notamment, après les attentats du 11 septembre 2001, à la suite desquelles de vives tensions sont nées entre les occidentaux et les pays musulmans. Le pays occupe aujourd'hui la première place dans le monde arabe en matière de liberté économique (1/15), et la deuxième place derrière la Malaisie dans le domaine de la finance islamique.

Depuis octobre 2008, le roi Hamad Ben Issa Al Khalifa a lancé une stratégie de long terme intitulée « Vision économique globale pour 2030 ». Cette vision basée sur la durabilité, l'équité et la compétitivité est conduite par le Conseil du Développement Économique du pays, et a pour objectifs la mise en place de réformes économiques et institutionnelles répondant aux exigences de l'économie mondiale, afin d'améliorer la productivité nationale et de diversifier les sources de revenus. D'après le contenu de cette vision, les autorités bahreïnies devraient faire appel à tous les acteurs (publics, privés et société civile) pour mener à bien les différentes réformes (l'éducation, la santé, les infrastructures, etc), car c'est à travers la coopération, la transparence et la compétence que les objectifs seront atteints.

---

[472] Le Monde Diplomatique de mai 1973, pages 20-21, https://www.monde-diplomatique.fr

Ceci dit, les réformes économiques opérées (libéralisation du marché intérieur et du travail, l'abandon du « *sponsorship* » ou « *Kafala* », l'élimination des obstacles au commerce et aux investissements, multiplication des partenariats de libre-échanges, etc) ont permis, certes, au pays d'échapper à la qualification de « rentier », mais n'ont pas diminué l'influence des hydrocarbures sur les finances publiques. Les données économiques pour 2014 et 2015 affirment l'impact considérable de la baisse des cours du pétrole sur la situation financière du Royaume, sachant que les hydrocarbures représentent 80% des recettes budgétaires et 75% des exportations. Le déficit public est estimé par le FMI à 12,5% du PIB en 2015, et devrait se maintenir en 2016. Quant à la dette publique, elle est passée de 32,5% du PIB en 2011 à 51,4% en 2015. Il en résulte la dépendance du pays aux aides de ses voisins du CCG, notamment de l'Arabie Saoudite, pour assurer le financement de nombreux projets d'infrastructures (construction d'un nouveau terminal de l'aéroport de Manama, développement des réseaux d'électricité et de distribution d'eau, construction de logements « *Ramli Housing project* », etc)[473].

Au-delà du problème financier de Bahreïn, s'ajoutent ceux de déstabilisation politique, principalement, depuis 2011, et de la dépendance à la main d'œuvre étrangère. Comme pour les autres émirats du golfe, plus de 80% des employés dans le secteur privé du Royaume sont des étrangers[474]. D'ailleurs, par leur stratégie à l'horizon 2030, les décideurs bahreïnis espèrent augmenter les opportunités des nationaux dans le privé, d'autant plus que ce dernier concentre près de 92% des emplois (occupés majoritairement par des étrangers).

Le second pays à avoir entamé une stratégie globale de diversification économique ce sont les Émirats Arabes Unis (en particulier Abu Dhabi et Dubaï). En fait, Abu Dhabi dispose de réserves en hydrocarbures beaucoup plus importantes que Dubaï, raison pour laquelle l'émirat de Dubaï s'est orienté vers le secteur tertiaire pour diversifier son économie. Par ailleurs, l'émirat d'Abu Dhabi s'est lancé, peu de temps après l'union des sept émirats le 2 décembre 1971, dans l'industrialisation pour accroître, non seulement, ses capacités de production des hydrocarbures (gaz et pétrole), mais également de ses revenus.

La construction, dès 1974, d'une usine de pétrochimie, à Rouweis, en collaboration avec la société française pour l'industrie pétrochimique à Abu Dhabi (SOFRAPAD) constituait la première étape d'industrialisation de l'émirat. À l'instar de l'usine d'engrais construite au Pakistan en 1973, et à laquelle la compagnie pétrolière nationale d'Abu Dhabi ADNOC a participé

---

[473] Direction générale du trésor : « Situation économique et financière du Royaume de Bahreïn », du 22 juin 2015, https://www.tresor.economie.gouv.fr

[474] PIOLET Vincent : « Les émirats et royaumes arabes : les travailleurs migrants au pays des free zones », Hérodote 2009/2, n° 133, pages 136-151.

à hauteur de 48%, d'autres usines d'engrais (en partenariat avec l'Inde) et de matières plastiques ont été construites en 1976, et une première usine de liquéfaction du gaz, appartenant à *Abu Dhabi Gaz Liquefaction* (ADGLC), dont 51% du capital est détenu par ADNOC a été achevée en 1977.

Le processus de diversification s'est poursuivi de la création du fonds souverain (*Abu Dhabi Investment Authority* en 1974), d'une large urbanisation de l'émirat (82%), notamment, les infrastructures (routes, ports, écoles, hôpitaux, etc) et d'un investissement massif dans les technologies de l'information, de l'aéronautique et des énergies renouvelables (exemple du projet *Masdar* qui s'élève à environ 18 milliards de dollars USD). D'ailleurs, depuis 2008, Abu Dhabi a lancé un programme de construction de centrales solaires à hydrogène et des agrocarburants, ainsi qu'une ferme éolienne. L'Émirat était sélectionné, en 2009, pour accueillir le siège de l'Agence Internationale de l'Énergie Renouvelable (IRENA).

En 2009, a été adoptée, également, la vision économique d'Abu Dhabi pour 2030, dont le contenu se rapproche de la vision économique de Bahreïn (la diversification économique, la durabilité, la connaissance, etc). Cependant, pour concrétiser les objectifs contenus dans cette vision, les autorités d'Abu Dhabi ont identifié neufs axes prioritaires parmi lesquels nous citons[475]:

- L'offre des services de santé et d'éducation de qualité à la population.
- L'établissement d'une économie durable productive et fondée sur la connaissance, dans laquelle le secteur privé jouera un rôle plus influent.
- Veiller sur la sécurité interne et externe de l'émirat.

Depuis le début des années 2000, Abu Dhabi cherche à se démarquer, principalement vis-à-vis de Dubaï, qui lui aussi attire de plus en plus les investisseurs du monde entier. En plus d'investir à l'étranger via ADIA (classé deuxième derrière la Norvège en termes d'actifs), les autorités d'Abu Dhabi ont mis l'accent, non seulement, sur les IDE, en particulier, dans l'immobilier à l'intérieur de l'émirat, mais également sur le tourisme : la mosquée du Cheikh Zayed, Emirates Palace, l'île de Yas (Marina, Waterford), etc. Outre le tourisme du luxe, l'émirat a développé également les domaines culturel et scientifique à travers la construction de prestigieuses universités et de centres d'art tels l'Université Paris-Sorbonne Abu Dhabi sur l'île d'Al Reem, ainsi que les musées du Louvre et de Guggenheim sur l'île de Saadiyat. Grâce à cette diversification, l'émirat d'Abu Dhabi entame réellement l'ère de l'après-pétrole, car bien qu'il détienne 90% de la production d'hydrocarbures et concourt à hauteur de 56% du PIB des EAU, il a réussi en quelques années à ramener la contribution des hydrocarbures au

[475] Crown Prince Court, policies and priorities, https://www.cpc.gov.ae

PIB à 51,4% en 2013 contre plus de 70% dans les années soixante-dix[476]. De plus, son aisance financière l'a épargné du déficit lors de l'effondrement des cours en 2014. Bien au contraire, Abu Dhabi s'est toujours montré coopératif avec les autres émirats, en particulier Dubaï, lors des crises, comme c'était le cas en 2009 lors du ralentissement de l'économie mondiale et l'éclatement de la bulle immobilière. Abu Dhabi avait débloqué dix milliards de dollars pour au profit du fonds de soutien financier de Dubaï.

Si en effet l'émirat d'Abu Dhabi semble réussir sa stratégie de diversification économique, en revanche, la réussite de Dubaï en la matière est bien évidemment incontestable, mais peut être discutée pour deux raisons. La première tient au caractère « diversifié mais non productif » de l'économie de l'émirat de Dubaï, car ce dernier a créé une nouvelle économie tertiaire sans développer en parallèle un vrai secteur productif, étant donné que les marchandises qu'il réexporte sont en réalité des produits importés et non pas produits sur place. Cela peut être expliqué par le manque de financement propre du fait des maigres ressources naturelles dont l'émirat dispose (200 000 b/j contre 2,5 millions b/j pour Abu Dhabi). Les hydrocarbures ne représentent aujourd'hui que 4% du PIB de Dubaï. De ce fait, l'émirat recourt à l'endettement sur les marchés internationaux pour mener à terme ses projets pharaoniques, ce qui a fait grimper la dette de Dubaï en 2015, selon le FMI, à 93 milliards de dollars.

Cette faiblesse financière était à l'origine de l'endettement de Dubaï à hauteur de 130% de son PIB, et c'est grâce à l'aide d'Abu Dhabi qu'il est arrivé à honorer ses engagements financiers, notamment ceux de Dubaï World, durant la crise immobilière de 2008-2009 qui a entrainé une récession de Dubaï (croissance de -3,2% contre 5,3% en 2008)[477]. Le surinvestissement massif dans l'immobilier a eu pour conséquence la baisse des prix de l'immobilier et des loyers alors que ceux-ci ont atteint un bond de 33,26% en 2014. D'ailleurs depuis le début de l'année 2015, les prix de l'immobilier à Dubaï ont chuté de 10%, mais les autorités dubaïotes semblent écarter une future bulle immobilière le fait de l'assainissement financier du secteur après la crise de 2009 (augmentations des frais du notaire, amélioration de la transparence, élargissement des conditions d'acquisition de biens immobiliers, etc)[478].

La deuxième raison tient au fait que Dubaï demeure, à l'heure actuelle, très dépendant de la conjoncture internationale et de la fluctuation des marchés mondiaux, du fait que son commerce est axé sur l'import-réexport.

---

[476] AUZIAS Dominique, *Petit Futé Abu Dhabi*, Nouvelles Editions de l'Université, France, 2ème édition 2014, pages 34-36, https://books.google.fr

[477] MEBTOUL Abderrahmane : « Quels enseignements, la semi faillite financière et immobilière de Dubaï, pour l'Algérie ? », article publié le 1er décembre 2009, sur le site http://www.alterinfo.net

[478] DE CHEVIGNY Ingrid : « L'hystérie immobilière est de retour à Dubaï ! », article publié le 25 août 2015 sur le site www.capital.fr

Hormis ces deux faiblesses du système économique dubaïote, s'ajoute celui de la dépendance à la main d'œuvre étrangère. Comme nous l'avons souligné, les pays du golfe souffrent tous, à des niveaux différents, de cette carence, ce qui les a incités à entreprendre depuis quelques années des mesures concrètes d'immixtion des nationaux dans les différents domaines économiques. Pour ce faire, le gouvernement des EAU (et celui des autres pays du golfe) développe les secteurs de l'éducation et de l'innovation (5% du PIB d'ici à 2021) afin de permettre aux citoyens de renforcer leurs capacités et leurs compétences et contribuer à la future économie de connaissance du pays tel qu'il était défini dans le plan stratégique de Dubaï pour 2021. Par ailleurs, en développant les autres secteurs hors-hydrocarbures (tourisme, la finance islamique, etc) les EAU espèrent accroître la contribution du secteur hors-hydrocarbures à 80% du PIB dans les quinze prochaines années, d'après les déclarations du Ministre de l'économie Sultan Ben Said Al Mansouri lors du sommet de l'Institut de Beyrouth à Abou Dhabi, qui a eu lieu le 10 et le 11 octobre 2015[479].

Globalement, malgré ces quelques faiblesses, principalement de Dubaï, l'État fédéral des EAU est classé premier au rang régional en termes de compétitivité (12/144 au niveau mondial), premier récipiendaire d'IDE (+ de 115 millions USD en 2014 et une progression de 4,5% en 2015) et deuxième derrière Bahreïn en termes de liberté économique (2/15). Ceci dit, bien qu'un air de concurrence semble s'installer entre les émirats de Dubaï et d'Abu Dhabi, en réalité ces deux émirats sont complémentaires et aspirent aux mêmes objectifs : la diversification économique et une croissance économique soutenue sur le long terme, d'autant plus que les autres voisins du golfe cherchent eux-aussi à diversifier leurs économies, comme c'est le cas pour le Qatar.

Conscient de la dangerosité d'être dépendant d'une seule ressource, notamment, après avoir vécu les conséquences de la chute des prix de la « perle » dans les années vingt, à la suite de l'arrivée de la perle japonaise sur le marché[480], le Qatar a mis en place dès le début des années soixante-dix, à travers les différents plans quinquennaux, une politique d'industrialisation ayant pour objectif la préparation de d'après-pétrole. En effet, le premier plan décennal de développement de 1973-1982 a permis le lancement d'importants investissements, notamment, en partenariat avec des firmes étrangères dans les domaines de la sidérurgie, de la pétrochimie, de l'aluminium, de la liquéfaction du gaz naturel, etc afin d'industrialiser

[479] Le groupe France-Moyen Orient : « Les Emirats visent à accroître la contribution du secteur non pétrolier à 80% du PIB », article publié le 11 octobre 2015 sur le site www.france-moyenorient.com

[480] Jusqu'aux années cinquante (découverte du pétrole), le commerce de la perle était la principale activité économique du Qatar.

effectivement le pays[481]. Plusieurs compagnies spécialisées ont été créées à cet effet, telles la *Qatar Petroleum Producing Authority* (QPPA), la *Qatar General Petroleum Corp* (QGPC) et le *Qatar Petrochemicals Co* (QAPCO).

Ce n'est qu'à partir de 1995, l'année de la prise du pouvoir par Hamad Ben Khalifa Al-Thani à l'issue du coup d'État perpétré contre son père, qu'une vraie stratégie de diversification économique, basée sur les investissements (internes et à l'étranger), la finance et les services, a été amorcée. Le commencement d'exportation du gaz naturel liquéfié (GNL) en 1997, ainsi que la hausse du prix du pétrole durant la décennie 2000 a permis aux autorités qataries d'accélérer le développement économique, d'autant plus que le pays détient l'une des plus importantes réserves en gaz naturel dans le monde, situées essentiellement dans le *North Dôme* (50 900 milliards de mètres cubes, soit 13,3%) derrière l'Iran (18,2%) et la Russie (16,8%)[482].

Souhaitant devenir un *hub* régional comme son voisin émirien, le Qatar compte aussi sur le secteur financier, sur le tourisme d'affaire[483], en particulier à l'approche de la coupe de monde de football qu'il organise en 2022, ainsi que sur l'économie du savoir pour assurer la pérennité de son modèle. Pour cela, les décideurs publics, via la *Qatar Foundation*, ont fait de la recherche et du développement leur priorité. Plusieurs musées (Musée d'art islamique, Musée arabe d'art contemporain, etc), parcs de sciences et de technologies, ainsi que de nombreuses universités de renommé mondiale, implantées au sein de l'*eduction city*, comme l'école française des hautes études commerciales (HEC), Carnegie Mellon University, Northwestern University et Virginia Commonwealth University (VCU) ont ouvert au Qatar afin, d'une part, d'attirer les investisseurs et les étudiants étrangers, et d'autre part pour améliorer le niveau d'éducation des citoyens qataris qui ne seront plus contraints de partir à l'étranger pour recevoir une formation universitaire de qualité, ce qui facilitera, d'ailleurs, dans les quelques années à venir, le processus de « qatarisation » des emplois mis en place par les autorités depuis juin 2000.

C'est en effet pour affirmer sa volonté de modernisation, axée sur la connaissance et l'innovation, que le Secrétariat Général du Développement et du Plan (GSPD) a adopté, en octobre 2008, la vision du Qatar pour 2030 ayant pour objectifs la gestion responsable des ressources énergétiques du pays, ainsi que le développement des secteurs hors hydrocarbures.

---

[481] ABDELKADER Sid Ahmed, *L'OPEP : passé, présent et perspectives*, op.cit, pages 328-329.

[482] Données de 2013 sur les réserves de gaz dans le monde, article publié le 17 février 2015 par l'équipe du site http://www.connaissancedesenergies.org

[483] Qatar Airways constitue l'une des compagnies aériennes les plus sophistiquées au monde. Les autorités qataries tentent de mettre une place une stratégie commerciale afin que l'aéroport de Doha devienne un passage inévitable pour les voyageurs vers le Moyen-Orient et des régions voisines.

Le Qatar diversifie, également, ses investissements au niveau international à travers son fonds d'investissements (265 milliards de dollars). Certains clubs sportifs prestigieux tel le club Paris Saint-Germain et plusieurs actifs dans des entreprises étrangères ont été acquis (13% dans le groupe français Lagardère, 9% du groupe allemand Hochtief, 5% du groupe Veolia, etc) [484] . Aujourd'hui, les investissements globaux du Qatar représentent 30% du PIB, raison pour laquelle l'effondrement récent des cours de brut n'a pas eu d'impact considérable sur la politique budgétaire du pays malgré la contraction des exportations (-34%). Bien au contraire, ces mutations économiques tant au niveau intérieur qu'extérieur ont permis au Qatar, d'une part, de cumuler un important excédent budgétaire de 43 milliards de dollars entre 2007 et 2014, et d'autre part, d'abaisser le poids des hydrocarbures dans le PIB à 54% (contre 58% en 2010), ainsi que d'accroître la part des activités hors-hydrocarbures de plus de 11% en 2014[485].

Malgré ces avancées, le doute persiste désormais quant à la stabilité sécuritaire de la région, qui est d'ailleurs un facteur clé de la prospérité de l'ensemble de l'économie moyen-orientale. Le poids des conflits dans la région est prépondérant pour la réussite des programmes économiques de chaque pays.

B. Le poids des conflits régionaux sur les programmes économiques des pays arabes

Depuis le soulèvement populaire de 2011, l'économie de certains pays de la région comme la Syrie, la Libye, le Yémen, le Soudan et l'Irak[486] s'est effondrée à cause de la dégradation de la situation sécuritaire, ayant conduit, d'une part, à la fuite des investisseurs étrangers, y compris les salariés des compagnies pétrolières. D'autre part, une partie des revenus pétroliers échappent entièrement au contrôle des autorités de ces pays parce qu'elles sont accaparées soit par Daesh, soit par les autonomistes ou les rebelles.

La montée en puissance actuelle du terrorisme dans la région, le problème de la gestion des réfugiés issus des pays en guerre, ainsi que l'accroissement des rivalités entre les grandes puissances de la région ont eu pour conséquences le détournement des priorités de certains dirigeants. En

---

[484] SROUR-GANDON Perla : « La stratégie économique du Qatar : Politique énergétique et diversification économique », *Confluences Méditerranée* 2013/1, N° 84, pages 45-57.

[485] Direction générale du trésor : « Situation économique et financière du Qatar », 30 avril 2015, http://www.tresor.economie.gouv.fr

[486] La situation économique de l'Irak s'est dégradée après l'invasion du pays en 2003. Mais les révoltes de 2011 ont accentué le désastre du pays, en particulier, après la montée en puissance de l'État Islamique et la proclamation de l'autonomie du Kurdistan irakien. Les recettes pétrolières du pays sont désormais partagées entre deux entités (Bagdad et Irbil), sans oublier les gisements pétroliers et les champs gaziers sur lesquels Daesh a mis la main, faisant perdre ainsi aux autorités irakiennes une bonne partie de leurs revenus.

effet, avant le « printemps arabe », les pouvoirs publics axaient leurs efforts sur le développement économique et l'intégration dans l'économie mondiale, mais aujourd'hui, la baisse du cours du brut pouvant provoquer des tensions internes ainsi que la crainte que l'évolution des conflits actuels conduise à une guerre frontalière dans le monde arabo-musulman, ont réorienté l'intérêt des dirigeants vers la sécurité et la défense, tout en réduisant ou en gelant les dépenses publiques et les allocations allouées aux projets économiques jugés non prioritaires. S'ajoute, l'implication de nombreux pays (l'Arabie Saoudite, l'Iran, l'Égypte, le Maroc, le Soudan, le Qatar, etc) dans des conflits armés et confessionnels (entre chiites et sunnites) opposant les uns aux autres et nécessitant le déploiement d'importants moyens financiers.

De plus en plus engagée, directement ou en octroyant une aide financière, dans les conflits de la région (Yémen, Syrie, Irak, etc), l'Arabie Saoudite n'a pas cessé de croître ses dépenses militaires, qui ont atteint, en 2016, un montant de 51,9 milliards d'euros, soit 25.4% du PIB (4ème budget militaire du monde après les États-Unis, la Chine et la Russie)[487]. De fait, en plus d'avoir créé, en décembre 2015, une coalition de 34 pays musulmans ayant pour objectif le combat du terrorisme et de Daesh, le royaume se prépare, actuellement, à côté de la Turquie pour une intervention militaire en Syrie, ce qui devrait assécher ses revenus, alors qu'il est d'ores et déjà confronté à un important déficit budgétaire, ainsi qu'à un ralentissement de sa croissance économique. Ceci dit, il faut prendre avec prudence les réformes structurelles annoncées par les autorités saoudiennes lors de l'adoption du budget 2016, car l'Arabie Saoudite risque de ne pas avoir les moyens de ses ambitions économiques dans les quelques prochaines années, si, d'une part, le prix du pétrole reste bas, et d'autre part, si les tensions géopolitiques dans la région s'intensifient.

Il en est de même pour l'Algérie, qui pour le moment n'a intégré aucune coalition régionale organisée par l'Arabie Saoudite, et s'est contentée de lutter contre le terrorisme au Sahel en menant des actions diplomatiques (en Libye et au Mali) et de protéger ses frontières contre les infiltrations de groupes terroristes, sachant que l'Algérie partage ses bordures frontalières avec des pays en crise (Tunisie, Libye, Mali), ce qui augmente le risque de déstabilisation interne[488]. Les pouvoirs publics ont consacré, en 2015, 13 milliards de dollars pour la sécurité et la défense. En fait, l'environnement politique et économique de l'Algérie, en particulier depuis l'effondrement des cours du pétrole, est plus que favorable à une montée en puissance de tensions sociales, d'autant plus que les mesures d'austérité prises par le gouvernement début 2016, comme l'augmentation des taxes et des prix de certains produits, accentuent la vulnérabilité d'une partie de la population. Ces facteurs (conflits régionaux et tension sociales) favorisent le

[487] Des données dévoilées lors de l'annonce du budget du royaume pour l'année 2016.
[488] Le bilan du monde, le Monde, édition 2016, pages 152-153.

déclenchement d'une nouvelle guerre civile en Algérie à l'instar des années quatre-vingt-dix durant lesquelles le pays a vécu une décennie noire causant la mort de près de 500 000 personnes ainsi qu'un important déséquilibre macroéconomique.

Les autres pays producteurs de la région (en particulier les monarchies du golfe, alliées de l'Arabie Saoudite) ne seront, bien évidemment, pas épargnés pour les mêmes raisons, mais tout dépendra du facteur démographique de chaque pays, de sa stabilité politique et du degré de son implication dans les conflits (intervention militaire ou simple soutien financier), auquel s'ajoutent des répercussions sur les investissements étrangers qui ont déjà enregistré un recul de 15% en 2015 selon le dernier rapport de la CNUCED, sur le tourisme et sur les échanges et les partenariats intra-régionaux instaurés jusque-là (rupture commerce terrestre, fermeture des sources d'approvisionnement en énergie, etc). Mais au-delà de l'intervention militaire, comme c'est le cas au Yémen, la lutte d'influence entre les puissances régionales, en l'occurrence l'Iran et l'Arabie Saoudite, joue également un rôle déterminant dans la déstabilisation des autres pays de la région, notamment, ceux à risque interconfessionnel comme le Liban où l'influence du Hizbollah (classé récemment par les pays du CCG et la Ligue arabes comme organisation terroriste) accentue les tensions à l'intérieur du pays et avec les pays voisins. D'ailleurs, l'ascension de la haine confessionnelle et des désaccords stratégiques (vis-à-vis de l'Iran, de la Syrie et du Yémen) entre l'Arabie Saoudite et le Hizbollah a poussé les autorités saoudiennes à suspendre leur soutien financier, estimé à trois milliards de dollars, au profit de l'armée libanaise[489]. De plus, les pays voisins dépendant des aides des monarchies du golfe, comme c'est le cas de la Jordanie, sont durement affectés par l'affluence des réfugiés. Sans oublier que ces pays peuvent voir les aides diminuer à cause de la baisse fulgurante des prix du pétrole, même si cette baisse est dans leur intérêt di fait qu'elle allège leurs dépenses d'importation de cette matière.

En somme, l'effondrement des économies des pays en crise comme l'Irak, la Libye, le Yémen, le Soudan, la Syrie et plus récemment la Tunisie, à cause des attentats terroristes perpétrés sur son sol, témoigne de l'impact significatif que peuvent avoir les crises politiques et les conflits géostratégiques sur tous les pays de la région. Selon le rapport de suivi économique de la région MENA, d'octobre 2015, de la Banque Mondiale, la perte cumulée du PIB réel, entre 2013 et 2015, a atteint 35% pour la Libye. Les données du FMI de 2014 et de 2015 placent tous les indicateurs économiques de la Libye dans le rouge (solde budgétaire et extérieur

[489] La neutralité des autorités libanaises face à l'influence du Hizbollah au sein du pays et à ses positions extérieures, qui vont souvent à l'encontre des intérêts du royaume saoudien, est à l'origine de la décision d'interrompre l'aide militaire octroyée par l'Arabie saoudite à l'armée libanaise.

déficitaires à hauteur de 49% du PIB pour le premier et de 30% pour le second, et un taux de croissance de -6% du PIB en 2015 contre -24% en 2014). Auxquels s'ajoutent les retards de paiement des salaires des fonctionnaires, le gel des investissements et des programmes de diversification économique (entamés par Kadhafi), ainsi que la destruction des infrastructures pétrolières par les rebelles et par Daesh ayant anéanti la production, alors que le pays dépend fortement de ses revenus issus de l'exportation du gaz et du pétrole.

La situation en Irak est aussi plus critique que celle de la Libye, en particulier, après son invasion en 2003. Pourtant le pays commençait à s'industrialiser et à se moderniser sous l'ère d'Ahmed Hassan Al-Bakr (à partir de 1968) puis de Saddam Hussein, à la suite de l'adoption d'une stratégie globale de libéralisation et de diversification économique du pays, aboutissant, d'une part, à la nationalisation de l'Iraq Petroleum Company permettant à l'État de mettre la main sur les ressources nationales. D'autre part, au commencement d'un processus réel de développement économique et social à travers l'accroissement des investissements productifs dans les différents secteurs économiques, notamment, agricole (donnant lieu à la réforme agraire de 1970) et industriel (réalisés à hauteur de 97, 8% dès 1969, élevant ainsi la croissance annuelle du revenu national de l'Irak à10% en 1970), conformément à la déclaration du Président irakien Hassan Al-Bakr selon laquelle il affirme que « « *Parler de la croissance et de la planification de la croissance, c'est parler de la lutte en vue de réaliser le bien-être et la prospérité pour l'ensemble de notre peuple dans le cadre de l'unité, de la liberté et du socialisme. Cela peut être atteint en édifiant une nouvelle société sur les deux bases suivantes : la productivité et la juste répartition* » [490]. En effet, en quelques années seulement, tous les indicateurs économiques de l'Irak affichaient une nette amélioration par rapport aux années cinquante (amélioration du niveau de vie de la population, augmentation du RNB et de la masse des salaires, etc).

Nommé, officiellement, Vice- Président de la République en 1971, par Hassan Al-Bakr, Saddam Hussein continuait après son accession au pouvoir en 1979, de faire du développement économique du pays sa priorité. De vastes projets d'infrastructures, d'universités, d'usines et de centrales électriques, financés par la rente pétrolière, ont été mis en œuvre, ce qui a permis au PNB de l'Irak de dépasser, en 1978-1979, les 2000 dollars et d'hisser le pays au même rang que celui des pays semi-industrialisés[491]. Il a même proposé, en 1980 dans la lignée de sa politique nationaliste et

---

[490] HACHEM Jawel : « Le développement économique se fonde sur une planification scientifique », *le Monde diplomatique* de juillet 1973, pages 26-27.

[491] PICARD Elisabeth : « L'Iraq de Saddam Hussein : de l'ambition modernisatrice à la logique sécuritaire », *Revue du monde musulman et de la Méditerranée*, 1991, Volume 62, N° 1, pages 42-45.

panarabe, la création d'Un Fonds national pour le développement extérieur, ayant pour objectif d'appuyer les programmes de développement économique de tous les pays arabes. Malheureusement, sa proposition n'a pas trouvé d'écho positif au sein de la ligue arabe.

Un trophée a été remis en 1982, par l'UNESCO à l'Irak afin de couronner ses efforts en matière d'éducation, notamment des filles (dans le cadre de la compagne nationale pour l'éradication de l'illettrisme entamée en 1973). De fait, l'Irak a atteint, dans les années soixante-dix et quatre-vingts le plus haut niveau de scolarisation dans la région. D'ailleurs, les professeurs irakiens partaient dans les pays voisins pour enseigner dans les écoles et universités.

En revanche, l'implication de l'Irak dans la guerre contre l'Iran (1980-1989), puis l'invasion du Koweït (1990-1991) nécessitant d'importants moyens militaires ont asséché les revenus du pays, qui a dû recourir à l'endettement pour couvrir ses dépenses. Par la suite, l'Irak devait faire face aux sanctions de l'ONU, ainsi qu'à son invasion en 2003 ont anéanti l'économie irakienne. Malgré ses importantes réserves en pétrole, le pays n'arrive toujours pas à se redresser, d'autant que le conflit confessionnel sunnite-chiite et l'emprise de Daesh persistent.

Les situations économiques du Yémen, de la Syrie et du Soudan et du Soudan du Sud ne sont pas meilleures que celle de la Libye ou de l'Irak. Leur reconstruction nécessite, désormais, des centaines de milliards de dollars et de longues années de travail, tenant en compte de nouvelles politiques économiques.

§2. Les politiques d'avenir pour les pays pétroliers

Pour plusieurs pays producteurs de la région MENA, la durée de vie de leurs réserves pétrolières est limitée, et risquent de s'épuiser plus rapidement que prévu, eu égard, d'une part, à la surexploitation des gisements existants, et d'autre part, au refus des principaux producteurs (l'Arabie Saoudite et l'Iran) de réduire leurs quotas afin de remonter les prix. Mais dans tous les cas, certains pays, qu'ils soient exportateurs ou importateurs, anticipent la fin des hydrocarbures conventionnels par le recours au pétrole et au gaz de schiste ou aux nouvelles énergies **(A)**, mais pour éviter la dépendance des pays producteurs à une seule ressource, la transition d'une économie de rente à une économie de production demeure nécessaire **(B)**.

A. Le rôle du gaz et pétrole de schiste et des nouvelles énergies

L'ascension du gaz de schiste aux États-Unis a joué un rôle prépondérant dans la chute continue des prix du pétrole depuis l'été 2014. Mais il faut désormais prendre la question de l'exploitation de ce dernier avec précaution eu égard, non seulement, à son impact sur l'environnement, mais aussi à son effet dévastateur du fait qu'il pourrait constituer une rente primaire, tel est le cas du pétrole même si le coût d'extraction du schiste demeure supérieur à celui du pétrole conventionnel. Dès lors, l'exploitation des nouvelles énergies semble être plus bénéfique pour les pays importateurs comme exportateurs. Cependant, les controverses que suscite l'exploitation du gaz et du pétrole de schiste dans le monde nous imposent d'étudier, en premier lieu, le rôle du gaz de schiste **(a)**, puis en second lieu celui des nouvelles énergies **(b)**.

a. Le gaz et le pétrole de schiste

Nous avons évoqué auparavant la courbe d'Hubbert qui explique à partir duquel moment un gisement pétrolier atteint son pic. Donc pour certains pays de la région MENA, notamment l'Algérie, qui va voir son pétrole s'épuiser à partir de 2019, trouve dans le pétrole et le gaz de schiste une alternative aux hydrocarbures conventionnels, en particulier, après avoir perdu ses parts sur le marché à la suite de la commercialisation du gaz de schiste américain. L'exploitation du schiste pour les autorités algériennes est un potentiel permettant la diversification des sources d'hydrocarbures exportables (conventionnels et non conventionnels), d'autant que le forage dans la seule zone d'In Salah produira près de 50 000 mètres cube par jour[492]. Au total, le sous-sol du pays recèle, d'après l'agence américaine de l'information et d'administration[493], environ 707 trillions de mètres cubes (soit la troisième réserve dans le monde après la Chine et l'Argentine) constituant ainsi une importante manne pour le pays. Raisons pour lesquelles les pouvoirs publics algériens ont autorisé des explorations à partir de juillet 2012, puis en autorisé, le 21 mai 2014, des spécialistes français à procéder à des prospections et expérimentations sur de nouveaux moyens d'exploration hors la fracturation hydraulique sur le territoire national[494], pourtant la France, elle-même, s'est montrée réticente à l'exploitation du schiste sur son sol. Mais il reste dans l'intérêt de la France et de l'Europe (premiers clients absorbant 88,6% du gaz algérien) que l'Algérie se lance dans l'exportation du gaz de schiste, d'autant que la Russie (première réserve mondiale en gaz) entretient des relations très tendues avec l'Europe à cause du conflit lié à la Crimée (Ukraine).

Cependant, l'Algérie n'est pas le seul pays de la région à explorer le schiste, d'autres pays de la région comme la Tunisie, le Maroc, la Jordanie, etc disposent de réserves, bien entendu moins importantes que celles

[492] BERATTO Leila : « Exploitation du gaz de schiste en Algérie : les raisons de la colère », article publié le 20 mars 2015 sur le site http://www.rfi.fr

[493] Frack Free Europe et Groupe France « Gaz de schiste en Algérie : un nouveau désastre pour la population, une nouvelle rente pour son gouvernement », octobre 2014, http://www.algeria-watch.org

[494] MALTI Hocine : « l'Etat fait le forcing sur le gaz de schiste, les citoyens résistent », article publié le 29 août 2015 sur le site http://www.lematindz.net

détenues par l'Algérie, mais sur le moyen-long terme le schiste leur permettra, d'une part, de satisfaire leurs besoins en énergie, et d'autre part, passer du statut d'importateur à celui d'exportateur d'énergie. Ceci dit, les cours du pétrole conventionnel risquent de ne pas retrouver leur niveau d'avant juin 2014 avant quelques années, bien qu'elles pourraient rebondir de quelques dollars d'ici la fin de 2016. Car, même si les États-Unis comptent diminuer leur production de schiste de près de 600 000 barils/ jour afin de limiter l'impact de la baisse des prix du brut sur l'industrie américaine[495], la quantité du pétrole produite demeure à l'heure actuelle supérieure à la demande mondiale. Il serait d'ailleurs important de souligner, encore une fois, l'impact du schiste sur le pétrole des pays arabes. Comme nous l'avons souligné plus haut, grâce aux pétrole et gaz de schiste, les États-Unis vont pouvoir satisfaire une très grande partie de leurs besoins en énergie, et pourraient devenir d'ici à 2017 un pays exportateur, détrônant ainsi l'Arabie Saoudite. Cependant, hormis les intérêts géostratégiques des Américains au Moyen-Orient, le pétrole ne sera plus l'enjeu principal pour les États-Unis. L'évolution controversée des relations entre les États-Unis et l'Arabie Saoudite (leur grand allié dans la région) par rapport à l'Iran et à la Syrie, témoigne peut-être du lien étroit entre la recrudescence du schiste aux États-Unis et l'immobilisme de ces derniers face à la prédominance de la Russie au Moyen-Orient.

Le 16 février 2016, l'Arabie Saoudite, la Russie, le Qatar et le Venezuela ont décidé de geler leurs productions pétrolières à leur niveau du mois de janvier, en espérant que cette initiative fera augmenter à nouveau le prix du baril[496]. Une décision à laquelle l'Iran n'a pas adhéré du fait de ses différends stratégiques avec le royaume saoudien[497]. La seconde réunion des pays producteurs de pétrole du 17 avril 2016 à Doha s'est également soldée par un échec du fait du désaccord de certains pays de geler leurs productions afin de remonter les prix.

Assurément, le rôle du pétrole et du gaz de schiste pour les pays pétroliers de la région MENA est très limité du fait qu'il constitue une énergie alternative source de rente, sans limiter pour autant ni le lien de dépendance de ces pays vis-à-vis des hydrocarbures, ni la préparation de

495 GALLANT Nicolas : « Le cours du pétrole a-t-il touché le fond ? », article publié le 2 mars 2016 sur le site http://www.capital.fr

496 FAUJAS Alain : « Pétrole : l'axe Riyad-Moscou », article publié le 25 février 2016 sur le sitehttp://www.jeuneafrique.com

497 Au-delà de la guerre d'influence (politique et confessionnelle, notamment, après l'exécution par l'Arabie Saoudite du prédicateur chiite Nimr Al Nimr fin 2015) à laquelle l'Iran et l'Arabie Saoudite se sont livrés, L'Iran estime qu'il est dans son intérêt d'augmenter sa production pétrolière, d'autant que la levée des sanctions le permet amplement. Si les autres pays gèlent leurs productions à leurs niveaux de janvier, cela ne risque pas d'impacter pour autant leurs économies, car leurs productions étaient élevées, contrairement à celle de l'Iran qui ne dépassait pas deux millions de barils avant la levée des sanctions, alors que l'Iran compte particulièrement sur l'exportation de ses hydrocarbures pour relancer son économie.

l'après-pétrole, en plus de nécessiter un prix par baril élevé pour être rentable, contrairement au pétrole conventionnel qui s'extrait à des coûts relativement bas. Mais son impact sur l'environnement et sur la santé est beaucoup plus problématique que les hydrocarbures conventionnels[498]. En effet, il existe plusieurs formules chimiques du pétrole et du gaz de schiste (huile de schiste, schiste bitumineux, les tight gas, etc). Leur point commun est d'être retenu dans des roches marneuses profondes, situées entre 1500 m et 3000m, et leur extraction nécessite un double forage (vertical et horizontal) permettant d'introduire des tuyaux traversant les nappes phréatiques, contenant de l'eau à forte pression mélangée à du sable fin et à des additifs chimiques, ayant pour buts le drainage et la fracturation de la roche afin de la rendre perméable[499]. C'est pour cette raison que l'on appelle le procédé de forage des puits du gaz et du pétrole de schiste « fracturation hydraulique » ou « hydro-fracturation », ce qui implique, d'une part, un risque environnemental majeur comme c'est le cas des autres énergies fossiles (pollution des sols, émission du gaz à effet de serre, risque sismique, etc). D'autre part, l'utilisation d'additifs chimiques pourrait, en cas de fuite, contaminer les nappes phréatiques, et par ricochet, contaminer l'eau récupérée et l'eau potable, notamment, si le forage est proche des zones habitées.

Cependant, les besoins en eau pour forer un puit varient entre 10000 et 15000 m^3 selon la longueur du puit[500], ce qui consiste à utiliser d'importantes quantités d'eau, alors que cette dernière, bien qu'elle soit un moyen parmi d'autre pour des pays comme les États-Unis ou le Canada, elle constitue, en revanche, une source vitale pour les pays de la région MENA, en particulier pour l'agriculture. Par exemple en Algérie, la plupart des puits du gaz de schiste se situe dans le Sud du pays, donc dans le Sahara. L'utilisation de grands volumes d'eau pour la fracturation hydraulique priverait non seulement l'agriculture de cette richesse non renouvelable, mais également augmenterait le risque de contamination des surfaces arables.

Il est vrai que le pétrole et gaz de schiste sont une source alternative de richesse pour les pays qui en possèdent malgré leur coût d'exploitation élevé par rapport aux hydrocarbures conventionnels. Mais les méthodes d'extraction de cette nouvelle énergie comptent plus de risques que de bénéfices, notamment, pour les pays de la région MENA. D'autant plus que l'eau qui serait utilisée dans la fracturation pourrait être exploitée dans d'autres secteurs, hormis l'agriculture, afin de développer les zones désertes comme le Sahara. Cela nous rappelle, d'ailleurs, le projet de « la grande

---

[498] MALTI Hocine : « Exploiter le gaz de schiste pour l'Algérie équivaut à se tirer une balle dans le pied », article publié le 15 juin 2014 sur le site http://www.huffpostmaghreb.com

[499] HYPOLITE Damien : « Gaz et pétrole de schiste, des ressources controversées », article publié le 15 avril 2011 sur le site http://www.lefigaro.fr

[500] IFP énergies nouvelles, les techniques de production des pétroles et du gaz de schiste, http://www.ifpenergiesnouvelles.fr

rivière artificielle » de Kadhafi, qui, s'il avait été mené à terme aurait transformé le désert en zone fertile et d'échanges (développement du tourisme, soulagement des grandes villes surpeuplées, etc). Dorénavant, les pouvoirs publics des pays arabes pétroliers devraient se tourner davantage vers les nouvelles énergies, principalement, les énergies renouvelables.

b. Les nouvelles énergies

Lors de la Cop21 (Conférence des Nations Unies sur les changements climatiques qui s'est déroulée à Paris du 30 novembre au 11 décembre 2015), les pays producteurs de pétrole, notamment, les pays arabes, ont été pointé du doigt à cause de leurs efforts insuffisants en matière de protection de l'environnement. En effet, bien que cette protection doit prévaloir pour l'avenir de notre planète, la transition énergétique (le solaire, l'hydraulique, l'éolien, etc) doit également figurer parmi les priorités des dirigeants arabes, premièrement, du fait que le coût de production des énergies renouvelables est inférieur à celui des hydrocarbures non conventionnels, et du fait qu'elles présentent beaucoup moins de risques pour l'environnement.

Deuxièmement, parce qu'elles constituent une véritable alternative aux hydrocarbures, notamment lorsque ces derniers seront épuisés, d'autant que les besoins en énergie des populations de la région MENA ne font que croître.

À ce jour, seuls Abu Dhabi et le Maroc[501] figurent parmi les pays les plus investis dans les énergies vertes. Le Qatar a également affiché sa volonté de se tourner vers ces énergies depuis 2008. Une volonté qu'il a mise en œuvre, à travers sa vision pour 2030, dans la plupart de ses projets, comme l'a fait son voisin Abu Dhabi.

De fait, les pouvoirs publics d'Abu Dhabi ont inscrit, dans leur vision économique pour 2030, un programme basé sur la connaissance et l'innovation, dans lequel figure le projet « Masdar City », destinée à être la première ville écologique au monde[502]. En plus d'abriter le siège d'IRENA, cette ville abritera plusieurs centrales produisant de nouvelles énergies, l'Institut Masdar pour les sciences et la technologie, des entreprises commerciales et des centres culturels, ainsi que des immeubles résidentiels écologiques pouvant accueillir plus de 50 000 habitants. Au-delà de l'aspect écologique de cette cité, les autorités de l'Émirat tablent également sur les opportunités d'emploi, estimées à près de 40 000, que ce projet pourrait

---

[501] Même si ce dernier n'est pas un pays producteur de pétrole, il détient la plus grande centrale solaire thermodynamique du monde Noor I, inaugurée le 4 février 2016 à Ouarzazate dans le désert marocain. Dans les prochaines années, le Maroc pourrait passer d'un pays importateur à un pays exportateur d'énergies renouvelables, d'une part, par ce qu'il ne dispose pas de gisements de pétrole. D'autre part, les autorités publiques comptent sur les nouvelles énergies pour renforcer le développement économique du pays.

[502] http://www.connaissancedesenergies.org

offrir et sur la rentabilité des investissements sur le long terme, car ce projet confirme encore une fois la voie de diversification économique empruntée par les pouvoirs publics émiriens depuis quelques années. D'ailleurs, la société Masdar, qui détient ce projet, compte devenir un leader régional et mondial dans le domaine des énergies renouvelables. Depuis 2015, elle opère en Jordanie et au Maroc (où un autre groupe émirati « Taqa » investi dans le solaire).

En ce qui concerne l'Arabie Saoudite, bien qu'elle soit le premier partenaire financier du Maroc pour la réalisation de son projet Noor I, très peu d'initiatives sont menées sur le territoire national en vue de produire de nouvelles énergies. Les autorités saoudiennes sont conscientes de la nécessité d'une transition énergétique face à une consommation interne grandissante (sur les dix millions de barils/ jour produits, trois sont destinés à la consommation domestique, soit une augmentation de 7% par an). Mais le Royaume compte, tout de même, construire quelques réacteurs nucléaires d'ici à 2013, et exploiter son désert pour produite de l'énergie solaire d'ici à 2040[503]. À l'heure actuelle, les importantes réserves en pétrole que le royaume détient lui permettront de satisfaire les besoins domestiques et la demande mondiale au moins jusqu'en 2050.

Quant à l'Algérie, les pouvoirs publics ont affirmé que les nouvelles énergies (solaire et éolienne) doivent figurer parmi les priorités des programmes de développement du pays. En effet, une unité hybride a vu le jour en 2011 à Hassi Rmel, une ferme éolienne à Adrar (puis six centrales solaires en mars 2016) et une centrale solaire à Ghardaïa en 2014, ainsi que quatorze centrales électriques photovoltaïques ont été mises en service en 2015[504]. Dans le cadre du programme national de développement des énergies renouvelables, les autorités s'engagent à ce que les projets qui seront réalisés permettent d'ici 2030, d'une part, la satisfaction des besoins interne, et d'autre part, l'exportation vers d'autres pays. D'ailleurs dans leur vision pour 2030, les pouvoirs publics algériens ont axé la stratégie urbaine concernant la capitale sur un concept plus écologique, à l'instar des quelques voisins de la région.

Toutefois, si les quelques pays pétroliers du golfe comme les EAU et le Qatar ont les moyens financiers de leurs ambitions économiques, notamment en matière de transition énergétique, malgré les quelques ralentissements dus à la crise de 2008, la situation est toute autre pour l'Algérie à cause de sa situation budgétaire précaire. Car, malgré son aisance financière « relative », les réserves dont elle dispose risquent de s'épuiser dans les deux ou trois prochaines années si les prix du pétrole ne rebondissent pas. En conséquence, la plupart des projets économiques annoncés par l'élite au

---

[503] BALL Geffrey : « Why the Saudis Are Going Solar », *The Atlantic*, juillet-août 2015, http://www.theatlantic.com

[504] Portail algérien des énergies renouvelables, http://portail.cder.dz

pouvoir pourraient ne pas voir le jour. Raison pour laquelle qu'il faudrait repenser rapidement le modèle économique des pays rentiers, sachant que, le choc pétrolier de 1986 a montré les limites de « l'économie de rente » que les décideurs algériens, et ceux des autres pays producteurs ont bâtie. Donc la transition d'une économie de rente à une économie de production est beaucoup plus nécessaire.

B. D'une économie de rente à une économie de production : une transition nécessaire

Le développement économique d'un pays demeure une question de stratégie et de moyens. Certains pays comme les Pays-Bas ou la Norvège sont devenus des modèles en termes de gestion de leurs surplus pétroliers sans mettre leurs économies en péril. Des pays d'Asie sont devenus émergents grâce à la mise en valeur de leurs ressources naturelles comme l'Indonésie et la Malaisie. Et beaucoup de pays ne sont pas dotés de matières premières, tel est le cas pour la Turquie, mais grâce à l'exploitation de ses autres potentiels (que nous détaillerons plus loin), elle a pu bâtir une économie solide et développée. D'autres exemples peuvent être cités, mais nous nous contentons d'exposer deux cas : l'Indonésie et la Turquie, pour montrer que la dépendance à la rente n'est pas en elle-même une fatalité, à condition qu'elle soit gérée d'une manière rationnelle. Nous expliquerons comment les économies de ces deux pays, dont l'un est pétrolier (l'Indonésie) et l'autre non sont devenues des modèles, bien qu'elles aient, elles aussi, leurs faiblesses.

Classée seizième puissance économique mondiale en termes de PIB en 2013 (868 milliards de dollars) par le rapport du *McKinsey Global Institute*, et dixième en termes de PIB de parité de pouvoir d'achat, l'Indonésie figure parmi les « pays miracles » grâce à son dynamisme économique tiré essentiellement par la demande interne, à sa superficie et à sa force démographique (252 millions d'habitants)[505]. En effet, les pouvoirs publics indonésiens ont choisi, dès le début des années quatre-vingt, la voie de la diversification de l'économie nationale pour ne pas sombrer dans la dépendance vis-à-vis de la rente pétrolière, mais le pays n'a connu de boom économique qu'à partir de 2000, à cause de la crise économique de 1997-1998 qui a secoué l'Asie. Sa dette publique est passée du 82% du PIB en 2002 à 24% en 2012. Cela revient, premièrement, à la croissance du secteur agricole (très diversifié), qui représente aujourd'hui 15% du PIB et absorbe 35% de la main d'œuvre indonésienne[506]. Deuxièmement, au développement des différentes filières industrielles (engrais, textiles, produits chimiques,

---

505 NICOLAS Françoise : « L'Indonésie, une économie « décevante », mai 2015, https://www.ifri.org

506 BARRAL Stéphanie, *Capitalismes agraires : Economie politique de la grande plantation en Indonésie et en Malaisie*, Presses de Sciences Po, juin 2015, 238 pages.

machines et équipements, traitement de bois, etc), car l'industrie présente 45% du PIB et constitue l'une des branches les plus prometteuses à l'échelle nationale et mondiale, du fait qu'en plus de satisfaire la demande interne, l'Indonésie exporte également ses produits, d'autant plus qu'elle est membre de l'Association des Nations du Sud-Est Asiatique (ASEAN) et du G20. Troisièmement, au secteur tertiaire florissant (le tourisme, les services, la finance, etc), encadré par une législation souple, notamment en ce qui concerne les investissements privés, une lutte intensifiée contre la bureaucratie et la corruption, etc. En matière d'affaires, le rapport 2014-2018 du groupe *Business Environment Rankings* classe l'Indonésie à la 56ème place sur 82. Cependant, pour améliorer le climat des affaires, le gouvernement indonésien a pris une série de mesure en septembre 2015, parmi lesquelles figurent la simplification des procédures administratives et la levée des obstacles liés à l'investissement. Ce sont, en effet, quelques-unes des vulnérabilités desquelles souffre l'économie indonésienne, et que les experts du FMI et de la Banque Mondiale déplorent.

Mais, en comparaison avec la plupart des pays pétroliers de la région MENA, l'Indonésie a su orienter sa stratégie de diversification vers des secteurs à forte valeur ajoutée comme l'agriculture et l'industrie manufacturière, tout en gérant prudemment ses dépenses publiques, sachant que les pouvoirs publics subventionnent aussi certains produits afin de stimuler et d'accroître la demande interne. Réellement, cette stratégie a porté ses fruits, puisque les deux secteurs clés de l'économie (l'agriculture et l'industrie manufacturière) sont, jusqu'à présent, la locomotive de la croissance du pays, stabilisée pendant des années autour de 5% et 6%. De plus, la stimulation de la consommation domestique par le subventionnement de certains produits et secteurs a fait émerger une classe moyenne importante ayant joué un rôle déterminant dans la durabilité de la croissance économique de l'Indonésie.

Quant à Turquie, cet autre pays développé de la région MENA, dont l'économie est conçue comme un modèle par les dirigeants arabes, a basé sa stratégie économique, à partir de la fin des années soixante-dix sur des réformes structurelles plus libérales adaptées aux mutations de l'économie mondiale, notamment la privatisation des activités industrielles et commerciales, ayant permis au pays, d'une part, de réduire le rôle de l'État dans l'économie, et d'autre part, d'accroître sa compétitivité[507].

Son adhésion à plusieurs organisations économiques internationales et régionales (OCDE, OCE, etc) ainsi que sa demande d'adhésion à l'UE lui a permis de renforcer son intégration économique, d'autant plus qu'elle bénéficiait d'un accès préférentiel aux marchés des pays occidentaux. Désormais, sa stratégie de libéralisation s'est poursuivie d'un allègement de la réglementation nationale encadrant les investissements (moins de

[507] KHAVAND Fereydoun : op.cit, pages 86-87.

procédures administratives et délais de création d'entreprises relativement courts), ainsi que d'une réforme de la fiscalité (taxe sur les sociétés à 20% et sur les revenus allant de 15% à 35%). De plus, les dirigeants ont privilégié l'industrie manufacturière (27% du PNB), l'industrie automobile, ainsi que le secteur tertiaire et le tourisme pour pouvoir, non seulement, satisfaire la demande interne de plus en plus croissante, mais aussi exporter vers d'autres marchés, notamment, l'UE, l'Asie, les États-Unis et la région MENA. Les différents partenariats économiques que la Turquie a instaurés lui ont permis de devenir l'un des pays de la région le plus récipiendaire d'IDE. En 2015, le flux d'IDE en direction de la Turquie a atteint 16,5% milliards de dollars. Pour accroître les investissements sortants de la Turquie, le Président Erdogan s'est tourné vers l'Afrique. Sa visite du 29 février 2016 en Côte d'Ivoire affirme la volonté de la Turquie de concourir le marché africain, réputé pour son énorme potentiel, d'autant plus que, d'une part, le marché arabe se restreint de plus en plus à cause des conflits qui secouent certains pays. D'autre part, la détérioration des relations politiques entre la Turquie et la Russie (gros partenaire économique de la Turquie), à la suite de la destruction d'un avion russe en novembre 2015 à la frontière turco-syrienne, incite les dirigeants turcs à anticiper d'éventuelles ruptures économiques avec la Russie.

De fait, le PIB par habitant de la Turquie a enregistré une nette progression entre 2003 et 2014. Il est passé de 4565 dollars en 2003 à 10404 en 2014, ce qui témoigne de l'aisance des conditions de vie des Turcs, et ce grâce au suivi permanent des réformes structurelles mises en place par les pouvoirs publics. L'assainissement du secteur financier ainsi que l'élargissement de part du secteur privé dans l'économie nationale ont eu pour conséquences l'accroissement des investissements étrangers et la diminution de la dette publique. En effet, grâce aux réformes, la Turquie a pu respecter le taux plancher de 60% fixé par l'UE.

L'économie turque dépasse aujourd'hui l'économie de tous les pays de l'UE en termes de performance et de croissance du PIB réel[508].

---

[508] http://www.invest.gov.tr

CONCLUSION GÉNÉRALE

À la lumière des bouleversements auxquels fait face la région MENA dans le sillage du « printemps arabe », nous constatons que l'économie est la victime collatérale de la déstabilisation politique dans nombreux pays. Nous avons, en effet, assisté à l'effondrement de l'économie irakienne à la suite de son invasion en 2003 par les troupes américano-britanniques, et nous assistons aujourd'hui à l'émiettement des acquis politiques et économiques de la Libye, de la Syrie, et du Yémen, alors que l'économie de ces derniers jouait un rôle très actif au niveau régional.

De fait, jusqu'en 2011, année de l'assassinat de Kadhafi, la Libye fut la principale destination des travailleurs africains, mais pas seulement, car un bon nombre de mains d'œuvre issu de l'Afrique du Nord (Egypte, Algérie, Tunisie et Maroc) partait travailler en Libye. D'après les estimations du Mouvement Mondial des Droits Humains (FIDH) de 2010, le nombre de travailleurs migrants en Libye a atteint 2,5 millions. La détérioration de la situation sécuritaire du pays a contraint ces travailleurs de retourner dans leurs pays d'origine, ou dans les pays voisins les plus stables. De plus, les autorités libyennes investissaient massivement en Afrique via la LIA, ce qui constituait une opportunité économique non négligeable pour les vingt-quatre pays africains dans lesquels la LIA investit. Il en est de même pour le conflit syrien qui a impacté significativement les échanges commerciaux intra-régionaux, notamment avec la Turquie, le Liban et la Jordanie. Selon la Banque Mondiale, les pertes engendrées par le conflit s'élèveraient à 35 milliards de dollars.

La fragilisation de la région MENA risquerait, dans les années à venir, de freiner davantage l'intégration économique intra-arabe, pourtant cette intégration est indispensable pour la prospérité et le développement des pays de la région. Or, les nombreux conflits d'intérêts opposant certains pays aux autres, tel est le cas de l'Arabie Saoudite, de l'Iran, de l'Algérie et du Maroc ne semblent pas trouver d'issue dans un avenir proche eu égard à leur complexité et à leur interférence. D'ailleurs, ces conflits remettent aussi en cause un éventuel accord sur une politique pétrolière commune qui serait, en principe avantageuse à tous les pays producteurs. D'une part, par rapport à la production pétrolière, car à ce jour, tous les pays pétroliers de la région ne souhaitent pas réduire leurs productions pour que les cours augmentent à nouveau. Bien évidemment cela tient compte des enjeux stratégiques d'une telle décision, en particulier, en ce qui concerne la production du schiste aux États-Unis.

D'autre part, par rapport à la transition énergétique qui devrait, non seulement rallonger la durée de vie des réserves en gaz et en pétrole du fait des besoins grandissants des pays industrialisés et émergents pour les prochaines années, mais aussi atténuer la dépendance à la rente générée par ces deux matières.

Au vu de l'évolution de la crise syrienne, ainsi que du nouveau rôle que l'Iran sera amené à jouer dans les conflits régionaux après la levée des sanctions, se pose la question de l'éventualité d'une augmentation brusque du prix du brut. Car, le retrait des forces russes du sol syrien ne signifient pas la fin du conflit, bien au contraire, la crise s'est intensifiée notamment avec l'émergence d'un mouvement sécessionniste kurde. S'ajoutent la détérioration des relations entre la Turquie et quelques monarchies du golfe comme l'Arabie Saoudite et les EAU, le devenir de Daesh sur le terrain en Syrie, en Libye et en Irak après son anéantissement, jusqu'à présent, par la coalition internationale, l'amplification du conflit au Yémen, la redéfinition des frontières entre les pays, etc. Autant d'éléments qui préfigurent une guerre dans la région à l'instar de la guerre du Golfe de 1980-1988 même si le contexte est différent. Cette guerre hypothétique aurait certainement un impact considérable sur le prix du pétrole comme c'était le cas en 1973 et 1979, et par conséquent, sur les économies de tous les pays de la région.

Par-delà les tensions et les rivalités, les pays de la région MENA, en particulier les pétroliers, disposent d'atouts considérables, d'une part, pour faire face aux conflits « existants et naissants » et tenter de les résoudre à travers la coordination des efforts de chacun, au-delà des intérêts stratégiques. D'ailleurs c'est ce qu'a souhaité Federica Mogherini, à propos du rôle positif que devrait jouer l'Iran après la normalisation de ses relations avec les puissances occidentales. D'autre part, pour restructurer leurs modèles économiques de manière à ce qu'ils soient plus diversifiés, développés et moins dépendant de la rente pétrolière, et ce malgré la hausse des cours dans les prochaines années.

En somme, la réussite des stratégies économiques dépend substantiellement des bonnes décisions politiques, ainsi que de leur réelle mise en œuvre. C'est-à-dire, les décisions et déclarations politiques relatives aux réformes économiques doivent être traduites, sur le terrain, par des actes appropriés et suivis afin de mesurer leur portée sur le court-moyen et long terme.

À ce propos nous partageons l'idée de l'économiste Abderrahmane Mebtoul selon laquelle il faudrait changer la « mentalité rentière » de nos dirigeants afin que l'économie soit indépendante et porteuse sur le long terme. De ce changement de « mentalité » découlera nécessairement plus de prudence dans la gestion des dépenses publiques, une lutte renforcée contre la corruption et la fuite des capitaux et une meilleure gouvernance.

BIBLIOGRAPHIE

I. Ouvrages

A. Ouvrages généraux

BOSSERELLE Éric, *Économie générale*, 4éme Édition, Hachette Supérieur, Paris, 2006, page 69.

BOLUSSET Carole, *L'investissement,* Éditions Bréal, France, 2007, pages 104-110.

CHARLES E. Rollins, *Mineral development and Economic Growth*, Social Research, automne 1956, pages 253-280.

DAVID Ricardo, *Des principes de l'économie politique et de l'impôt*, Collection GarnierFlammarion, Éditions Flammarion, 1999, 508 pages. Analyse de ABBELARD Monique, *Alternatives Economiques Poche*, n° 021, novembre 2005.

DURKHEIM Émile, *Formes élémentaires de la vie religieuse. Le système totémique en Australie,* Paris, Les Presses Universitaires de France, 1968, cinquième édition, 647 pages. Collection Bibliothèque de philosophie contemporaine, 1912, page 616

Ibn Khaldûn : « Partie V du livre I / Chapitre 1er sur *la réalité du don et de l'appropriation et de leur explication, et que l'appropriation est la valeur du travail humain*, page 137

Institut français du pétrole, *Recherche et production du pétrole et du gaz : réserves, coûts, contrats*, Éditions TECHNIP, Paris, janvier 2002, pages 29-31.

JOUVE Edmond, *Mouammar Kadhafi, dans le concert des nations*, Édition de l'Archipel, 2004, page 138

LORING Allen, *Venezuelan Economic Development : a politico-economic analysis*, Jai Press, Greenwich, Connecticut, 1977, Page 37

MANKIW GREGORY N, *Macroéconomie,* 6éme édition, De Boeck, Bruxelles, 2013, page 122.

MUSGRAVE ABEL Richard, *Public Finance in a Democratic Society : The Foundations of Taxation and Expenditure*, volume III, Editions Edward Elgar, 2000, Cheltenham, 528 pages

KELSEN Hans, *Théorie générale du droit et de l'Etat. La doctrine du droit naturel et le positivisme juridique,* LGDJ, La pensée juridique, janvier 1997, 517 pages.

B. Ouvrages spécialisés

ABDELKADER Sid Ahmed, *Développement sans croissance*, Éditions Publisud, Paris, 1983, pages 24-50, pages 241-251.

ABDELKADER Sid Ahmed, *L'économie arabe à l'heure des surplus pétroliers,* Institut de Sciences mathématiques et économiques appliquées, Tome IX, n°3, Mars 1975, pages 294-309.

ABDELKADER Sid Ahmed, *L'OPEP, passé, présent et perspectives,* Éditions ECONOMICA, Paris, 1980 pages 209-258.

ABDELKADER Sid Ahmed, *Rente pétrolière : quelques problèmes théoriques*, Orstom, Paris, 1988, Pages 32 et suivantes.

ARDILLIER-CARRAS Françoise, BOULANGER Philippe et ORTOLLAND Didier, *Hydrocarbures et conflits dans le monde*, Éditions TECHNIP, Paris, 2012, page 45.

AUZIAS Dominique, *Petit Futé Abu Dhabi*, Nouvelles Éditions de l'Université, France, 2ème édition 2014, pages 34-36

ARZALIER François et coll, *Expériences socialistes en Afrique 1960-1990*, Éditions Le temps des cerises, Paris, 2010, pages 129-148.

AUZANNEAU Matthieu, *Or noir : la grande histoire du pétrole*, La Découverte, Paris, 2015, pages 23-28.

AYEB Habib, *La crise de la société rurale en Égypte, la fin du fellah ?,* Editions KARTHALA, Paris, 2010, page 36

BARRAL Stéphanie, *Capitalismes agraires : Economie politique de la grande plantation en Indonésie et en Malaisie*, Presses de Sciences Po, juin 2015, 238 pages

BOUDIAF Mohamed, *où va l'Algérie?,* Librairie de l'étoile, 1964

BENDO-SOUPO Dominique, *Géopolitique méditerranéenne*, Éditions l'Harmattan, Paris, 2005.

CATUSSE Myriam, DESTREMAU Blandine, VERDIER Éric, *L'État face au débordement du social au Maghreb*, Karthala, Paris, 2010, pages 64-66.

COVILLE Thierry, *Iran, la révolution invisible*, Éditions La Découverte, Paris, 2007, 262 pages.

DIGARD Jean-Pierre, HOURCADE Bernard et YANN Richard, *L'Iran au XXe siècle : Entre nationalisme, islam et mondialisation,* Fayard, Edition 2007, 498 pages

DJALILI Mohammad Rezza, MONSUTTI Alessandro et NEUBAUER Anna, *Le monde turcoiranien en question*, coll. Développements, Paris, Karthala, Genève, Institut de hautes études internationales et du développements, 2008, pages 85-93.

DJAZIRI Moncef, *État et société en Libye*, Paris, l'Harmattan, 1996, page 104

HASSAN ENAQEEB Khaldûn, *l'État autoritaire au levant arabe contemporain*, Centre d'études de l'unité arabe, 3éme édition, Beyrouth, 2004, 421 pages.

HERADSTVEIT Daniel, KAZANCIGIL Ali et VANER Semih, *Sécularisation et démocratisation Dans Les sociétés Musulmanes*, Peter Lang Publishing Group, Suisse, Edition 2008, page 255.

KHAVAND Fereydoun, *L'Iran et la Turquie : une sourde compétition géoéconomique*, in DJALILI Mohammad Rezza, MONSUTTI Alessandro et NEUBAUER Anna, *Le monde turco-iranien en question*, coll. Développements, Paris, Karthala, Genève, Institut de hautes études internationales et du développements, 2008, pages 85-93

KORANY Bahgat, ouvrage collectif, *Les régimes politiques arabes*, Presse Universitaire de France, Paris, 1990, Page 489.

MALTI Hocine, *Histoire secrète du pétrole algérien*, Édition La découverte, 2010, 360 pages.

MARTINEZ Luis, *Violence da la rente pétrolière, Algérie-Irak-Libye*, Collection nouveaux débats, 21, Presses de Sciences Po, Paris, 2010, 229 pages.

NABLI Béligh, *Comprendre le monde arabe*, Armand Colin, 2013, 290 pages.

NICHOLAS S. HOPKINS, *La réforme agraire en Égypte*, Contribution à l'ouvrage de ROUSSILLON Alain « Entre réforme sociale et mouvement national », Centre d'Études et de Documentation Économiques, Juridiques et Sociales (CEDEJ - Égypte/Soudan), 1995

PIQUET Caroline, *Les pays du golfe : de la perle à l'économie de la connaissance*, Armand Colin, Paris, 2013, 223 pages.

II. Articles

A. Articles généraux

ABDELKADER Sid Ahmed « Finance islamique et développement », *Tiers-Monde*, 1982, tome 23 n°92, L'Islam et son actualité pour le Tiers Monde, pages 877-890.

ADDA Jacques : « Le contre choc pétrolier dix ans après », *Alternatives Economiques* n° 140, septembre 1996.

ACHOUR Anouar, COMETTO Hélène, DESCAMPS Samuel, HAMMOND Christophe et

LACOYE-MATEUS Alice : « Les fonds souverains, Conquête de la politique par la finance », *École de guerre Économique*, décembre 2007

AYOUB Antoine : « le pétrole : économie et politique », *l'Actualité Économique*, vol 70, n°4, 1994, page 503.

BASTID-BURDEAU Geneviève : « Droit international et contrats d'États — La sentence Aminoil contre Koweït du 24 mars 198 », *Annuaire Français de Droit International*, volume 28, 1982. pp. 454-470.

BESSY Donata, BRUHWINLER Peter, DUMORTIER Jérôme et KLEINBROD Oliver :
« L'économie mondiale dans la deuxième moitié du vingtième siècle », Université de Lausanne, Juin 2003, pages 12-13

BORATAV Korkut : « Réforme de l'État et développement économique ». *Tiers-Monde.* 1994, tome 35 n°139. L'ouverture hétérodoxe : politiques et réformes économiques pour les années 90 (sous la direction de Yilmaz Akyüz, assisté de Jean-Marc Fontaine, sous l'égide de la CNUCED). pp. 613-642.

CASTANEDA Jorge : « La Charte des droits et des devoirs économiques des États », note sur son processus d'élaboration, *Annuaire français de droit international*, volume 20, 1974, pages 31- 56.

CARFANTAN Serge : « Le pouvoir et le droit », *Philosophie et spiritualité*, 2002, http://www.philosophie-spiritualite.com

DOSTALER Gilles : « Aristote et le pouvoir corrosif de l'argent », *Alternatives économiques*, n° 276, 2009, p.74.

DEUBEL Philippe : « Analyse économique et historique des sociétés contemporaines », Titre 12, « les stratégies de développement », *Pearson Education France*, 2008

HEDJAZI Arefeh : « La nationalisation du pétrole : un échec victorieux ? », *La Revue de Téhéran,* n°16, Mars 2007.

Le traité de Gurley et Shaw de 1960 sur « La monnaie dans une théorie des actifs financiers », cité par ASSIDON Elsa : « L'approfondissement financier : épargne et crédit bancaires », *TiersMonde*, 1996, tome 37 n°145 « Le financement décentralisé : Pratiques et théories » (sous la direction de Dominique Gentil et Philippe Hugon), pages 154-155.

Nabil Djaafar Abd Areda « Le dialogue, l'administration et l'économie », *Le Dialogue Civilisé,* n°3631 du 7 février 2012.

NOHRA Fouad : Les formes et usages de l'argent dans l'islam », in ALLAIN Annie et VATANPOUR Sina (Dir) : *Les figures de l'argent, Éditions du Conseil scientifique de l'Université Lille 3*, Charles de Gaulle, pages 297-308.

Moyen-Orient, Bilan géostratégique 2015, n° 27 juillet-septembre 2015, page 17.

RAMBAUD Patrick : « Un arbitrage pétrolier : la sentence Liamco », In *Annuaire français de droit international*, volume 26, 1980, pages 274-292.

ROSANVALLON Pierre, « Écrire une histoire générale de la démocratie », *Participations* 1/2011 (N° 1), pages 335-347.

B. Articles spécialisés

ABDELKADER Sid Ahmed : « Le paradigme rentier en question : l'expérience des pays arabes producteurs de brut, analyse et éléments de stratégie », *Tiers-Monde*, 2000, Tome 41 n° 163, pages 501-521.

ABDELKADER Sid Ahmed : « Vers une théorie de l'industrialisation à partir de l'exportation et de la transformation des ressources naturelles : de la « staple theory » à la rente pétrolière », *Revue Tiers Monde*, n°115, volume 29, 1988, page 75.

AINAS Yanis, OUAREM Nacer et SOUAM Saïd : « Les hydrocarbures : atout ou frein pour le développement de l'Algérie ? », *Revue Tiers Monde*, n°210, Avril-Juin 2012, pages 69-88. Alternatives Economiques n° 279 - avril 2009.

AMMOUN Camille : « Arabie Saoudite : la réforme du système politique, entre effets d'annonce et changements réels », *La Revue Afrique du Nord-Moyen Orient*, Édition 20062007, *La Documentation française*, page 141 et suivantes.

ANDREFF Wladimir, « Réformes, libéralisation, privatisation en Algérie. Point de vue d'un outsider en 1988-1994 », *Confluences Méditerranée* 4/2009, n°71, pages 41-62.

ANOUAR Abdelmalek : « La question agraire en Égypte et la réforme de 1952 », *Tiers Monde,* tome 3, N°9-10, 1962, pages 181-216.

ATTIA Nicole, CHOUCHANE Hanane et ZOUARI Ezzeddine : « L'impact de la corruption sur le système bancaire dans le cas des pays de la région MENA », article publié en 2013 sur http://www.erudite.univ-paris-est.fr

BAHOUT Joseph : « Si l'Arabie doit rester saoudite », *Les Cahiers de l'Orient*, 1992 n°25-26, pages 73-74.

BELKAID Akram : « Conseil de coopération du Golfe : Un boom économique durable mais quelques nuages aussi », Centre d'études et de recherche sur le monde arabe et méditerranéen, http://www.cermam.org

BACI Lazhar : « Les réformes agraires en Algérie », In : Jouve A.-M. (ed.), Bouderbala N. (ed.), Politiques foncières et aménagement des structures agricoles dans les pays méditerranéens : à la mémoire de Pierre Coulomb. Montpellier, CIHEAM, *Cahiers Options Méditerranéennes*, n°36, 1999, pages 285-291.

BADII Rabi : « L'Iran en mutation industrielle », *Cahiers de géographie du Québec*, vol 18, n° 44, 1974, pages 379-389, https://www.erudit.org.

BARAH Mikail : « Irak : état des lieux, évolution et perspectives en matière énergétique », 2007, pages 11-12, www.iris-France.org.

BATOU Jean : « L'Égypte de Muhammad-'Ali : Pouvoir politique et développement économique, 1805-1848 », *Annales Économies, Sociétés, Civilisations*. 46e année, N. 2, 1991. pp. 401-428.

BENCHENANE Mustapha : « L'intégration économique arabe », *Tiers-Monde,* 1983, tome 24 n°96, La coopération Sud-Sud, État et perspectives, pages 899-908

BERREBY Jean-Jacques : « L'Égypte et la Syrie après la R.A.U», *Politique Étrangère* N°5-6, 1961, 26e année, pages 425-436.

BOUHOU Kassim : « l'Algérie des réformes économiques : un goût d'inachevé », *Politique Internationale*, février 2009, page 332.

BOUONY Lazhar : « Le régime des décisions dans la Ligue des États arabes, réalités et perspectives », *Annuaire Français de Droit International*, volume 29, 1983, pages 543-563.

BOUYACOUB Ahmed : « L'économie algérienne et le programme d'ajustement structurel », *Confluences*, Printemps 1977, pages 77-83, http://www.revues-plurielles.org

BOUYSSOU Rachel, MATSUNAGA Yasuyuki : « L'État rentier est-il réfractaire à la démocratie », *Critique Internationale*, Volume 8, 2000, pages 46-58.

BROGINI Maurice : « Hydrocarbures et industrialisation en Algérie », *Cahiers de la Méditerranée :* « Les hydrocarbures, migrations et accueil », N°4, 1972, pages 1-22.

BENCHIKH Madjid : « La nouvelle loi pétrolière algérienne : direction publique et économie de marché », *L'année de Maghreb*, 2005-2006, pages 201-221

GURTNE Bruno : « Un monde à l'envers : le Sud finance le Nord », *Annuaire suisse de politique de développement*, Vol. 26, n°2, 2007

CADENE Philippe : « Koweït City : planification urbaine et stratégie régionale », *Arabian Humanities* (Revue internationale d'archéologie et de sciences sociales sur la péninsule arabique), février 2013.

CHATELUS MICHEL : « Revenus pétroliers et développement : leçons de l'expérience du monde arabe », *Tiers-monde*, tome 27, n°107

CORDEN Max et NEARY Peter : « Booming Sector and De-Industrialisation in a Small Open Economy », *The Economic Journal,* Vol 92, No 368 de décembre 1982, pages 829-832,

CHATELUS Michel : « De la rente pétrolière au développement économique : perspectives et contradictions de l'évolution économique dans la péninsule », *Institut de recherches et d'Etudes sur le monde arabe et musulman,* pages 75-154

CHEVALLIER Agnès : « Irak : des ambitions économiques à nouveau contrecarrées », *International Economics*, N°11, 3Q, 1982, http://www.cepii.fr

CHEVASSU Jean, « Les stratégies industrielles et le développement économique de l'Afrique », *ORSTOM,* n°43, 1984, page 6

DAMON Julien : « Revenu universel : le cas de l'Alaska », publié in *Revue de droit sanitaire et social,* n° 4, 2011, pp. 658-664.

DESTANNE DE BERNIS Gérard : « Les industries industrialisantes et les options algériennes », *Tiers-Monde*, 1971, volume 12, n°47, page 547.

DESTANNE DE BERNIS Gérard : « L'industrialisation en Algérie », *Revue Tiers Monde*, Tome 4. *Problèmes de l'Algérie indépendante*, Armand Colin, 1963, pages 125-137. DA LAGE Olivier : « Koweït : Les rentiers du pétrole », *Sciences et vie économie*, n°60, avril 1990.

FAUDOT Adrien : « Le régime rentier d'accumulation en Arabie saoudite et son mode de régulation », *Revue de la régulation*, n° 16, 2e semestre, Automne 2014.

GHALIOUN Burhan, « Les tragiques destinées de la démocratie arabe », *Confluences Méditerranée* 2/2004 n°49, pages 43-57.

GOBE Eric, « Justice et politique dans le Maghreb post-révolte arabe », *Le Carnet de l'IRMC*, 11 décembre 2014, http://irmc.hypotheses.org

GRELOU Georges : « L'industrialisation du Moyen-Orient », In *Annales de Géographie*, 1965, tome 74, n°401, pages 97-101.

GRUBER Annie, note bibliographique sur le livre d'Edmond JOUVE « Mouammar Kadhafi, dans le concert des nations », *Les Petites affiches*, 17 décembre 2004, n°252, page 15.

GRUBER Annie : « Les relations politiques et de coopération bilatérales entre la France et la Libye », libre propos, *Les Petites affiches*, 200, 20 juillet 2005, pages 6 et suivantes.

DIRÈCHE Karima : MAGHREB - Le Maghreb politique, « La question des frontières au cœur de la construction du Grand Maghreb », *Encyclopædia Universalis*, http://www.universalis.fr

KHOURY Gérard : « Réflexions sur les causes de la guerre au Liban », *Les Cahiers du GRIF*, N° 43-44, 1990, Liban, pages 37-59.

LONCHAMPT Jacques : « La planification en Arabie Saoudite », La péninsule arabique aujourd'hui, Tome II, *Institut de Recherches et d'Etudes sur le monde arabe et musulma*n, pages 603-622

LOULOUWA Al Rachid : « L'humanitaire dans la logique des sanctions contre l'Irak : la formule pétrole contre nourriture », *Politique étrangère* N°1 - 2000 - 65e année, pages 109- 121.

La rédaction de l'économiste : « Les programmes d'ajustement structurel dans les pays arabes : Les non-pétroliers réussissent mieux que les autres, estime le FMI », *L'économiste* n°92 du 12 août 1993.

MARCEL Valérie : « Les enjeux du pétrole », *Revue Afrique du Nord-Moyen Orient* : Le Moyen-Orient en crise, *La documentation française*, Édition 2006-2007, page 124.

NOHRA Fouad : « L'élaboration de la décision américaine d'envahir l'Irak : facteurs, arguments, groupes d'influence », *Eurorient* n° 32, 2011, pages 181-199.

NOHRA Fouad : « la reconstitution du système politique égyptien : quels équilibres, pour quelles ambitions ? », In *Les dynamiques géopolitiques*, in CHAIGNEAU Pascal (Dir) : *Enjeux diplomatiques et stratégiques*, Paris, Economica, 2016, pages 109-124.

MEZOUI Mohamed Réda : « Une politique des pôles d'excellence pour contribuer à réduire les distances entre les rives Sud et Nord de la Méditerranée », août 2011, pages 7 et 8, http://www.legrandsoir.info

OHAD Raveh : « Dutch Disease, factor mobility, and the Alberta Effect : the case of federations», *Canadian Journal of Economics*, Novembre 2013, Volume 46, pages 1317 à 1350.

OUAZANI Cherif, FAUJAS Alain, ALILAT Farid et DAHMANI Farida : « Algérie : Bouteflika 1999-2014, le vrai bilan », *Jeune Afrique* n°2777, du 30 mars au 5 avril 2014, pages 65-87.

OULD AOUDIA Jacques : « Croissance et réformes dans les pays arabes méditerranéens », *Agence Française de Développement*, Département de la Recherche, 2006, pages 142-145.

PICARD Elisabeth : « L'Iraq de Saddam Hussein : de l'ambition modernisatrice à la logique sécuritaire », *Revue du monde musulman et de la Méditerranée*, 1991, Volume 62, N° 1, pages 42- 45.

PILOTE Alain : « Réflexions sur la guerre en Irak : les véritables enjeux : le pétrole et l'argent », *Vers Demain,* n° du mai-juin-juillet 2003.

PIOLET Vincent : « Les émirats et royaumes arabes : les travailleurs migrants au pays des free zones », *Hérodote* 2009/2, n° 133, pages 136-151.

VIDONNE Paul : « Le paradoxe d'Anderson », *Cahiers d'économie politique*, N°1, Volume 7, 1982, pages 172-178

C. Articles de presse

AID Aicha : « Industrie automobile : Sortie du premier camion assemblé en Algérie », http://www.dzentreprise.net

AIT SADI Salim : « Une marche citoyenne dans les rues de Bejaïa », article publié le 31 janvier 2015 sur le sitehttp://www.leconews.com

AL CHOUMAR Noura : « Le volume du commerce entre les pays arabes ne dépasse pas 10% », article publié le 20 janvier 2013 (version en arabe) sur www.alriyadh.com

ALAREF Jumana : « La "wasta" continue de priver la jeunesse arabe des chances de vivre dignement », article publié le 13 mars 2014 sur le site http://blogs.worldbank.org

AMANIERA Antonio : « Le secteur financier du Qatar en pleine expansion », article publié le 19 mai 2014 sur le site http://www.qatarinfos.net

AMRANI Yousra : « Réforme fiscale, Concertation autour de la mise en œuvre des recommandations des assises de la fiscalité », article publié le 3 juin 2014 sur le site http://www.lematin.ma

AUZANNEAU Matthieu : « Le pic pétrolier de l'Algérie, et de trois autres nations arabes gâtées par l'or noir », Article publié le 28 février 2014 sur le site http://petrole.blog.lemonde.fr AUZANNEAU Matthieu : « Wikileaks : l'Arabie Saoudite ne peut plus augmenter sa capacité de production de brut », Article publié sur le site http://petrole.blog.lemonde.fr, le 09 février 2011

ANCEL Frédéric et LAGANE Guillaume : « Tribus, pétrole et compagnie : les facteurs qui expliquent vraiment la "Somalisation" de la Libye », entretien publié le 30 juillet 2014 sur :
http://www.atlantico.fr

AFP : « Arrivée mercredi du président iranien à Oman : coopération bilatérale et tensions dans le Golfe au menu », publié le 14 mars 2014 sur http://www.i24news.tv

AFP : « Autonomie de la Cyrénaïque : la Libye menacée de partition ? », publié le 5 juin 2013 sur le site http://www.france24.com.

AFP et France 24 : « Des bombardements signalés au Yémen malgré la trêve humanitaire », article publié le 11 juillet 2015 sur le site http://www.france24.com

AFP et le Monde : « Irak : d'importantes réformes annoncées pour calmer la contestation populaire », article publié le 9 août 2015, sur le site http://www.lemonde.fr

AFP pour le Figaro « Norvège : l'inflation s'accélère fortement », article publié le 10 mars 2010 sur le site http://www.lefigaro.fr

AFP : « Le pétrole libyen sous le feu des factions rivales », article publié le 22 mars 2015 sur le site http://www.i24news.tv

BEZAT Jean-Michel : « Le cours du baril de pétrole devrait rester bas en 2009 en raison de la récession », *le Monde*, 27.01.2009 (www.lemonde.fr)

Bilan du monde, le Monde, édition 2016, page 153.

BRUCKNER Pascal : « Nous ne sommes pas comptable de ce que les Libyens font de leur liberté », entretien recueilli par Sarah Diffalah pour le Nouvel Observateur Monde du 04 août 2014, intitulé « La Libye en plein chaos : fallait-il vraiment renverser Kadhafi ? »

BELKAID Akram : « Le Qatar à l'heure de la diversification : Du pétrole au tourisme d'affaires », Le Monde Diplomatique du septembre 2011, http://www.monde-diplomatique.fr.

BENLAHRECH Ryadh : « Union du Maghreb Arabe : mise en place d'un comité de suivi sur l'intégration économique », publié le 10janvier 2013 sur http://www.jeuneafrique.com

BERATTO Leila : « Exploitation du gaz de schiste en Algérie : les raisons de la colère », article publié le 20 mars 2015 sur le site http://www.rfi.fr

BORIS Jean-Pierre : « Le bon coup de Saddam Hussein », article publié le 20 septembre 2000 sur le site http://www1.rfi.fr

BOUDIA Khaled : « Après quatre ans de blocage, par l'administration des biens étatiques, 60 mille agriculteurs vont percevoir leurs contrats de concession dans quelques semaines », journal Elkhabar du 8 mars 2015.

BOUSSENA Sadek : « Le risque qui pèse sur le pétrole est un pic de production lié à la politique, non à la géologie », Le Temps, 10 mai 2008, http://www.letemps.ch

BOUTIN Christophe : « La difficile montée en puissance de l'Union du Maghreb arabe », article publié le 21 octobre 2013 sur le site http://www.saphirnews.com

BRIXI Hana : « Transparence et responsabilité des services publics, une solution en vue ? », article publié le 18 novembre 2013 sur le site https://blogs.worldbank.org

BTEDDINI Lida : « Gouvernance, emploi et secteur public au Moyen-Orient et en Afrique du Nord », article par sur le site http://blogs.worldbank.org, le 5 septembre 2012.

BALL Geffrey : « Why the Saudis Are Going Solar », The Atlantic, juillet-août 2015, http://www.theatlantic.com

CARUSO-CABRERA Michelle : « Iraq fights to block Kurd oil from entering Texas », article publié le 28 juillet 2014 sur le site http://www.cnbc.com

CHATELOT Christophe : « Soudan du Sud, un jeune Etat ravagé par la guerre civile », article publié le 8 juin 2015, sur le site http://www.lemonde.fr

CLAUDE Patrice : « L'Irak rouvre ses gisements de pétrole et de gaz aux compagnies étrangères », article publié sur le site du Monde Proche Orient le 30 juin 2009

Colloque CNES - Banque Mondiale : « La région MENA souffre d'un « déficit de gouvernance », El Watan, 4 février 2007

Cahier documentaire sur le Golfe, « L'Irak, un pouvoir à abattre », sur le site http://www.monde-diplomatique.fr

CORONAS Pierre : « Le Qatar mise sur les événements culturels et sportifs pour doper son tourisme », Interview de Rashed Al-Qurese, Directeur Marketing de la Qatar Tourism Authority, 26 septembre 2014, http://www.tourmag.com .

COUET Isabelle : « Le fonds souverain norvégien affiche une performance de 16 % », article publié le 3 mars 2014 sur le site http://www.lesechos.fr

COX James : « BearingPoint gets contested Iraq contract », article publié le 21 juillet 2003 sur le site http://usatoday30.usatoday.com

CROISIER Catherine : « La doctrine Bush de remodelage du Grand Moyen-Orient : entre idéalisme et pragmatisme », article mis en ligne en septembre 2005 sur le site http://www.diploweb.com

DARIUS NAZEMROAYA Mahdi : « Mouammar Kadhafi et le projet libyen de redistribution de la richesse », article publié le 29 octobre 2011 sur le site http://www.mondialisation.ca

DARMENCY Delphine et DESLOIRE Constance : « Le Kurdistan irakien cherche son salut dans le pétrole, et pourrait aussi y trouver sa perte », article publié le 15 avril 2015 sur le site http://www.slate.fr

DE CHEVIGNY Ingrid : « L'hystérie immobilière est de retour à Dubaï ! », article publié le 25 août 2015 sur le site www.capital.fr

DE MONICAULT Frédéric et NODE-LANGLOIS Fabrice : « Le pétrole iranien, encore sous embargo, est très convoité », article publié le 02 février 2014 sur le site http://www.lefigaro.fr

DJAMA Youns : « Que faire lorsque l'Algérie ne pourra plus exporter d'hydrocarbures ? Cri d'alarme des experts », Article publié le 22 février 2014 sur le site http://www.maghrebemergent.com

DUMONT Gérard-François : « Le changement de paradigme au Moyen-Orient », article publié en novembre 2007 sur le site http://www.diploweb.com

Déclarations du Ministre des finances Abderrahmane Benkhalfa du 22 novembre 2015, rapportées par l'APS.

Discours du Président Abdelaziz Bouteflika, deuxième congé africain du pétrole, El Moudjahid, 24 janvier 2005.

EL KADI Ihsane : « Chakib Khelil : « l'affairiste » qui a hâté le Peak Oil algérien a peut-être sauvé le pays », Article publié le 6 mars 2013 sur le site http://www.maghrebemergent.info

EL KADI Ihsane : « Sellal, « pragmatique », fait semblant de diversifier l'économie algérienne », article publié le 10 novembre 2014 sur le site http://www.elwatan.com

El KHOURY Bachir : « Les entrées nettes de capitaux privés prévues de chuter de 23% en 2014 », article publié sur le site economiesarabes.blog.lemonde.fr le 27 février 2014.

EL KHOURY Bachir : « L'accord avec l'Iran est bon pour l'économie mondiale (sauf peutêtre pour la Chine et la Russie) », article publié le 25 novembre 2013 sur le site http://www.slate.fr

Entretien avec Abderrahmane Mebtoul à RFI « En Algérie, la politique économique mène « droit au FMI » », 27 février 2016, http://www.rfi.fr

Entretien de Caroline PICQUET avec Thierry Garcin sur France culture du 23 avril 2013, http://www.franceculture.fr

FAUJAS Alain : « Pétrole : l'axe Riyad-Moscou », article publié le 25 février 2016 sur le sitehttp://www.jeuneafrique.com

FOREY Samuel : « Les Kurdes irakiens réclament leur souveraineté pétrolière », article publié le 20 juin 2014 sur le site http://www.lefigaro.fr

Frack Free Europe et Groupe France « Gaz de schiste en Algérie : un nouveau désastre pour la population, une nouvelle rente pour son gouvernement », octobre 2014, http://www.algeria watch.org

France tv info et AFP : « Les contrats pétroliers libyens sous surveillance », article publié le 9 avril 2012 sur le site http://www.francetvinfo.fr

FRYDMAN Benoît : « L'affaire Total et ses enjeux », http://www.philodroit.be
GALLANT Nicolas : « Le cours du pétrole a-t-il touché le fond ? », article publié le 2 mars 2016 sur le site http://www.capital.fr
GAUTIER Charles : « Quatre pays du Golfe misent ensemble sur le tourisme marocain », article publié le 21 mai 2014 sur http://www.lefigaro.fr
GAZZANE Hayat : « Comprendre la chute vertigineuse des prix du pétrole », article publié sur le site www.lefigaro.fr le 17 décembre 2014.
GERVAIS Stève et PLATONOVA Alexandrina : « Les enjeux du protocole de Kyoto pour l'industrie pétrolière et gazière : nouvelles opportunités pour la coopération internationale », http://www.gemdev.org
GRESH Alain : « La grande peur de l'Arabie saoudite », le Monde Diplomatique de mai 2014, page 11, http://www.monde-diplomatique.fr
GUICHARD Guillaume : « Le mystère de la fortune de Kadhafi », article publié le 27 février 2011 sur le site http://www.lefigaro.fr
HACHEM Jawel : « Le développement économique se fonde sur une planification scientifique », *le Monde diplomatique* de juillet 1973, pages 26-27.
HADHERES Sadek : Réflexions autour de « trois décennies de socialisme spécifique en
Algérie », article publié le 1er juillet 2010 sur le site www.sociagerie.net
HAFIZ Chems-Eddine : « Emirats Arabes Unis : de quelques éléments juridiques », mis en ligne le 11 novembre 2007 sur le site http://www.blogavocat.fr
HIGGINS Andrew : « Une force redoutable perturbe le monde des affaires en Iran », The Wall Street Journal, octobre 2006.
HIJAZI Ihsan : « Kuwait in bailout effort after market collapse », article publié le 25 décembre 1982 dans le New York Times, http://www.nytimes.com
HARB Sana : « Kadhafi entame la distribution directe des revenus pétroliers à 3 millions de Libyens », article publié le 2 avril 2008 sur le site http://www.lesafriques.com
HYPOLITE Damien : « Gaz et pétrole de schiste, des ressources controversées », article publié le 15 avril 2011 sur le site http://www.lefigaro.fr
HAROLD Thibault : « La Chine, grande gagnante du pétrole irakien », article publié le 26 juin 2013 sur le site http://www.lemonde.fr
HENDERSON Dean : « ARAMCO & The House Of Saud », publié le 8 avril 2014, http://hendersonlefthook.wordpress.com
IFP énergies nouvelles, les techniques de production des pétroles et du gaz de schiste, http://www.ifpenergiesnouvelles.fr

Iran French Radio, IRIB World Service : « L'Iran compte sur le secteur privé, pour exporter davantage de pétrole », 1er août 2012, http://french.irib.ir

IRIB « Une médiation omanaise entre l'Arabie et l'Iran ? », article publié le 9 mai 2015 sur le site http://french.irib.ir

IZAMBARD Antoine : « Pourquoi l'Etat islamique est assis sur une "montagne d'or" », Interview avec Jean-Charles Brisard sur rouages financiers de l'organisation islamiste, à la suite d'un document intitulé « Daesh, naissance d'un Etat terroriste », diffusé le 5 mai 2015 sur la chaine Arte, article publié le 9 mai 2015 sur le site http://www.challenges.fr

Jeune Afrique : « Les 10 pays d'Afrique les plus affectés par les flux financiers illicites », article publié le 19 décembre 2013, http://economie.jeuneafrique.com

Jeune Afrique : « Partage des eaux du Nil : l'Égypte et l'Éthiopie trouvent un accord », article publié par la rédaction le 6 mars 2015 sur le site http://economie.jeuneafrique.com

JO BIDDLE : « John Kerry prône la liberté d'expression en Égypte », article publié le 13 octobre 2014 sur le site http://www.lapresse.ca/international/dossiers/crise-dans-le-mondearabe/lÉgyptesous-tension

JOËL TÉ-LÉSSIA : « FRAUDE FISCALE : Scandale "SwissLeaks": quels sont les pays africains les plus touchés? », article publié le 11 février 2015 sur le site http://economie.jeuneafrique.com

JOSSET Astrid : « La nébuleuse de l'économie souterraine », article publié le 14 novembre 2011 sur le site http://www.econostrum.info

Jeune Afrique : « Algérie : à la croisée des chemins » hors-série n°30, 2012, page 99.

KERS Lahcen : « Le contrôle supérieur des finances publiques au Maroc : Quel nouveau rôle de la Cour des comptes ? », article publié le 19 février 2014 sur le site http://www.finances.gov.ma

KHEDER Omar : « La grande rivière artificielle de la Libye et le développement durable », février 2007, http://www.agroparistech.fr

KRUSE Clémentine : « Méhémet Ali, le fondateur de l'Égypte moderne ? », article publié le 24 février 2012 sur le site http://www.lesclesdumoyenorient.com

« L'Iran autorise le secteur privé d'importer des avions », article du 19 novembre 2014 de http://french.cri.cn

L'annonce du budget 2016 de l'Arabie Saoudite avec un déficit de 87 milliards de dollars, article publié le 28 décembre 2015 sur le site https://arabic.rt.com

« L'Arabie Saoudite signe un accord avec une firme sud-coréenne pour la fabrication de voitures », Article publié par la rédaction d'autoalgérie.com

« Le pillage du pétrole irakien est prêt », publié le 20 janvier 2006 par la rédaction de http://www.alterinfo.net, rubrique Géopolitique et stratégie/ Diplomatie et relation internationale
L'Éco news : « Clôture du programme européen Diveco 1 », article publié le 23 mars 2015 sur le site http://www.leconews.com
L'expert : « Où sommes-nous de l'intégration économique maghrébine », article publié le 20 mars 2014 sur le site http://www.lexpertjournal.net
L'IDA en action : Yémen : Favoriser le développement économique local dans les villes portuaires, http://web.worldbank.org
« L'industrie touristique arabe se développe tous azimuts », article publié le 8 mai 2014 sur le site http://fr.euronews.com.
L'Observatoire de géostratégie de Lyon : « Enjeux économiques contemporains : Avenir des États du Golfe », http://www.geolinks.fr
La rédaction de Algérie-Focus du 21 octobre 2014 : « Infographie Algérie : Les importations rattrapent petit à petit les exportations », http://www.algerie-focus.com
La rédaction de l'économiste : « Les programmes d'ajustement structurel dans les pays arabes : Les non-pétroliers réussissent mieux que les autres, estime le FMI », L'économiste n°92 du 12 août 1993, http://www.leconomiste.com
La rédaction de la Tribune : « Soudan du Sud : la guerre du pétrole menace toute l'économie », publié le 25 mai 2015 sur le site http://www.latribune.fr
La rédaction de Panapress : « La Libye signe un mémorandum avec des compagnies étrangères », publié le 5 novembre 2007 sur le site http://www.panapress.com
Le groupe France-Moyen Orient : « Les Emirats visent à accroître la contribution du secteur non pétrolier à 80% du PIB », article publié le 11 octobre 2015 sur le site www.francemoyenorient.com
LEPIC Arthur : « L'Irak occupée cédera-t-elle son pétrole aux « majors » ? », article publié en 2007 sur le site http://m.alterinfo.net
« Les « péchés capitaux » de Mouammar Kadhafi », article détaillé sur les revirements de la « bédouinocratie » de Kadhafi sur www.diplomatie-presse.com
« Les Émirats arabes unis entrent à l'Organisation mondiale du tourisme », article publié le 7 mai 2013 sur le site http://media.unwto.org
« Les USA, premier producteur de pétrole, devant l'Arabie Saoudite », Article publié le 8 novembre 2014 sur le sitehttp://www.i24news.tv
MALBRUNOT Georges : « Des hommes d'affaires iraniens et européens en conclave à Londres », article publié sur le site ww.lefigaro.fr le 14 octobre 2014.
MALTI Hocine : « Exploiter le gaz de schiste pour l'Algérie équivaut à se tirer une balle dans le pied », article publié le 15 juin 2014 sur le site http://www.huffpostmaghreb.com

MALTI Hocine : « l'Etat fait le forcing sur le gaz de schiste, les citoyens résistent », article publié le 29 août 2015 sur le site http://www.lematindz.net

MALTI Hocine : « l'Algérie et son pétrole », article publié en juin 2012 sur le site http://rouibaville.kazeo.com

MBOUNGOU Itraulle : « Soudan du Sud : « Le pétrole au cœur du conflit », article publié sur le site d'Afrique expansion le 22 janvier 2014, http://www.afriqueexpansion.com

Meadle East business information, article publié le 29 décembre 2015, relatif aux réformes annoncées par le gouvernement saoudien, www.arabianbusiness.com

MEBTOUL Abderrahmane : « CONTRIBUTION : Le secteur privé algérien face aux enjeux politiques », article publié le 21 mars 2014 sur le site http://www.reflexiondz.net

MEBTOUL Abderrahmane : « Le Maghreb face au poids de la sphère informelle », publié le 17 mars 2014 sur http://fr.starafrica.com

MEBTOUL Abderrahmane : « Quels enseignements, la semi faillite financière et immobilière de Dubaï, pour l'Algérie ? », article publié le 1er décembre 2009, sur le site http://www.alterinfo.net

MEBTOUL Abderrahmane : « Situation économique et financière de l'Algérie en 2014 : impacts de la baisse des cours des hydrocarbures, perspectives 2015/2020 », article publié le 29 mars 2015 sur le site http://www.reflexiondz.net

MEBTOUL Abderrahmane « Corruption en Algérie : quel rôle pour la Cour des comptes ? », publié le 4 mars 2013 sur le site http://www.lematindz.net

MEBTOUL Abderrahmane : « La circulaire du Premier ministre algérien, de lutte contre les transferts illicites de capitaux, peut-elle être efficace sans une autre gouvernance ? », article publié le 7 aout 2013 sur le site http://www.algerie1.com

MENA Adel : « 440 algériens ont placé plus 670 millions de dollars en Suisse », article publié le 9 février 2015 sur le site http://elwatan.com

MOHAMAD Amin : « Les dix fardeaux de l'économie en Iran », article publié le 25 avril 2014 sur le site http://www.lesechos.fr

MOULINE Nabil : « L'Arabie Saoudite, un royaume en pleine transformation dans un environnement régional en recomposition », article publié le 05/03/2014 sur le site www.lesclesdumoyenorient.com

NABA René : « L'Arabie Saoudite Face Au Double Défi », article publié sur le sitehttp://www.renenaba.com, le 19 septembre 2010

NAIR Sami : « Les États-Unis privatisent l'Irak », article publié le 26 juin 2003 sur le site http://www.liberation.fr

NDIAYE Khadim : « Un héritage de Kadhafi : La Grande Rivière artificielle », article publié le 28 octobre 2001sur le site http://www.afriqueexpansion.com
NODE-LANGLOIS Fabrice : « Pétrole : les États-Unis premier producteur en 2017 », article publié le 12 novembre 2012 sur le site http://bourse.lefigaro.fr
OLIVIER Mathieu : « Pollution au Nigeria : Shell indemnise les populations de Bodo et évite un procès », article publié le 7 janvier 2007 sur le site http://economie.jeuneafrique.com
OSAVA Mario : « BRÉSIL - Tout citoyen touchera un revenu versé sans condition. Le Congrès approuve le revenu d'existence », article publié le 16 février 2004 sur le site http://www.alterinfos.org
Radio Algérie : « Le ministre de l'énergie : il y a un projet de rationalisation et non pas de rationnement des carburants », article publié le 28 juin 2015 sur le site http://www.radioalgerie.dz
Rédaction du quotidien le soir l'Algérie : « Avec un taux de productivité de moins de 0,2%, le rendement des Algériens est très faible », publié le 12 octobre 2014 sur le site http://www.lesoirdalgerie.com
Réseau des démocrates algériens : « Entre austérité et rationalisation des dépenses L'Etat veut abandonner le social », article publié le 22 janvier 2015 sur le site http://forumdesdemocrates.overblog.com
Reuters France : « L'Egypte va baisser les impôts sur les sociétés et hauts revenus », article publié le 11 mars 2015 sur le site http://fr.reuters.com
ROMEO Lisa : « Gamal Abdel Nasser », article publié le 02/07/2010, par le site www.lesclesdumoyenorient.com
RONDELEUX Chloé et MAURY Frédéric : « L'Algérie, entre déficit artificiel et chiffres réels », article publié sur le site de Jeune Afrique le 20 janvier 2014, http://economie.jeuneafrique.com
RT France : « L'Arabie saoudite, contrainte d'emprunter pour la première fois », article publié le 3 février 2016 sur le site https://francais.rt.com
ROMEO Lisa : « Etats-Unis et Arabie Saoudite : les liens du pétrole de 1945 à nos jours », article publié le 17/09/2010 sur le site www.lesclesdumoyenorient.com
SADEK Amine : « Algérie-Maroc : les échanges commerciaux se portent bien », article publié le 7 mai 2014 sur http://www.algeriepatriotique.com
Slate Afrique : « L'Arabie Saoudite classe l'Algérie sur liste noire du financement du terrorisme », article publié le 22 mai 2015 sur le site http://www.slateafrique.com
STORA Benjamin : « L'histoire de l'Algérie depuis l'indépendance », extrait publié sur www.piednoir.net
STUDER Elisabeth : « Yémen : nouvelle victime de la chute du prix du baril d'un pays majeur sur l'échiquier énergétique mondial », article publié le 21 février 2015 sur le site www.leblogfinance.com

SCHMOLL Moritz : « Impôts et coercition en Égypte : faiblesses d'un État autoritaire », article publié le 28 novembre 2010 sur http://revueaverroes.com

TALEB Sarah : « À qui Daesh vend-il son pétrole ? », article publié le 11 octobre 2014 sur le site http://www.huffingtonpost.fr

TALEB Yazid : « Algérie-La loi de finances 2015 puise largement dans les ressources du Fonds de Régulation », article publié le 4 novembre 2014 sur le site http://maghrebemergent.info

The Economist : « What Dutch disease is, and why it's bad », article paru sur le site http://www.economist.com le 5 novembre 2014.

TILOUIN Joan : « Ibrahim el-Jadhran, l'homme qui défie Tripoli », article publié le 13 janvier 2014 sur le site http://www.jeuneafrique.com

YAHOU Rachid : « la répression khadafienne », article publié le 28 aout 2008 sur le site http://www.agoravox.fr

YOUNES Ilham : « L'économie réelle de l'Iran, au-delà des chiffres », sous la direction de Michel Makinsky, article publié le 09/05/2014 (www.lesclesdumoyenorient.com)

YOUNES Ilham : « Tensions entre l'Irak et le Kurdistan irakien autour des hydrocarbures : quels enjeux ? », article publié le 9 juin 2014 sur le site http://www.lesclesdumoyenorient.com

VALENTIN Martin-Comité Valmy : « Du public au privé : le sort du pétrole libyen », article paru le 16 janvier 2013 sur http://www.comite-valmy.org

VITRAULLE Mboungou : « La révolution libyenne : l'économie avant la guerre », article publié sur le site http://www.afriqueexpansion.com, le 24 octobre 2011

54 États, dossier spécial Libye, bimestriel n°21, mai-juin 2015, Édition internationale, pages 8- 15.

III. RAPPORTS, ÉTUDES ET DIVERS DOCUMENTS DE TRAVAIL ET D'INFORMATION

A. Rapports

Rapport du groupe de de la Banque Mondiale pour le développement social et économique de la région MENA intitulé « Egypt's food subsidies : benefit incidence and leakages » du 16 septembre 2010, http://www-wds.worldbank.org

Rapport sur la Conférence internationale sur le financement du développement, 22 mars 2002, publication des Nations Unies, http://www.ipu.org

Rapport d'information de l'Assemblée Générale n°1859, d'octobre 1999 sur le rôle des compagnies pétrolières dans la politique internationale et son

impact social et environnemental, présenté par Mme MARIE-HÉLÈNE AUBERT, PIERRE BRANA et ROLAND BLUM.
Rapport disponible sur le site http://www.assemblee-nationale.fr
Rapport de Global Financial Integrity : « Illicit Financial Flows from Developing Countries : 2003-2012 », décembre 2014, par Dev Kar et Joseph Spanjers.
Rapport de l'Organisation Mondiale du Commerce l'examen des politiques commerciales de l'Arabie Saoudite du 14 décembre 2011
Rapport du FMI de 2011 intitulé « Regional economic outlook : Middle East and central Asia», Annexe 2 relative à « MENA Oil Importers: Addressing Informality and Promoting Inclusion », http://www.imf.org
Rapport du FMI No. 05/52, du mai 2006, « Algérie : Questions choisies », http://www.imf.org
Rapport du groupe britannique PLATFORM, rédigé par MUTTITT Greg « Crude Designs : The rip-off of Iraq's oil wealth », de 2005, http://www.CrudeDesigns.org
Rapport sur l'Intégration Régionale en Afrique du Nord de 2013 sur les échanges infrarégionaux et facilitation du commerce de la Commission économique pour l'Afrique
(CEA), Bureau pour l'Afrique du Nord, décembre 2013, http://www.uneca.org
Rapport de 2013 sur le développement industriel N° 442, http://www.unido.org
Rapport d'information n° 336 (2007-2008) de M. Jean ARTHUIS, fait au nom de la commission des finances du Senat, déposé le 15 mai 2008, « Les fonds souverains : une menace à relativiser, un partenariat à construire », http://www.senat.fr
Rapport de l'ONS n° 638 de septembre 2014, intitulé « Activité, Emploi et Chômage », http://www.ons.dz
Rapport de l'Organisation Mondiale du Commerce sur l'examen des politiques commerciales du Royaume de Bahreïn de 18 mars 2014, https://www.wto.org
Rapport de la Banque mondiale de 2013 : « L'Emploi pour une prospérité partagée : Le moment pour l'action au Moyen-Orient et en Afrique du Nord », International Bank for Reconstruction and Development, The World Bank, http://www-wds.worldbank.org
Rapport de la Banque Mondiale sur le développement au Moyen-Orient en Afrique du Nord : « Vers une Meilleure Gouvernance au Moyen-Orient et en Afrique du Nord : « Améliorer l'inclusivité et la responsabilisation », Septembre 2003, http://siteresources.worldbank.org
Rapport du Département d'État des États-Unis sur la transparence budgétaire pour l'exercice 2014 en application de la section 7031(b) (3) de la loi portant affectation de crédits aux opérations extérieures et programmes connexes du département d'État pour 2014, http://www.state.gov

Rapport du FMI sur Subventions à l'énergie au Moyen-Orient et en Afrique du Nord : enseignements pour la réforme, Mars 2014.

Rapport du FMI n° 14/161, de juin 2014 sur l'évaluation de la stabilité du système financier en Algérie.

Rapport de la Banque Mondiale : « Une nouvelle vision pour l'intégration économique du Maghreb ? », Volume I, novembre 2006, Chapitre III « Estimation des gains économiques d'une intégration plus approfondie et plus élargie », pages 94-105

Rapport du collectif Nabni, « Nabni 2020 », « Cinquantenaire de l'indépendance : enseignements et vision pour l'Algérie de 2020 » de janvier 2013.

African Development Bank Group : « AfDB Brings Experts Together to Reflect on Africa Diaspora's Contribution to Capacity Building and Development », 8 juin 2010, http://www.afdb.org

Business Environment Rankings from The Economist Intelligence Unit, 2014, http://www.eiu.com

Compte rendu du Rapport d'information de la commission des finances du sénat français, à la suite du déplacement effectué, du 25 mars au 1er avril 2007, par une délégation de la commission dans trois pays du Golfe persique : les EAU, l'Arabie et Bahreïn « Le nouvel « âge d'or » des fonds souverains au Moyen-Orient », http://www.senat.fr

Paying Taxes 2015 : The global picture. The changing face of tax compliance in 189 economies worldwide, http://www.doingbusiness.org

World Bank Group (BRIXI Hana, LUST Ellen et WOOLCOCK Michael) : « Trust, Voice and Incentives : Learning from Local Success Stories in Service Delivery in Middle East and North Africa », Avril 2015, http://www-wds.worldbank.org

Transparency International, Corruption perception index 2013 Middle East and North Africa, www.transparency.org

World Investment Report 2014 : "Investing in the SDGs : an action plan", http://unctad.org.

World Oil Outlook 2014, http://www.opec.org

Perspectives économiques en Afrique, Tunisie, 2015, http://www.africaneconomicoutlook.org

Perspectives économiques régionales de janvier 2015 du Département Moyen-Orient et Asie Centrale du FMI : « Apprendre à vivre avec un pétrole moins cher sur fond de repli de la demande », http://www.imf.org

Rapport du FMI intitulé « Moyen-Orient et Afrique du Nord : Perspectives économiques régionales » du 25 avril 2016, http://www.imf.org

RIZZOLIO KARYABWITE Diana : Programme des Nations Unis pour l'environnement : « Le partage des eaux dans la vallée du Nil », Rapports de Janvier- Mars 1999 et de Janvier- Juin 2000.

International Law Report, Vol 53, 1979, pages 297-357

B. Études et divers documents de travail et d'information

ALBERTIN Giorgia, SDRALEVICH Carlo, SAB Randa et ZOUHAR Younes : « Réformes des subventions au Moyen-Orient et en Afrique du Nord : résumé des progrès récents et prochaines étapes », Fonds Monétaire International, Département Moyen-Orient et Asie centrale, juillet 2014.

Ambassade de France au Qatar, Service économique : « L'investissement direct étranger au Qatar en 2013 », publications des services économiques de février et mars 2015, http://www.tresor.economie.gouv.fr

Ambassade de France en Arabie saoudite, Service Économique : « Les investissements directs étrangers en Arabie Saoudite : état des lieux en 2014 », juin 2014, page 2, http://www.diplomatie.gouv.fr

Bulletin du FMI du 27 novembre 2013 sur le secteur privé, la croissance et l'emploi au MoyenOrient. Bulletin trimestriel de l'information économique de la région MENA, numéro 3 de juillet 2014

Bulletin du FMI de 2008 sur les principes de Santiago, www.imf.org/imfsurvey

Bulletin trimestriel de l'information économique de la région MENA, numéro 3 de juillet 2014 : « Prévisions, perceptions et réalités économiques », http://www-wds.worldbank.org

BEN NEFISSA Sarah : « ONG, gouvernance et développement dans le monde arabe », gestion des transformations Sociales MOST Document de discussion - n° 46 de l'UNESCO, http://www.unesco.org

BNP Paribas ; Fiche pays : le Qatar : les investissements directs étrangers, https://www.tradesolutions.bnpparibas.com

Chambre de commerce franco-arabe : « Arabie Saoudite : « La terre de toutes les promesses », http://www.ccfranco-arabe.org

Chambre de commerce franco-arabe : « Koweït Une volonté de passer d'une économie de rente à une économie ouverte et diversifiée », http://www.ccfranco-arabe.org

Communiqué de presse de la Banque Mondiale du 15 septembre 2011, intitulé « MENA : Développer les institutions financières comme moyen de remédier à la frustration et à l'exclusion », http://www.banquemondiale.org

Communiqué de presse du groupe France-Moyen Orient, intitulé : « Rencontre annuelle sur l'Investissement de Dubaï du 30 mars au 1er avril 2015 », publié le 3 février 2015, sur le site http://www.france-moyenorient.com

Comité des Experts au Conseil des Ministres du Royaume de l'Arabie Saoudite, Département de Traduction Officielle « La stratégie nationale pour le maintien de l'intégrité et la lutte contre la corruption », www.nazaha.gov.sa

Direction des études et des prévisions financières du Maroc : « Enjeux de l'intégration maghrébine, « Le coût du non Maghreb », octobre 2008, http://www.finances.gov.ma

Direction générale du trésor : « Situation économique et financière du Qatar », 30 avril 2015, http://www.tresor.economie.gouv.fr

Direction générale du trésor : « Situation économique et financière du Royaume de Bahreïn », du 22 juin 2015, https://www.tresor.economie.gouv.fr

Document d'information de SOMO (Centre de Recherche sur les Multinationales), d'octobre 2008 sur la Fiscalité et financement du développement, www.somo.nl

Document de travail du FMI intitulé « Réforme des subventions à l'énergie : enseignements et conséquences », du 28 janvier 2013, https://www.imf.org

Définition de référence de l'OCDE des investissements directs internationaux : quatrième Édition, OCDE 2010, http://www.oecd.org

EU Neighbourhood Info Center « Algérie : un programme d'appui à la diversification de l'économie financé par l'UE », étude publiée le 28 mars 2013 sur le site http://www.enpiinfo.eu

ETF (The European Training Foundation) : « Les politiques de l'emploi et les programmes actifs du marché du travail en Algérie », 2014, http://www.etf.europa.eu

Étude économique de l'OCDE de la Norvège de février 2014, http://www.oecd.org

Fiche de résultats ITIE : « promouvoir la transparence dans les industries extractives », http://www.banquemondiale.org

Groupe de la Banque Mondiale : « Services publics au Moyen-Orient et en Afrique du Nord : briser le cercle vicieux de l'inefficacité », étude publiée le 14 avril 2015 sur le site http://www.banquemondiale.org

LAHN Glada et STEVENS Paul : « Burning Oil to Keep Cool : The Hidden Energy Crisis in Saudi Arabia », *CHATHAM HOUSE*, December 2011, Étude disponible sur le site http://www.chathamhouse.org

Les politiques agricoles à travers le monde quelques exemples », 2014, agriculture.gouv.fr

Les normes internationales sur la lutte contre le blanchiment de capitaux et le financement du terrorisme et de la prolifération, http://www.fatf-gafi.org

NICOLAS Françoise : « L'Indonésie, une économie « décevante », mai 2015, https://www.ifri.org

Note de synthèse, pour le compte du FMI, sur le renforcement de la transparence et la gouvernance dans les pays arabes, 2014, https://www.imf.org

Notre vision « Du leadership régional au concurrent mondial », la vision du Royaume de Bahreïn à l'horizon 2030, http://www.moj.gov.bh

Note de la Banque Mondiale de 2008 sur l'agriculture et le développement rural au MoyenOrient et en Afrique du Nord, www.worldbank.org

Note de synthèse, pour le compte du FMI, sur le renforcement de la transparence et la gouvernance dans les pays arabes, 2014, https://www.imf.org

OCDE, « Les entreprises multinationales dans des situations de conflits violents et de violations généralisées des droits de l'homme », Éditions OCDE, 2002.

JAMAAN BEN RAQOSH : « Le président de l'Université au sujet de la Journée internationale contre la corruption », étude publiée le 9 décembre 2014 sur le site de l'Université Arabe de Nayef pour les sciences de la sécurité (Nayef Arab University for security sciences), http://www.nauss.edu.sa

Résultats de la conférence ministérielle MENA-OCDE et des Forums de la gouvernance et des entreprises, 22-23 novembre 2009, Marrakech, Maroc, http://www.oecd.org/mena

Service économique de l'Ambassade de France au Qatar « L'investissement direct étranger au Qatar en 2013 », publications des services économiques de février et mars 2015, http://www.tresor.economie.gouv.fr

U4 Expert Answer : « Les bonnes pratiques pour mitiger les risques de corruption dans le secteur des industries extractives », *Transparency International*, Étude du 11 août 2014, numéro 2014, 13, http://www.transparency.org

U4 Expert Answer : « Tendances en matière de corruption dans la région du Moyen Orient et de l'Afrique du Nord (MENA) », *Transparency International*, Étude du 16 janvier 2012, Numéro 302.

IV. TEXTES OFFICIELS

A. Constitution

Constitution de la République Islamique d'Iran du 24 octobre 1979, révisée le 28 juillet 1989 (disponible sur le site https://www.constituteproject.org).

Constitution saoudienne de 1992, loi fondamentale de la gouvernance du 1er mars 1992 (promulguée par Décret royal n° A/90 du 27/08/1412H (2 mars 1992), publiée au Journal Oum El-Qura, n°3397 du 5 mars 1992 (Loi constitutionnelle disponible en arabe sur le site de l'Organisation Mondiale de la Propriété Intellectuelle http://www.wipo.int).

Constitution algérienne de 1996, publiée au JO de la République algérienne N°76 du 8 décembre 1996, modifiée par : Loi n°02-03 du 10 avril 2002 JORADP N°25 du 14 avril 2002 et Loi n°08-19 du 15 novembre 2008 JORADP N°63 du 16 novembre 2008 (disponible sur le site http://www.wipo.int).

Constitution de la République tunisienne du 26 janvier 2014, Journal Officiel de la République Tunisienne du 20 avril 2015 (texte disponible sur le portail http://www.legislation.tn)
Constitution du Qatar du 29 avril 2003, Journal Officiel n°6 du 8 juin 2005 (texte disponible sur http://www.almeezan.qa/LawPage).
Constitution irakienne du 15 octobre 2005, publiée dans Al-Waqaea Al-Iraqia n°4012 du 28 décembre 2005 (disponible en arabe et en anglais sur le sitehttp://www.wipo.int).

B. Lois

Loi du 24 février 1971, relative aux hydrocarbures, ayant pour objet la nationalisation des avoirs des entreprises étrangères opérant sur le sol algérien dans le domaine pétrolier. Journal Officiel de la République Algérienne n°17 du 25 février 1971.
Loi n° 86-14 du 19 août 1986 modifiée et complétée relative aux activités de prospection, de recherche, d'exploitation et de transport par canalisation des hydrocarbures : Journal Officiel de la République Algérienne n°35 du 27/08/1986.
Loi n° 71-21 du Loi n° 05-07 du 28 avril 2005 relative aux hydrocarbures, JO de la République Algérienne n°50 du 19 juillet 2005.
Loi n° 13-01 du 20 février 2013 modifiant et complétant la loi du 28 avril 2005 relative aux hydrocarbures, JO de la République Algérienne n°11 du 24 février 2013.
La loi n°5-2013 du 23 avril 2013, relative à la compensation financière de la région du Kurdistan (texte disponible sur le site http://mnr.krg.org).

C. Ordonnances

Ordonnance n° 71-22 du 12 avril 1971 définissant le cadre dans lequel s'exerce l'activité des sociétés étrangères dans le domaine de la recherche et de l'exploitation des hydrocarbures liquides, JO de la République Algérienne n°30 du 13 avril 1971.
Ordonnance n°06-10 du 29 juillet 2006 relative aux hydrocarbures, Journal Officiel de la République Algérienne n° 48 du 30 juillet 2006.
Ordonnance n°39 du 19 septembre 2003 régissant les investissements étrangers en Irak (détail de l'ordonnance disponible dans la communication de l'Organisation Mondiale du Commerce sous la référence WT/L/560 du 23 janvier 2004, https://docs.wto.org
Ordonnance 96-22 du 09 juillet 1996 relative à la répression des infractions à la législation des changes et des mouvements de capitaux de l'Algérie vers l'étranger, modifiée par l'ordonnance n°03-01 du 19 février 2003, approuvée par la loi n°03-08 du 14 juin 2003, puis par la loi de finances

pour 2007, ainsi que par l'ordonnance n°10-03 du 26 août 2010, approuvée par la loi n°10-09 du 27 octobre 2010 (texte disponible sur http://www.droit-algerie.com).

D. Textes réglementaires

Décret-loi n° 178 du 9 septembre 1952 relative à la réforme agraire en Égypte, modifié et complété par le Décret-loi n°197 de 1952, Journal Officiel n°131 Bis du 9 septembre 1952 et du 18 septembre 1952.

Règlement de la Banque d'Algérie n°90-03 du 8 septembre 1990 sur les conditions de transfert de capitaux en Algérie pour financer des activités économiques et rapatriement de ces capitaux et de leurs revenus (texte disponible sur http://www.droit-afrique.com).

Règlement n° 95-07 du 23 de décembre 1995 qui modifie et remplace le règlement n° 92-04 du 22 mars 1992 relatif au contrôle des changes (texte disponible sur http://www.droitafrique.com).

Décret exécutif n° 12-279 du 9 juillet 2012 fixant les modalités d'organisation et de fonctionnement du fichier national des contrevenants en matière d'infraction à la législation et à la réglementation des changes et des mouvements de capitaux de et vers l'étranger, JO de la République algérienne n°49 du 15 juillet 2012.

E. Accords

Accord de Téhéran du 15 février 1971 relatif à la modification des clauses financières des concessions pétrolières entre les pays producteurs-exportateurs membres de l'OPEP et les sociétés pétrolières (texte intégral disponible dans la *Revue Pétrole et Gaz Arabes* du 1er mars 1971).

Accord de Genève du 20 janvier 1972 signé à Genève entre les compagnies pétrolières et les 6 pays du Golfe membres de l'O.P.E.P., relevant le prix du pétrole brut de 8,49 % et complétant l'accord de Téhéran (texte intégral disponible en arabe dans la base de données du roi Khaled Ben Abdelaziz, www.kingkhalid.org.sa).

V. THÈSES ET MÉMOIRES

AOUN Marie-Claire, *La rente pétrolière et le développement économique des pays exportateurs*, thèse de doctorat en sciences économiques, université Paris Dauphine, mars 2008 CHERIET Athmane, *Mondialisation et stratégies industrielles : cas de l'Algérie*, thèse de

Doctorat en sciences économiques, soutenue le 25 novembre 2007, à la Faculté des Sciences Economiques et des Sciences de Gestion, Université Mentouri Constantine, http://bu.umc.edu.dz

IVA Saïd : « Approche comparative de discours de Michel Aflaq et de Saddam Hussein », Mémoire de Recherche, 2004, Université lumière Lyon 2, http://doc.sciencespo-lyon.fr

VI. COLLOQUES

Antoine AYOUB : « Les réserves pétrolières : entre l'épuisement physique et l'épuisement économique », Texte présenté au Colloque sur « Les défis énergétiques du XXIe Siècle », du30 novembre au 2 décembre 2009, Chambéry – France.

Colloque « Les investissements étrangers en Algérie : Bilan et Perspectives » tenu le 13 mars 2014 à la Maison du Barreau de Paris, Auditorium Louis-Edmond PETTITI, intervention de Mr Nacer Mohellebi, Tous les actes du colloque ont été reproduits par Mr Hafiz sur son site http://www.blogavocat.fr

Colloque « Les investissements étrangers en Algérie : Bilan et Perspectives » tenu le 13 mars 2014 à la Maison du Barreau de Paris, Auditorium Louis-Edmond PETTITI, intervention de Mr Jean-Louis LEVET

HIDDINGA Patrice, STALLA- BOURDILLON Christophe : « Les fonds souverains : menace ou opportunité ? », Compte rendu de la séance du séminaire « Vie des affaires » qui a eu lieu le 6 février 2009 à l'école de management de Paris.

Ministère de l'Économie et des Finances, Projet de réforme du système fiscal tunisien, Les Assises Nationales de la Fiscalité, 12 et 13 novembre 2014, Hôtel Le Palace Gammarth, http://www.finances.gov.tn

Intervention de Monsieur Nigel Coulthard lors de la table ronde sur l'économie iranienne organisée le jeudi 11 avril 2013 à l'Inalco, intitulée « Sanctions : l'économie iranienne plie mais ne rompt pas... et se restructure pour s'adapter », http://www.geopolitique-iran.com

VII. SITES INTERNET

Actualité sur le Soudan du Sud sur le site
http://www.operationspaix.net
http://www.amnesty.org
http://hdr.undp.org
http://www.bahrainprimeminister.net
http://www.banquemondiale.org
http://www.cnrtl.fr
http://www.dailymail.co.uk/news/article-3287982/I-m-sorry-Blair-takes-blame-Iraq-Waradmitsconflict-caused-rise-ISIS-astonishing-apology-TV-show

http://www.diplomatie.gouv.fr/fr/dossiers-pays/arabie-saoudite/presentation-de-l-arabiesaoudite
http://www.grameensolutions.com
http://www.france24.com/fr/arabie-saoudite-vision-2030-petrole-fonds-investissement-ipoaramco-prince
http://www.i24news.tv/fr/actu/international/moyen-orient/140412-iran-l-exportation-depetroleculmine-selon-l-aiea
http://www.insee.fr
http://www.invest.gov.tr
http://www.ladocumentationfrancaise.fr/dossiers/petrole/chronologie
http://www.maghrebarabe.org
http://www.sagia.gov.sa http://www.touteleurope.eu
Crown Prince Court, policies and priorities, https://www.cpc.gov.ae
Oil and gas IQ, Top 10 Oil & Gas Companies, http://www.oilandgasiq.com
Islamic Business Researches Center, www.kantakji.com
Institut de Recherche et de Débat sur la gouvernance : http://www.institut-gouvernance.org
L'Agence Nationale de Développement de l'investissement (ANDI), http://www.andi.dz
Le contexte économique du Yémen, http://www.champagne-ardenne-export.com
Le moniteur du commerce international : http://www.lemoci.com
OCDE, http://www.oecd.org
Portail algérien des énergies renouvelables, http://portail.cder.dz
Ressources naturelles Canada, http://www.rncan.gc.ca
United Nations e-Government Survey 2014, http://unpan3.un.org

INDEX

Activité 50, 72, 100, 122, 139, 145, 149, 241, 281
Agriculture 7, 9, 18, 22, 25, 27, 28, 46, 84, 99, 102, 125, 127, 128, 129, 130, 143, 160, 169, 172, 173, 182, 189, 250, 254, 279, 287, 290
Ajustement 34, 48, 65, 87, 154, 200, 201, 203, 221, 264
Alliance 29, 43, 81, 169, 182, 226, 287
Après-pétrole 13, 15, 16, 17, 24, 25, 28, 33, 34, 36, 37, 38, 54, 77, 79, 84, 147, 148, 151, 153, 179, 180, 205, 234, 235, 236, 239, 241, 250, 287, 288, 289
Autoritaire (s) 24, 32, 67, 68, 71, 74, 75, 76, 77, 103, 214, 263, 277, 287
Contre-choc 81, 261
Coopération 7, 27, 43, 46, 56, 58, 59, 83, 84, 85, 115, 127, 129, 140, 164, 178, 180, 181, 182, 184, 188, 189, 190, 191, 192, 194, 195, 197, 199, 219, 237, 263, 264, 265, 267, 287, 291
Corruption 7, 9, 26, 30, 33, 36, 44, 57, 63, 72, 87, 89, 103, 104, 105, 106, 107, 108, 112, 139, 149, 164, 171, 173, 211, 222, 226, 227, 233, 254, 258, 263, 273, 277, 278, 280, 287, 290
Démocratie 56, 63, 64, 75, 77, 87, 92, 170, 209, 210, 212, 213, 214, 215, 262, 264, 265, 287
Développement durable 28, 146, 273, 287
Développement économique 13, 25, 36, 37, 56, 60, 72, 83, 88, 93, 94, 95, 112, 113, 116, 118, 123, 136, 137, 143, 145, 151, 153, 162, 165, 166, 182, 187, 194, 197, 212, 215, 217, 219, 220, 221, 222, 236, 237, 242, 244, 246, 247, 251, 253, 262, 263, 264, 270, 272, 282, 287, 291
Dépendance 5, 7, 13, 15, 17, 18, 22, 24, 26, 27, 29, 32, 37, 42, 45, 46, 51, 57, 59, 60, 65, 71, 72, 75, 77, 82, 83, 84, 97, 112, 114, 115, 117, 119, 120, 121, 122, 124, 126, 129, 130, 151, 153, 174, 179, 181, 186, 187, 191, 196, 198, 206, 208, 209, 210, 211, 212, 214, 216, 217, 221, 231, 236, 237, 238, 241, 247, 249, 253, 258, 274, 277, 287
Diversification 7, 9, 16, 22, 28, 31, 36, 57, 78, 83, 84, 85, 86, 93, 121, 122, 123, 132, 133, 137, 149, 151, 179, 193, 194, 198, 199, 204, 206, 211, 219, 229, 235, 236, 237, 238, 239, 240, 241, 242, 243, 246, 248, 252, 253, 254, 267, 279, 285, 287, 289
Epargne 61, 68, 85, 90, 91, 93, 94, 206, 209, 216, 217, 218, 219, 220, 221, 222, 262, 287, 290
Épuisement 7,15, 77, 78, 79, 81, 83, 90, 167, 206, 209, 227, 235, 236, 283, 285, 287
Exportateur (s) 15, 16, 31, 32, 60, 77, 78, 79, 81, 83, 90, 93, 95, 97, 109, 117, 180, 193, 199, 218, 234, 247, 248, 282, 287
Endettement 34, 223, 240, 247, 287

Financier 15, 31, 41, 53, 63, 84, 85, 90, 93, 97, 101, 111, 112, 123, 138, 139, 140, 147, 148, 149, 161, 198, 204, 216, 217,219, 220, 221,222, 236, 238, 240, 242, 244, 245, 252, 255, 262, 266, 271, 288
Gouvernance 7, 13, 25, 36, 39, 41, 61, 64, 73, 87, 88, 89, 92, 103, 104, 110, 139, 164, 165, 169, 228, 258, 268, 273, 276, 278, 279, 280, 284, 286, 288
Inter-arabe 182, 197
Investissements directs étrangers 36, 47, 134, 143, 147, 148, 278, 288
Libéralisation 47, 49, 57, 126, 127, 135, 136, 137, 139, 141, 142,143, 193, 197, 227, 237, 238, 246, 254, 263, 288
Modernisation 132, 142, 143, 242
Nationalisme 44, 136, 181, 186, 260, 288
Nationalisation 15, 24, 26,29, 35, 42, 43, 47, 51, 54, 55, 56, 57, 58, 59, 60, 92, 101, 113, 121, 126, 154, 155, 161, 167, 199, 246, 262, 281, 286, 287
Rente (pétrolière) 3,5, 13, 15, 16, 17, 22, 23, 24, 25, 26, 29, 31,37, 38, 39, 51, 60, 65, 70, 78, 95, 123, 151, 153, 160, 168, 169, 173, 179, 187, 206, 208, 209, 212, 215, 224, 228, 235, 236, 237, 246, 253, 258, 260, 261, 263, 264, 282, 287, 288, 289
Redistribution 7,9, 19, 29, 41, 42, 60, 168, 169, 170, 172, 173, 174, 177, 223, 235, 268, 288, 287
Restructuration 127, 221, 228, 288
Stratégie 5, 7, 13, 25, 31, 33, 36, 37, 46, 47, 48, 57, 64, 78, 84, 87, 89, 90, 91, 93, 106, 112, 113, 115, 117, 120, 121, 122, 124, 129, 133, 137, 140, 146, 151, 153, 155, 160, 174, 179, 187, 188, 190, 194, 198, 199, 204, 206, 208, 209, 219, 220, 229, 230, 233, 235, 237, 238, 240, 242, 243, 246, 252, 253, 254, 258, 262, 263, 264, 272, 278, 282, 288, 289
Taxe 49,50, 53, 66, 67, 100, 103, 125, 145, 149, 154, 155, 191, 207, 210, 211, 212, 213, 244, 255, 277, 288
Productivité 18, 19, 22, 23, 48, 78, 98, 101, 102, 103, 117, 121, 126, 153, 172, 173, 192, 193, 198, 218, 219, 234, 237, 246, 274, 288

TABLE DES MATIÈRES

RÉSUMÉ 7
ABSTRACT 9
DÉDICACE 11

SOMMAIRE 13

INTRODUCTION 15
1. La démarche de la recherche 16
2. Délimitation du sujet 16
3. Méthode et outils de la recherche 17
Section I. Les théories et le concept de la rente 17
Section II. Le rôle de la rente dans la transformation de la nature des États arabes pétroliers 23

PARTIE I
LA RENTE PÉTROLIÈRE : SOURCE D'ILLUSIONS 39

CHAPITRE I
UNE ÉCONOMIE VULNÉRABLE ET UNE GOUVERNANCE EN FAILLITE . 41
Section I. Le renforcement du rôle de l'État 41
§1. Une nationalisation controversée par une politique socialiste malmenée . 42
A. La nationalisation massive des ressources naturelles 42
B. Le renforcement de l'égalitarisme par la redistribution de la rente 60
a. L'exonération fiscale des citoyens et la gratuité des services publics 61
b. L'accroissement des allocations et des investissements sociaux 68
§2. L'hégémonie de l'État 70
A. L'omniprésence de l'État 70
B. La neutralisation des oppositions politiques 74
Section II. L'épuisement des ressources pétrolières : Entre prise de conscience et immobilisme des acteurs publics 77
§1. La prospective du pétro-développement 77
A. Une rente fragilisée par l'épuisement des ressources 78
B. Une économie éparpillée entre rente et diversification 83

§2. La genèse de la Dutch desease (la maladie hollandaise) au Moyen-Orient 86
A. La mauvaise gouvernance 87
B. La création de Fonds souverains / Fonds de stabilisation 90
a. Définition et fonctionnement 90
b. Le rôle des fonds souverains dans le développement des économies des pays exportateurs de pétrole de la région MENA ... 93

CHAPITRE II
UNE MANNE PÉTROLIÈRE ABONDANTE ET UN DÉVELOPPEMENT SANS CROISSANCE 95
Section I. Le pétrole : vecteur de paradoxes 95
§1. L'amplification des problèmes socio-économiques 96
A. L'inflation 96
B. Le chômage 99
§2. L'accaparement de la rente par la classe dirigeante 103
A. La corruption 103
B. Le transfert illicite des capitaux 108
Section II. Des réformes économiques inachevées et un contexte juridique inapproprié 112
§1. L'insuffisance des réformes économiques adaptées 112
A. L'échec de la politique économique d'industrialisation 113
a. Le rôle limité de l'industrie pétrolière (extractive) 113
b. Une industrie manufacturière compromise 117
B. Les lacunes des politiques agricole et touristique 124
a. L'agriculture 124
b. Le tourisme 130
§2. Le déficit de l'édifice juridique 134
A. Le bilan sur les lois relatives à l'ouverture du marché intérieur 134
a. Le secteur privé 135
b. Le secteur financier 138
c. Le secteur des services 141
B. Le bilan sur les investissements directs étrangers 143

PARTIE II
LES ENJEUX ÉCONOMIQUES ET POLITIQUES DE L'APRÈS-PÉTROLE 151

CHAPITRE I
LA RENTE PÉTROLIÈRE ET LE DÉVELOPPEMENT ÉCONOMIQUE DURABLE 153
Section I. Le rôle des entreprises pétrolières dans le développement économique des pays arabes pétroliers 153
§1. L'octroi des contrats pétroliers 154
§2. L'influence des entreprises pétrolières sur les gouvernements des pays arabes pétroliers 161

Section II. De la propriété publique à la propriété privée des ressources énergétiques 167
§1. La gestion des ressources et de la manne pétrolière : Une affaire d'État 167
§2. Les conflits intra-étatiques liés à une future décentralisation et gestion de la rente 173
Section III. Le rôle des organisations régionales dans la préparation de l'après-pétrole 179
§1. Le rôle de la Ligue arabe et de l'Union du Maghreb arabe 180
A. Le Panarabisme revisité 180
B. Le renforcement de la coopération interrégionale moyen-orientale 188
§2. Le rôle de l'OPEP 199
A. La restriction des productions pétrolières 199
B. L'intérêt de la création d'un organe de régulations et de sanctions économiques 205

CHAPITRE II
LES STRATÉGIES DE SORTIE DE LA DÉPENDANCE À LA RENTE PÉTROLIÈRE 209
Section I. La complexité des transitions politico-économiques 209
§1. De l'autoritarisme à la démocratie 209
A. L'instauration de l'impôt 210
B. La transformation de l'épargne nationale en investissements productifs 216
§2. Vers une mutation des services de l'État 222
A. La fin de la gratuité des services publics sociaux 223
B. La limitation des subventions publiques 228
Section II. Vers un libéralisme improvisé des sociétés et des économies arabes ? 235
§1. Le sort des programmes de diversification économique 236
A. L'émancipation de quelques États du golfe 236
B. Le poids des conflits régionaux sur les programmes économiques des pays arabes 243
§2. Les politiques d'avenir pour les pays pétroliers 247
A. Le rôle du gaz et pétrole de schiste et des nouvelles énergies 247
a. Le gaz et le pétrole de schiste 248
b. Les nouvelles énergies 251
B. D'une économie de rente à une économie de production : une transition nécessaire 253

CONCLUSION GÉNÉRALE 257

BIBLIOGRAPHIE 261
I. Ouvrages 261
A. Ouvrages généraux 261
B. Ouvrages spécialisés 262
II. Articles 263
A. Articles généraux 263
B. Articles spécialisés 265
C. Articles de presse 268

III. RAPPORTS, ÉTUDES ET DIVERS DOCUMENTS DE TRAVAIL ET D'INFORMATION 277
A. Rapports 277
B. Études et divers documents de travail et d'information 280
IV. TEXTES OFFICIELS 282
A. Constitution 282
B. Lois 283
C. Ordonnances 283
D. Textes réglementaires 284
E. Accords 284
V. THÈSES ET MÉMOIRES 284
VI. COLLOQUES 285
VII. SITES INTERNET 285

INDEX 287

L'HARMATTAN ITALIA
Via Degli Artisti 15; 10124 Torino
harmattan.italia@gmail.com

L'HARMATTAN HONGRIE
Könyvesbolt ; Kossuth L. u. 14-16
1053 Budapest

L'HARMATTAN KINSHASA
185, avenue Nyangwe
Commune de Lingwala
Kinshasa, R.D. Congo
(00243) 998697603 ou (00243) 999229662

L'HARMATTAN CONGO
67, av. E. P. Lumumba
Bât. – Congo Pharmacie (Bib. Nat.)
BP2874 Brazzaville
harmattan.congo@yahoo.fr

L'HARMATTAN GUINÉE
Almamya Rue KA 028, en face
du restaurant Le Cèdre
OKB agency BP 3470 Conakry
(00224) 657 20 85 08 / 664 28 91 96
harmattanguinee@yahoo.fr

L'HARMATTAN MALI
Rue 73, Porte 536, Niamakoro,
Cité Unicef, Bamako
Tél. 00 (223) 20205724 / +(223) 76378082
poudiougopaul@yahoo.fr
pp.harmattan@gmail.com

L'HARMATTAN CAMEROUN
TSINGA/FECAFOOT
BP 11486 Yaoundé
699198028/675441949
harmattancam@yahoo.com

L'HARMATTAN CÔTE D'IVOIRE
Résidence Karl / cité des arts
Abidjan-Cocody 03 BP 1588 Abidjan 03
(00225) 05 77 87 31
etien_nda@yahoo.fr

L'HARMATTAN BURKINA
Penou Achille Some
Ouagadougou
(+226) 70 26 88 27

L'HARMATTAN SÉNÉGAL
10 VDN en face Mermoz, après le pont de Fann
BP 45034 Dakar Fann
33 825 98 58 / 33 860 9858
senharmattan@gmail.com / senlibraire@gmail.com
www.harmattansenegal.com

www.ingramcontent.com/pod-product-compliance
Lightning Source LLC
LaVergne TN
LVHW011502061026
849535LV00004BA/1169
* 9 7 8 2 3 4 3 1 2 7 7 1 2 *